Coding Book No.2

쉽게 따라하는

앱 인벤터2 배우기

이미향 지음

정보문화사
Information Publishing Group

Coding Book No. 2

쉽게 따라하는 앱 인벤터2 배우기

초판 1쇄 발행 | 2016년 8월 31일
초판 3쇄 발행 | 2019년 2월 28일

지 은 이 | 이미향
발 행 인 | 이상만
발 행 처 | 정보문화사

책 임 편 집 | 최동진
편 집 진 행 | 노미라

주 소 | 서울시 종로구 대학로 12길 38 (정보빌딩)
전 화 | (02)3673-0037(편집부) / (02)3673-0114(代)
팩 스 | (02)3673-0260
등 록 | 1990년 2월 14일 제1-1013호
홈 페 이 지 | www.infopub.co.kr

I S B N | 978 89-5674-699-9

프롤로그

2010년 애플의 iPhone이 한국에 상륙하고 앱스토어(AppStore)라는 앱 시장이 활성화되면서 많은 사람이 스마트폰 앱(Application) 개발에 뛰어들었으며 이를 통해 개인이 창업하는 사례도 많아졌습니다.

스마트폰의 앱은 스마트폰 사용자라면 누구나 사용하고 있는 아주 보편화한 상품 또는 서비스입니다. 하지만 대부분의 사람들은 지금까지 누군가에 의해서 개발된 앱을 사용하는 소비자(User)의 관점에서 앱을 대했습니다. 즉 자기가 원하는 앱을 직접 개발한다는 것까지는 생각하지 못하고 있었습니다.

그 이유는 앱을 개발하는 과정이 쉽지 않았고 전문적으로 앱 개발 관련 공부를 한 개발자들에 의해서만 개발이 이루어질 수밖에 없었기 때문입니다. 저자의 경우엔 앱을 개발하는 과정을 바탕으로 각 분야의 전문 개발자들을 동원해서 앱을 개발하는 앱팩토리라는 서비스를 운영했습니다. 지금까지는 앱을 개발하기 위해서 먼저 아이디어를 바탕으로 기능을 도출하고 기획하는 단계가 우선되어야 하고 그다음엔 기획 자료를 토대로 디자이너가 앱의 화면을 디자인합니다. 디자인된 화면에 맞게 프로그래머가 기능을 개발하고 마지막에는 테스트를 통해 완성된 앱은 아이폰의 경우엔 앱스토어를 통해, 안드로이드 폰의 경우엔 Play 스토어를 통해 배포되어 사용자들이 설치할 수 있도록 하였습니다.

그러나 이제는 상상했던 나만의 앱을 구글과 MIT에서 개발한 앱 인벤터를 통해 누구나 쉽게 개발할 수 있게 되었습니다.

최근에 우리나라에도 코딩에 대한 관심이 높아지면서 많은 학부모님과 학생들이 코딩에 대해 알아가고 또 배우고 있습니다. 코딩을 배우는 학생들의 입장에서 내가 원하는 것을 나의 작품으로 쉽게 만들어 다른 사람들에게 배포하는 것까지 코딩의 재미를 실제적이면서도 확실하게 내 손안의 스마트폰에서 맛볼 수 있도록 하는 것이 바로 앱 인벤터의 장점인 것 같습니다. 특별한 도구 없이 인터넷 환경에서 크롬 브라우저와 안드로이드 기반의 스마트폰만 있다면 앱 인벤터를 통해 생활에 필요한 다양한 앱을 블록 쌓기 방법으로 쉽고 재미있게 개발할 수 있습니다.

이 책은 코딩이라는 세계를 처음 접하는 초등학생, 중학생, 고등학생뿐만 아니라 뭔가 실질적이고 활용 가능한 서비스를 앱을 통해 시도하고자 하는 분들을 위해 단계별로 쉬운 설명과 함께 바로 배포 가능한 완성된 앱 개발을 도와줍니다.

출판을 도와주신 정보문화사 모든 분께 감사드리며, 두 공주를 잘 돌봐주시고 저의 가장 든든한 후원자이신 남편과 늘 바빠서 많은 시간을 함께하지 못하는 엄마를 이해해주고 엄마가 하는 코딩 교실의 우수 수강생인 두 공주에게도 감사의 마음을 전합니다. 그리고 기도로 저를 후원해주신 가족들과 포커스교회 모든 성도님께도 감사드리며 마지막으로 이 모든 일을 인도해주신 하나님께 감사드립니다.

소망하시는 많은 분이 코딩이라는 트렌드에 편승해 끌려가는 것이 아니라 스스로 트렌드를 이끌어 가는 주역이 되는데 이 책이 어릴 적 소꿉놀이 친구와 같은 잊지 못할 친구가 되었으면 합니다.

이미향

PART 01 센서

Chapter 02
안녕하세요 : Shake_Hello 앱 
p.026

Chapter 03
주소 찾기 : IAmHere 앱
p.042

Chapter 04
가위바위보 : RSP 앱
p.058

PART 02 그리기 & 애니메이션

Chapter 05
원으로 그리기 : Circle_Art 앱 
p.076

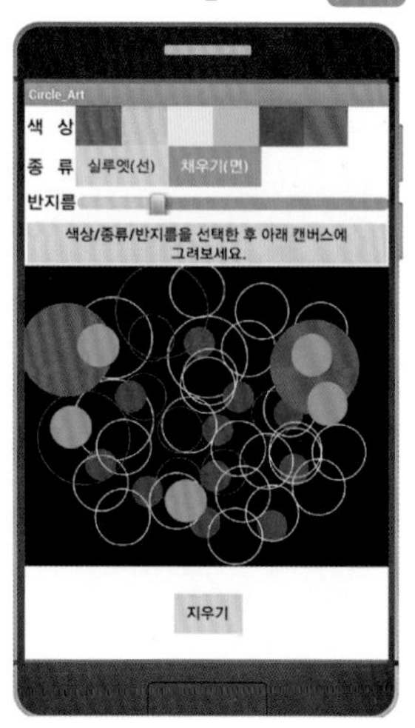

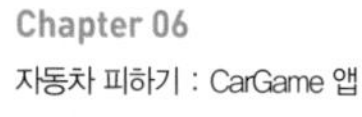
Chapter 06
자동차 피하기 : CarGame 앱 
p.106

Chapter 07
두더지 잡기 : Catch_Mole 앱 
p.122

Chapter 08
우주전쟁 : SpaceWar 앱 
p.146

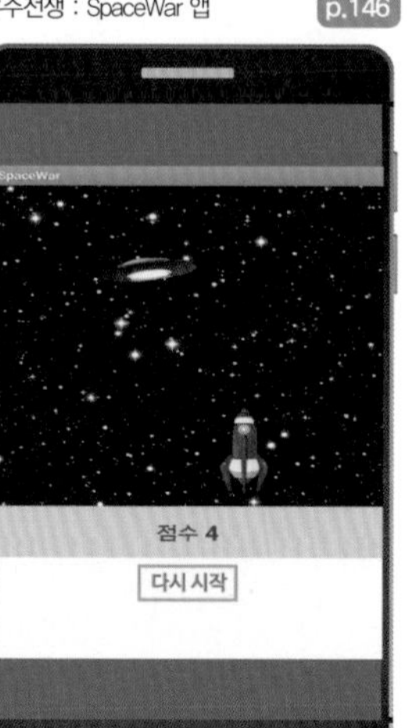

PART 03 미디어

Chapter 09
텍스트로 바꾸기 : Change_Voice 앱 p.172

Chapter 10
스티커 사진 만들기 : PhotoSticker 앱 p.188

Chapter 11
동영상 플레이어 : Video_Player 앱 p.212

Chapter 12
미니 피아노 : mini_Piano 앱 p.230

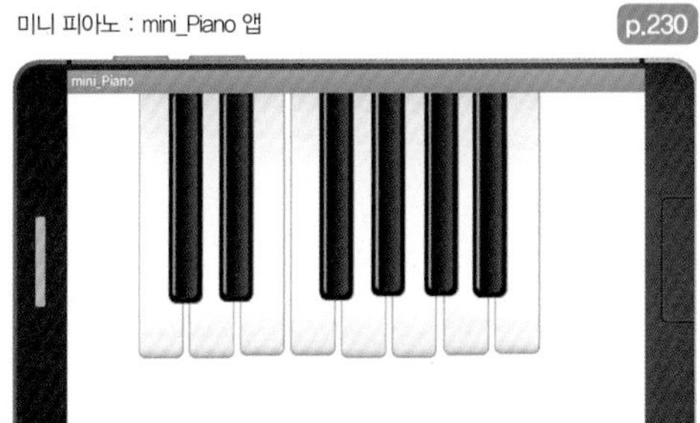

Chapter 13
손쉽게 문자 보내고 받기 : Hands_Free 앱 p.244

PART 04 사용자 인터페이스 & 저장소

Chapter 14
버섯돌이 계산기 : Calculator p.264

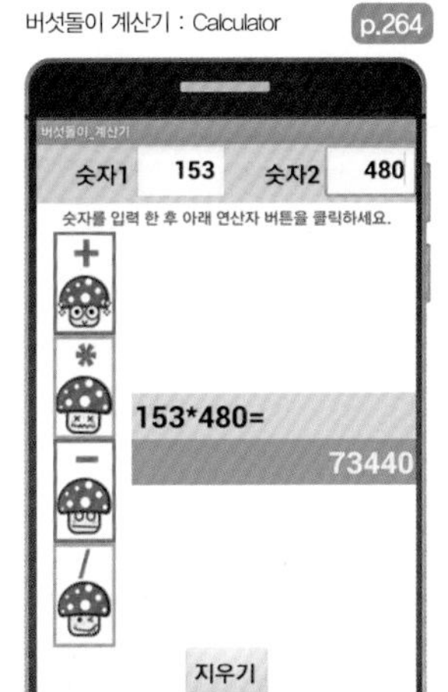

Chapter 15
멀티 웹뷰어 : Favorites 앱 p.288

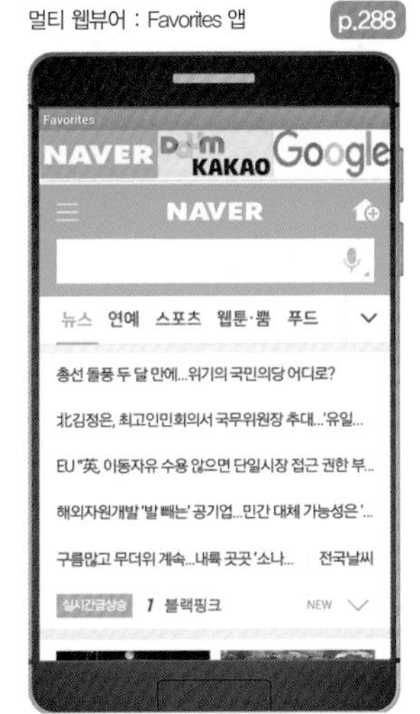

Chapter 16
용돈 기입장 : PocketMoney 앱 p.304

책 활용하기

대부분 기능만을 구현하여 배포하는 형식으로 구성된 것에 비해 이 책은 하나의 기능만을 구현하는 앱이라 할지라도 하나의 완전한 앱으로 개발하여 배포하는 것을 목표로 다음과 같이 구성하였습니다.

01 앱 기획하기

완성 화면을 보고 앱이 어떤 기능을 하는지 먼저 생각하고 기능들을 가능한 작게 나누어 정리합니다. 이렇게 정리한 기능들을 블록으로 코딩하게 됩니다.

02 컴포넌트와 블록 익히기

앱 기획하기에서 정리한 기능들을 앱으로 개발하기 위해서 사용하게 되는 컴포넌트와 블록의 기능을 먼저 살펴봅니다.

03 프로젝트 만들기

1 새 프로젝트 시작하기

프로젝트 이름과 앱 이름을 준비합니다. 이때 앱 이름은 앱의 기능을 잘 나타낼 수 있으면서도 쉽게 사용자들에게 기억될 수 있는 간략한 것으로 정합니다.

2 컴포넌트 구성하기

앱에 사용될 컴포넌트들을 화면에 구성합니다. 이때 디자인을 고려해도 되나 이 단계에선 디자인 보다는 화면에 필요한 컴포넌트들의 속성 설정을 먼저 합니다.

3 프로그래밍하기

앞서 정의한 앱의 기능을 컴포넌트와 블록을 사용하여 코딩합니다. 이 부분이 본격적인 코딩을 하는 부분입니다.

4 디자인하기

❶ 컴포넌트 구성에서 하지 않은 화면 디자인을 디자이너 와 블록 에서 할 수 있는 영역으로 나누어 진행합니다.

❷ 앱 인벤터에서는 컴포넌트를 원하는 위치로 배치해도 컴포넌트가 이동되지 않습니다. 따라서 디자이너의 [레이아웃] 컴포넌트인 '수평배치', '표배치', '수직배치'를 사용합니다.

❸ 마지막으로 앱의 아이콘 이미지 파일을 업로드 합니다. 앱 아이콘 이미지 파일 또한 앱 이름과 동일하게 앱을 잘 나타낼 수 있는 디자인을 제안합니다.

5 앱 전체 프로그램

디자인까지 끝낸 앱 전체 프로그램(블록)입니다.

04 생각 키우기

지면의 제약으로 더 많은 기능들을 설명할 수 없어서 사용자들이 직접 개발할 수 있는 기능들을 간단하게 제안합니다.

위의 과정을 통해 앱을 개발하면서 단순히 기능을 하나 익힌다는 생각에서 멈추지 말고 멋진 앱을 개발해서 다른 사람들에게 서비스하는 데까지 이르길 기대해 봅니다.

Contents

Part 02 그리기 & 애니메이션

Part 03 미디어

Part 04 사용자 인터페이스 & 저장소

앱 · 인 · 벤 · 터 · 앱 · 인 · 벤 · 터 · 앱 · 인 · 벤 · 터 · 앱 · 인 · 벤 · 터

위치센서는 경도, 위도, 고도, 주소와 같은 위치 정보를 제공하고 방향 센서는 3차원 공간에서의 기기의 물리적 방향에 대한 정보를 제공하며 가속도 센서는 흔들림을 감지하여 3차원 공간에서의 가속도 근사값을 측정합니다.
안드로이드 폰의 위치, 방향, 가속도 센서 등을 이용하여 생활에 필요한 간단한 지도나 재미있는 게임을 개발해 봅시다.

PART 01 센서

앱 · 인 · 벤 · 터

Chapter 01

PART 01 | 센서

시작! 앱 인벤터2

스마트폰 사용이 보편화 되고 스마트폰에서 사용할 수 있는 앱(Application)을 스토어(구글의 Play 스토어)를 통해 쉽게 다운받을 수 있는 환경이 되면서 많은 사람이 앱을 개발하기 시작했습니다. 하지만 이런 앱을 누구나 쉽게 개발할 수 있는 것은 아니었습니다.
반면 앱 인벤터는 누구나 쉽게 원하는 앱을 만들 수 있도록 해주는 프로그램입니다.

01 앱 인벤터란?

앱 인벤터(App Inventor)는 안드로이드 플랫폼 앱을 만들 수 있는 도구입니다.

앱 개발을 위해서 특별히 어려운 프로그래밍 언어를 배우지 않아도 블록을 연결하여 나만의 앱을 쉽게 만들 수 있습니다.

02 앱 인벤터 사용을 위한 준비

1 크롬(Chrome) 브라우저 설치하기

01 앱 인벤터는 구글에서 만든 크롬(Chrome) 브라우저에서 실행합니다.

02 크롬(Chrome) 브라우저를 다운 받아 설치합니다.
※ 크롬(Chrome) 브라우저 다운로드 주소 : http://www.google.com/Chrome/

2 구글(Google) 계정 만들기

01 앱 인벤터를 사용하기 위해서는 구글 계정이 있어야 합니다. 구글 계정은 http://www.google.co.kr/ 에서 만들 수 있습니다.

02 크롬 브라우저에서 구글 웹사이트(http://www.google.co.kr/)에 구글 계정으로 로그인 합니다.

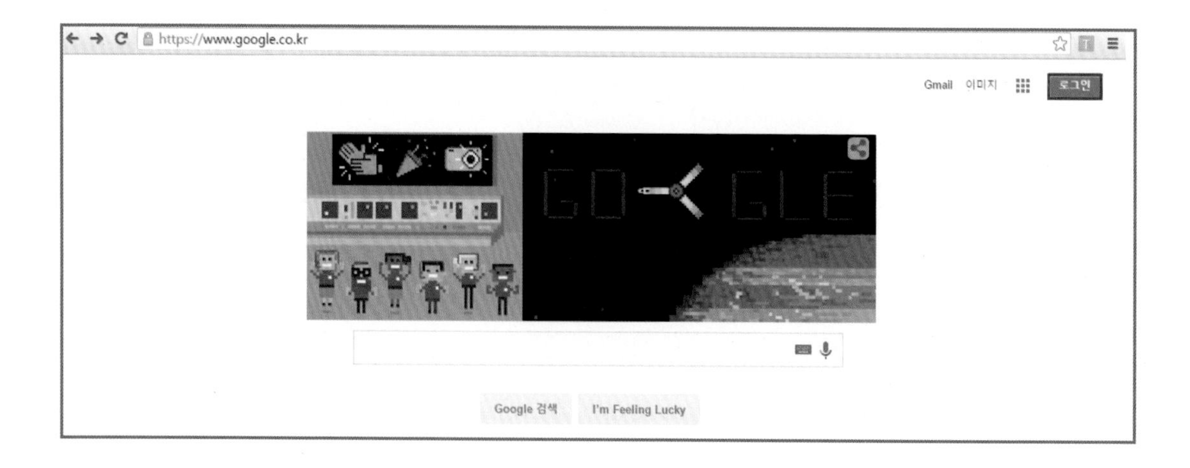

3 앱 인벤터 시작하기

01 앱 인벤터 웹 사이트(http://appinventor.mit.edu/)에 접속합니다.

02 아래 그림의 화면 오른쪽 위에 있는 Create apps! 버튼을 클릭합니다.

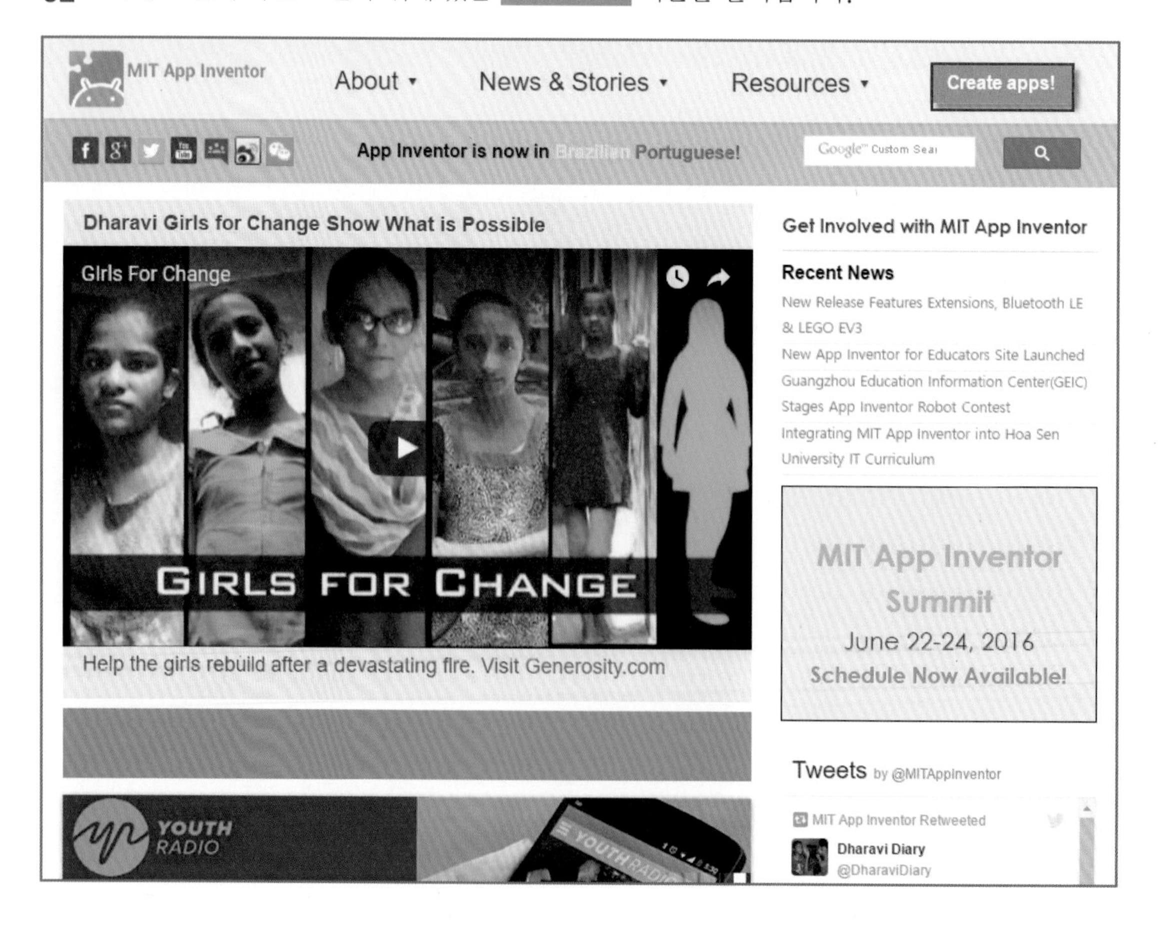

03 앱 인벤터 화면에서 언어를 [English]에서 [한국어]로 변경합니다.

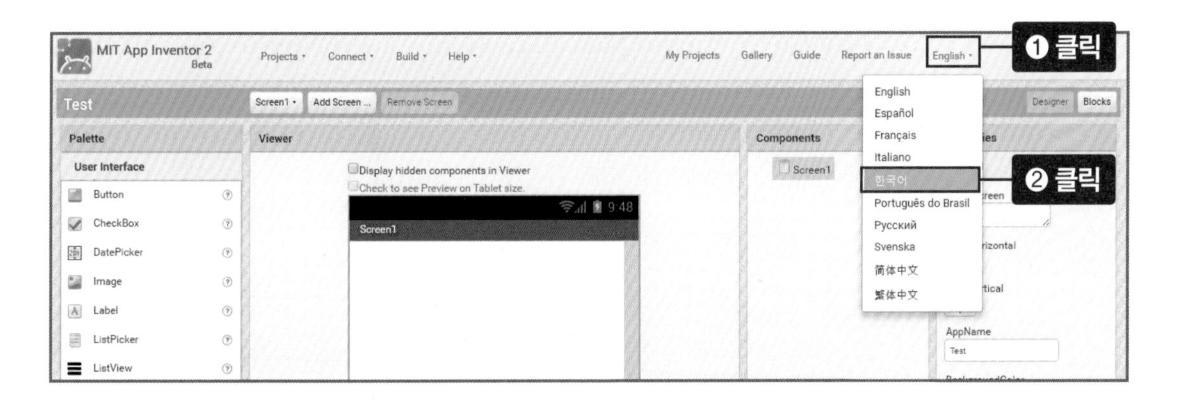

03 앱 테스트 및 설치를 위한 준비

앱을 개발하면서 중간 중간에 기능을 확인하기 위한 테스트 과정이 필요합니다. 그리고 앱이 완성되어 앱을 스마트폰에 설치하기 위해 필요한 사항을 준비합니다.

1 안드로이드 스마트폰 준비하기

앱 인벤터(App Inventor)는 안드로이드 플랫폼 앱을 개발하는 프로그램이므로 앱을 실제로 실행해볼 수 있는 디바이스(스마트폰, 태블릿 등)를 준비합니다.

2 MIT AI2 Companion 설치하기

01 개발 중인 앱을 테스트 또는 실시간 미리보기를 하기 위해서 [Play 스토어]에서 'MIT AI2 Companion'을 다운 받아 설치합니다. 이때 컴퓨터와 스마트폰은 같은 Wifi에 연결되어 있어야 합니다.

02 그 외 테스트 방법은 여러 가지가 있지만 본 교재에서는 이 방법을 추천합니다.

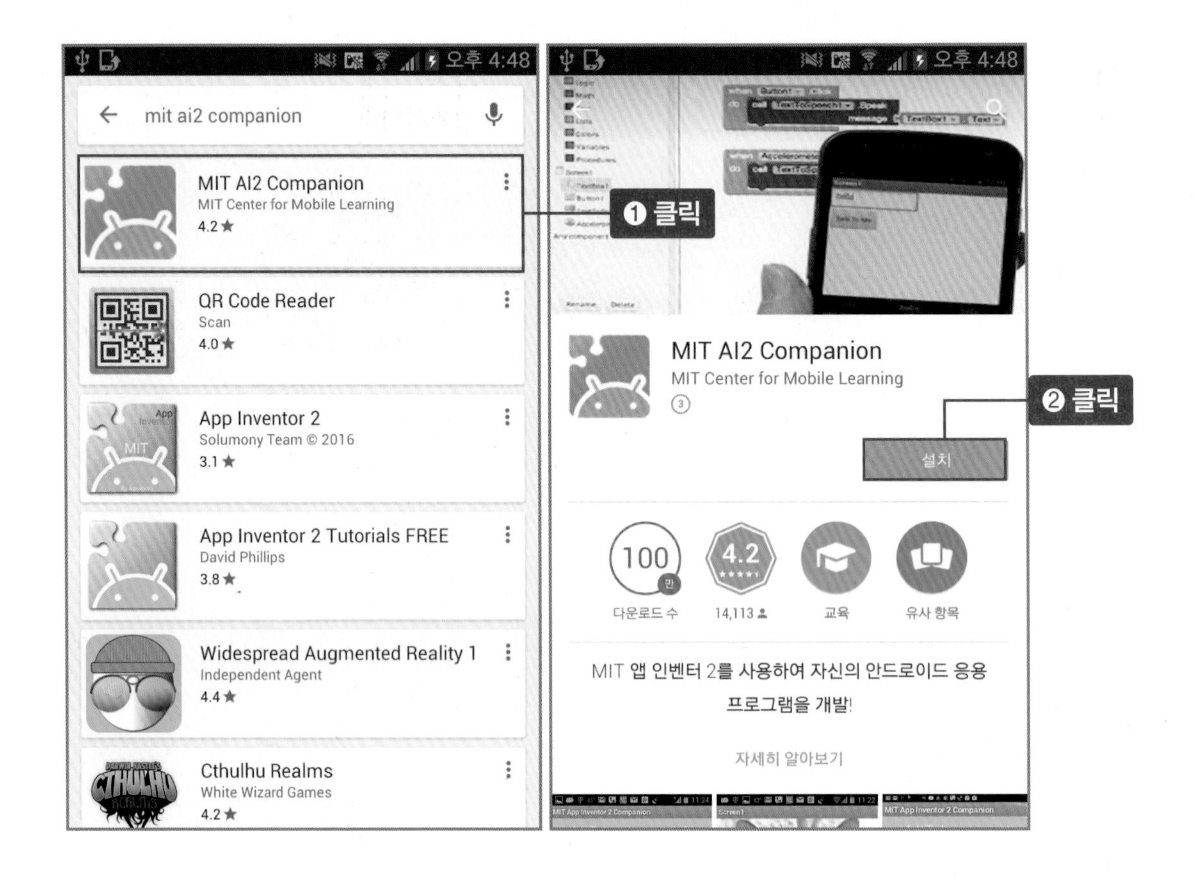

3 QR 코드 리더 앱 설치하기

완성된 앱을 스마트폰에 설치하기 위해 [Play 스토어]에서 'QR코드리더'로 검색하여 원하는 앱을 설치합니다.

04 앱 인벤터 화면 구성

앱 인벤터는 컴포넌트로 앱의 화면을 디자인하는 디자이너 와 기능(동작)을 블록으로 코딩하는 블록 화면으로 구성되어 있습니다. 디자이너 블록 버튼을 클릭하여 두 화면 중 하나를 선택할 수 있습니다.

1 디자이너 화면

컴포넌트들로 앱의 화면을 디자인하는 화면입니다.

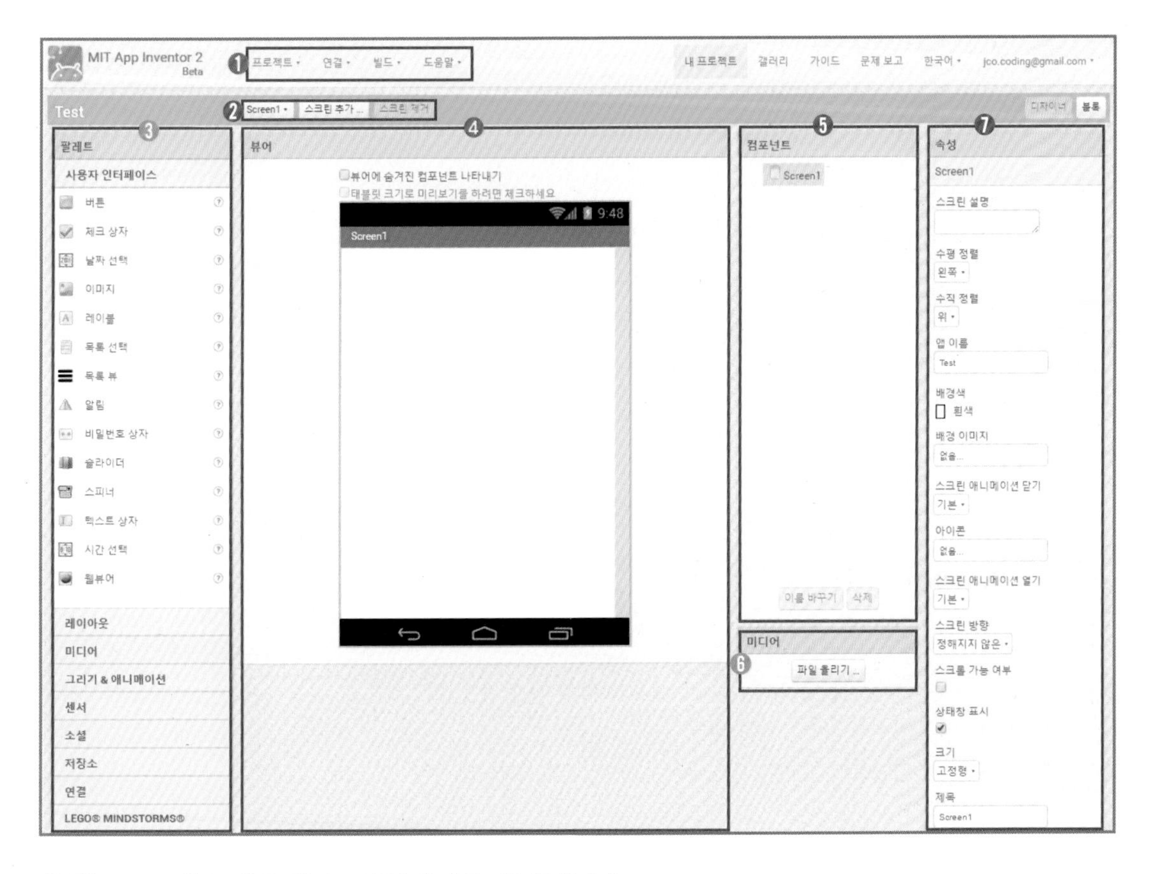

❶ 메뉴 : 프로젝트, 연결, 빌드, 도움말에 대한 메뉴들입니다.
❷ 스크린 : 스크린 이동, 스크린 추가, 스크린 제거를 할 수 있습니다.
❸ 팔레트 : 앱을 디자인하는데 필요한 컴포넌트들입니다.
❹ 뷰어 : 앱에 필요한 컴포넌트들을 배치하는 곳입니다. 컴포넌트를 드래그 하여 배치합니다.
❺ 컴포넌트 : 뷰어에 배치된 컴포넌트들을 목록 형태로 보여줍니다.
❻ 미디어 : 앱에 사용되는 사진(이미지), 음악(소리), 동영상 등을 파일로 올리거나 확인할 수 있습니다.
❼ 속성 : 각 컴포넌트들의 속성을 설정할 수 있습니다.

2 블록 화면

블록으로 앱의 기능(동작)을 코딩하는 화면입니다.

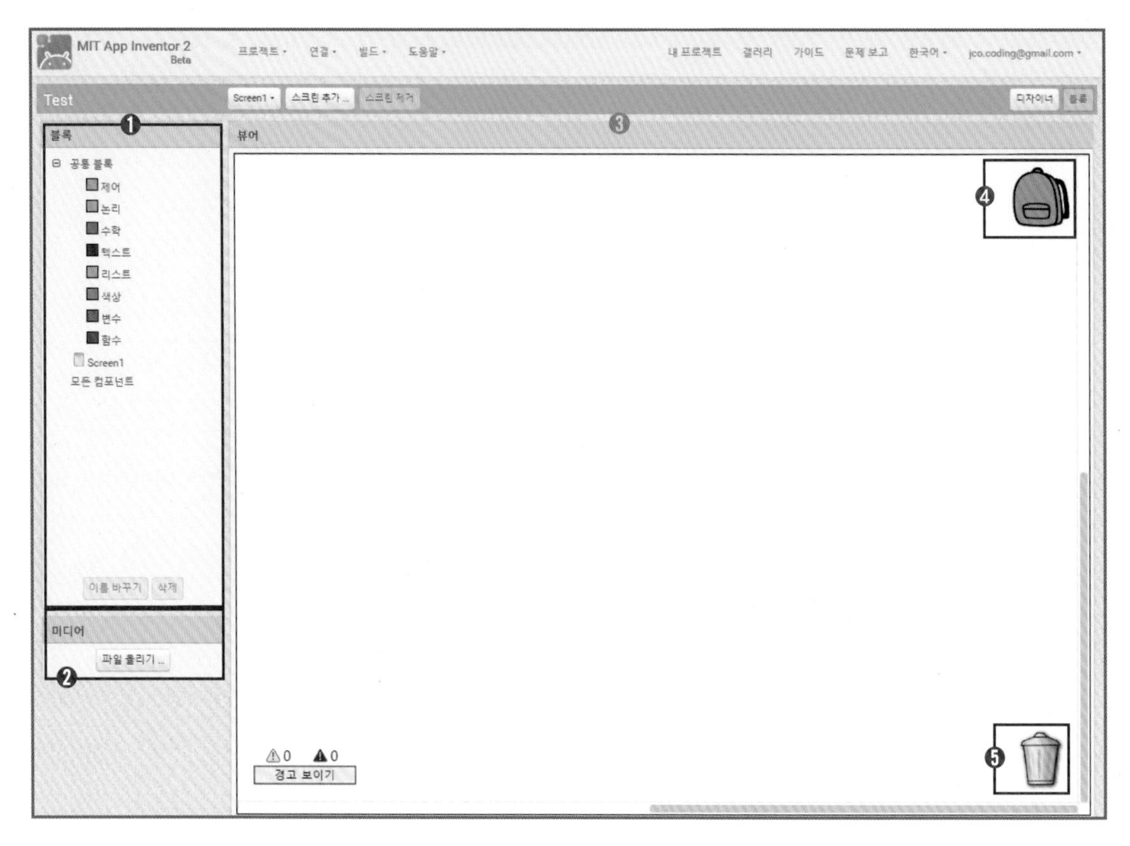

❶ **블록** : 앱이 동작하도록 하는 명령어 블록들입니다.

❷ **미디어** : 앱에 사용되는 사진(이미지), 음악(소리), 동영상 등을 파일로 올리거나 확인할 수 있습니다.

❸ **뷰어** : 블록으로 동작을 코딩하는 곳입니다. 블록을 드래그 하여 배치합니다.

❹ **백팩** : 블록 복사, 붙여넣기를 도와주는 기능입니다. 현재 사용 중인 프로젝트 또는 스크린에서 블록을 복사하여 다른 프로젝트나 스크린에 붙여 넣을 수 있습니다.

❺ **휴지통** : 블록을 드래그 하여 놓으면 삭제 뷰어 영역에서 삭제됩니다.

05 앱 만들기/테스트/저장/설치하기

1 앱 만들기

새로운 앱을 만듭니다.

01 [프로젝트 > 새 프로젝트 시작하기] 메뉴를 클릭합니다.

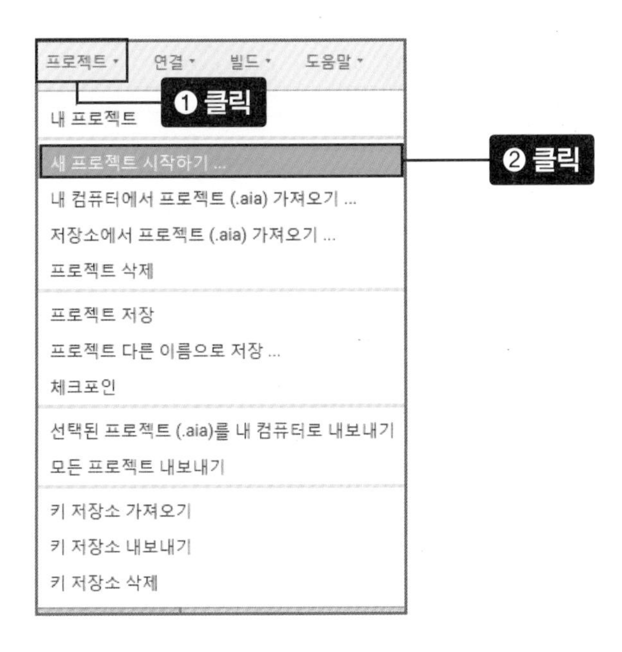

02 프로젝트 이름을 입력합니다.

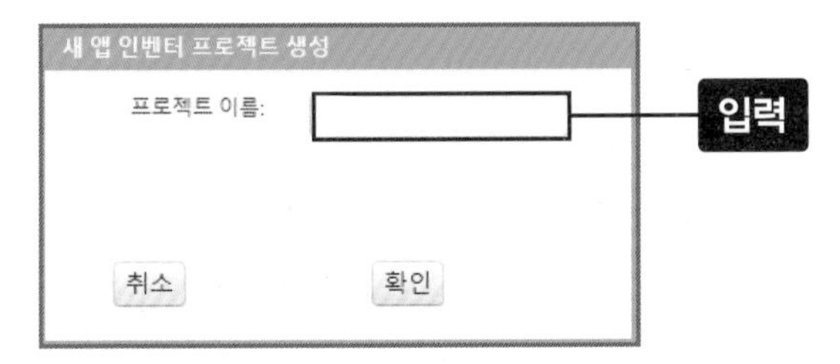

Hint

프로젝트 이름 규칙

프로젝트 이름은 영어 알파벳으로 시작해야하고 특수 문자는 사용할 수 없습니다.

2 앱 테스트하기(실시간 미리보기)

- 개발 중인 앱을 중간 중간 실시간 미리보기를 이용하여 확인합니다.
- 컴퓨터와 스마트폰이 같은 Wifi에 연결된 환경에서의 테스트 방법입니다.

01 [연결 > AI 컴패니언] 메뉴를 클릭합니다.

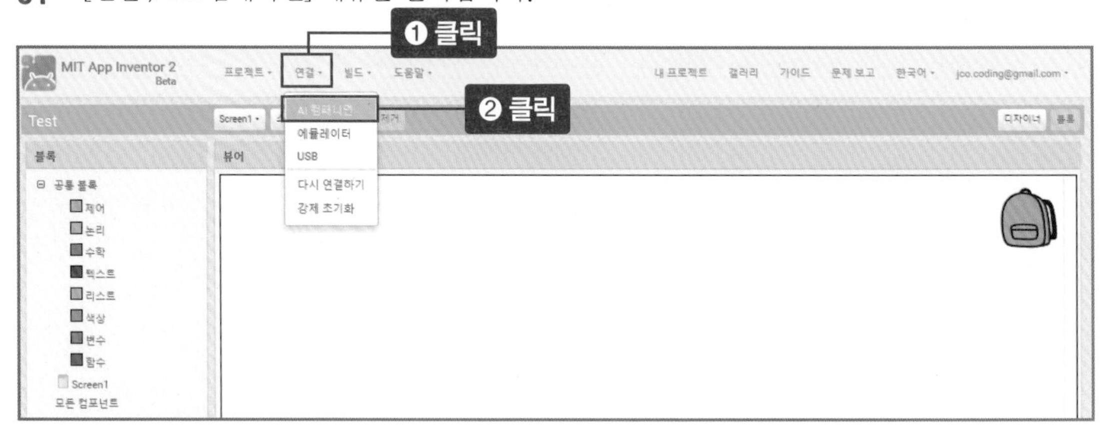

02 QR code와 여섯 자리로 된 code가 화면에 표시됩니다.

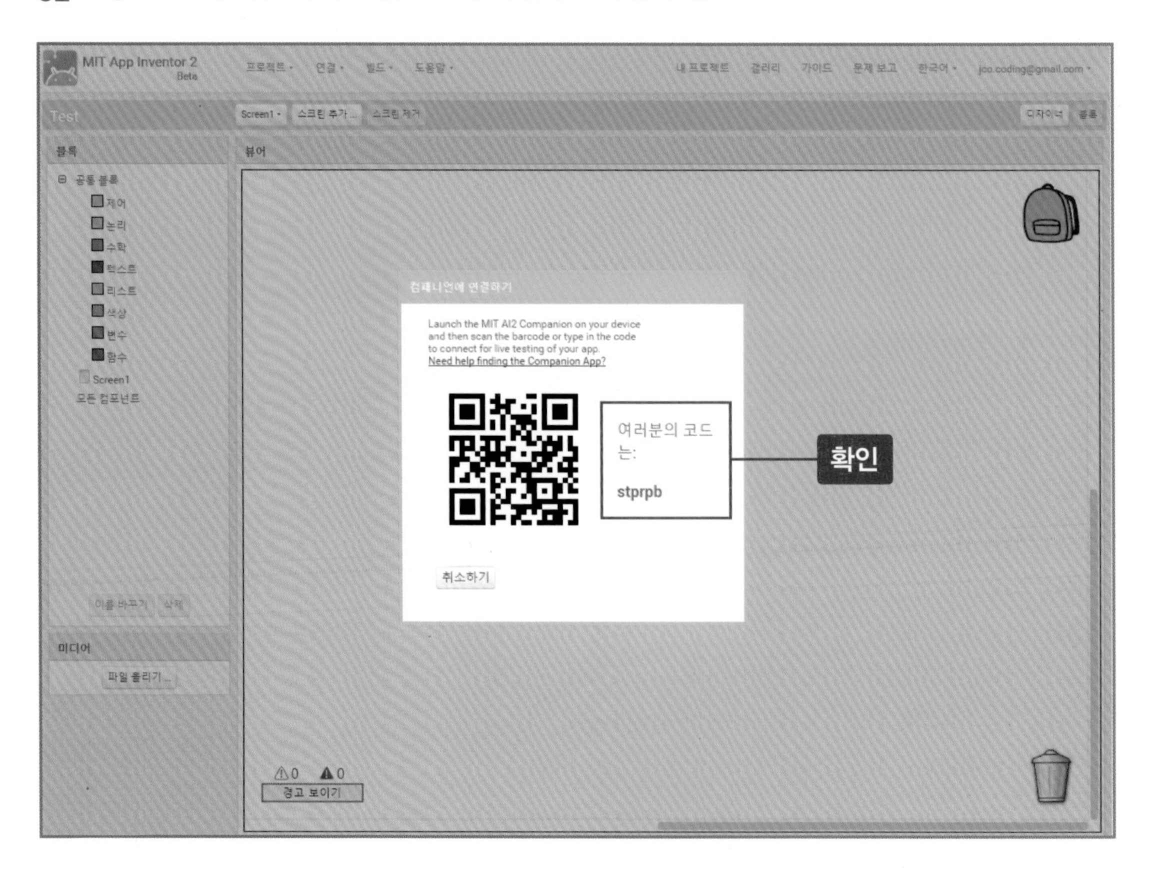

03 스마트폰에 미리 다운받은 MIT AI2 Companion 앱의 [scan QR code] 메뉴를 사용하여 실시간 미리보기를 진행합니다.

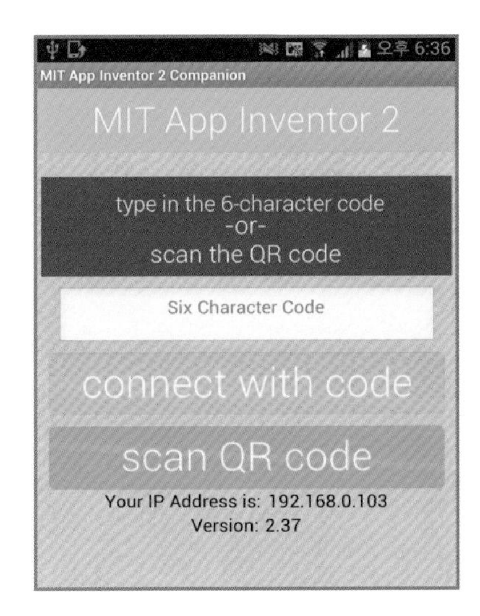

> **Hint**
>
> **실시간 미리보기**
>
> 앱 인벤터 프로젝트(.aia)를 앱(.apk)으로 변환하지 않고 말 그대로 '미리보기' 하는 것이므로 실제로 정확히 동작하지 않을 때도 있습니다.

3 앱 저장하기

완성된 앱을 컴퓨터에 저장합니다.

01 [프로젝트 〉 선택된 프로젝트(.aia)를 내 컴퓨터로 내보내기]로 저장합니다.
앱을 다시 편집할 수 있는 프로젝트로 저장하는 방법입니다. 이 경우 [프로젝트 〉 내 컴퓨터에서 프로젝트(.aia) 가져오기]로 다시 불러올 수 있습니다.

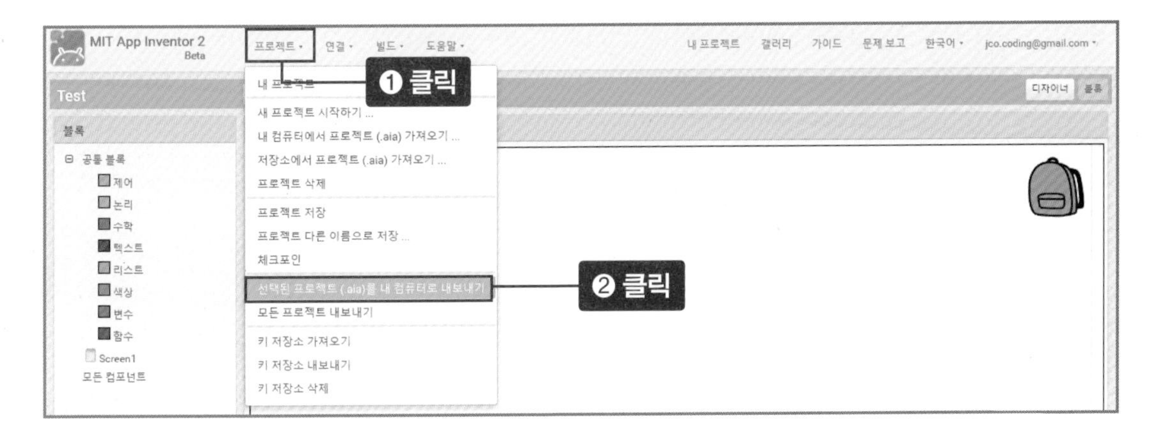

02 [빌드 〉 앱 (.apk를 내 컴퓨터에 저장하기)]로 저장합니다.

완성된 앱을 설치파일 형태인 .apk 파일로 저장됩니다. 파일은 사용자 컴퓨터의 [다운로드] 폴더에서 확인할 수 있습니다.

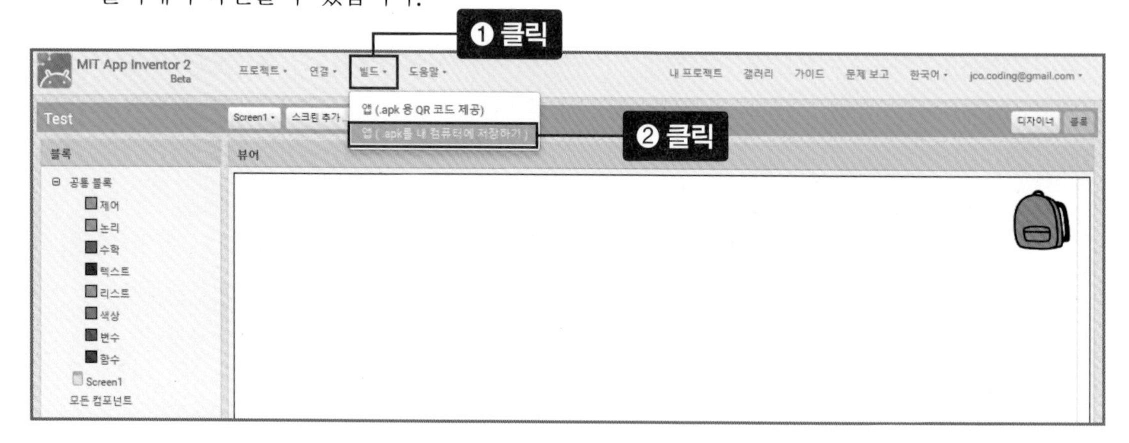

4 앱 설치하기

1) 완성된 앱을 스마트폰에 설치합니다. 스마트폰에 앱을 설치하기 위해서는 먼저 QR 코드 리더 앱이 설치되어 있어야 합니다.

01 [빌드 〉 앱 (.apk용 QR 코드 제공)]을 클릭합니다.

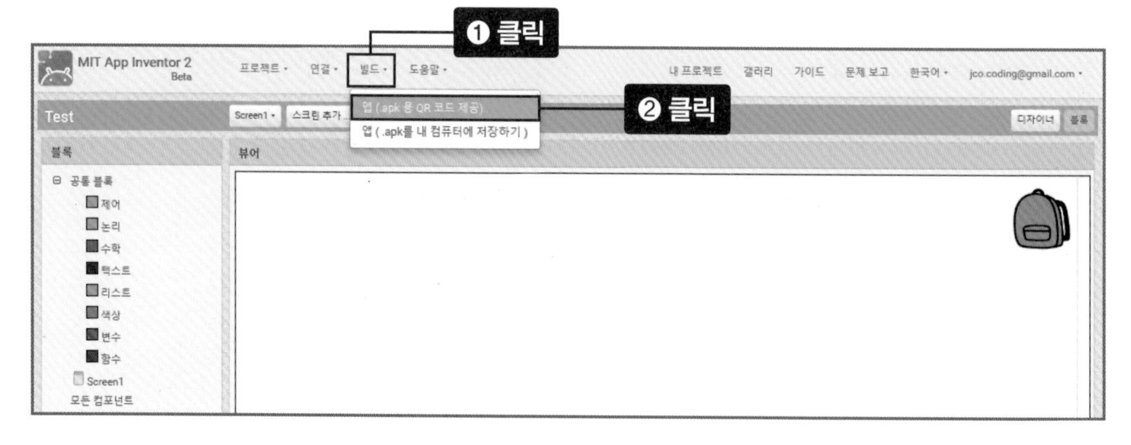

02 QR 코드가 나타나면 앞에서 설치해 둔 QR 코드 리더 앱으로 코드를 인식합니다.

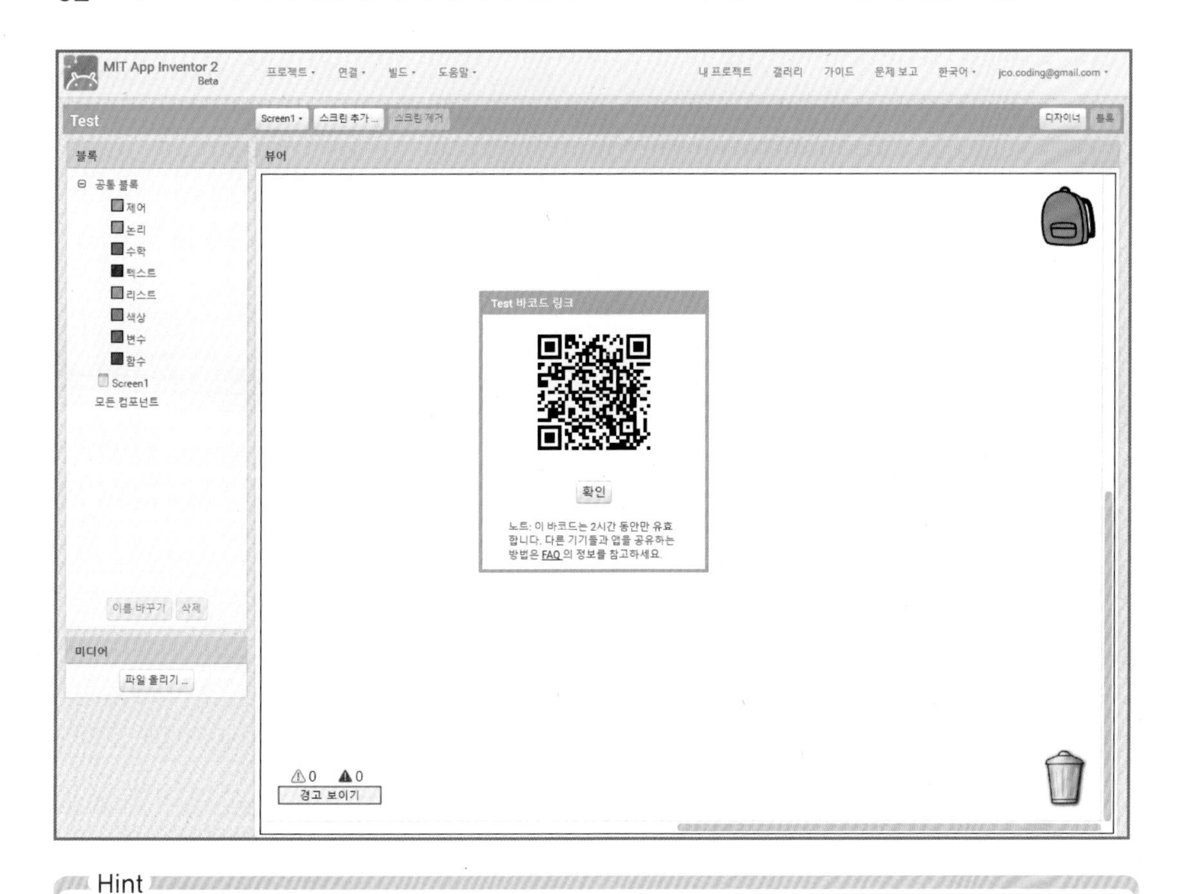

Hint

QR 코드 유효 시간

이렇게 생성된 QR 코드는 2시간 동안만 유효합니다. 다시 앱을 설치하기 위해서는 다시 QR 코드를 생성해야 합니다.

03 코드를 인식하면 '*.apk' 파일이 스마트폰에 저장되고 저장된 파일을 클릭하여 앱을 설치합니다. 이때 앱 설치와 관련된 보안 경고창이 나타납니다.

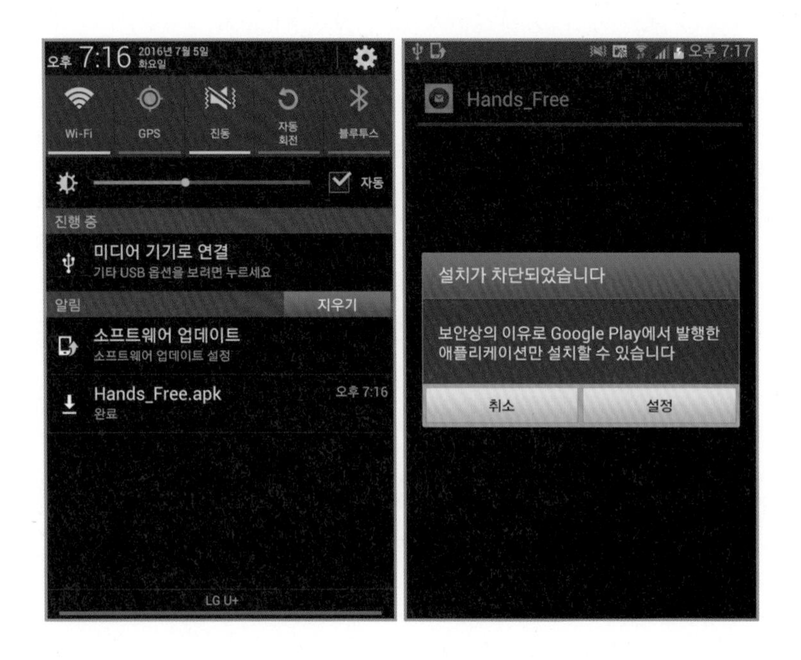

04 스마트폰의 [설정 > 보안 > 디바이스 관리] 메뉴의 '알 수 없는 출처'를 선택하여 Play 스토어 외에 다른 출처의 애플리케이션을 설치할 수 있도록 허용합니다.

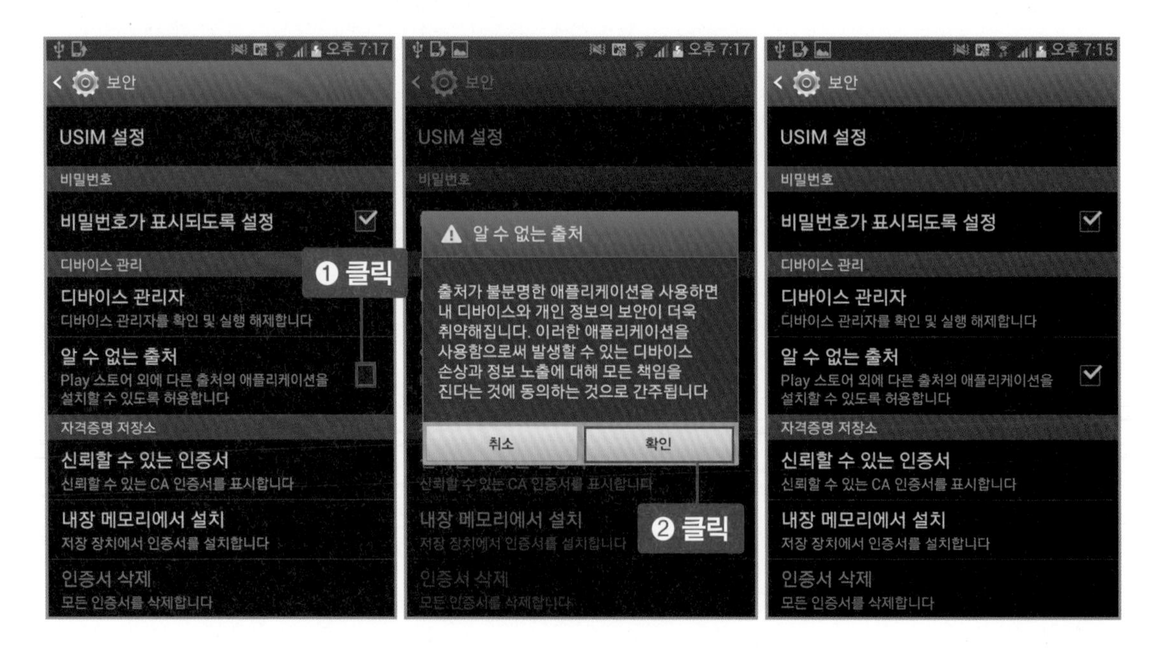

Hint

알 수 없는 출처 설정

❶ 스마트폰 종류에 따라 설정 화면은 다를 수 있습니다.

❷ 스마트폰의 [설정 〉 보안 〉 디바이스 관리] 메뉴의 '알 수 없는 출처' 허용은 한 번만 하면 이후에는 보안 경고창 없이 앱을 설치할 수 있습니다.

05 '*.apk' 파일을 찾거나 다시 빌드하여 앱을 설치합니다. 설치가 끝나면 [열기]를 클릭하여 앱을 실행합니다.

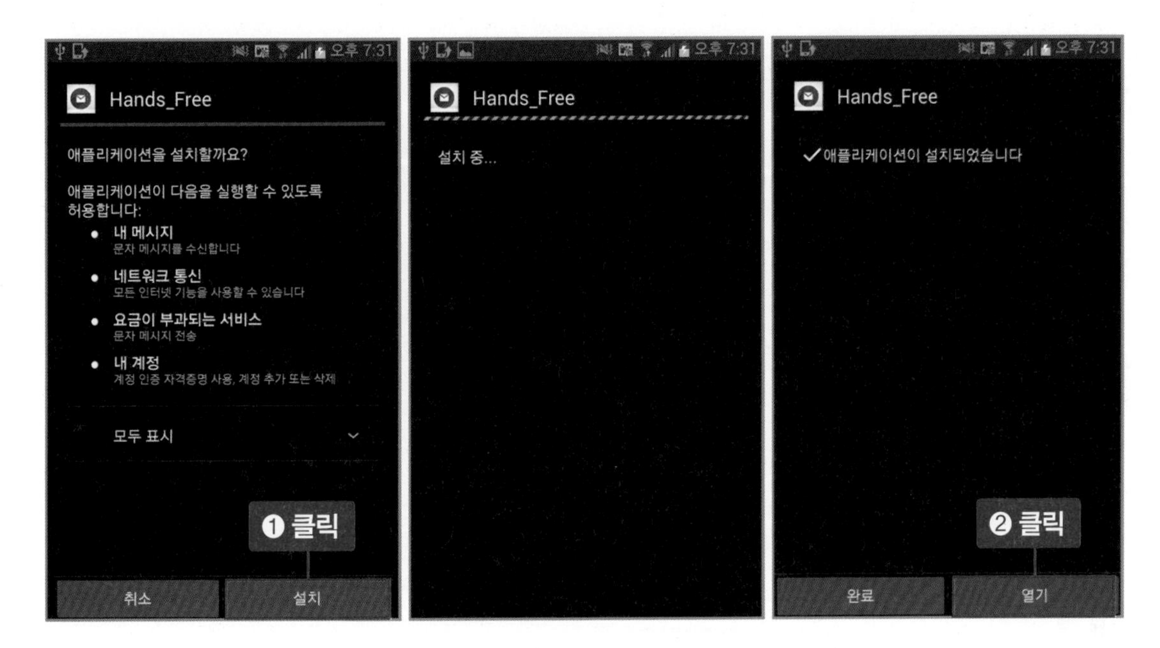

Chapter 02

PART 01 | 센서

안녕하세요 : Shake_Hello 앱

스마트폰의 흔들림을 감지하는 [가속도 센서] 컴포넌트와 텍스트를 음성으로 변환하는 [음성 변환] 컴포넌트를 사용하여 스마트폰을 흔들면 여러 개의 이미지가 랜덤하게 보이고 "안녕하세요.***"라고 말하는 [Shake_Hello] 앱을 만듭니다.

01 앱 기획하기

1 앱의 기능

스마트폰을 흔들면

- 화면에 여러 개의 이미지를 랜덤하게 보여줍니다.
- 텍스트로 된 "안녕하세요.***"를 음성으로 표현합니다.

2 완성 화면 (프로젝트명 : Shake_Hello)

02 컴포넌트와 블록 익히기

1 컴포넌트

1) 대표 컴포넌트

컴포넌트		팔레트	설명
텍스트 상자	텍스트 상자	사용자 인터페이스	사용자가 텍스트를 입력할 수 있는 상자
버튼	버튼	사용자 인터페이스	클릭하면 연결된 동작을 수행하는 컴포넌트
가속도 센서	가속도_센서	센서	흔들림을 감지하여 3차원 공간에서의 가속도 근삿값을 측정하는 보이지 않는 컴포넌트
음성 변환	음성_변환	미디어	글을 말로 바꾸어주는 컴포넌트

2) 사용 컴포넌트 리스트

종류	팔레트	이름 바꾸기	목적	속성
텍스트 상자	사용자 인터페이스	텍스트_인사말	인사말 내용	– 배경색 : 밝은 회색 – 글꼴 굵게 : 선택 – 너비 : 부모에 맞추기 – 힌트 : 빈칸 처리 – 텍스트 : 안녕하세요. 앱 인벤터에 오신 것을 환영합니다. – 텍스트 정렬 : 가운데
버튼	사용자 인터페이스	버튼_이미지	여러 가지 이미지 노출	– 활성화 : 선택 해제하기 – 높이 : 부모에 맞추기 – 너비 : 부모에 맞추기 – 이미지 : 'Image0.png'~'Image5.png'(6개 파일 올리기) – 텍스트 : 빈칸 처리
가속도 센서	센서	가속도_센서1	스마트폰 흔들림 감지	
음성 변환	미디어	음성_변환1	글을 음성으로 변환	

2 블록

블록	컴포넌트	기능
언제 가속도_센서1 .흔들림 실행	가속도 센서	스마트폰을 흔들면 블록 안의 블록을 실행한다.
호출 음성_변환1 .말하기 메시지	미디어	텍스트를 음성으로 변환한다.
" "	텍스트	입력한 텍스트 문자열을 사용한다.
합치기	텍스트	모든 입력들을 하나의 텍스트 문자열로 합친다.
Txt_Msg . 텍스트	텍스트 상자	텍스트 상자의 속성 중 입력된 텍스트 값을 의미한다.
지정하기 btn_Image . 이미지 값	버튼	버튼의 속성 중 이미지 값을 지정한다.
임의의 항목 선택하기 리스트	리스트	리스트에서 임의의 항목을 선택한다.
리스트 만들기	리스트	여러 개의 항목을 가진 리스트를 만든다.
언제 Screen1 .초기화 실행	Screen	처음 화면이 켜지면 블록 안의 블록을 실행한다.
지정하기 Txt_Msg . 높이 값	텍스트 상자	텍스트 상자의 속성 중 높이 값을 지정한다.
/	수학	두 수를 나눈 값을 반환한다.
0	수학	입력한 숫자를 값으로 사용한다.

03 프로젝트 만들기

1 새 프로젝트 시작하기

1) 새 프로젝트 시작하기... 버튼을 클릭하면 나타나는 [새 앱 인벤터 프로젝트 생성] 팝업창에 프로젝트 이름으로 'Shake_Hello'를 입력하고 [확인] 버튼을 클릭합니다.

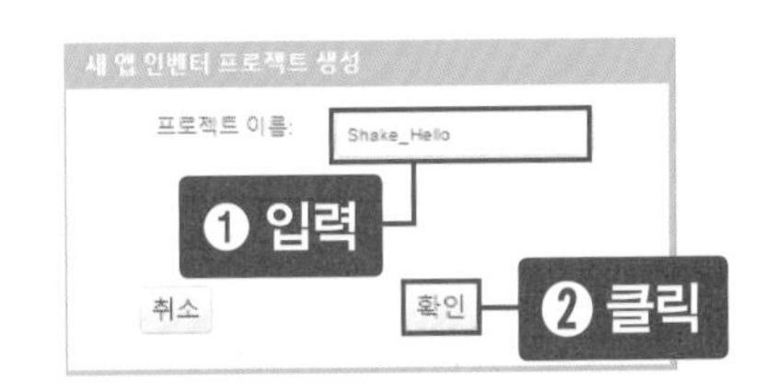

2) [Screen1]의 속성 중 [제목]을 'Shake_Hello'로 변경합니다.

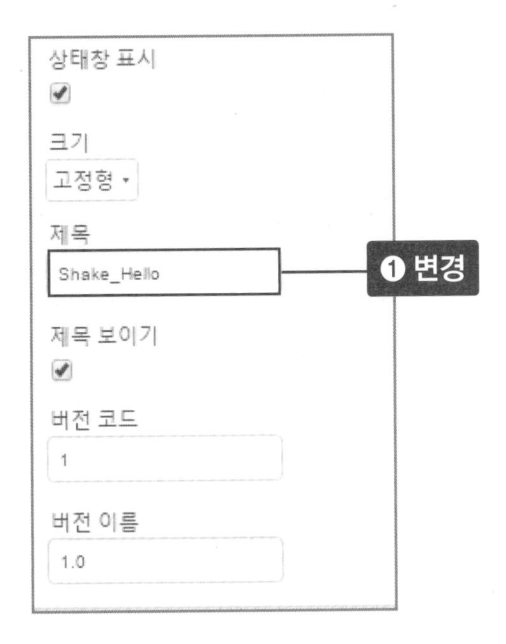

2 컴포넌트 구성하기 : 디자이너

1) 인삿말을 입력하기 위해 [텍스트 상자] 추가하기

01 [팔레트 〉 사용자 인터페이스]의 텍스트 상자 컴포넌트를 뷰어의 [Screen1] 화면 위로 드래그합니다.

02 [텍스트_상자1]을 선택하고 이름 바꾸기 버튼을 클릭하여 새 이름을 '텍스트_인삿말'로 변경합니다.

03 [텍스트_인삿말]을 선택하고 다음과 같이 속성을 설정합니다.

- **배경색** : 밝은 회색 • **글꼴 굵게** : 선택
- **힌트** : 빈칸 처리
- **텍스트 정렬** : 가운데
- **너비** : 부모에 맞추기
- **텍스트** : 안녕하세요. 앱 인벤터에 오신 것을 환영합니다.
- 나머지 속성은 기본 설정 값 유지

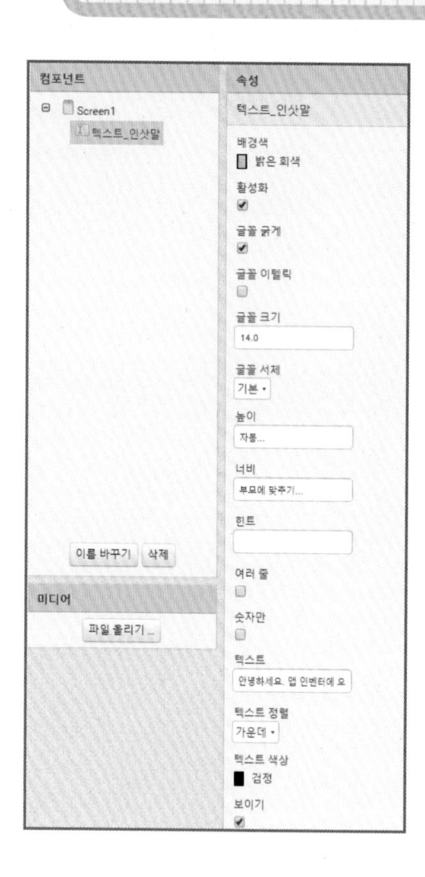

2) 여러 개의 이미지를 랜덤하게 보이기 위해 [버튼] 추가하기

01 [팔레트 > 사용자 인터페이스]의 버튼 컴포넌트를 뷰어의 [Screen1] 화면 위로 드래그 합니다.

02 [버튼1]을 선택하고 이름 바꾸기 버튼을 클릭하여 새 이름을 '버튼_이미지'로 변경합니다.

03 [버튼_이미지]를 선택하고 다음과 같이 속성을 설정합니다.

- **활성화** : 선택 해제하기
- **너비** : 부모에 맞추기
- **텍스트** : 빈칸 처리
- **높이** : 부모에 맞추기
- **이미지** : Image0.png~Image5.png(6개 파일 올리기)
- 나머지 속성은 기본 설정 값 유지

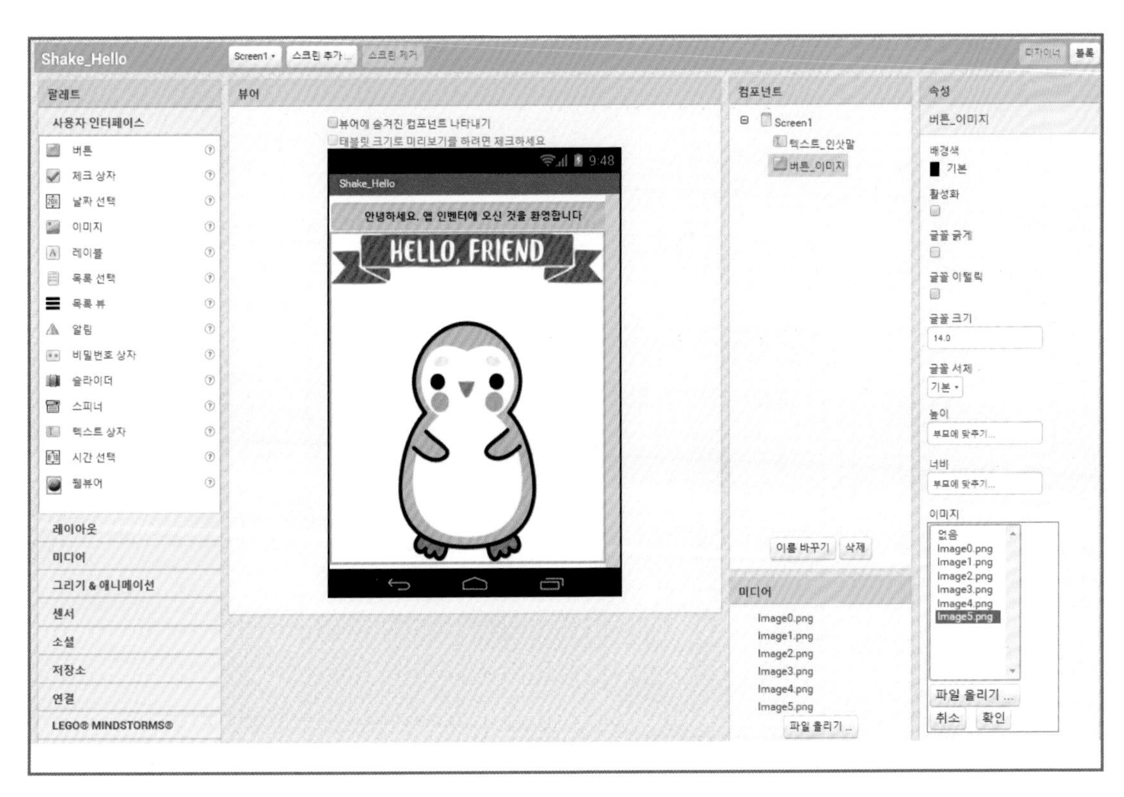

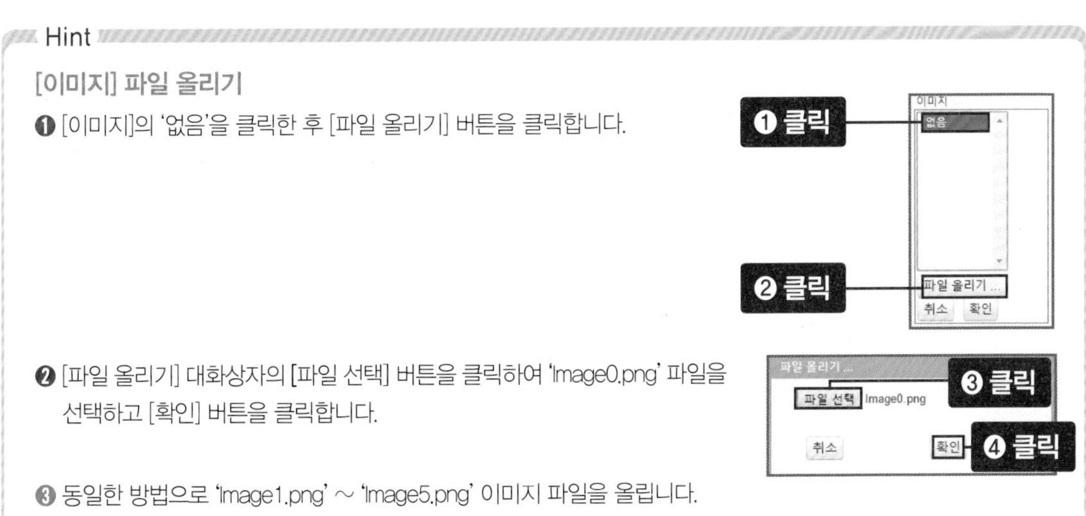

Hint

[이미지] 파일 올리기

❶ [이미지]의 '없음'을 클릭한 후 [파일 올리기] 버튼을 클릭합니다.

❷ [파일 올리기] 대화상자의 [파일 선택] 버튼을 클릭하여 'Image0.png' 파일을 선택하고 [확인] 버튼을 클릭합니다.

❸ 동일한 방법으로 'Image1.png' ~ 'Image5.png' 이미지 파일을 올립니다.

3) 텍스트 상자의 글을 말로 바꾸기 위해 [음성 변환] 추가하기

01 [팔레트 〉 미디어]에 있는 음성_변환 컴포넌트를 뷰어의 [Screen1] 화면 위로 드래그 합니다.

02 속성은 기본 값으로 설정합니다.

Hint

음성_변환 컴포넌트

화면에 보이지 않는 컴포넌트이므로 화면 아래의 [보이지 않는 컴포넌트] 영역에 보입니다.

4) 스마트폰이 흔들리는 것을 감지하기 위해 [가속도 센서] 추가하기

01 [팔레트 > 센서]에 있는 가속도_센서 컴포넌트를 뷰어의 [Screen1] 화면 위로 드래그 합니다.

02 속성은 기본 값으로 설정합니다.

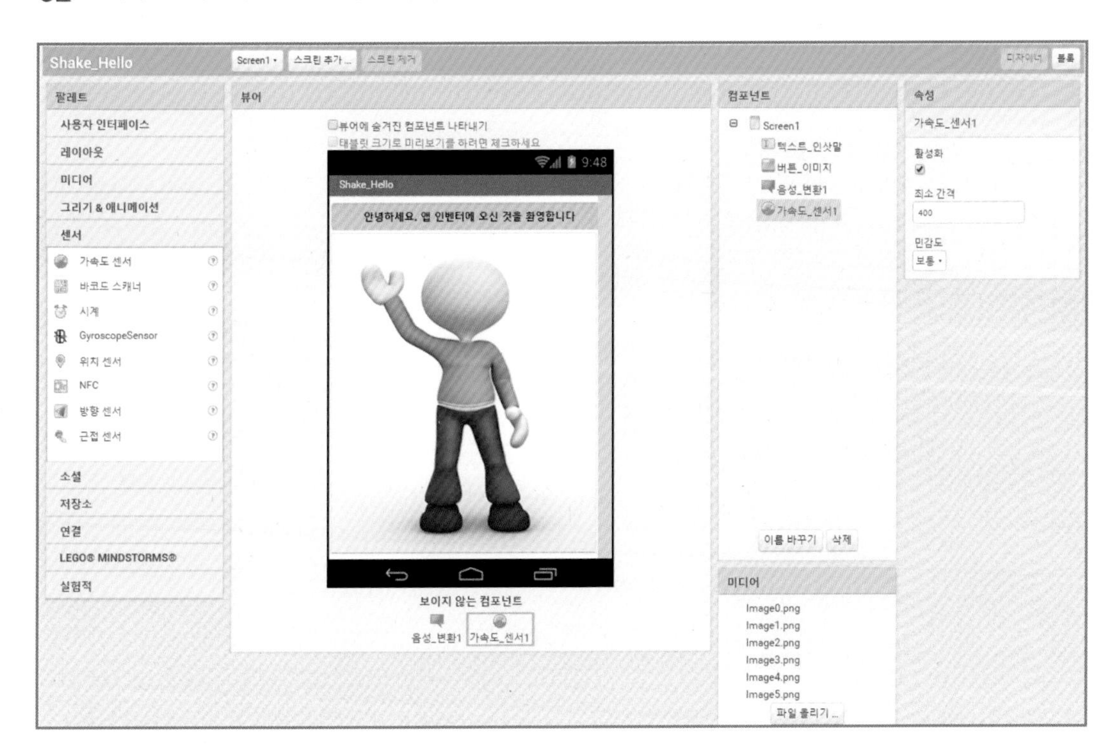

> **Hint**
>
> **가속도_센서 컴포넌트**
>
> 엑셀로미터(accelerometer)라고 하며 가속도나 충격의 세기를 측정하는 센서로 화면에 보이지 않는 컴포넌트이므로 화면 아래의 [보이지 않는 컴포넌트] 영역에 보여집니다.

3 프로그래밍하기 : 블록

1) [가속도_센서1] 블록 : 스마트폰을 흔들면

01 블록의 [Screen1 > 가속도_센서1] 블록을 클릭하면 [가속도_센서] 관련 블록을 확인할 수 있습니다.

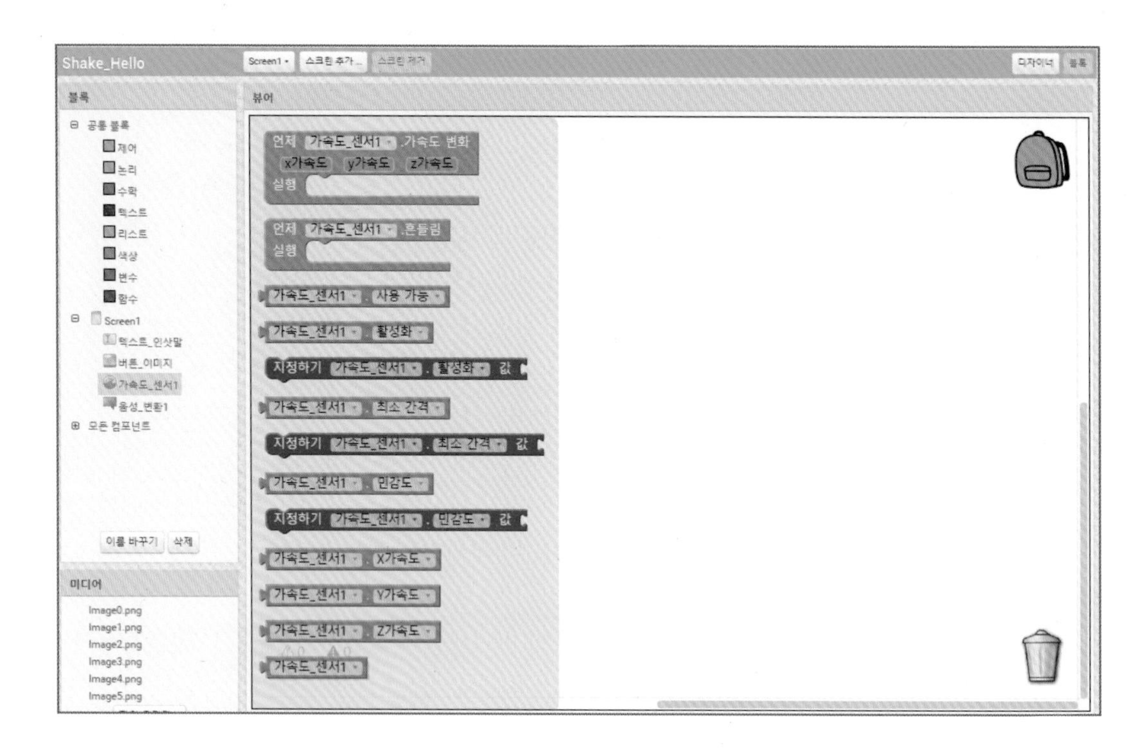

02 [언제 '가속도_센서1'.흔들림] 블록을 뷰어 영역으로 드래그 합니다.

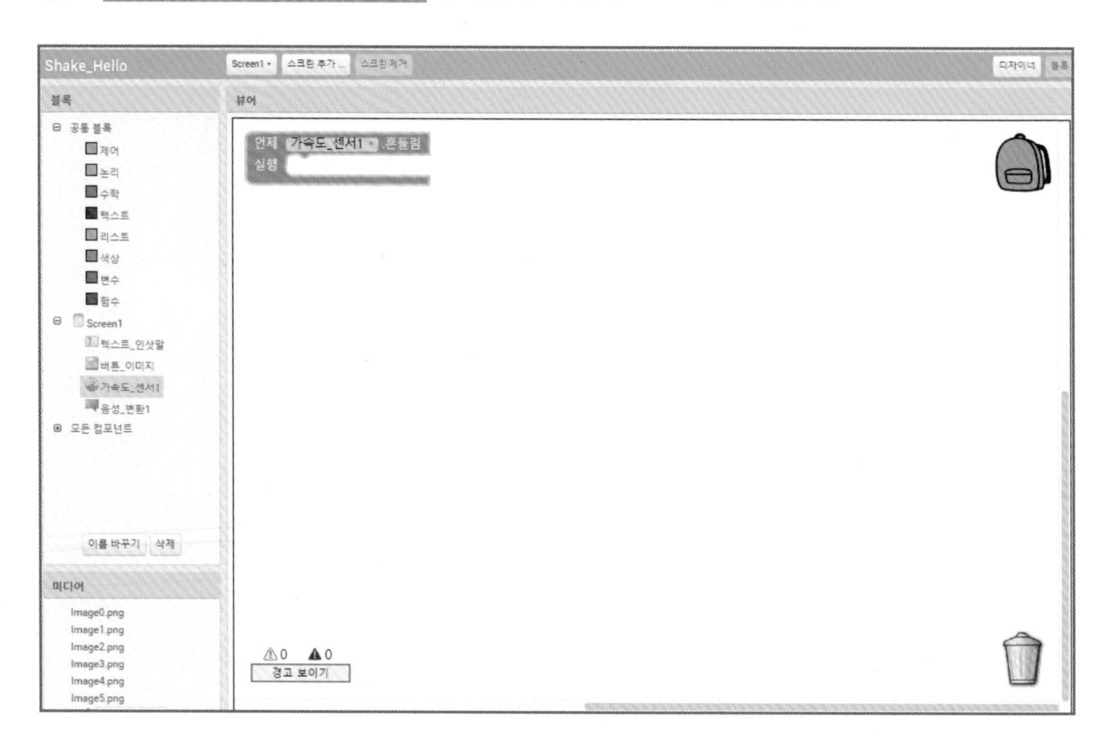

2) [음성_변환1] 블록 : "안녕하세요.***"라고 말하기

01 블록의 [Screen1 > 음성_변환1]을 클릭하면 [음성_변환] 관련 블록을 확인할 수 있습니다.

02 [호출 '음성_변환1'.말하기] 블록을 뷰어 영역으로 드래그하여 [언제 '가속도_센서1'.흔들림] 블록 안에 연결합니다.

03 [텍스트_인삿말]의 텍스트를 음성으로 변환하기 위해 [호출 '음성_변환1'.말하기] 블록의 메시지에 ['텍스트_인삿말'.'텍스트']를 연결합니다.

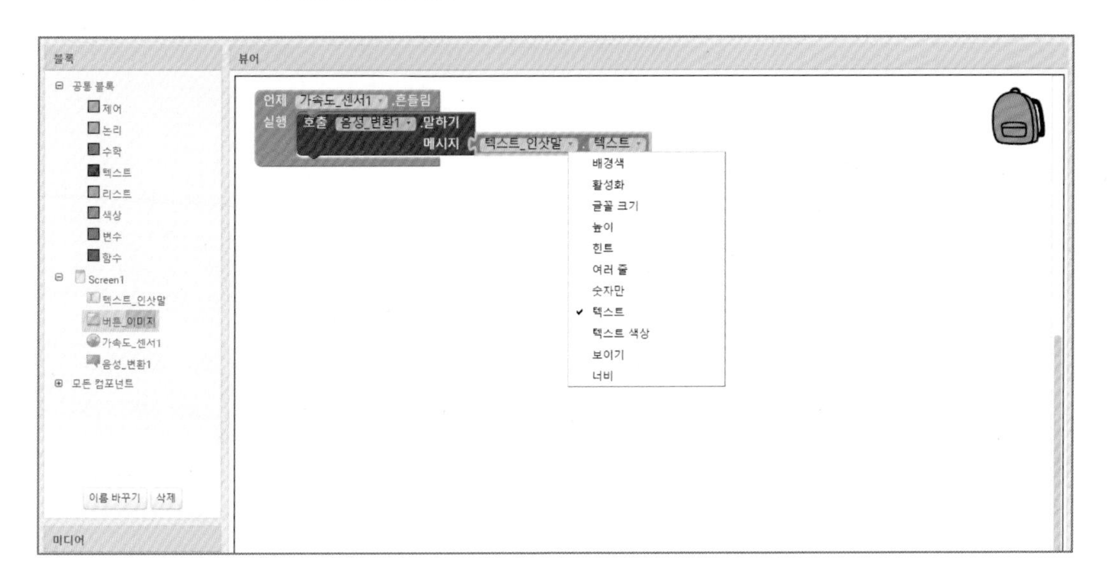

3) [버튼_이미지] 블록 : 여러 개의 이미지를 랜덤하게 보여주기

01 블록의 [Screen1 〉 버튼_이미지]를 클릭하면 [버튼] 관련 블록을 확인할 수 있습니다.

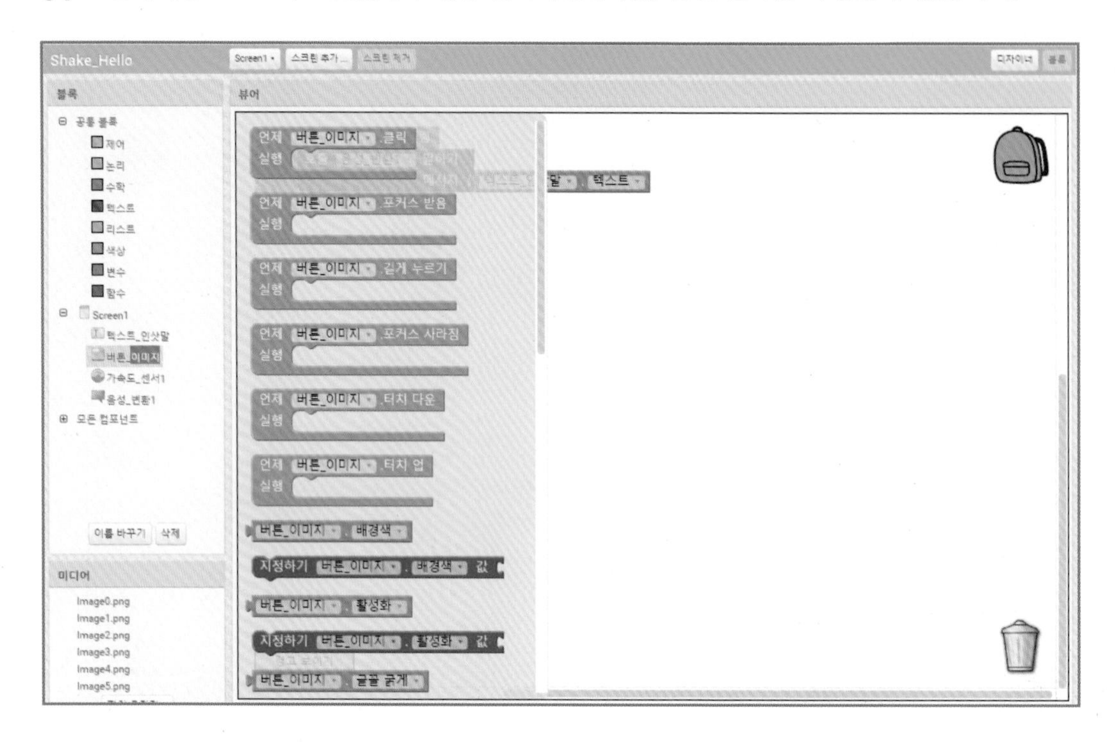

02 [지정하기 '버튼_이미지'.이미지 값] 블록을 [호출 '음성_변환1'.말하기] 블록 아래에 연결합니다.

03 [공통 블록 〉 리스트] 블록의 [임의의 항목 선택하기 리스트] 블록을 [지정하기 '버튼_이미지'.'이미지' 값] 블록에 연결합니다.

04 여러 개의 이미지를 보여주기 위해 [리스트 만들기] 블록을 연결합니다.

05 [버튼_이미지] 이미지 속성에 업로드 한 6개의 파일명을 [" "] 텍스트 블록을 이용하여 연결한 한 블록에 "image0.png"와 같이 입력합니다.

Hint

리스트의 항목 수 늘리기

[리스트 만들기] 블록 왼쪽에 있는 ⚙을 클릭하면 네모 풍선이 나옵니다. 왼쪽의 [항목]을 마우스로 드래그하여 [리스트] 속 [항목] 아래에 연결합니다.

리스트 만들기

항목

리스트

항목

항목

항목

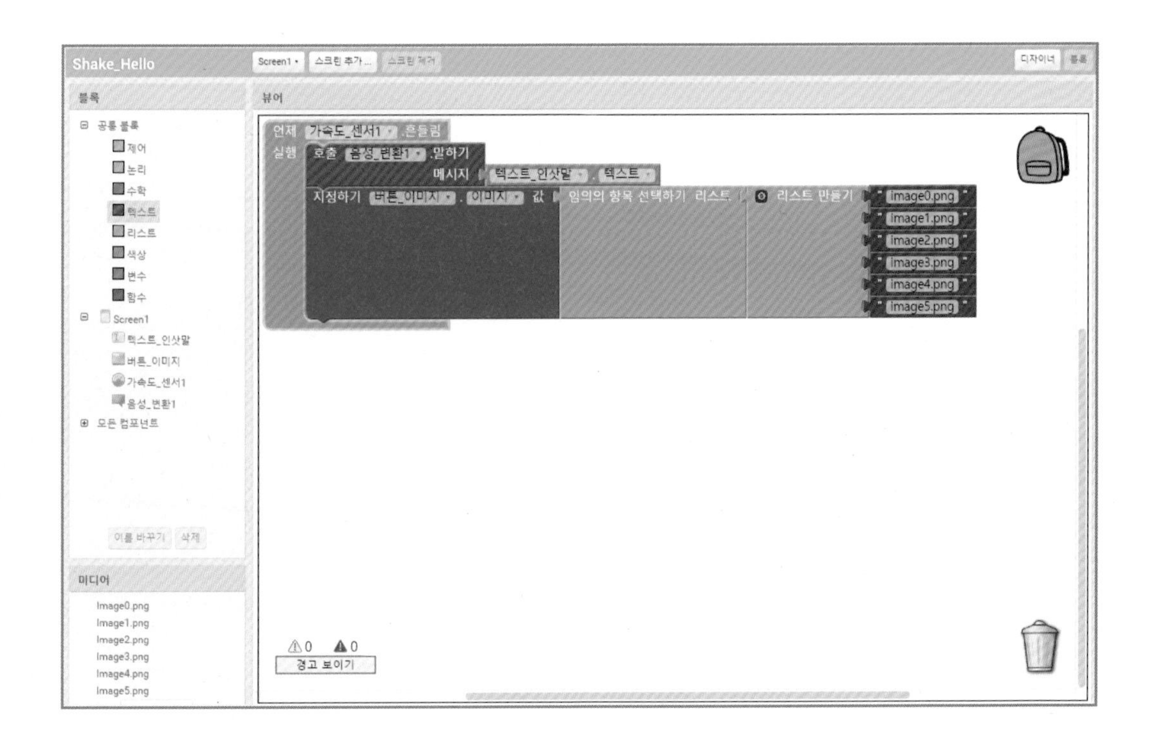

4 디자인하기

1) 디자이너에서 컴포넌트의 속성 값 설정하기

01 [텍스트_인삿말]을 선택하고 다음과 같이 속성을 설정합니다.

- **배경색** : 밝은 회색
- **너비** : 부모에 맞추기
- **텍스트** : 안녕하세요. 앱 인벤터에 오신 것을 환영합니다.
- **텍스트 정렬** : 가운데
- **글꼴 굵게** : 선택
- **힌트** : 빈칸 처리
- 나머지 속성은 기본 설정 값 유지

2) 블록에서 블록으로 디자인하기

〈완성 화면의 구성요소들의 비율〉

01 [Screen1] 블록을 클릭하면 [Screen1] 관련 블록을 확인할 수 있습니다.

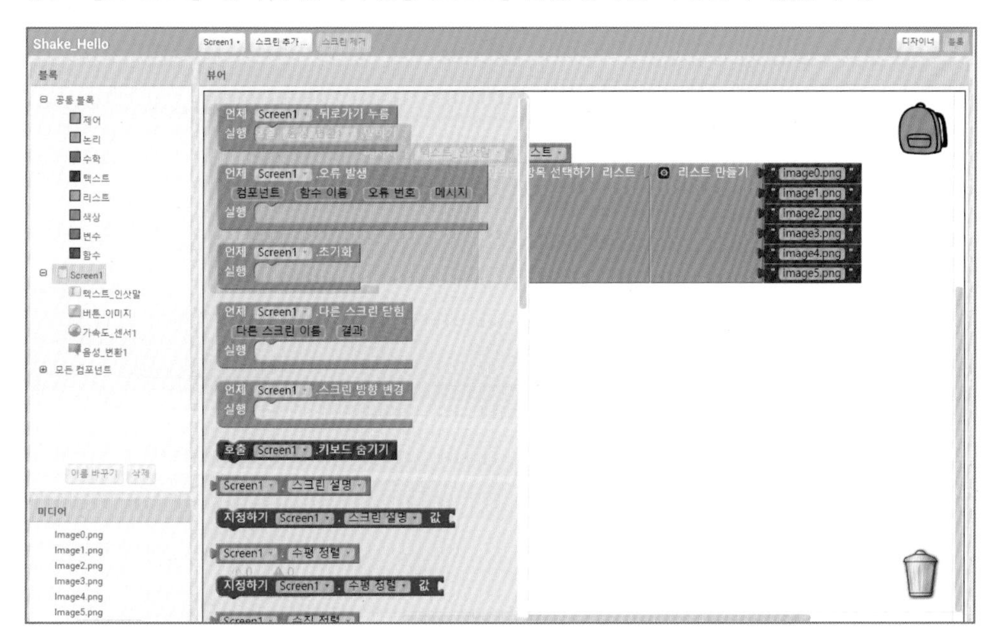

02 [언제 'Screen1'.초기화] 블록 뷰어 영역으로 드래그 합니다. 처음 화면이 켜질 때 구성요소들의 크기를 조정하는 명령으로 크기를 지정할 수 있습니다.

03 [텍스트_인삿말] 의 높이를 지정하기 위해 [지정하기 '텍스트_인삿말'.'높이' 값] 블록을 연결합니다. [텍스트_인삿말] 의 높이는 화면높이(Screen1.높이)의 1/10로 지정합니다.

04 [버튼_이미지] 의 기본 이미지를 "image0.png"로 지정합니다.

3) 디자이너 의 [Screen1] 컴포넌트 속성 아이콘에 이미지 파일 올리기

01 [Screen1] 블록을 클릭하여 준비한 아이콘 이미지(: Icon2.png) 파일을 올립니다.

02 스마트폰에 앱을 설치한 다음 실행합니다.

03 아이콘은 스마트폰에 앱이 설치되면 나타납니다.

5 앱 전체 프로그램

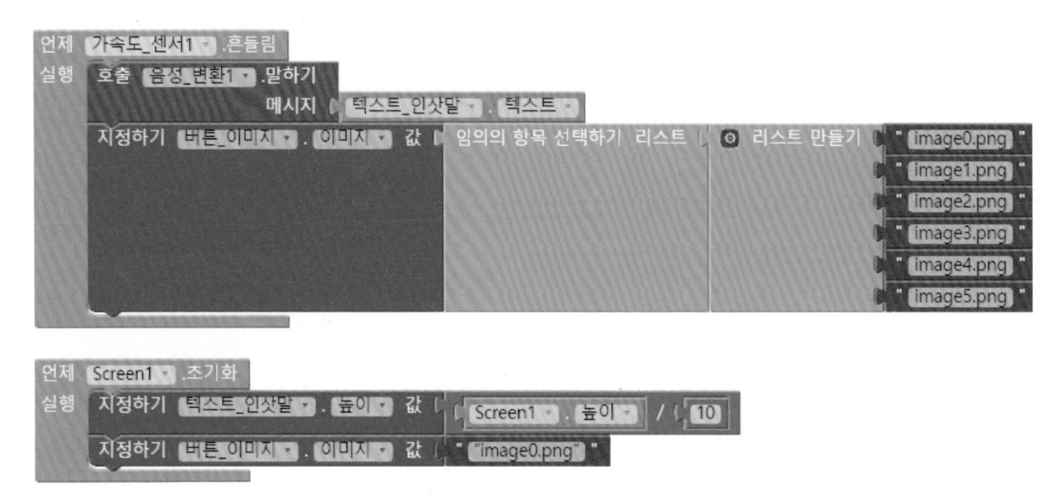

생각 키우기

01

"안녕하세요", "반가워요", "저는 ***입니다"와 같이 여러 개의 텍스트를 합쳐서 말하는 앱을 만들어 보세요.

Hint

텍스트의 **[합치기]** 블록을 사용합니다.

02

스마트폰을 흔들 때마다 3개 이상의 텍스트 인사말을 랜덤하게 말하는 앱을 만들어 보세요.

Hint

리스트의 **[리스트 만들기]** 블록과 **[임의의 항목 선택하기 리스트]** 블록을 사용합니다.

Chapter 03

PART 01 | 센서

주소 찾기 : IAmHere 앱

옛날에는 여행을 가기 위해서 미리 지도를 보고 가는 길을 알아두었습니다. 그리고 자기가 어디에 있는지도 남들에게 알리기 위해서는 오늘날과 같이 쉽게 전달할 수가 없었습니다. 심지어는 스마트폰이 나오고 많은 사람들이 사용하면서 차량용으로 개발되었던 내비게이션이 스마트폰 속으로 들어가면서 별도의 내비게이션을 구매하는 일도 줄어든 것 같습니다. 이번 장에서는 현재 내가 있는 곳의 주소를 알아보고 또 원하는 곳의 주소도 검색할 수 있는 [IAmHere] 앱을 만들어 보겠습니다.

01 앱 기획하기

1 앱의 기능

- 현재 나의 위치를 검색합니다.
- 지명이나 동명을 입력 후 해당되는 주소를 검색합니다.

2 완성 화면 (프로젝트명 : IAmHere)

02 컴포넌트와 블록 익히기

1 컴포넌트

1) 대표 컴포넌트

컴포넌트		팔레트	설명
레이블	레이블	사용자 인터페이스	텍스트 속성에 지정된 글을 화면에 표시하는 컴포넌트
텍스트 상자	텍스트 상자	사용자 인터페이스	사용자가 텍스트를 입력할 수 있는 상자
버튼	버튼	사용자 인터페이스	클릭하면 연결된 동작을 수행하는 컴포넌트
위치 센서	위치 센서	센서	위치 정보를 제공하는 숨겨진 컴포넌트
액티비티 스타터	액티비티 스타터	연결	액티비티 시작 함수를 사용하여 액티비티를 실행 시킬 수 있는 컴포넌트 (다른 앱 인벤터 안드로이드 앱 시작)
수평배치	수평배치	레이아웃	컴포넌트들을 화면에 가로로(왼쪽에서 오른쪽으로) 배치 시키는 레이아웃 컴포넌트

2) 사용 컴포넌트 리스트

종류	팔레트	이름 바꾸기	목적	속성
수평배치	레이아웃	수평배치1	버튼_내위치검색 배치	– 수평 정렬 : 중앙 – 수직 정렬 : 가운데 – 배경색 : 없음 – 너비 : 부모에 맞추기
버튼	사용자 인터페이스	버튼_ 내위치검색	클릭하면 내 위치 주소 정보를 보여줌	– 배경색 : 없음 – 이미지 : 'MyLocation.png' 파일 올리기 – 텍스트 : 빈칸 처리

종류	팔레트	이름 바꾸기	목적	속성
레이블	사용자 인터페이스	레이블_안내	버튼 사용법 안내	– 배경색 : 없음 – 글꼴 굵게 : 선택 – 너비 : 부모에 맞추기 – 텍스트 : 버튼을 클릭하여 현재 내 위치의 주소를 확인할 수 있습니다. – 텍스트 정렬 : 가운데
텍스트 상자	사용자 인터페이스	텍스트_검색어	사용자가 검색할 주소나 동	– 글꼴 굵게 : 선택 – 너비 : 부모에 맞추기 – 힌트 : 주소나 동을 입력하세요. – 텍스트 정렬 : 왼쪽
수평배치	레이아웃	수평배치2	버튼_주소검색 배치	– 수평 정렬 : 중앙 – 수직 정렬 : 가운데 – 배경색 : 없음 – 높이 : 부모에 맞추기 – 너비 : 부모에 맞추기 – 이미지 : 'Frame.png' 파일 올리기
버튼	사용자 인터페이스	버튼_주소검색	클릭하면 검색어에 대한 주소 정보를 보여줌	– 배경색 : 없음 – 이미지 : 'SearchAddress.png' 파일 올리기 – 텍스트 : 빈칸 처리
위치 센서	센서	위치_센서1	위치 정보 제공	
액티비티 스타터	연결	액티비티_스타터1	구글 지도 앱 실행	– 동작 : android.intent.action.VIEW – 액티비티 클래스 : com.google.android.maps.MapsActivity – 액티비티 패키지 : com.google.android.apps.maps

2 블록

블록	컴포넌트	기능
언제 버튼_내위치검색 .클릭 실행	버튼	버튼을 클릭하면 블록 안의 블록을 실행한다.
지정하기 레이블_안내 . 텍스트 값	레이블	레이블의 속성 중 텍스트 값을 지정한다.
위치_센서1 . 현재 주소	위치 센서	현재 위치의 주소 값
지정하기 액티비티_스타터1 . 데이터 URI 값	액티비티 스타터	액티비티 스타터의 속성 중 데이터 URI의 값을 지정한다.
합치기	텍스트	모든 입력들을 하나의 문자열로 합친다.
" "	텍스트	입력한 텍스트 문자열을 사용한다.
호출 액티비티_스타터1 .액티비티 시작	액티비티 스타터	액티비티를 시작한다.
지정하기 레이블_안내 . 높이 값	레이블	레이블의 속성 중 높이 값을 지정한다.
언제 Screen1 .초기화 실행	Screen	처음 화면이 켜지면 블록 안의 블록을 실행한다.
/	수학	두 수를 나눈 값을 반환한다.
0	수학	입력한 숫자를 값으로 사용한다.

03 프로젝트 만들기

1 새 프로젝트 시작하기

1) [새 프로젝트 시작하기 ...] 버튼을 클릭하면 나타나는 [새 앱 인벤터 프로젝트 생성] 팝업창에 프로젝트 이름으로 'IAmHere'를 입력하고 [확인] 버튼을 클릭합니다.

새 앱 인벤터 프로젝트 생성
프로젝트 이름: IAmHere
취소 확인

2) [Screen1]의 속성 중 [스크린 설명], [앱이름], [제목]을 'IAmHere'로 변경합니다.

2 컴포넌트 구성하기 : 디자이너

1) 내 위치 주소를 검색하기 위해 [버튼] 추가하기

01 [팔레트 > 사용자 인터페이스]의 버튼 컴포넌트를 뷰어의 [Screen1] 화면 위로 드래그 합니다.

02 [버튼1]을 선택하고 이름 바꾸기 버튼을 클릭하여 새 이름을 '버튼_내위치검색'으로 변경합니다.

03 [버튼_내위치검색]을 선택하고 다음과 같이 속성을 설정합니다.

- **배경색** : 없음
- **이미지** : 'MyLocation.png' 파일 올리기
- **텍스트** : 빈칸 처리
- 나머지 속성은 기본 설정 값 유지

2) 앱 사용 안내를 위해 [레이블] 추가하기

01 [팔레트 > 사용자 인터페이스]의 레이블 컴포넌트를 뷰어의 [Screen1] 화면의 [버튼_내위치검색] 아래로 드래그 합니다.

02 [레이블1]을 선택하고 이름 바꾸기 버튼을 클릭하여 새 이름을 '레이블_안내'로 변경합니다.

03 [레이블_안내]를 선택하고 다음과 같이 속성을 설정합니다.

- **배경색** : 없음
- **글꼴 굵게** : 선택
- **너비** : 부모에 맞추기
- **텍스트** : 버튼을 클릭하여 현재 내 위치의 주소를 확인할 수 있습니다.
- **텍스트 정렬** : 가운데
- 나머지 속성은 기본 설정 값 유지

3) 검색할 주소나 동명을 입력하기 위해 [텍스트 상자] 추가하기

01 [팔레트 〉 사용자 인터페이스]의 텍스트 상자 컴포넌트를 뷰어의 [Screen1] 화면의 [레이블_안내] 아래로 드래그 합니다.

02 [텍스트_상자1]을 선택하고 이름 바꾸기 버튼을 클릭하여 새 이름을 '텍스트_검색어'로 변경합니다.

03 [텍스트_검색어]을 선택하고 다음과 같이 속성을 설정합니다.

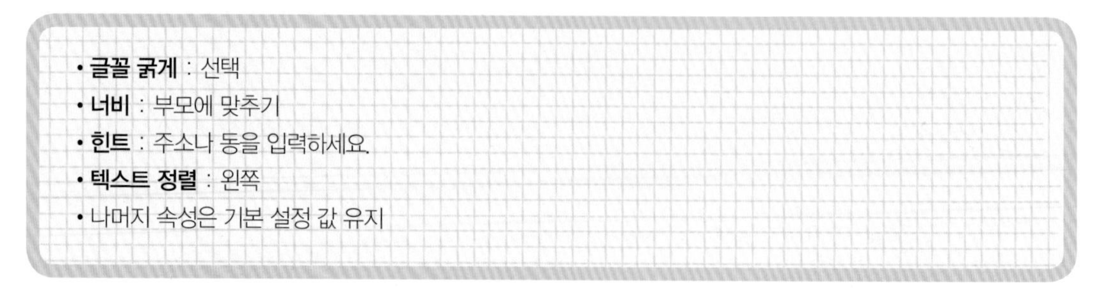

- **글꼴 굵게** : 선택
- **너비** : 부모에 맞추기
- **힌트** : 주소나 동을 입력하세요.
- **텍스트 정렬** : 왼쪽
- 나머지 속성은 기본 설정 값 유지

4) 검색어에 대한 주소를 검색하기 위해 [버튼] 추가하기

01 [팔레트 〉 사용자 인터페이스]의 버튼 컴포넌트를 뷰어의 [Screen1] 화면의 '텍스트_검색어' 아래로 드래그 합니다.

02 [버튼1]을 선택하고 이름 바꾸기 버튼을 클릭하여 새 이름을 '버튼_주소검색'으로 변경합니다.

03 [버튼_주소검색]을 선택하고 다음과 같이 속성을 설정합니다.

- **배경색** : 없음
- **이미지** : 'SearchAddress.png' 파일 올리기
- **텍스트** : 빈칸 처리
- 나머지 속성은 기본 설정 값 유지

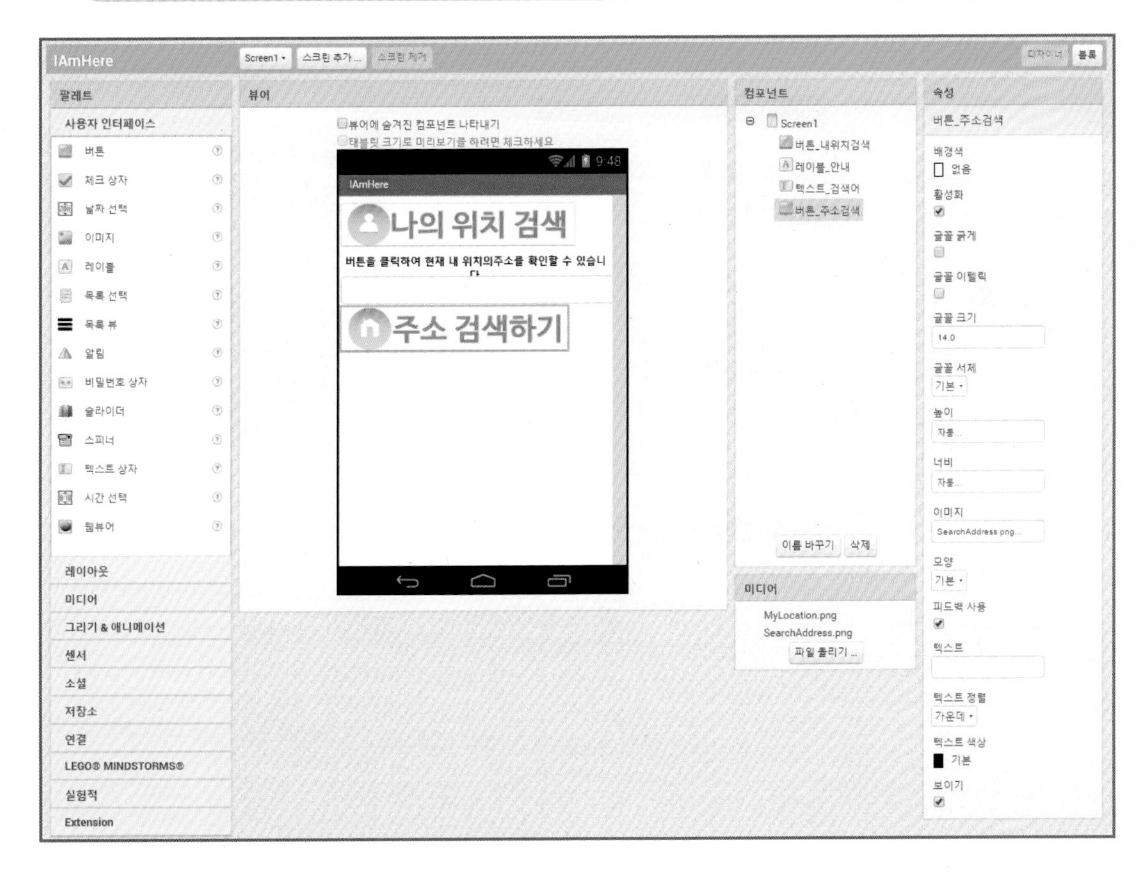

5) 위치를 감지하기 위해 [위치 센서] 추가하기

01 [팔레트 > 센서]에 있는 위치 센서 컴포넌트를 뷰어의 [Screen1] 화면 위로 드래그 합니다.

6) 구글 지도 앱을 실행하기 위해 [액티비티 스타터] 추가하기

01 팔레트의 연결에 있는 액티비티 스타터 컴포넌트를 뷰어의 [Screen1] 화면 위로 드래그 합니다.

02 [액티비티_스타터1]을 선택하고 다음과 같이 속성을 설정합니다.

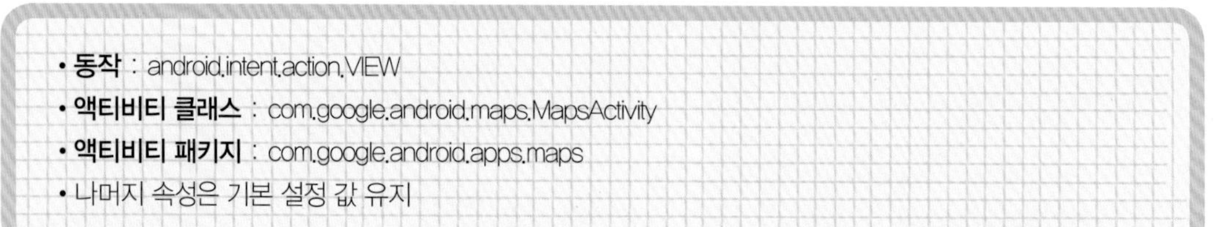

- **동작** : android.intent.action.VIEW
- **액티비티 클래스** : com.google.android.maps.MapsActivity
- **액티비티 패키지** : com.google.android.apps.maps
- 나머지 속성은 기본 설정 값 유지

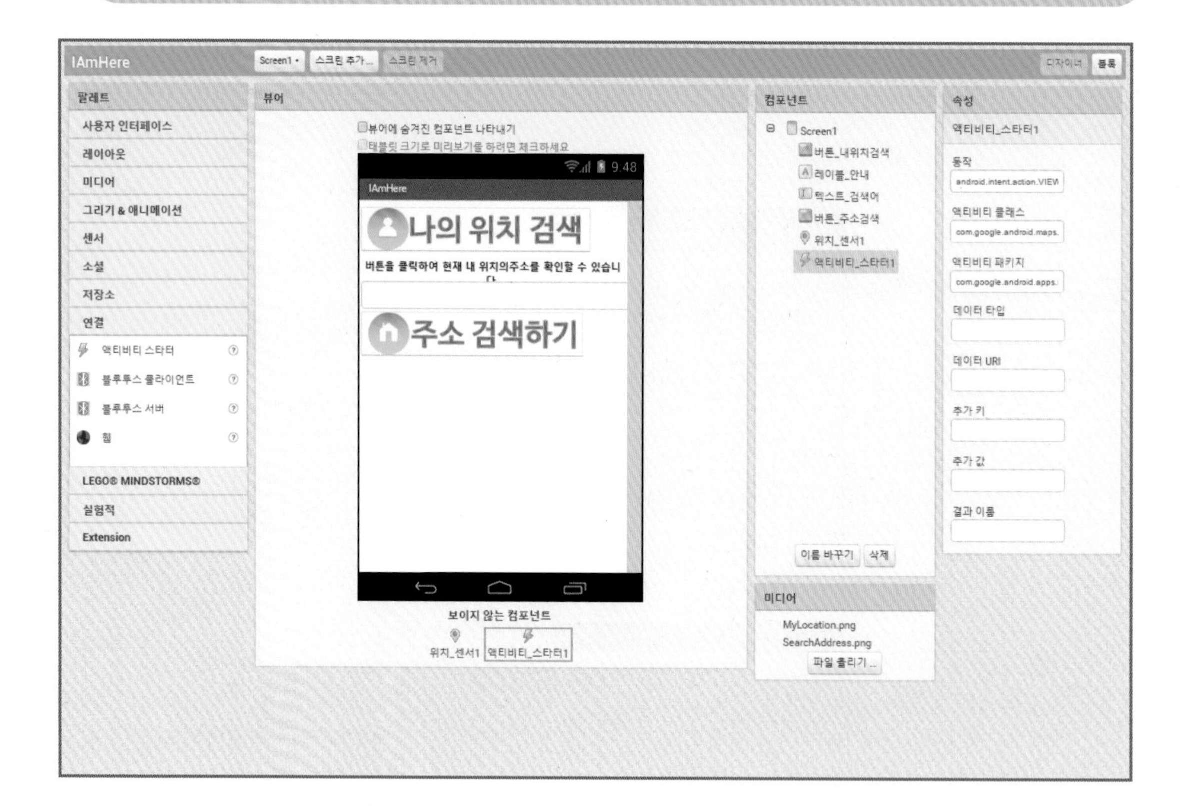

3 프로그래밍하기 : 블록

1) [버튼_내위치검색]을 클릭하면 [레이블_안내]에 현재 주소를 보여주기 위해 [버튼] & [레이블] & [위치 센서] 블록을 사용합니다.

01 블록의 [Screen1 〉 버튼_내위치검색]을 클릭하여 [언제 '버튼_내위치검색'.클릭] 블록을 뷰어 영역으로 드래그 합니다.

02 블록의 [Screen1 〉 레이블_안내]를 클릭하여 [지정하기 '레이블_안내'.'텍스트' 값] 블록을 [언제 '버튼_내위치검색'.클릭] 블록 안에 연결합니다.

03 블록의 [Screen1 〉 위치_센서1]을 클릭하여 [‘위치_센서1’.‘현재 주소’] 블록을 연결합니다.

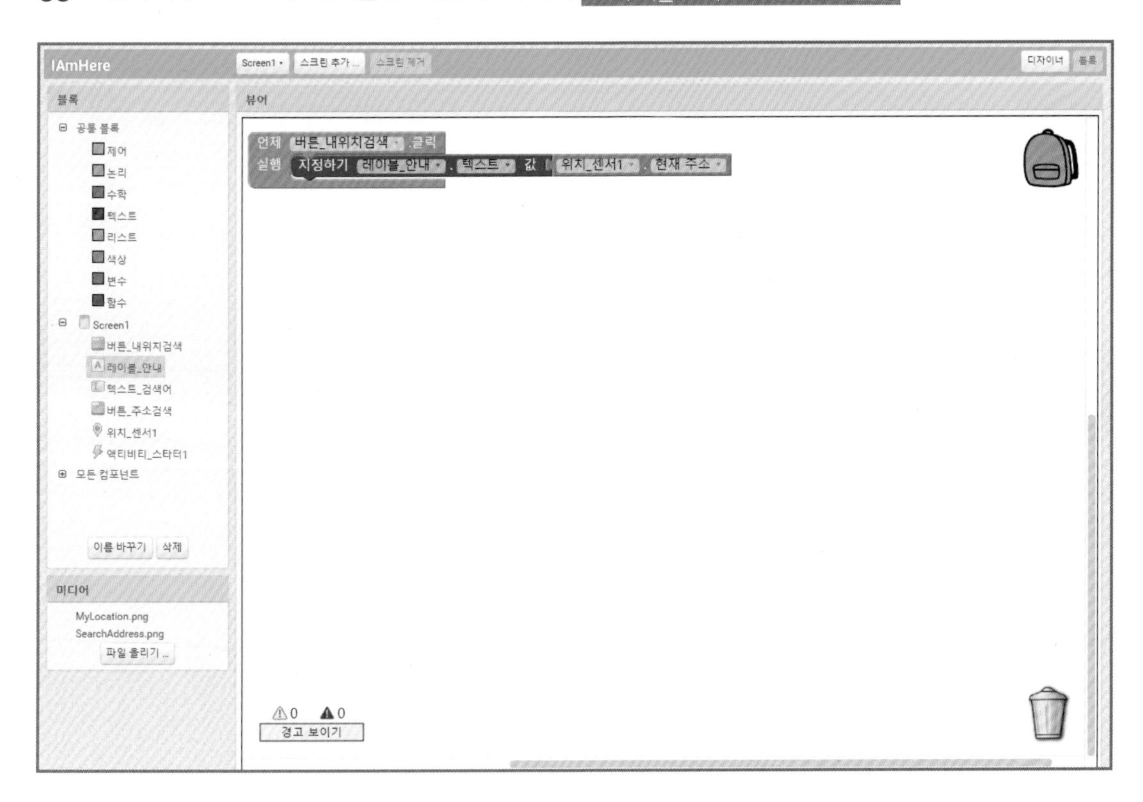

2) 입력한 주소나 동에 대한 주소를 검색하기 위해 [버튼] & [액티비티 스타터] & [텍스트 상자] & [텍스트] 블록을 사용합니다.

01 블록의 [Screen1 〉 버튼_주소검색]을 클릭하여 [언제 ‘버튼_주소검색’.클릭] 블록을 뷰어 영역으로 드래그 합니다.

02 블록의 [Screen1 〉 액티비티_스타터1]을 클릭하여 [지정하기 ‘액티비티_스타터1’.‘데이터 URI’ 값] 블록을 [언제 ‘버튼_주소검색’.클릭] 블록 안에 연결합니다.

03 검색어를 URI 값에 연결하기 위해 블록의 [공통 블록 〉 텍스트] 블록을 클릭하여 [합치기] 블록을 연결하고 [“ ”] 텍스트 블록을 연결한 다음 ‘http://maps.google.com/?q=’를 입력합니다.

04 블록의 [Screen1 〉 텍스트_검색어]을 클릭하여 [‘텍스트_검색어’.‘텍스트’] 블록을 연결합니다.

05 블록의 [Screen1 〉 액티비티_스타터1] 블록을 클릭하여 [호출 '액티비티_스타타1'.액티비티 시작] 블록을 [지정하기 '액티비티_스타터1'.'데이터 URI' 값] 블록 아래에 연결합니다.

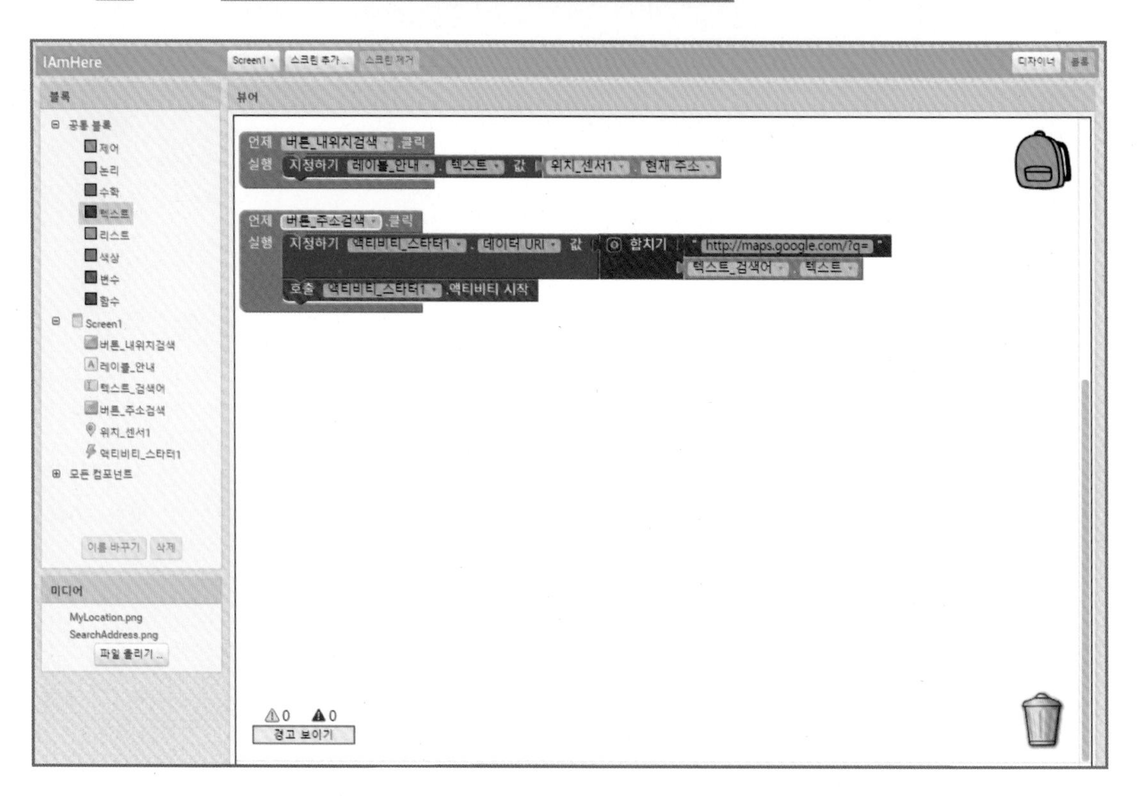

4 디자인하기

1) 디자이너에서 컴포넌트의 속성 값 설정하기

01 컴포넌트의 [Screen1]을 선택하고 다음과 같이 속성을 설정합니다.

- **배경색** : 어두운 회색
- **배경 이미지** : 'map.png' 파일 올리기
- 나머지 속성은 기본 설정 값 유지

02 [팔레트 〉 레이아웃]의 수평배치 컴포넌트를 뷰어의 [Screen1] 화면의 가장 위로 드래그 합니다.

03 [수평배치1]을 선택하고 다음과 같이 속성을 설정합니다.

- **수평 정렬** : 중앙
- **수직 정렬** : 가운데
- **배경색** : 없음
- **너비** : 부모에 맞추기
- 나머지 속성은 기본 설정 값 유지

04 [버튼_내위치검색]을 [수평배치1] 안으로 드래그 합니다.

05 컴포넌트의 [레이블_안내]를 선택하고 다음과 같이 속성을 설정합니다.

- **텍스트 색상** : 흰색
- 나머지 속성은 기본 설정 값 유지

06 [팔레트 〉 레이아웃]의 수평배치 컴포넌트를 뷰어의 [Screen1] 화면의 [버튼_주소검색] 위로 드래그 합니다.

07 [수평배치2]를 선택하고 다음과 같이 속성을 설정합니다.

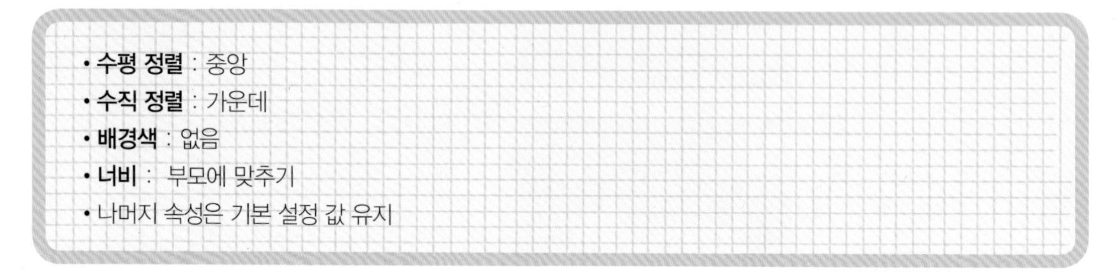

- **수평 정렬** : 중앙
- **수직 정렬** : 가운데
- **배경색** : 없음
- **너비** : 부모에 맞추기
- 나머지 속성은 기본 설정 값 유지

08 [버튼_주소검색]을 [수평배치2] 안으로 드래그 합니다.

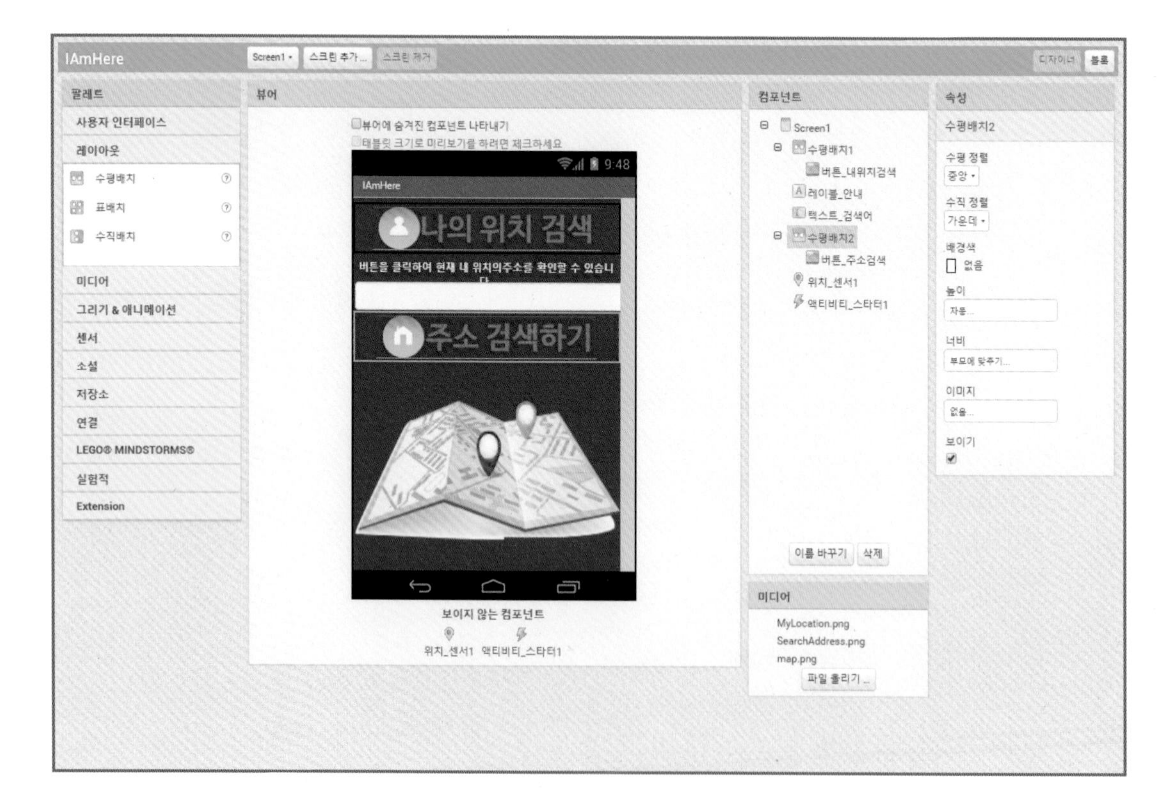

2) 블록 에서 블록으로 디자인하기

〈완성 화면의 구성요소들의 비율〉

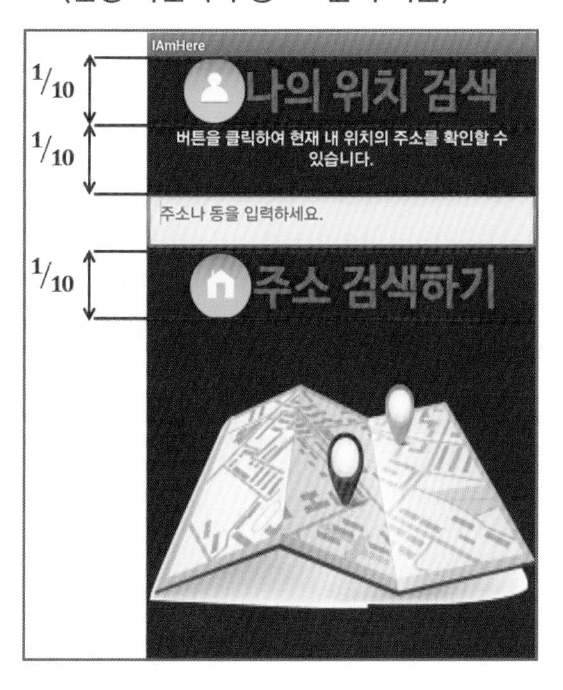

01 [Screen1] 블록을 클릭하여 [언제 'Screen1'.초기화] 블록 뷰어 영역으로 드래그 합니다.

02 [버튼_내위치검색]의 높이를 지정하기 위해 [지정하기 '버튼_내위치검색'.'높이' 값] 블록을 연결합니다. [버튼_내위치검색]의 높이는 화면높이(Screen1.높이)의 1/10로 지정합니다.

03 [레이블_안내]의 높이를 지정하기 위해 [지정하기 '레이블_안내'.'높이' 값] 블록을 연결합니다. [레이블_안내]의 높이는 화면높이(Screen1.높이)의 1/10로 지정합니다.

04 [버튼_주소검색]의 높이를 지정하기 위해 [지정하기 '버튼_주소검색'.'높이' 값] 블록을 연결합니다. [버튼_주소검색]의 높이는 화면높이(Screen1.높이)의 1/10로 지정합니다.

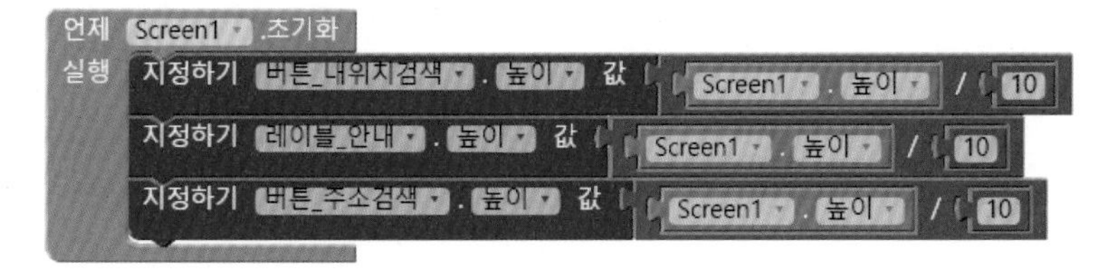

3) 디자이너 의 [Screen1] 컴포넌트 속성 [아이콘]에 이미지 파일 올리기

01 [Screen1] 블록을 클릭하여 준비한 아이콘 이미지(: Icon3.png) 파일을 올립니다.

02 스마트폰에 앱을 설치한 다음 실행합니다.

03 아이콘은 스마트폰에 앱이 설치되면 나타납니다.

5 앱 전체 프로그램

생각키우기

01

현재 나의 주소를 지정한 전화번호로 문자를 보내는 앱을 만들어 보세요.

Hint

문자 메시지 컴포넌트를 사용합니다.

02

구글 지도로 연동하지 않고 웹 페이지에서 구글 지도를 볼 수 있는 앱을 만들어 보세요.

Hint

웹뷰어 컴포넌트와 [호출 '웹뷰어'.URL로 이동] 블록을 사용합니다.

Chapter 04

PART 01 | 센서

가위바위보 : RSP 앱

가장 손쉽게 할 수 있는 게임 중 하나가 "가위바위보" 게임인 것 같습니다. 게임을 위한 도구 없이 장소에 구애 받지 않고 할 수 있기 때문인데 "가위바위보" 게임을 할 때 자기만의 룰을 정해서 하는 사람도 있겠지만 대부분 그때그때 생각나는대로 하는 경우가 많은 것 같습니다. 그래서 이번 장에서는 스마트폰을 흔들면 스마트폰이 알아서 가위/바위/보를 임의로 정하는 [RSP:가위바위보] 앱을 만들어 보겠습니다. 여러분들도 직접 개발한 앱으로 친구들과 게임을 해보세요. 과연 누가 이길까요?

01 앱 기획하기

1 앱의 기능

스마트폰을 흔들면

- 가위, 바위, 보를 랜덤하게 보여줍니다.
- 선택된 이미지를 말로 표현합니다.

2 완성 화면 (프로젝트명 : RSP)

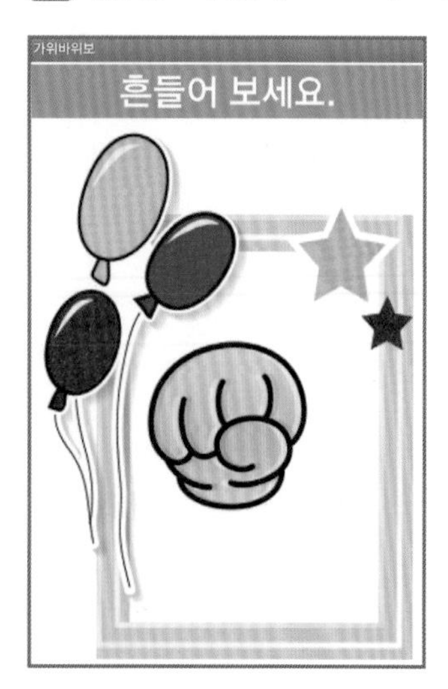

02 컴포넌트와 블록 익히기

1 컴포넌트

1) 대표 컴포넌트

컴포넌트		팔레트	설명
레이블	레이블	사용자 인터페이스	텍스트 속성에 지정된 글을 화면에 표시하는 컴포넌트
이미지	이미지	사용자 인터페이스	이미지를 보여주기 위한 컴포넌트
가속도 센서	가속도_센서	센서	흔들림을 감지하여 3차원 공간에서의 가속도 근삿값을 측정하는 보이지 않는 컴포넌트
음성 변환	음성_변환	미디어	글을 말로 바꾸어주는 컴포넌트
수평배치	수평배치	레이아웃	컴포넌트들을 화면에 가로로(왼쪽에서 오른 쪽으로) 배치시키는 레이아웃 컴포넌트
수직배치	수직배치	레이아웃	컴포넌트들이 차곡차곡 쌓이도록 배치하는 레이아웃 컴포넌트

2) 사용 컴포넌트 리스트

종류	팔레트	이름 바꾸기	목적	속성
레이블	사용자 인터페이스	레이블_안내	앱 사용법 안내	– 배경색 : 회색 – 글꼴 굵게 : 선택 – 글꼴 크기 : 30 – 너비 : 부모에 맞추기 – 텍스트 : 흔들어 보세요. – 텍스트 정렬 : 가운데
수평배치	레이아웃	수평배치1	수직배치1 배치	– 수평 정렬 : 중앙 – 수직 정렬 : 가운데 – 배경색 : 없음 – 높이 : 부모에 맞추기 – 너비 : 부모에 맞추기 – 이미지 : 'Frame.png' 파일 올리기
수직배치	레이아웃	수직배치1	수평배치2, 이미지_손모양 배치	– 수평 정렬 : 중앙 – 수직 정렬 : 가운데 – 배경색 : 없음 – 높이 : 부모에 맞추기 – 너비 : 부모에 맞추기

종류	팔레트	이름 바꾸기	목적	속성
수평배치	레이아웃	수평배치2	간격 조절 기능	– 배경색 : 없음 – 너비 : 부모에 맞추기
이미지	사용자 인터페이스	이미지_손모양	가위/바위/보에 대한 이미지	
가속도 센서	센서	가속도_센서1	스마트폰 흔들림 감지	– 최소 간격 : 1000
음성 변환	미디어	음성_변환1	글을 음성으로 변환	

2 블록

블록	컴포넌트	기능
전역변수 초기화 변수_선택된값 값	변수	전역변수를 만들고 연결된 블록의 값을 해당 변수에 지정한다.
언제 가속도_센서1 .흔들림 실행	가속도 센서	스마트폰을 흔들면 블록 안의 블록을 실행한다.
임의의 항목 선택하기 리스트	리스트	리스트에서 임의의 항목을 선택한다.
리스트 만들기	리스트	여러 개의 항목을 가진 리스트를 만든다.
=	논리	두 값이 동일한지 아닌지 검사한다.
호출 음성_변환1 .말하기 메시지	미디어	텍스트를 음성으로 변환한다.
지정하기 레이블_안내 . 배경색 값	레이블	레이블의 속성 중 배경색 값을 지정한다.
지정하기 레이블_안내 . 높이 값	레이블	레이블의 속성 중 높이 값을 지정한다.
색상 만들기 리스트 만들기 127 174 9	색상	RGB(빨강,초록,파랑)를 조합한 색상을 표현한다.
만약 그러면	제어	주어진 값이 참이면 다음 명령문을 실행한다.
" "	텍스트	입력한 텍스트 문자열을 사용한다.
언제 Screen1 .초기화 실행	Screen	처음 화면이 켜지면 블록 안의 블록을 실행한다.

블록	컴포넌트	기능
/	수학	두 수를 나눈 값을 반환한다.
0	수학	입력한 숫자를 값으로 사용한다.

03 프로젝트 만들기

1 새 프로젝트 시작하기

1) 새 프로젝트 시작하기 ... 버튼을 클릭하면 나타나는 [새 앱 인벤터 프로젝트 생성] 팝업창에 프로젝트 이름으로 'RSP'를 입력하고 [확인] 버튼을 클릭합니다.

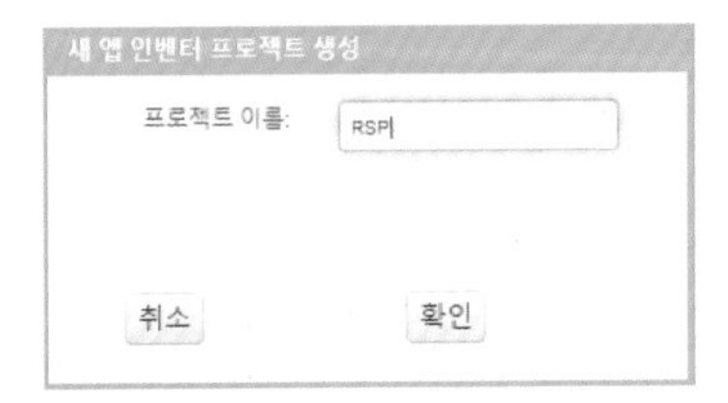

2) [Screen1]의 속성 중 [스크린 설명], [제목]을 '가위바위보'로 변경합니다.

2 컴포넌트 구성하기 : 디자이너

1) 안내문을 보여주기 위해 [레이블] 추가하기

01 [팔레트 > 사용자 인터페이스]의 레이블 컴포넌트를 뷰어의 [Screen1] 화면 위로 드래그 합니다.

02 [레이블1]을 선택하고 이름 바꾸기 버튼을 클릭하여 새 이름을 '레이블_안내'로 변경합니다.

03 [레이블_안내]를 선택하고 다음과 같이 속성을 설정합니다.

- **배경색** : 회색
- **글꼴 크기** : 30
- **텍스트** : 흔들어 보세요.
- 나머지 속성은 기본 설정 값 유지
- **글꼴 굵게** : 선택
- **너비** : 부모에 맞추기
- **텍스트 정렬** : 가운데

2) 가위/바위/보 손모양 이미지를 랜덤하게 보이기 위해 [이미지] 추가하기

01 [팔레트 〉 사용자 인터페이스]의 이미지 컴포넌트를 뷰어의 [Screen1] 화면의 [레이블_안내] 아래로 드래그 합니다.

02 [이미지1]을 선택하고 이름 바꾸기 버튼을 클릭하여 새 이름을 '이미지_손모양'으로 변경합니다.

03 [이미지_손모양]의 속성은 기본 설정 값을 유지합니다.

3) 스마트폰이 흔들리는 것을 감지하기 위해 [가속도 센서] 추가하기

01 [팔레트 > 센서]에 있는 가속도_센서 컴포넌트를 뷰어의 [Screen1] 화면 위로 드래그 합니다.

02 [가속도_센서1]을 선택하고 다음과 같이 속성을 설정합니다.

- **최소 간격** : 1000
- 나머지 속성은 기본 설정 값 유지

4) 텍스트를 말로 바꾸기 위해 [음성 변환] 추가하기

01 [팔레트 > 미디어]에 있는 음성_변환 컴포넌트를 뷰어의 [Screen1] 화면 위로 드래그 합니다.

02 [음성_변환1]의 속성은 기본 값으로 설정합니다.

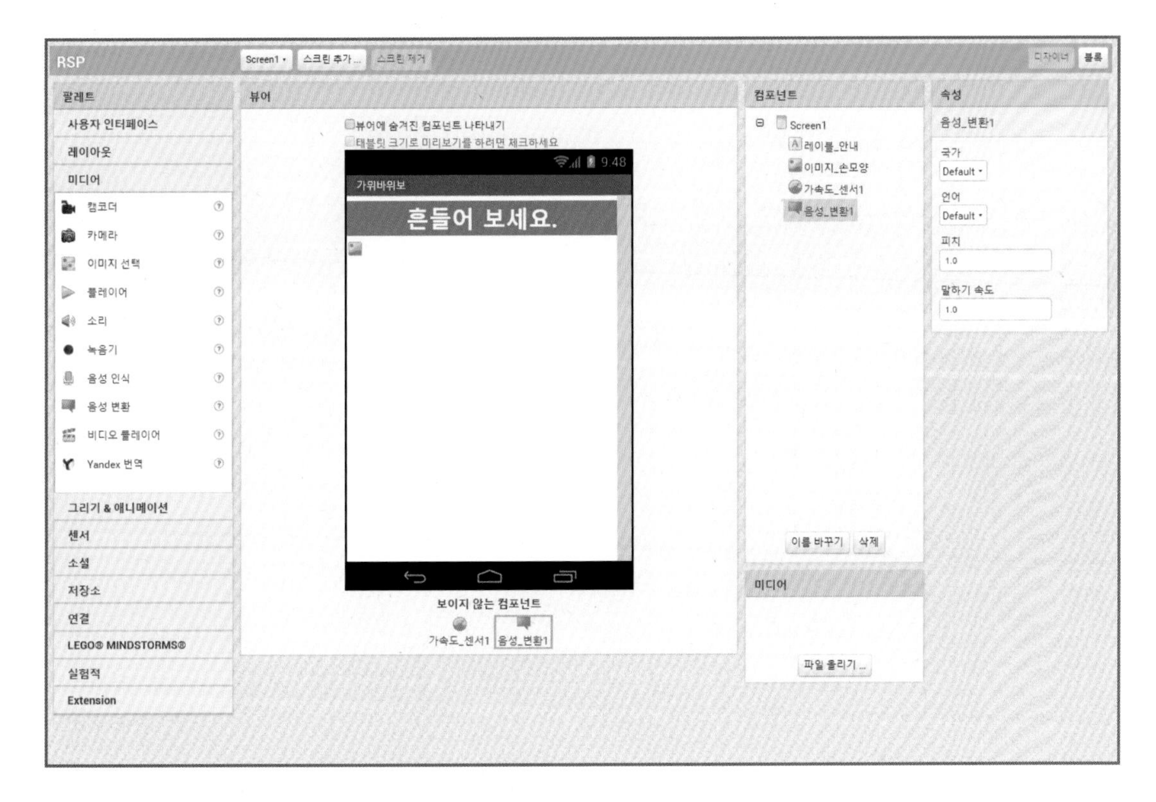

5) 가위/바위/보 3개의 이미지 파일 올리기

01 미디어의 파일 올리기(파일 올리기 ...) 버튼을 클릭합니다.

02 '1.png'~'3.png'까지 3개의 이미지 파일을 올립니다.

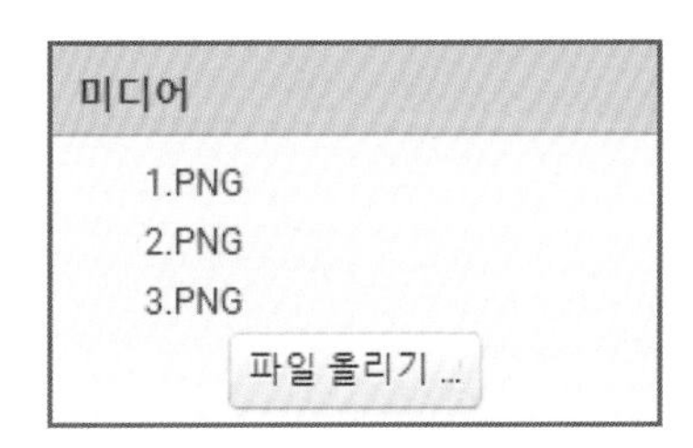

3 프로그래밍하기 : 블록

1) 선택된 값을 저장하기 위한 전역변수를 생성한 후 초기화 값을 설정하기 위해 [변수] & [텍스트] 블록을 선택합니다.

01 블록의 [공통 블록 〉 변수] 블록을 클릭하여 [전역변수 초기화 '변수_선택된값' 값]을 뷰어 영역으로 드래그 하고 [공통 블록 〉 텍스트] 블록을 클릭하여 [" "] 텍스트 블록을 연결합니다.

2) 3개의 이미지를 임의로 선택하여 선택된 값을 변수에 넣기 위해 [가속도_센서] & [변수] & [리스트] & [이미지] & [텍스트] 블록을 사용합니다.

01 블록의 [Screen1 〉 음성_변환1]을 클릭하여 [언제 '가속도_센서1'.흔들림] 블록을 뷰어 영역으로 드래그 합니다.

02 블록의 [공통 블록 〉 변수] 블록을 클릭하여 [지정하기 'global 변수_선택된값' 값] 블록을 [언제 '가속도_센서1'.흔들림] 블록 안에 연결합니다.

03 리스트 항목 중에서 임의의 항목을 선택하기 위해 블록의 [공통 블록 〉 리스트] 블록을 클릭하여 [임의의 항목 선택하기 리스트]와 [리스트 만들기] 블록을 연결합니다.

04 리스트를 3개로 만들고 블록의 [공통 블록 〉 텍스트] 블록을 클릭하여 [" "] 텍스트 블록을 3개 연결하고 차례대로 '1.png'~'3.png'를 입력합니다.

05 ‘이미지_손모양’ 컴포넌트의 사진을 선택된 값의 이미지로 지정하기 위해서 블록의 [Screen1 〉 이미지_ 손모양]을 클릭하여 [지정하기 ‘이미지_손모양’.‘사진’ 값] 블록을 연결하고 블록의 [공통 블록 〉 변수] 블록을 클릭하여 [가져오기 ‘global 변수_선택된값’ 값] 블록을 연결합니다.

3) 선택된 값에 따라 ‘가위/바위/보’ 라고 말하기 위해 [제어] & [논리] & [텍스트] & [음성_변환1] 블록을 사용합니다.

01 선택된 값에 따라 ‘가위/바위/보’라는 3가지 말을 하기 위해서 블록의 [공통 블록 〉 제어] 블록을 클릭하여 [만약 그러면] 블록을 클릭하여 [만약 아니고...만약 아니면]으로 만든 후 [지정하기 ‘이미지_손모양’.‘사진’ 값] 블록 아래에 연결합니다.

02 [가져오기 ‘global 변수_선택된값’ 값]과 이미지의 파일명을 비교합니다. 선택된 값이 ‘1.png’와 같으면 블록의 [Screen1 〉 음성_변환1] 블록을 클릭하여 [호출 ‘음성_변환1’.말하기] 블록을 [그러면]에 연결하고 블록의 [공통 블록 〉 텍스트] 블록을 클릭하여 [“ ”] 텍스트 블록을 [메시지]에 연결한 후 ‘가위’라고 입력합니다.

03 ‘2.png’와 같으면 ‘바위’라고 말하고 그 외의 경우엔 ‘보’라고 말하는 블록으로 코딩합니다.

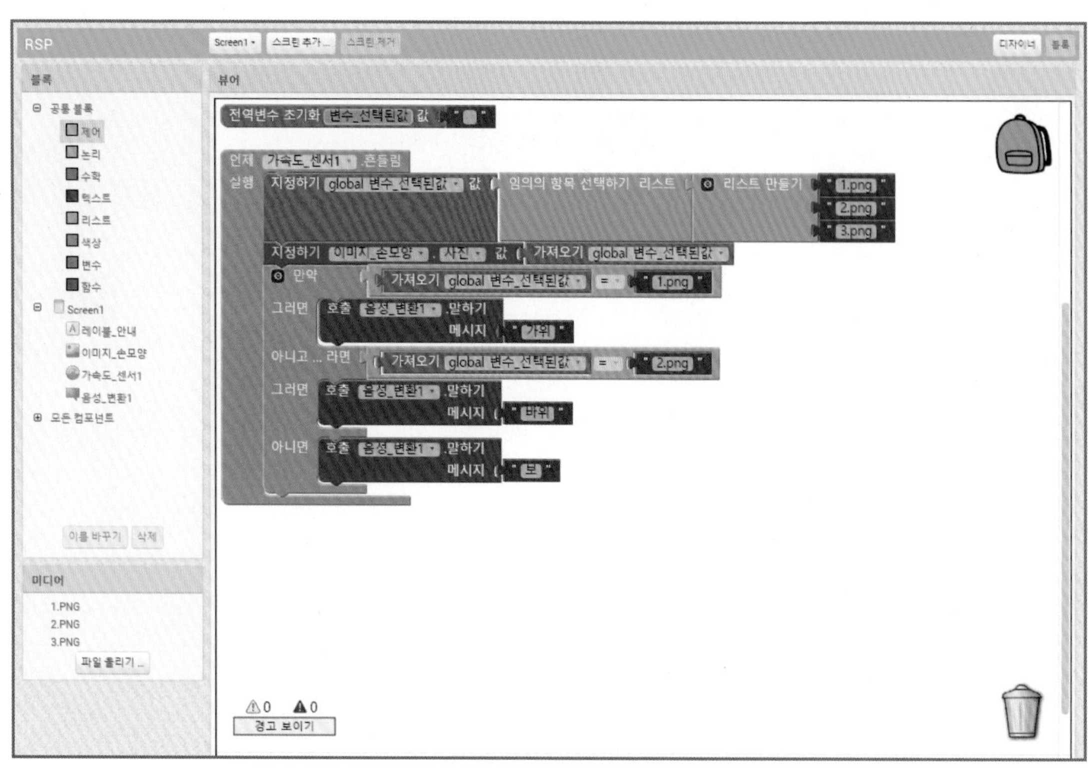

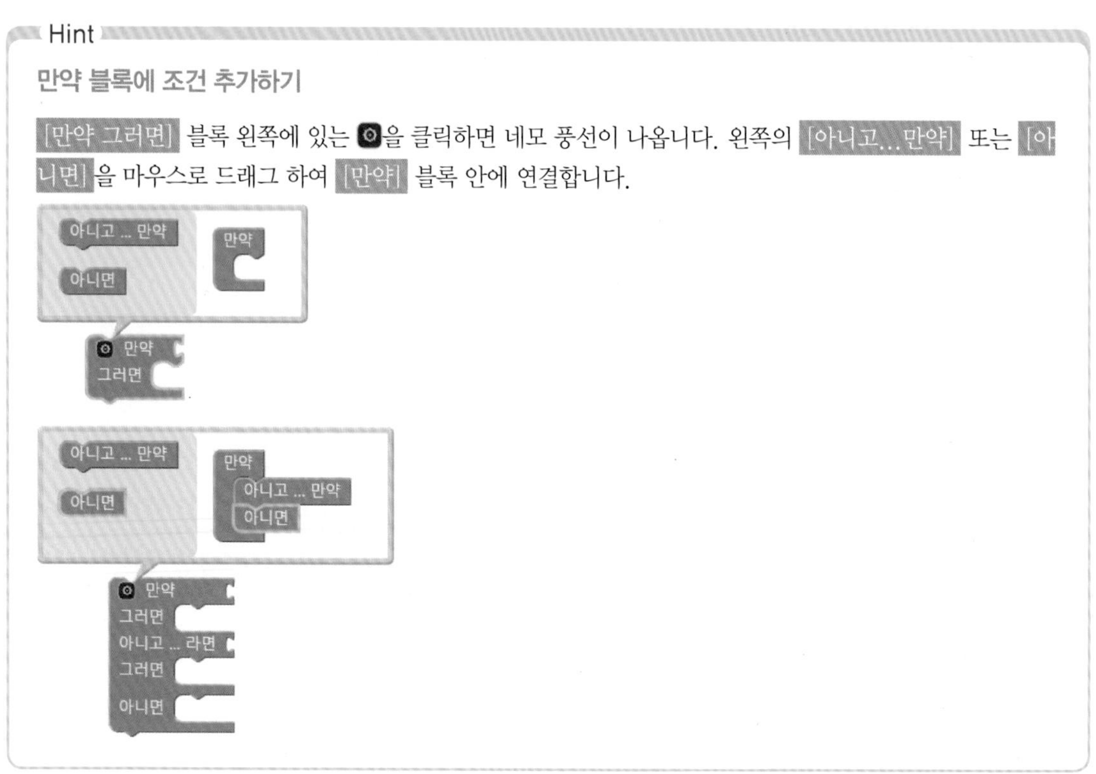

Hint

만약 블록에 조건 추가하기

[만약 그러면] 블록 왼쪽에 있는 ⚙을 클릭하면 네모 풍선이 나옵니다. 왼쪽의 [아니고...만약] 또는 [아니면]을 마우스로 드래그 하여 [만약] 블록 안에 연결합니다.

4 디자인하기

1) 디자이너 에서 컴포넌트의 속성 값 설정하기

01 [팔레트 > 레이아웃]의 수평배치 컴포넌트를 뷰어의 [Screen1] 화면의 [레이블_안내] 아래로 드래그 합니다.

02 [수평배치1]을 선택하고 다음과 같이 속성을 설정합니다.

- **수평 정렬** : 중앙
- **배경색** : 없음
- **너비** : 부모에 맞추기
- 나머지 속성은 기본 설정 값 유지
- **수직 정렬** : 가운데
- **높이** : 부모에 맞추기
- **이미지** : 'Frame.png' 파일 올리기

03 [팔레트 > 레이아웃]의 수직배치 컴포넌트를 뷰어의 [Screen1] 화면의 [수평배치1] 안으로 드래그 합니다.

04 [수직배치1]을 선택하고 다음과 같이 속성을 설정합니다.

- **수평 정렬** : 중앙
- **배경색** : 없음
- **너비** : 부모에 맞추기
- **수직 정렬** : 가운데
- **높이** : 부모에 맞추기
- 나머지 속성은 기본 설정 값 유지

05 컴포넌트의 [이미지_손모양]을 [수직배치1] 안으로 드래그 합니다.

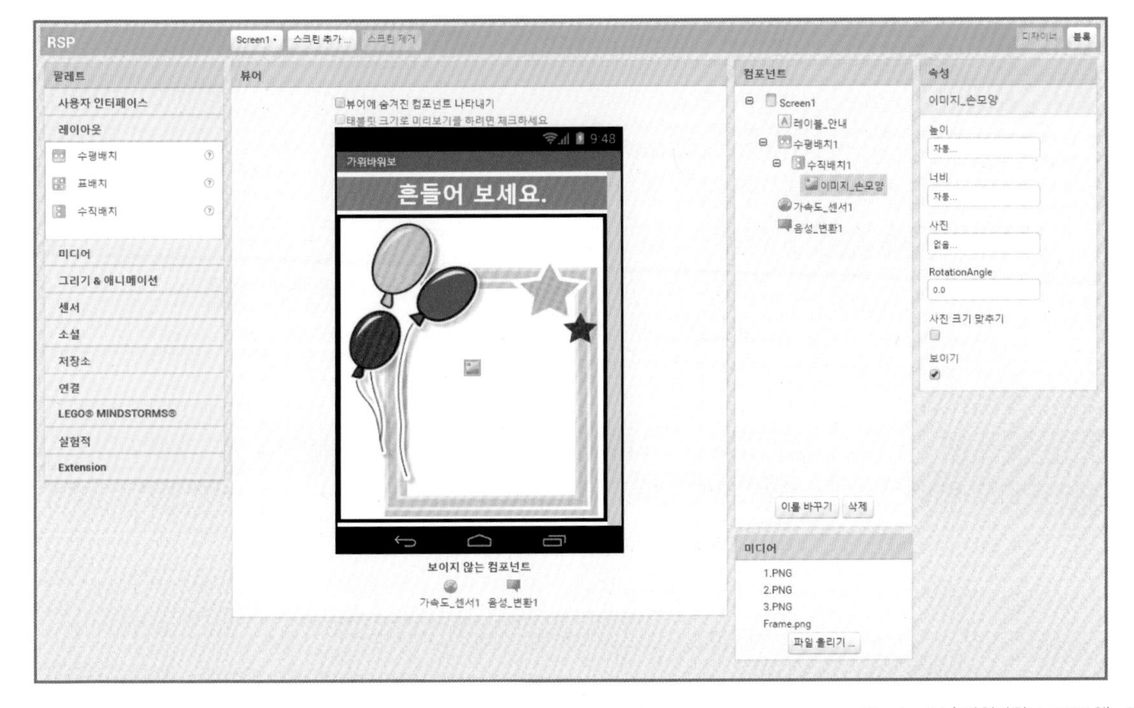

06 [팔레트 〉 레이아웃]의 수평배치 컴포넌트를 뷰어의 [Screen1] 화면의 [이미지_손모양] 위로 드래그 합니다.

07 [수평배치2]를 선택하고 다음과 같이 속성을 설정합니다.

- **배경색** : 없음
- **너비** : 부모에 맞추기
- 나머지 속성은 기본 설정 값 유지

2) 블록 에서 블록으로 디자인하기

〈완성 화면의 구성요소들의 비율〉

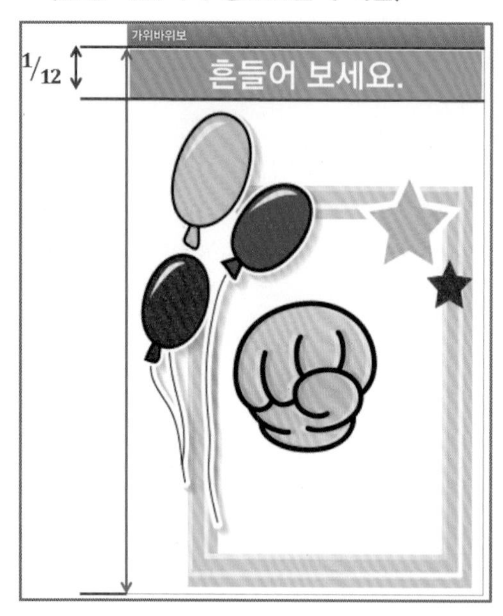

01 [Screen1] 블록을 클릭하여 [언제 'Screen1'.초기화] 블록 뷰어 영역으로 드래그 합니다.

02 [레이블_안내]의 배경색을 지정하기 위해 블록의 [Screen1 〉 이미지_손모양] 블록을 클릭 [지정하기 '레이블_안내'.'배경색' 값] 블록을 [언제 'Screen1'.초기화] 블록 안에 연결합니다. 블록의 [공통 블록 〉 색상] 블록을 클릭하여 [색상 만들기]+[리스트 만들기] 블록을 연결합니다. 마지막으로 RGB 표현에 해당하는 색상 값을 차례로 입력합니다.(색상 : 연두색 127, 174,9)

03 [레이블_안내]의 높이를 지정하기 위해 [지정하기 '레이블_안내'.'높이' 값] 블록을 연결합니다. [레이블_안내]의 높이는 화면높이(Screen1.높이)의 1/12로 지정합니다.

3) 디자이너 의 [Screen1] 컴포넌트 속성 [아이콘]에 이미지 파일 올리기

01 [Screen1] 블록을 클릭하여 준비한 아이콘 이미지(: Icon4.png) 파일을 올립니다.

02 스마트폰에 앱을 설치한 다음 실행합니다.

03 아이콘은 스마트폰에 앱이 설치되면 나타납니다.

5 앱 전체 프로그램

```
전역변수 초기화 변수_선택된값 값 " "

언제 가속도_센서1 .흔들림
실행 지정하기 global 변수_선택된값 값 임의의 항목 선택하기 리스트 리스트 만들기 " 1.png "
                                                                        " 2.png "
                                                                        " 3.png "
     지정하기 이미지_손모양 . 사진 값 가져오기 global 변수_선택된값
     만약 가져오기 global 변수_선택된값 = " 1.png "
     그러면 호출 음성_변환1 .말하기
                   메시지 " 가위 "
     아니고 ... 라면 가져오기 global 변수_선택된값 = " 2.png "
     그러면 호출 음성_변환1 .말하기
                   메시지 " 바위 "
     아니면 호출 음성_변환1 .말하기
                   메시지 " 보 "

언제 Screen1 .초기화
실행 지정하기 레이블_안내 . 배경색 값 색상 만들기 리스트 만들기 127
                                                        174
                                                        9
     지정하기 레이블_안내 . 높이 값 Screen1 . 높이 / 12
```

생각키우기

01

스마트폰을 흔들지 않고 버튼을 추가해서 버튼을 클릭하면 가위, 바위, 보가 랜덤하게 나타나는 앱을 만들어 보세요.

Hint

버튼 컴포넌트를 사용합니다.

02

선택된 가위, 바위, 보라는 글자가 '레이블_안내'에도 나타나는 앱을 만들어 보세요.

Hint

레이블 컴포넌트와 [지정하기 '레이블_안내'.텍스트 값] 블록을 사용합니다.

앱 · 인 · 벤 · 터 · 앱 · 인 · 벤 · 터 · 앱 · 인 · 벤 · 터 · 앱 · 인 · 벤 · 터

그리기 & 애니메이션의 공은 터치나 드래그에 반응하며 다른 스프라이트 (이미지 스프라이트, 공)나 캔버스의 모서리와 상호작용을 할 수 있습니다. 캔버스는 터치 가능한 2차원 패널로 그림을 그릴 수도 있고 스프라이트를 움직일 수도 있습니다.

캔버스 컴포넌트에는 공과 이미지 스프라이트를 놓을 수 있습니다. 이미지 스프라이트나 공을 터치나 드래그에 반응하게 하며 캔버스의 모서리와 상호작용을 하거나 지정된 속성에 맞추어 움직여 봅시다.

PART 02

그리기 & 애니메이션

PART 02 | 그리기 & 애니메이션

원으로 그리기 : Circle_Art 앱

캔버스를 터치하면 여러 가지 색상을 이용하여 원의 크기를 변경해가며 재미있는 그림을 그릴 수 있는 [Circle_Art] 앱을 만들어 보겠습니다. 원을 그릴 때는 실루엣만을 나타내는 선으로 그릴 수도 있고 원을 색상으로 꽉 채운 면으로도 그릴 수 있도록 합니다.

01 앱 기획하기

1 앱의 기능

- 색상 선택하기
- 원 그리기 종류 선택하기
- 반지름 크기 조절하기
- 그림 그리기
- 그림 지우기

2 완성 화면 (프로젝트명 : Circle_Art)

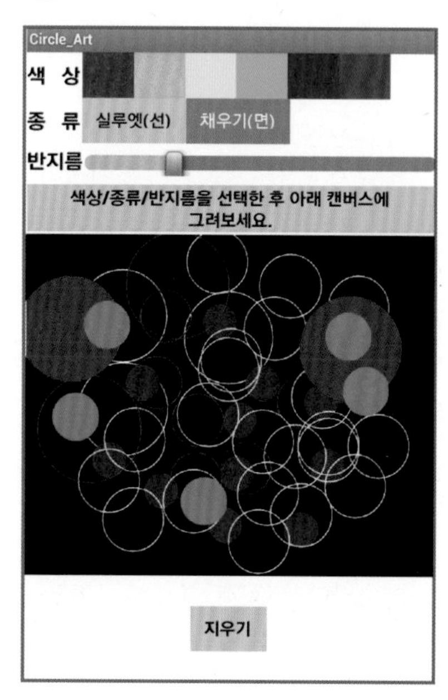

02 컴포넌트와 블록 익히기

1 컴포넌트

1) 대표 컴포넌트

컴포넌트		팔레트	설명
레이블	레이블	사용자 인터페이스	텍스트 속성에 지정된 글을 화면에 표시하는 컴포넌트
버튼	버튼	사용자 인터페이스	클릭하면 연결된 동작을 수행하는 컴포넌트
캔버스	캔버스	그리기&애니메이션	터치 가능한 2차원 패널로 그림을 그릴 수도 있고 스프라이트를 움직일 수 있는 컴포넌트
슬라이더	슬라이더	사용자 인터페이스	조정 컨트롤을 드래그하여 진행 상태를 표시 하는 컴포넌트

2) 사용 컴포넌트 리스트

종류	팔레트	이름 바꾸기	목적	속성
수평배치	레이아웃	수평배치1	레이블_색상, 버튼_빨강 ~ 버튼_자홍 버튼 배치	– 수평 정렬 : 왼쪽 – 수직 정렬 : 가운데 – 배경색 : 없음 – 너비 : 부모에 맞추기
레이블	사용자 인터페이스	레이블_색상	색상의 종류 안내	– 배경색 : 없음 – 글꼴 굵게 : 선택 – 텍스트 : 색상 – 텍스트 정렬 : 가운데
버튼	사용자 인터페이스	버튼_빨강	빨강색 선택 버튼	– 배경색 : 빨강 – 텍스트 : 빈칸 처리
버튼	사용자 인터페이스	버튼_주황	주황색 선택 버튼	– 배경색 : 주황 – 텍스트 : 빈칸 처리
버튼	사용자 인터페이스	버튼_노랑	노랑색 선택 버튼	– 배경색 : 노랑 – 텍스트 : 빈칸 처리
버튼	사용자 인터페이스	버튼_초록	초록색 선택 버튼	– 배경색 : 초록 – 텍스트 : 빈칸 처리

종류	팔레트	이름 바꾸기	목적	속성
버튼	사용자 인터페이스	버튼_파랑	파랑색 선택 버튼	– 배경색 : 파랑 – 텍스트 : 빈칸 처리
버튼	사용자 인터페이스	버튼_자홍	자홍색 선택 버튼	– 배경색 : 자홍 – 텍스트 : 빈칸 처리
수평배치	레이아웃	수평배치2	레이블_종류, 버튼_선, 버튼_면 배치	– 수평 정렬 : 왼쪽 – 수직 정렬 : 가운데 – 배경색 : 없음 – 너비 : 부모에 맞추기
레이블	사용자 인터페이스	레이블_종류	그리기의 종류 안내	– 배경색 : 없음 – 글꼴 굵게 : 선택 – 텍스트 : 종류 – 텍스트 정렬 : 가운데
버튼	사용자 인터페이스	버튼_선	실루엣(선) 선택 버튼	– 배경색 : 밝은 회색 – 글꼴 굵게 : 선택 – 텍스트 : 실루엣(선)
버튼	사용자 인터페이스	버튼_면	채우기(면) 선택 버튼	– 배경색 : 회색 – 텍스트 : 채우기(면) – 텍스트 색상 : 흰색
수평배치	레이아웃	수평배치3	레이블_반지름, 슬라이더_반지름 배치	– 수평 정렬 : 왼쪽 – 수직 정렬 : 가운데 – 배경색 : 없음 – 너비 : 부모에 맞추기
레이블	사용자 인터페이스	레이블_ 반지름	반지름의 크기 조절 안내	– 배경색 : 없음 – 글꼴 굵게 : 선택 – 텍스트 : 반지름 – 텍스트 정렬 : 가운데
슬라이더	사용자 인터페이스	슬라이더_ 반지름	반지름의 크기를 조절함	– 너비 : 부모에 맞추기 – 최댓값 : 70 – 최솟값 : 2 – 섬네일 위치: 35
레이블	사용자 인터페이스	레이블_ 안내문	색상/종류/반지름 선택에 대한 안내	– 배경색 : 밝은 회색 – 글꼴 굵게 : 선택 – 너비 : 부모에 맞추기 – 텍스트 : 색상/종류/반지름을 선택 한 후 아래 캔버스에 그려보세요. – 텍스트 정렬 : 가운데

종류	팔레트	이름 바꾸기	목적	속성
캔버스	그리기 & 애니메이션	캔버스1	그림을 그리는 영역	– 배경색 : 검정 – 너비 : 부모에 맞추기
레이블	사용자 인터페이스	레이블_ 디자인1	캔버스와 지우기 버튼 사이 공간	– 배경색 : 없음 – 텍스트 : 빈칸 처리
수평배치	레이아웃	수평배치4	버튼_지우기 배치	– 배경색 : 밝은 회색 – 글꼴 굵게 : 선택 – 텍스트 : 지우기
버튼	사용자 인터페이스	버튼_지우기	캔버스의 그림 지우기	– 배경색 : 회색 – 텍스트 : 채우기(면) – 텍스트 색상 : 흰색

2 블록

블록	컴포넌트	기능
언제 버튼_빨강 .클릭 실행	버튼	버튼 클릭 시 블록 안의 블록을 실행한다.
지정하기 캔버스1 . 페인트 색상 값	캔버스	캔버스에 그릴 색상 값을 지정한다.
	색상	색상 값이다.
전역변수 초기화 반지름 값	변수	반지름 이름의 전역변수의 초기 값을 설정한다.
언제 슬라이더_반지름 .위치 변경 섬네일 위치 실행	슬라이더	슬라이더의 위치가 조정되면 블록 안의 블록을 실행한다.
언제 캔버스1 .터치 x y 터치된 스프라이트 실행	캔버스	캔버스를 터치하면 블록 안의 블록을 실행한다.
호출 캔버스1 .원 그리기 중심X 중심Y 반지름 fill	캔버스	원 그리기를 실행한다.

블록	컴포넌트	기능
만약 / 그러면 / 아니면	제어	조건식이 참이면 '그러면' 절 안의 블록이 실행되고 조건식이 거짓이면 '아니면' 절 안의 블록을 실행한다.
=	논리	왼쪽 값과 오른쪽 값이 같은지 비교한다.
참	논리	'참' 또는 '거짓'으로 값을 지정한다.
지정하기 슬라이더_반지름 . 높이 퍼센트 값	슬라이더	슬라이더의 높이를 퍼센트 값으로 지정한다.
호출 캔버스1 .지우기	캔버스	캔버스에 그려진 그림을 지운다.
지정하기 global 종류 값	변수	변수에 값을 지정한다.
Screen1 . 너비	Screen	Screen1의 너비 값이다.
/	수학	두 수를 나눈 값을 반환한다.
0	수학	입력한 숫자를 값으로 사용한다.

03 프로젝트 만들기

1 새 프로젝트 시작하기

1) [새 프로젝트 시작하기...] 버튼을 클릭하면 나타나는 [새 앱 인벤터 프로젝트 생성] 팝업창에 프로젝트 이름으로 'Circle_Art'를 입력하고 [확인] 버튼을 클릭합니다.

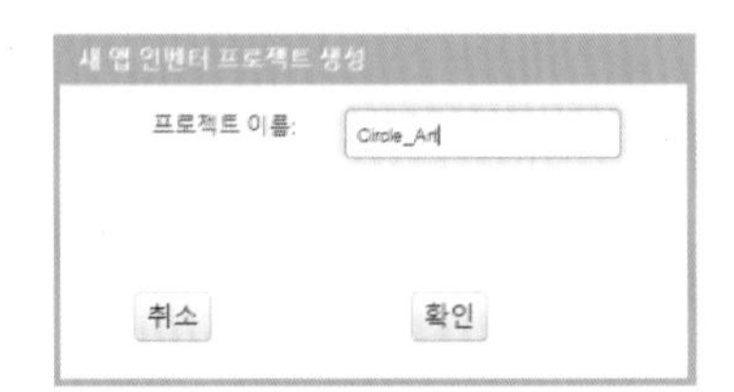

2) [Screen1]의 속성 중 [스크린 설명], [앱 이름], [제목]을 'Circle_Art'로 변경합니다.

2 컴포넌트 구성하기 : 디자이너

1) 색상을 나타내는 [레이블] 추가하기

01 [팔레트 〉 사용자 인터페이스]의 A 레이블 컴포넌트를 뷰어의 [Screen1] 화면 위로 드래그 합니다.

02 [레이블1]을 선택하고 이름 바꾸기 버튼을 클릭하여 새 이름을 '레이블_색상'으로 변경합니다.

03 [레이블_색상]을 선택하고 다음과 같이 속성을 설정합니다.

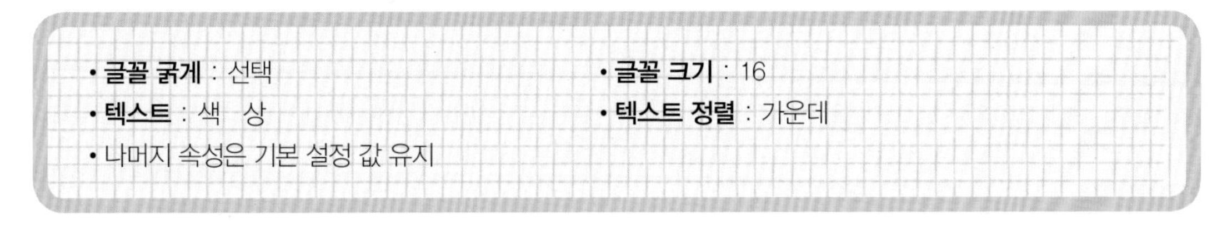

- **글꼴 굵게** : 선택
- **글꼴 크기** : 16
- **텍스트** : 색 상
- **텍스트 정렬** : 가운데
- 나머지 속성은 기본 설정 값 유지

2) 색상을 선택하기 위한 [버튼] 6개 추가하기

01 [팔레트 〉 사용자 인터페이스]의 버튼 컴포넌트를 뷰어의 [Screen1] 화면의 [레이블_색상] 아래로 드래그 합니다.

02 [버튼1]을 선택하고 이름 바꾸기 버튼을 클릭하여 새 이름을 '버튼_빨강'으로 변경합니다.

03 [버튼_빨강]을 선택하고 다음과 같이 속성을 설정합니다.

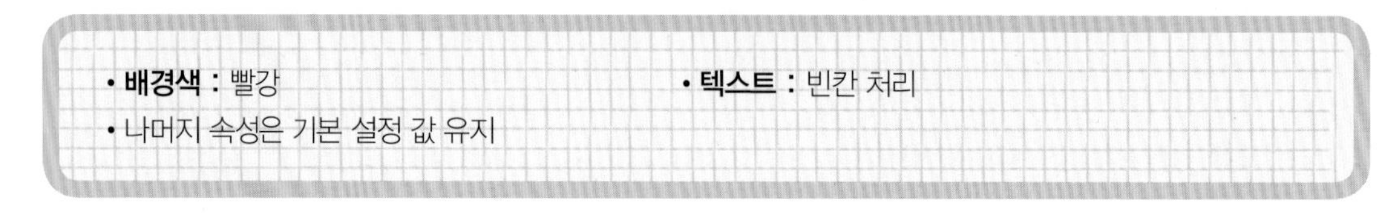

- **배경색** : 빨강
- **텍스트** : 빈칸 처리
- 나머지 속성은 기본 설정 값 유지

Hint

6가지 색상(빨강, 주황, 노랑, 초록, 파랑, 자홍)에 대하여 위와 동일한 방법으로 버튼을 추가하고 속성을 설정합니다.

3) 종류를 나타내는 [레이블] 추가하기

01 [팔레트 > 사용자 인터페이스]의 레이블 컴포넌트를 뷰어의 [Screen1] 화면의 [버튼_자홍] 아래로 드래그 합니다.

02 [레이블1]을 선택하고 이름 바꾸기 버튼을 클릭하여 새 이름을 '레이블_종류'로 변경합니다.

03 [레이블_종류]를 선택하고 다음과 같이 속성을 설정합니다.

- **글꼴 굵게** : 선택
- **글꼴 크기** : 16
- **텍스트** : 종　류
- **텍스트 정렬** : 가운데
- 나머지 속성은 기본 설정 값 유지

4) 종류를 선택하기 위한 [버튼] 2개 추가하기

01 [팔레트 〉 사용자 인터페이스]의 버튼 컴포넌트를 뷰어의 [Screen1] 화면의 [레이블_종류] 아래로 드래그 합니다.

02 [버튼1]을 선택하고 이름 바꾸기 버튼을 클릭하여 새 이름을 '버튼_선'으로 변경합니다.

03 [버튼_선]을 선택하고 다음과 같이 속성을 설정합니다.

- **배경색** : 밝은 회색
- **글꼴 굵게** : 선택
- **텍스트** : 실루엣(선)
- 나머지 속성은 기본 설정 값 유지

04 [팔레트 〉 사용자 인터페이스]의 버튼 컴포넌트를 뷰어의 [Screen1] 화면의 [버튼_선] 아래로 드래그 합니다.

05 [버튼1]을 선택하고 이름 바꾸기 버튼을 클릭하여 새 이름을 '버튼_면'으로 변경합니다.

06 [버튼_면]을 선택하고 다음과 같이 속성을 설정합니다.

- **배경색** : 회색
- **텍스트** : 채우기(면)
- **텍스트 색상** : 흰색
- 나머지 속성은 기본 설정 값 유지

5) 원의 반지름을 나타내는 [레이블] 추가하기

01 [팔레트 > 사용자 인터페이스]의 레이블 컴포넌트를 뷰어의 [Screen1] 화면 [버튼_면] 아래로 드래그 합니다.

02 [레이블1]을 선택하고 이름 바꾸기 버튼을 클릭하여 새 이름을 '레이블_반지름'으로 변경합니다.

03 [레이블_반지름]을 선택하고 다음과 같이 속성을 설정합니다.

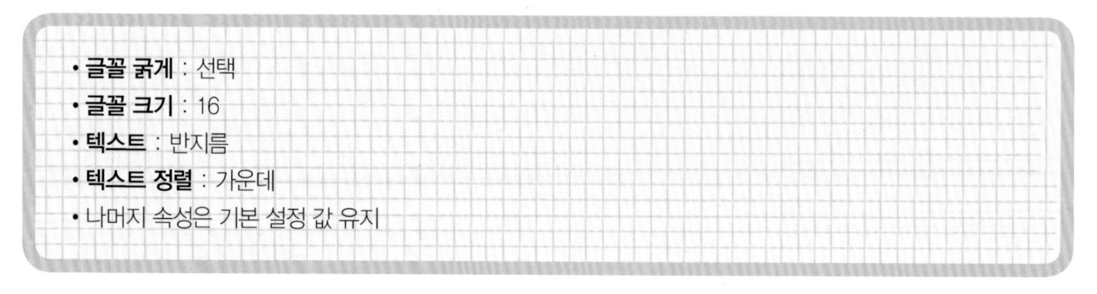

- **글꼴 굵게** : 선택
- **글꼴 크기** : 16
- **텍스트** : 반지름
- **텍스트 정렬** : 가운데
- 나머지 속성은 기본 설정 값 유지

6) 원의 반지름을 조절하는 '슬라이더' 추가하기

01 [팔레트 > 사용자 인터페이스]의 슬라이더 컴포넌트를 뷰어의 [Screen1] 화면 [레이블_반지름] 아래로 드래그 합니다.

02 [슬라이더1]을 선택하고 이름 바꾸기 버튼을 클릭하여 새 이름을 '슬라이더_반지름'으로 변경합니다.

03 [슬라이더_반지름]을 선택하고 다음과 같이 속성을 설정합니다.

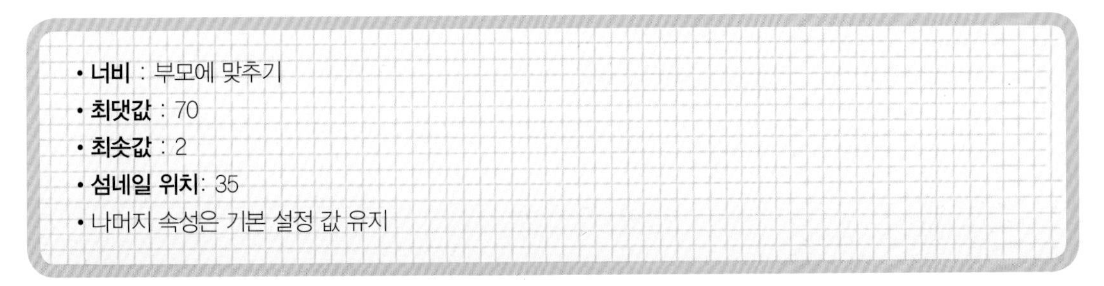

7) 그리기에 대한 안내를 위해 [레이블] 추가하기

01 [팔레트 〉 사용자 인터페이스]의 레이블 컴포넌트를 뷰어의 [Screen1] 화면 [슬라이더_반지름] 컴포넌트 아래로 드래그 합니다.

02 [레이블1]을 선택하고 이름 바꾸기 버튼을 클릭하여 새 이름을 '레이블_안내문'으로 변경합니다.

03 [레이블_안내문]을 선택하고 다음과 같이 속성을 설정합니다.

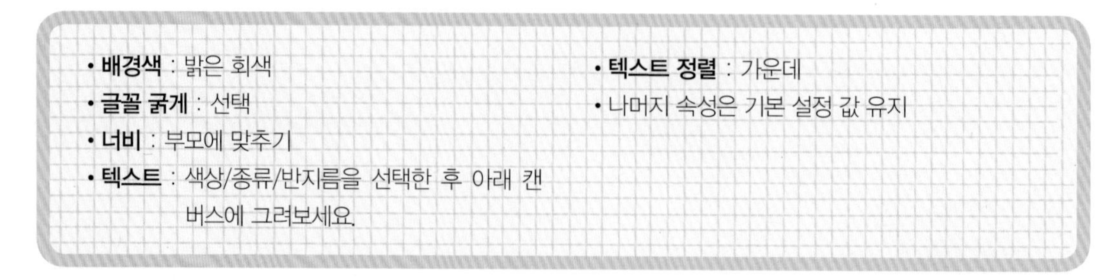

- **배경색** : 밝은 회색
- **글꼴 굵게** : 선택
- **너비** : 부모에 맞추기
- **텍스트** : 색상/종류/반지름을 선택한 후 아래 캔버스에 그려보세요.
- **텍스트 정렬** : 가운데
- 나머지 속성은 기본 설정 값 유지

8) 그림을 그리기 위해 [캔버스] 추가하기

01 [팔레트 〉 그리기 & 애니메이션]의 캔버스 컴포넌트를 뷰어의 [Screen1] 화면 [레이블_안내문] 컴포넌트 아래로 드래그 합니다.

02 [캔버스1]을 선택하고 다음과 같이 속성을 설정합니다.

- **배경색** : 검정
- **너비** : 부모에 맞추기
- 나머지 속성은 기본 설정 값 유지

9) 캔버스의 그림을 지우기 위해 [버튼] 추가하기

01 [팔레트 > 사용자 인터페이스]의 버튼 컴포넌트를 뷰어의 [Screen1] 화면의 [캔버스1] 컴포넌트 아래로 드래그 합니다.

02 [버튼1]을 선택하고 이름 바꾸기 버튼을 클릭하여 새 이름을 '버튼_지우기'로 변경합니다.

03 [버튼_지우기]를 선택하고 다음과 같이 속성을 설정합니다.

- **배경색** : 밝은 회색
- **글꼴 굵게** : 선택
- **텍스트** : 지우기
- 나머지 속성은 기본 설정 값 유지

3 프로그래밍하기 : 블록

1) [버튼_빨강] & [캔버스1] & [색상] 블록

01 블록의 [Screen1 〉 버튼_빨강] 블록을 클릭하여 [언제 '버튼_빨강'.클릭] 블록을 뷰어 영역으로 드래그 합니다.

02 블록의 [Screen1 〉 캔버스1] 블록을 클릭하여 [지정하기 '캔버스1'.'페인트 색상' 값] 블록을 [언제 '버튼_빨강'.클릭] 블록 안에 연결합니다.

03 블록의 [공통 블록 〉 색상] 블록을 클릭하여 블록을 연결합니다.

04 동일한 방법으로 [버튼_주황], [버튼_노랑], [버튼_초록], [버튼_파랑], [버튼_자홍]에 대한 코딩을 합니다.

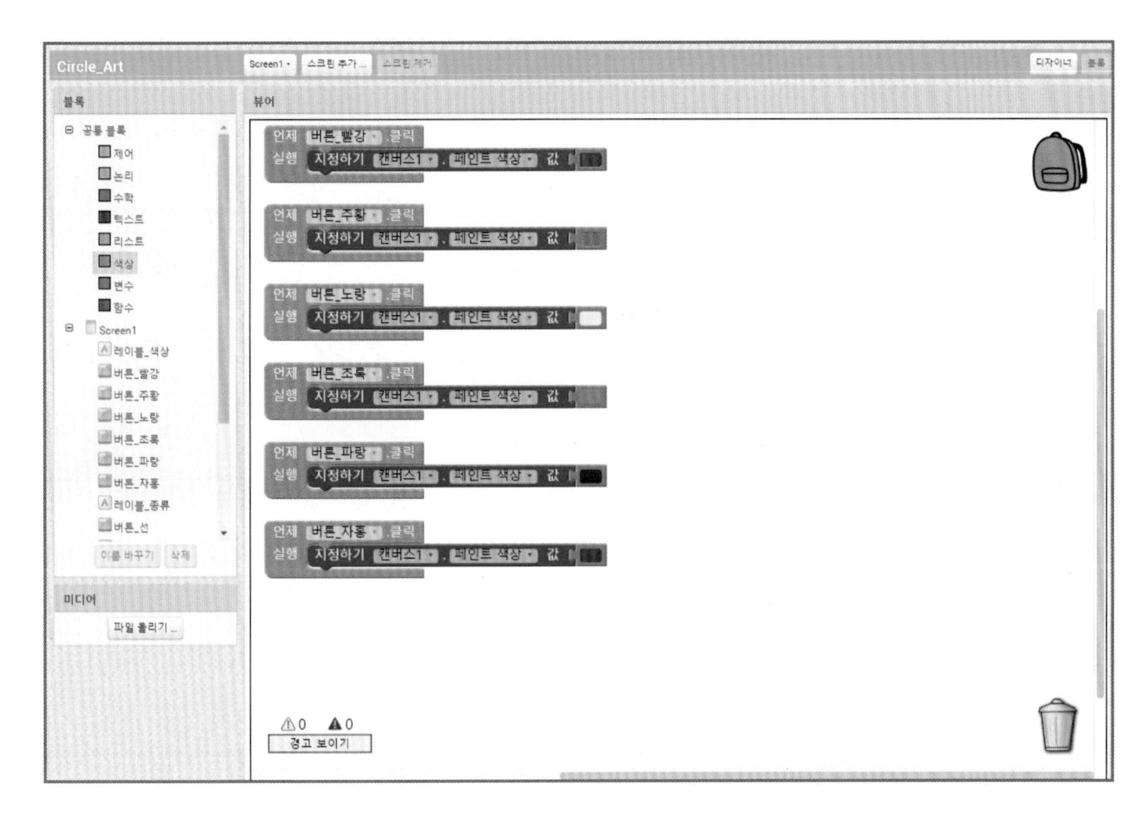

Hint

[공통 블록]에 있는 블록 이외의 색상을 정하는 방법

색상 블록을 하나 선택한 다음 색상 부분을 마우스 왼쪽 버튼을 클릭하면 아래와 같이 색상 선택 팔레트가 나타나며 여기에서 원하는 색상을 선택할 수 있습니다.

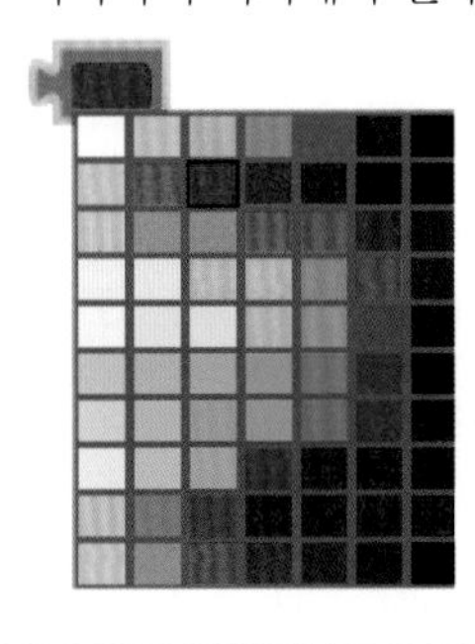

2) [변수] & [수학] 블록

01 블록의 [공통 블록 〉 변수] 블록을 클릭하여 [전역변수 초기화 '변수 이름' 값] 블록을 뷰어 영역으로 드래그 합니다.

02 변수 이름을 '반지름'으로 변경합니다(원의 반지름 값을 저장하는 변수임).

03 블록의 [공통 블록 〉 수학] 블록을 클릭하여 0 블록을 연결하여 변수 값을 초기화합니다.

04 블록의 [공통 블록 〉 변수] 블록을 클릭하여 [전역변수 초기화 '변수 이름' 값] 블록을 뷰어 영역으로 드래그 합니다.

05 변수 이름을 '종류'로 변경합니다(원을 그리는 종류 값을 저장하는 변수임).

06 블록의 [공통 블록 〉 수학] 블록을 클릭하여 0 블록을 연결하여 변수 값을 초기화합니다.

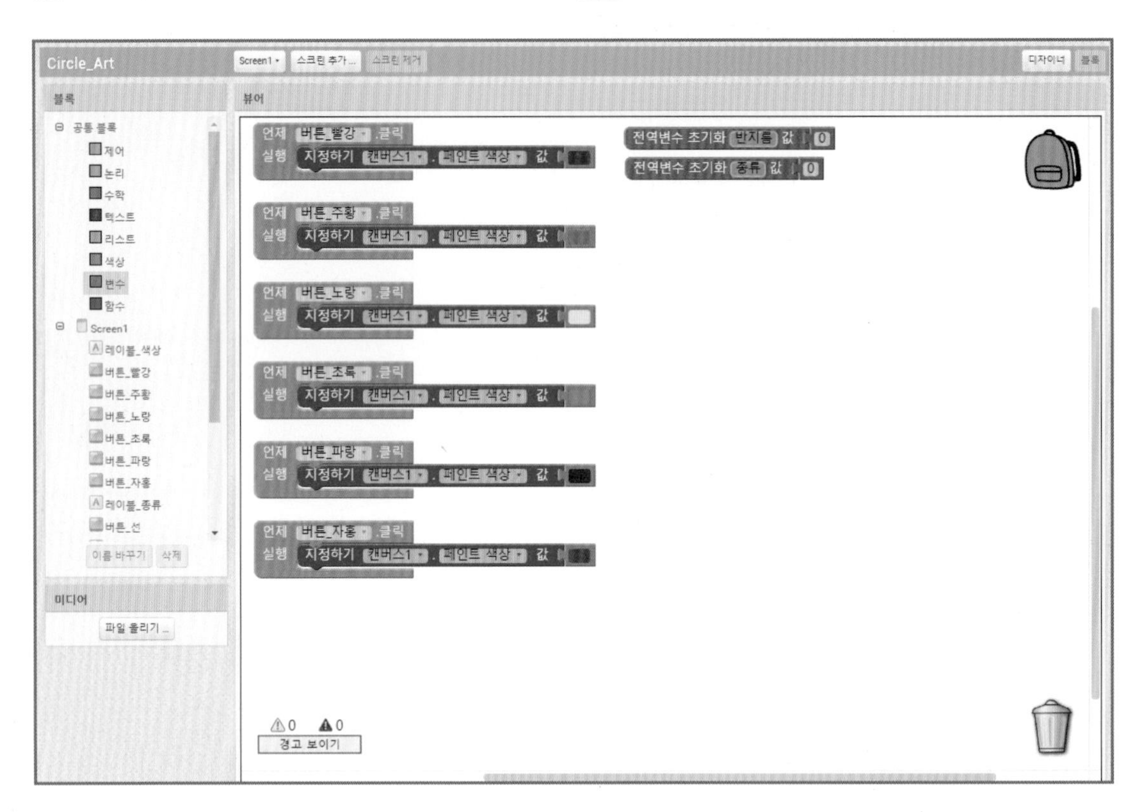

3) [버튼_선] & [변수] & [수학] 블록

01 블록의 [Screen1 〉 버튼_선] 블록을 클릭하여 [언제 '버튼_선'.클릭] 블록을 뷰어 영역으로 드래그 합니다.

02 블록의 [공통 블록 〉 변수] 블록을 클릭하여 [지정하기 'global 종류' 값] 블록을 [언제 '버튼_선'.클릭] 블록 안에 연결합니다.

03 블록의 [공통 블록 〉 수학] 블록을 클릭하여 0 블록을 연결합니다.

4) [버튼_면] & [변수] & [수학] 블록

01 블록의 [Screen1 〉 버튼_선] 블록을 클릭하여 [언제 '버튼_면'.클릭] 블록을 뷰어 영역으로 드래그 합니다.

02 블록의 [공통 블록 〉 변수] 블록을 클릭하여 [지정하기 'global 종류' 값] 블록을 [언제 '버튼_면'.클릭] 블록 안에 연결합니다.

03 블록의 [공통 블록 〉 수학] 블록을 클릭하여 0 블록을 연결하고 값을 '1'로 변경합니다.

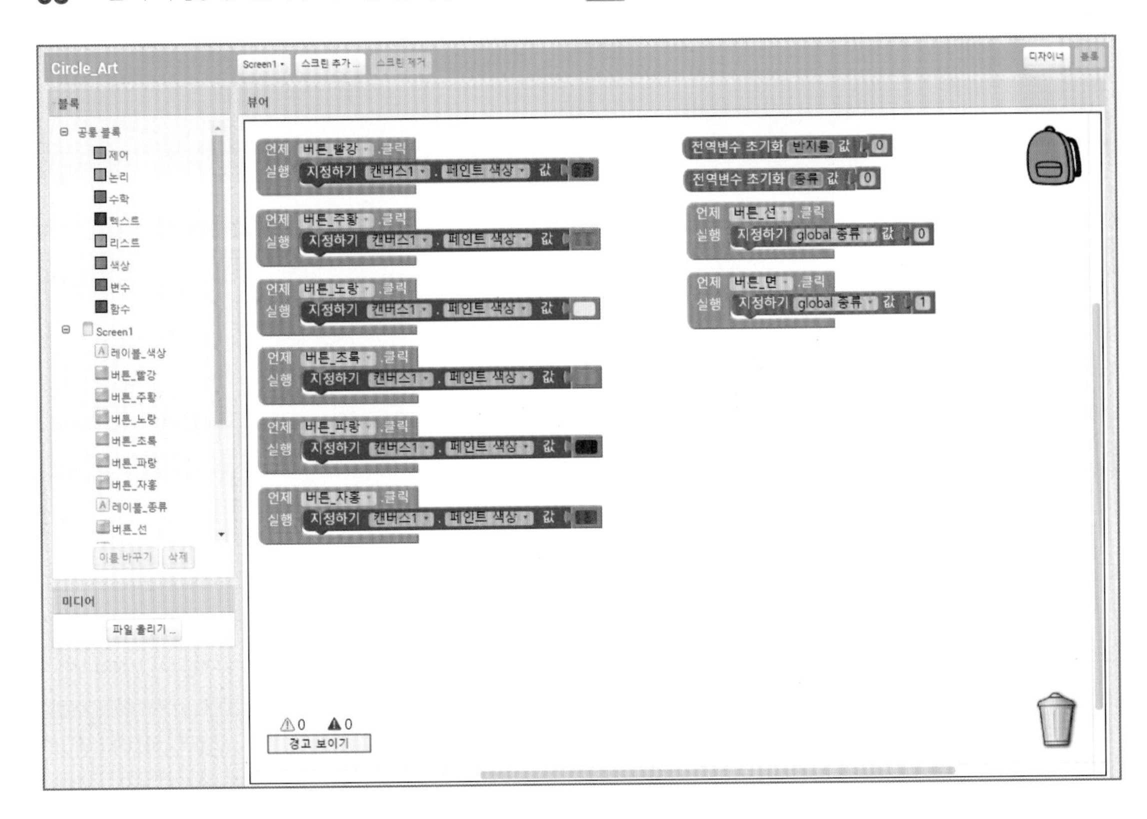

5) [슬라이더1] & [변수] 블록

01 블록의 [Screen1 〉 슬라이더1] 블록을 클릭하여 [언제 '슬라이더_반지름'.위치 변경] 블록을 뷰어 영역으로 드래그 합니다.

02 블록의 [공통 블록 〉 변수] 블록을 클릭하여 [지정하기 'global 반지름' 값] 블록을 [언제 '슬라이더_반지름'.위치 변경] 블록 안에 연결합니다.

03 섬네일 위치에 마우스를 오버하여 [가져오기 '섬네일 위치'] 블록을 연결합니다.

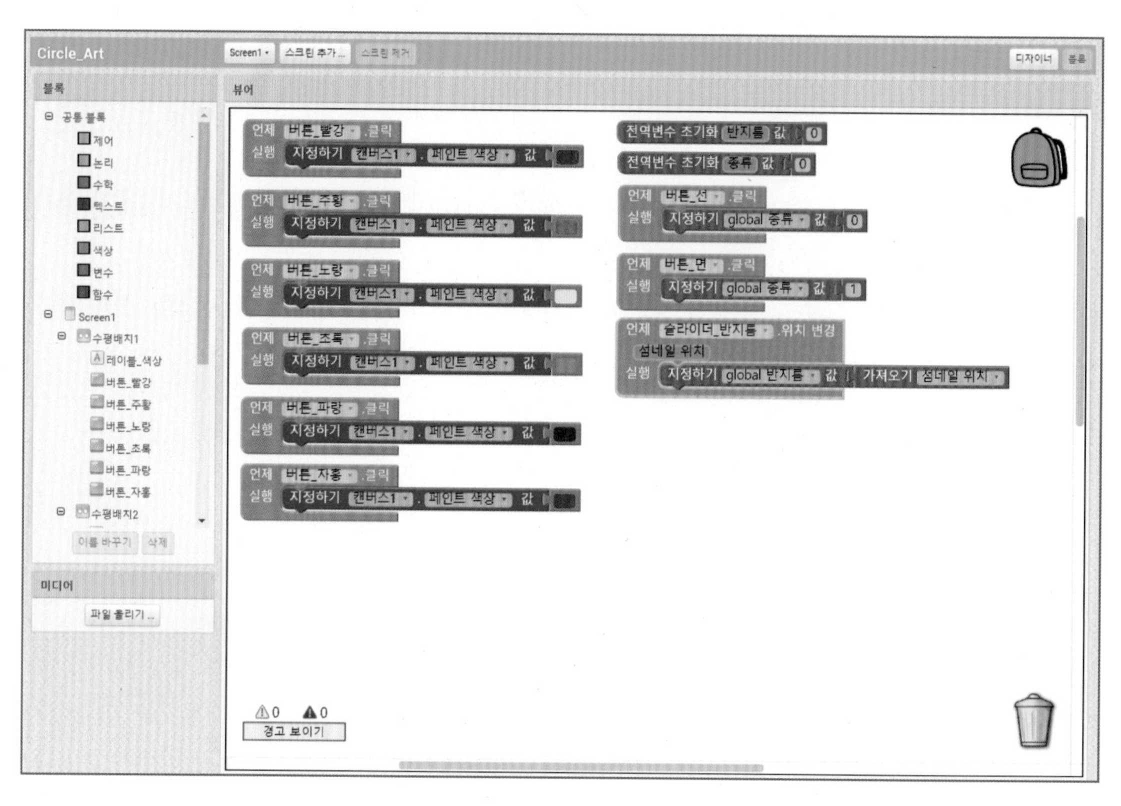

Hint

[섬네일 위치]에서 [가져오기 '섬네일 위치'] 블록 가져오기

마우스를 [섬네일 위치] 위에 놓으면 해당 블록들이 보이고 이때 원하는 블록을 드래그 하면 됩니다.

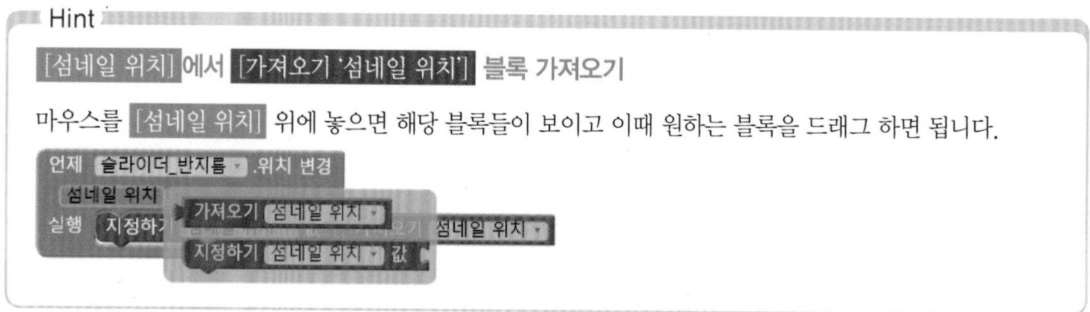

6) [캔버스1] & [변수] & [수학] & [논리] 블록

01 블록의 [Screen1 〉 캔버스1] 블록을 클릭하여 [언제 '캔버스'.터치] 블록을 뷰어 영역으로 드래그 합니다.

02 원을 그릴 때의 선의 굵기를 정하기 위해서 [지정하기 '캔버스1'.'선 두께' 값] 블록을 [언제 '캔버스'.터치] 블록 안에 연결합니다.

03 블록의 [공통 블록 〉 수학] 블록을 클릭하여 [0] 블록을 연결하고 값을 '1'로 변경합니다.

04 [중심X], [중심Y] 값을 [가져오기 x], [가져오기 y] 값으로 각각 연결합니다.

05 반지름은 블록의 [공통 블록 〉 변수] 블록을 클릭하여 [가져오기 'global 반지름']을 연결합니다.

06 원을 실루엣(선)으로 그릴지 아니면 채우기(면)로 그릴지에 대한 값을 [fill]에 연결하기 위해 블록의 [공통 블록 〉 논리] 블록을 클릭하여 [만약 그러면 아니면] 블록을 연결합니다.

07 블록의 [공통 블록 〉 논리] 블록을 클릭하여 [공통 블록 〉 변수] 블록을 클릭하여 [가져오기 'global 종류'] 값이 '0'과 같은지를 비교합니다. 만약 '0'과 같으면 선으로 그리기 위해 그러면에 [거짓] 블록을 연결하고 아니면 [참] 블록을 연결합니다.

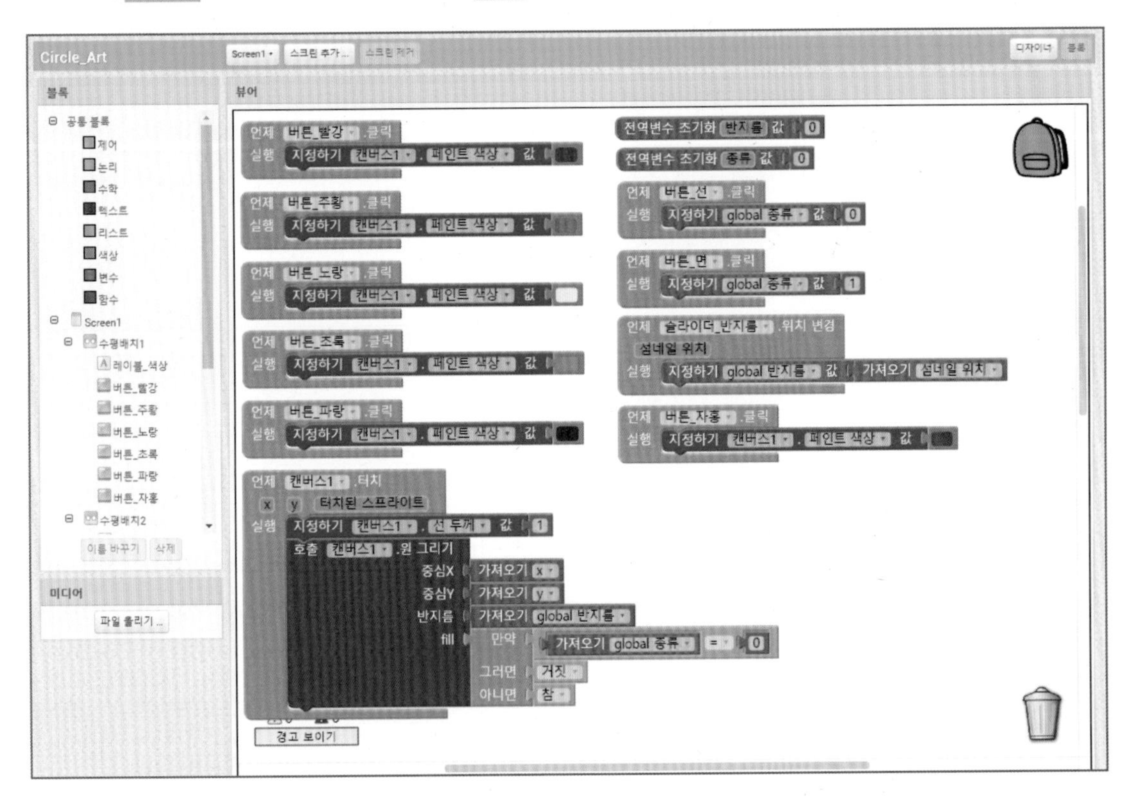

7) [버튼_지우기] & [캔버스1] 블록

01 블록의 [Screen1 〉 버튼_지우기] 블록을 클릭하여 [언제 '버튼_지우기'.클릭] 블록을 뷰어 영역으로 드래그 합니다.

02 캔버스를 위해서 블록의 [Screen1 〉 캔버스1] 블록을 클릭하여 [호출 '캔버스1'.지우기] 블록을 [언제 '버튼_지우기'.클릭] 블록 안에 연결합니다.

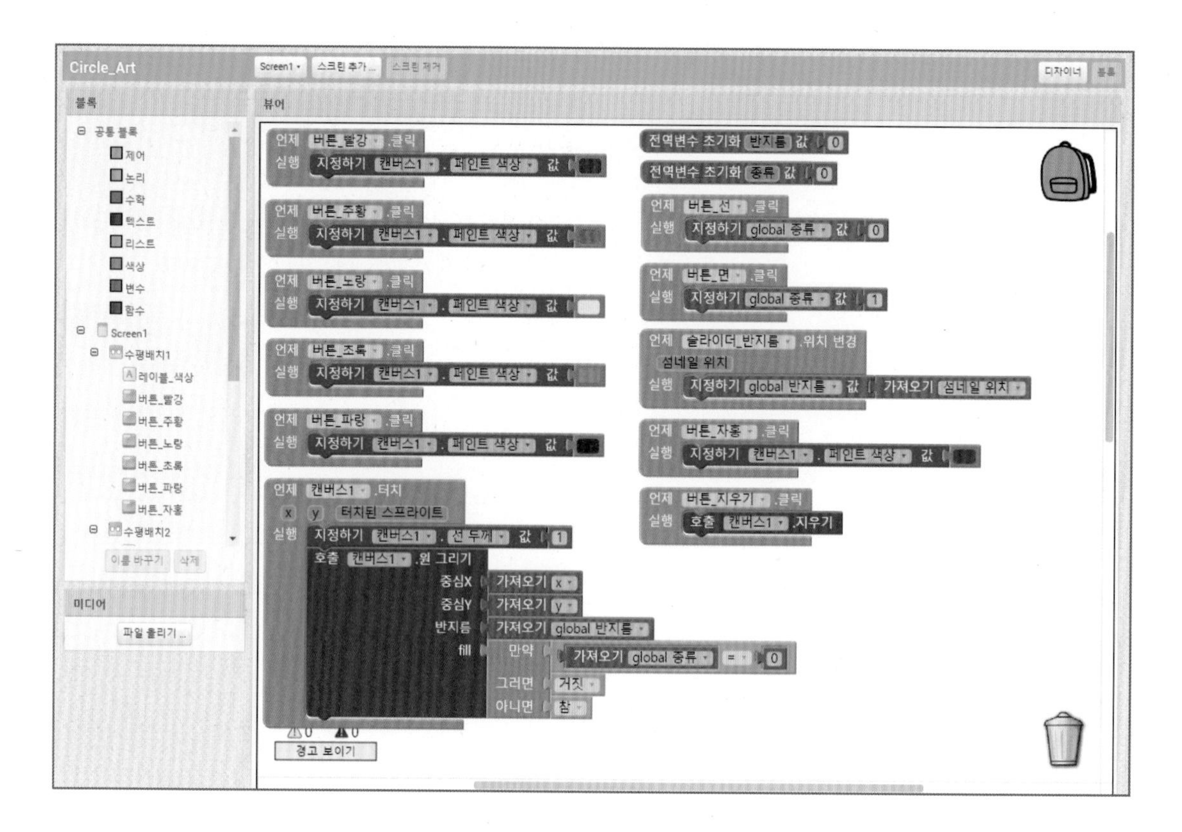

4 디자인하기

1) 디자이너 에서 컴포넌트의 속성 값 설정하기

01 [팔레트 〉 레이아웃]의 수평배치 컴포넌트를 뷰어의 [Screen1] 화면의 가장 위로 드래그 합니다.

02 [수평배치1]을 선택하고 다음과 같이 속성을 설정합니다.

- **수평 정렬** : 왼쪽
- **수직 정렬** : 가운데
- **배경색** : 없음
- **너비** : 부모에 맞추기
- 나머지 속성은 기본 설정 값 유지

03 컴포넌트의 [레이블_색상], [버튼_빨강], [버튼_주황], [버튼_노랑], [버튼_초록], [버튼_파랑], [버튼_자홍]을 [수평배치1] 안으로 차례로 드래그 합니다.

04 [팔레트 〉 레이아웃]의 수평배치 컴포넌트를 뷰어의 [Screen1] 화면의 [수평배치1] 아래로 드래그 합니다.

05 [수평배치2]를 선택하고 다음과 같이 속성을 설정합니다.

- **수평 정렬** : 왼쪽
- **수직 정렬** : 가운데
- **배경색** : 없음
- **너비** : 부모에 맞추기
- 나머지 속성은 기본 설정 값 유지

06 컴포넌트의 [레이블_종류], [버튼_선], [버튼_면]을 [수평배치2] 안으로 차례로 드래그 합니다.

07 [팔레트 〉 레이아웃]의 수평배치 컴포넌트를 뷰어의 [Screen1] 화면의 [수평배치2] 아래로 드래그 합니다.

08 [수평배치3]을 선택하고 다음과 같이 속성을 설정합니다.

- **수평 정렬** : 왼쪽
- **수직 정렬** : 가운데
- **배경색** : 없음
- **너비** : 부모에 맞추기
- 나머지 속성은 기본 설정 값 유지

09 컴포넌트의 [레이블_반지름], [슬라이더_반지름]을 [수평배치3] 안으로 차례로 드래그 합니다.

10 [팔레트 > 레이아웃]의 수평배치 컴포넌트를 뷰어의 [Screen1] 화면의 [수평배치3] 아래로 드래그 합니다.

11 [수평배치4]를 선택하고 다음과 같이 속성을 설정합니다.

- **수평 정렬** : 중앙
- **수직 정렬** : 가운데
- **배경색** : 없음
- **너비** : 부모에 맞추기
- 나머지 속성은 이전 설정 값 유지

12 컴포넌트의 [버튼_지우기]를 [수평배치4] 안으로 드래그 합니다.

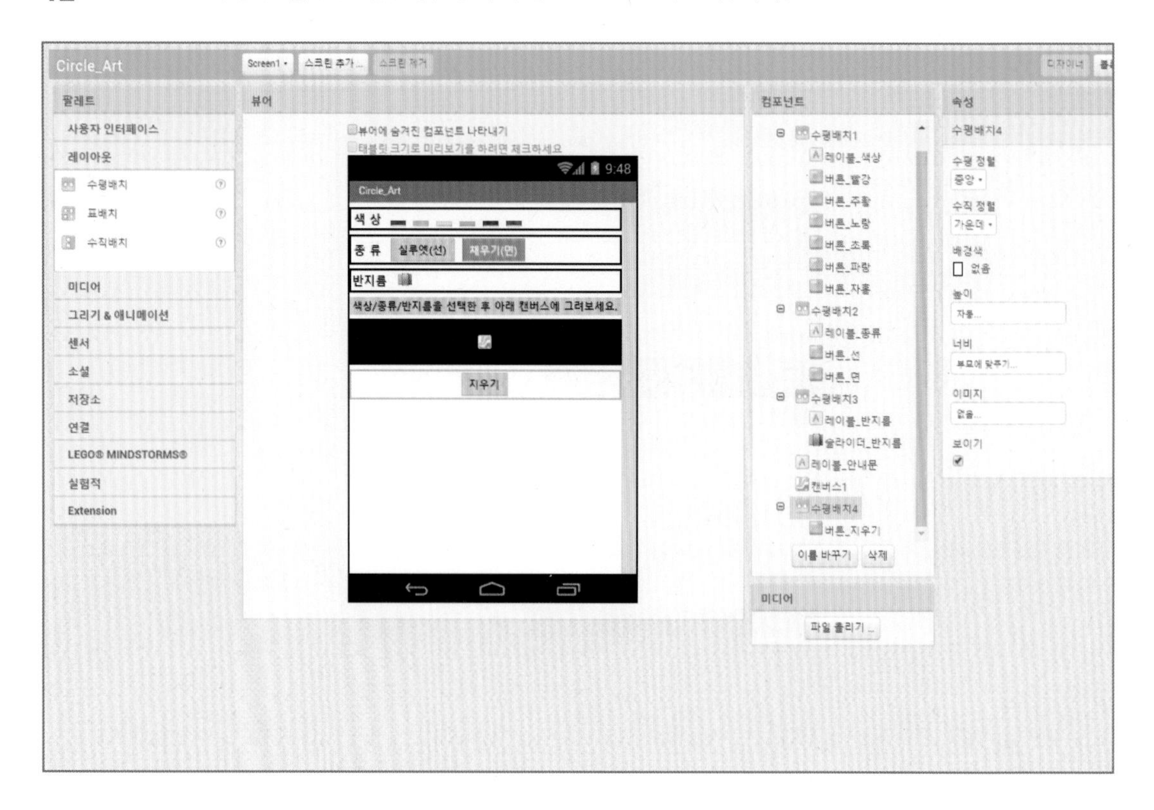

13 [팔레트 > 사용자 인터페이스]의 레이블 컴포넌트를 [캔버스1]과 [수평배치4] 사이에 드래그 합니다.

14 [레이블1]을 선택하고 이름 바꾸기 버튼을 클릭하여 새 이름을 '레이블_디자인1'로 변경합니다.

15 [레이블_디자인1]을 선택하고 다음과 같이 속성을 설정합니다.

- **배경색** : 없음
- **텍스트** : 빈칸 처리
- 나머지 속성은 기본 설정 값 유지

2) 블록 에서 블록으로 디자인하기

〈완성 화면의 구성요소들의 비율〉

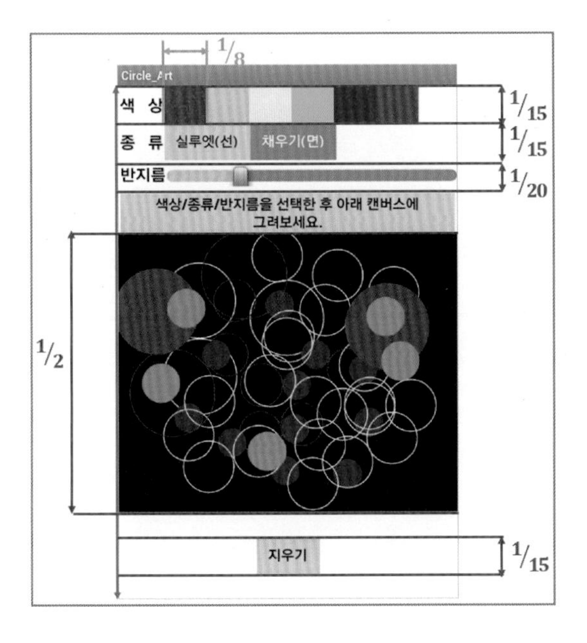

01 [Screen1] 블록을 클릭하여 [언제 'Screen1'.초기화] 블록 뷰어 영역으로 드래그 합니다. 처음 화면이 켜질 때 구성요소들의 크기를 조정하는 명령으로 크기를 지정할 수 있습니다.

02 원의 반지름 값을 슬라이더1의 현위치 값으로 설정하기 위해 블록의 [공통 블록 〉 변수] 블록을 클릭하여 [지정하기 'global 반지름' 값] 블록을 연결하고 블록의 [Screen1 〉 슬라이더1] 블록을 클릭하여 ['슬라이더_반지름'.'섬네일 위치'] 블록을 연결합니다.

03 [캔버스1]의 초기 색상을 흰색으로 지정하기 위해서 [지정하기 '캔버스1'.'페인트 색상' 값] 블록을 연결하고 흰색 색상( )블록을 연결합니다.

04 [캔버스1]의 높이를 지정하기 위해 [지정하기 '캔버스1'.'높이' 값] 블록을 연결합니다. [캔버스1]의 높이는 화면높이(Screen1.높이)의 1/2로 지정합니다.

05 [버튼_빨강]의 높이를 지정하기 위해 [지정하기 '버튼_빨강'.'높이' 값] 블록을 연결합니다. [버튼_빨강]의 높이는 화면높이(Screen1.높이)의 1/15로 지정합니다.

06 [버튼_빨강]의 너비를 지정하기 위해 [지정하기 '버튼_빨강'.'너비' 값] 블록을 연결합니다. [버튼_빨강]의 너비는 화면너비(Screen1.너비)의 1/8로 지정합니다.

07 [버튼_주황]의 높이를 지정하기 위해 [지정하기 '버튼_주황'.'높이' 값] 블록을 연결합니다. [버튼_주황]의 높이는 화면높이(Screen1.높이)의 1/15로 지정합니다.

08 [버튼_주황]의 너비를 지정하기 위해 [지정하기 '버튼_주황'.'너비' 값] 블록을 연결합니다. [버튼_주황]의 너비는 화면너비(Screen1.너비)의 1/8로 지정합니다.

09 [버튼_노랑]의 높이를 지정하기 위해 [지정하기 '버튼_노랑'.'높이' 값] 블록을 연결합니다. [버튼_노랑]의 높이는 화면높이(Screen1.높이)의 1/15로 지정합니다.

10 [버튼_노랑]의 너비를 지정하기 위해 [지정하기 '버튼_노랑'.'너비' 값] 블록을 연결합니다. [버튼_노랑]의 너비는 화면너비(Screen1.너비)의 1/8로 지정합니다.

11 [버튼_초록]의 높이를 지정하기 위해 [지정하기 '버튼_초록'.'높이' 값] 블록을 연결합니다. [버튼_초록]의 높이는 화면높이(Screen1.높이)의 1/15로 지정합니다.

12 [버튼_초록]의 너비를 지정하기 위해 [지정하기 '버튼_초록'.'너비' 값] 블록을 연결합니다. [버튼_초록]의 너비는 화면너비(Screen1.너비)의 1/8로 지정합니다.

13 [버튼_파랑]의 높이를 지정하기 위해 [지정하기 '버튼_파랑'.'높이' 값] 블록을 연결합니다. [버튼_파랑]의 높이는 화면높이(Screen1.높이)의 1/15로 지정합니다.

14 [버튼_파랑]의 너비를 지정하기 위해 [지정하기 '버튼_파랑'.'너비' 값] 블록을 연결합니다. [버튼_파랑]의 너비는 화면너비(Screen1.너비)의 1/8로 지정합니다.

15 [버튼_자홍]의 높이를 지정하기 위해 [지정하기 '버튼_자홍'.'높이' 값] 블록을 연결합니다. [버튼_자홍]의 높이는 화면높이(Screen1.높이)의 1/15로 지정합니다.

16 [버튼_자홍]의 너비를 지정하기 위해 [지정하기 '버튼_자홍'.'너비' 값] 블록을 연결합니다. [버튼_파랑]의 너비는 화면너비(Screen1.너비)의 1/8로 지정합니다.

17 [버튼_선]의 높이를 지정하기 위해 [지정하기 '버튼_선'.'높이' 값] 블록을 연결합니다. [버튼_선]의 높이는 화면높이(Screen1.높이)의 1/15로 지정합니다.

18 [버튼_면]의 높이를 지정하기 위해 [지정하기 '버튼_면'.'높이' 값] 블록을 연결합니다. [버튼_면]의 높이는 화면높이(Screen1.높이)의 1/15로 지정합니다.

19 [레이블_반지름]의 높이를 지정하기 위해 [지정하기 '레이블_반지름'.'높이' 값] 블록을 연결합니다. [레이블_반지름]의 높이는 화면높이(Screen1.높이)의 1/20로 지정합니다.

20 [버튼_지우기]의 높이를 지정하기 위해 [지정하기 '버튼_지우기'.'높이' 값] 블록을 연결합니다. [버튼_지우기]의 높이는 화면높이(Screen1.높이)의 1/15로 지정합니다.

21 [슬라이더_반지름]의 높이 퍼센트를 지정하기 위해 [지정하기 '슬라이더_반지름'.'높이 퍼센트' 값] 블록을 연결합니다. 블록의 [공통 블록 〉 수학] 블록을 클릭하여 [0] 블록을 연결하고 값을 '4'로 변경합니다.

3) 디자이너 의 [Screen1] 컴포넌트 속성 [아이콘]에 이미지 파일 올리기

01 [Screen1] 블록을 클릭하여 준비한 아이콘 이미지(: Icon5.png) 파일을 올립니다.

02 스마트폰에 앱을 설치한 다음 실행합니다.

03 아이콘은 스마트폰에 앱이 설치되면 나타납니다.

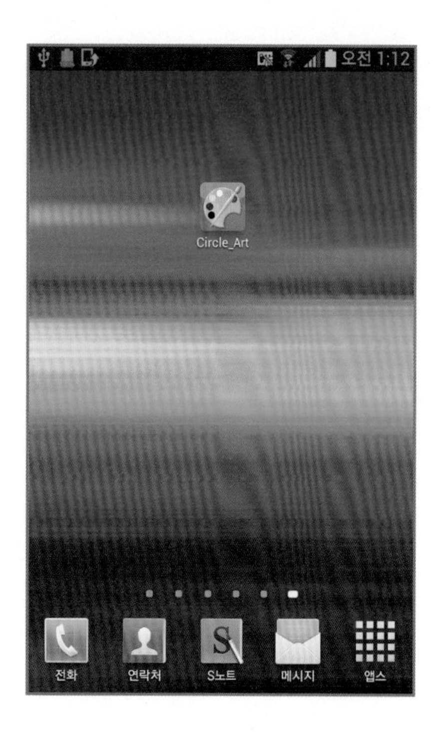

5 앱 전체 프로그램

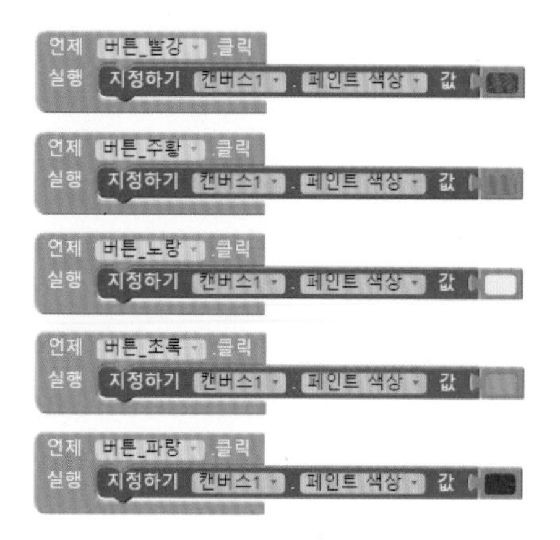

전역변수 초기화 반지름 값 0

전역변수 초기화 종류 값 0

언제 버튼_선 .클릭
실행 지정하기 global 종류 값 0

언제 버튼_면 .클릭
실행 지정하기 global 종류 값 1

언제 슬라이더_반지름 .위치 변경
섬네일 위치
실행 지정하기 global 반지름 값 가져오기 섬네일 위치

언제 버튼_자홍 .클릭
실행 지정하기 캔버스1 . 페인트 색상 값

```
언제 캔버스1 .터치
  x  y  터치된 스프라이트
실행 지정하기 캔버스1 . 선 두께 값 1
     호출 캔버스1 .원 그리기
                  중심X 가져오기 x
                  중심Y 가져오기 y
                  반지름 가져오기 global 반지름
                  fill 만약 가져오기 global 종류 = 0
                       그러면 거짓
                       아니면 참

언제 버튼_지우기 .클릭
실행 호출 캔버스1 .지우기

언제 Screen1 .초기화
실행 지정하기 global 반지름 값 슬라이더_반지름 . 섬네일 위치
     지정하기 캔버스1 . 페인트 색상 값 
     지정하기 캔버스1 . 높이 값 Screen1 . 높이 / 2
     지정하기 버튼_빨강 . 높이 값 Screen1 . 높이 / 15
     지정하기 버튼_빨강 . 너비 값 Screen1 . 너비 / 8
     지정하기 버튼_주황 . 높이 값 Screen1 . 높이 / 15
     지정하기 버튼_주황 . 너비 값 Screen1 . 너비 / 8
     지정하기 버튼_노랑 . 높이 값 Screen1 . 높이 / 15
     지정하기 버튼_노랑 . 너비 값 Screen1 . 너비 / 8
     지정하기 버튼_초록 . 높이 값 Screen1 . 높이 / 15
     지정하기 버튼_초록 . 너비 값 Screen1 . 너비 / 8
     지정하기 버튼_파랑 . 높이 값 Screen1 . 높이 / 15
     지정하기 버튼_파랑 . 너비 값 Screen1 . 너비 / 8
     지정하기 버튼_자홍 . 높이 값 Screen1 . 높이 / 15
     지정하기 버튼_자홍 . 너비 값 Screen1 . 너비 / 8
     지정하기 버튼_선 . 높이 값 Screen1 . 높이 / 15
     지정하기 버튼_면 . 높이 값 Screen1 . 높이 / 15
     지정하기 레이블_반지름 . 높이 값 Screen1 . 높이 / 20
     지정하기 버튼_지우기 . 높이 값 Screen1 . 높이 / 15
     지정하기 슬라이더_반지름 . 높이 퍼센트 값 4
```

Tip_ 레이아웃 컴포넌트의 새 기능

레이아웃 컴포넌트는 컴포넌트들을 화면에 배치하는 기능을 합니다.

레이아웃 컴포넌트의 종류에는 수평배치, HorizontalScrollArrangement, 표배치, 수직배치, VerticalScrollArrangement 5개가 있는데 최근에 HorizontalScrollArrangement와 VerticalScrollArrangement 가 추가되었습니다.

컴포넌트		팔레트	설명
수평배치	HorizontalScrollArrangement	레이아웃	컴포넌트들을 화면에 가로로(왼쪽에서 오른쪽으로) 배치시키며 정해진 크기를 넘을 경우 스크롤이 생기는 레이아웃 컴포넌트
수직배치	VerticalScrollArrangement	레이아웃	컴포넌트들을 화면에 세로로(위에서 아래로) 배치시키며 정해진 크기를 넘을 경우 스크롤이 생기는 레이아웃 컴포넌트

Hint

레이아웃 컴포넌트의 속성

❶ 수평 정렬

왼쪽–1, 중앙–3, 오른쪽–2

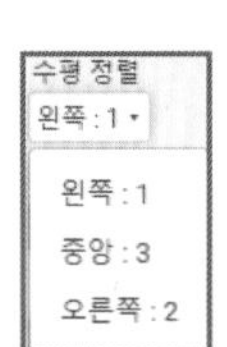

❷ 수직 정렬

위–1, 가운데–2, 아래–3

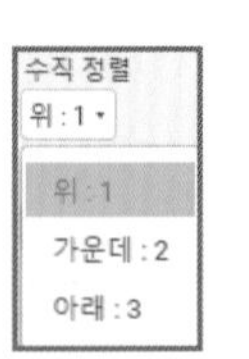

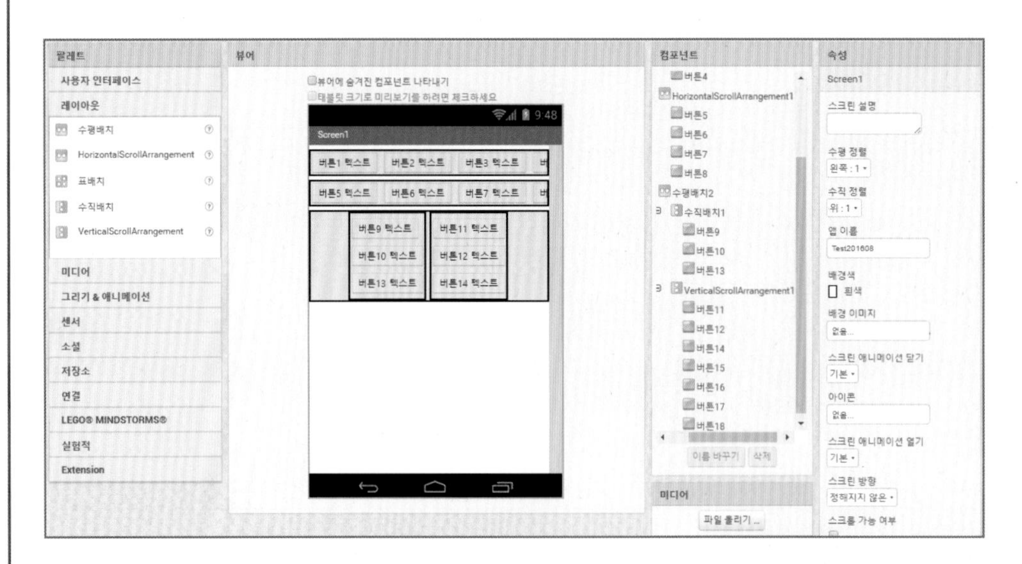

1) 수평배치와 HorizontalScrollArrangement 비교

2) 수직배치와 VerticalScrollArrangement 비교

HorizontalScrollArrangement VerticalScrollArrangement의 경우 정해진 크기를 넘을 경우 스크롤이 생깁니다.

생각키우기

01

지우기 버튼을 클릭했을 때처럼 스마트폰을 흔들었을 때도 캔버스에 그린 그림이 지워지도록 구성하세요.

Hint

[팔레트 〉 사용자 인터페이스]의 가속도_센서 컴포넌트를 사용합니다.

02

캔버스에서 드래그하면 그림이 그려지도록 구성하세요.

Hint

블록의 [Screen1 〉 캔버스1] 블록을 클릭하여 [언제 '캔버스'.드래그] 블록을 사용합니다.

Chapter 06

PART 02 | 그리기 & 애니메이션

자동차 피하기 : CarGame 앱

이번 장에서는 순발력을 요하는 간단한 자동차 피하기 앱인 [CarGame] 앱을 만들어 보겠습니다. 누군가가 만든 게임을 하는 게이머가 아니라 내가 만든 앱으로 직접 게임을 하는 프로그래머가 되어 보세요.

01 앱 기획하기

1 앱의 기능

- 3초마다 자동차가 도로 위를 왼쪽에서 오른쪽으로 움직이기
- 공을 클릭하면 위로 튕기기
- 공이 모서리에 닿으면 아래로 내려오기
- 공이 차에 닿으면 게임 끝내기

2 완성 화면 (프로젝트명 : CarGame)

02 컴포넌트와 블록 익히기

1 컴포넌트

1) 대표 컴포넌트

컴포넌트		팔레트	설명
캔버스	캔버스	그리기 & 애니메이션	터치 가능한 2차원 패널로 그림을 그릴 수도 있고 스프라이트를 움직일 수 있는 컴포넌트
이미지 스프라이트	이미지 스프라이트	그리기 & 애니메이션	캔버스에 놓을 수 있고 터치나 드래그에 반응하는 컴포넌트
시계	시계	센서	스마트폰의 시계, 타이머, 그리고 시간 계산 기능을 하는 제공하는 보이지 않는 컴포넌트

2) 사용 컴포넌트 리스트

종류	팔레트	이름 바꾸기	목적	속성
Screen		Screen1		– 스크린 설명/앱 이름/제목 : CarGame – 스크린 방향 : 가로
캔버스	그리기 & 애니메이션	캔버스1	이미지_자동차, 이미지_공 스프라이트 포함	– 배경 이미지 : 'back.png' 파일 올리기 – 높이 : 부모에 맞추기 – 너비 : 부모에 맞추기
이미지 스프라이트	그리기 & 애니메이션	이미지_자동차	자동차	– 사진 : 'Car.png' 파일 올리기
이미지 스프라이트	그리기 & 애니메이션	이미지_공	공	– 사진 : 'ball.png' 파일 올리기
시계	센서	시계_자동차	자동차를 3초마다 움직이게 하는 타임 체크	– 타이머 간격 : 3000(3초를 뜻함)

2 블록

블록	컴포넌트	기능
언제 Screen1 .초기화 실행	Screen	처음 화면이 켜지면 블록 안의 블록을 실행한다.
지정하기 이미지_자동차 . X 값	그리기 & 애니메이션	이미지 스프라이트 속성 중 X 값을 지정한다.
0	수학	입력한 숫자를 값으로 사용한다.
언제 시계_자동차 .타이머 실행	센서	정해진 시간이 되면 블록 안의 블록을 실행한다.
지정하기 이미지_자동차 . 보이기 값	그리기 & 애니메이션	이미지 스프라이트 속성 중 보이기 값을 지정한다.
지정하기 이미지_자동차 . 속도 값	그리기 & 애니메이션	이미지 스프라이트 속성 중 속도 값을 지정한다.
지정하기 이미지_자동차 . 방향 값	그리기 & 애니메이션	이미지 스프라이트 속성 중 방향 값을 지정한다.
지정하기 이미지_자동차 . 활성화 값	그리기 & 애니메이션	이미지 스프라이트 속성 중 활성화 값을 지정한다.
호출 이미지_공 .좌표로 이동하기 x y	그리기 & 애니메이션	이미지 스티커를 x, y 좌표 값으로 이동한다.
참	논리	'참' 또는 '거짓'으로 값을 지정한다.

03 프로젝트 만들기

1 새 프로젝트 시작하기

1) [새 프로젝트 시작하기...] 버튼을 클릭하면 나타나는 [새 앱 인벤터 프로젝트 생성] 팝업창에 프로젝트 이름으로 'CarGame'을 입력하고 [확인] 버튼을 클릭합니다.

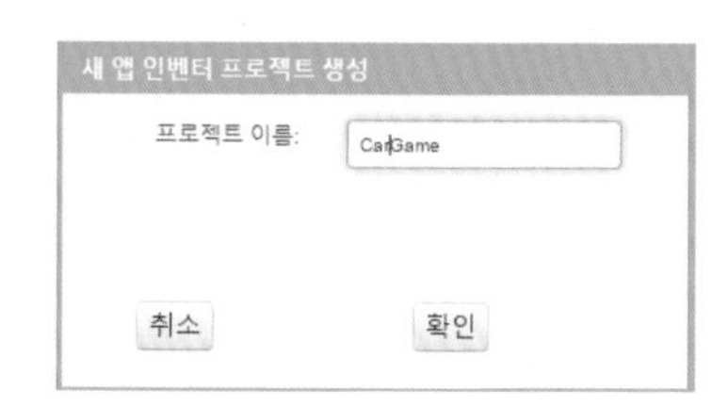

2) [Screen1]의 속성을 다음과 같이 설정합니다.

- **스크린 설명/앱 이름/제목** : CarGame
- **스크린 방향** : 가로
- 나머지 속성은 기본 설정 값 유지

2 컴포넌트 구성하기 : 디자이너

1) 자동차와 공이 움직이게 하기 위해 [캔버스] 추가하기

01 [팔레트 〉 그리기 & 애니메이션의 캔버스 컴포넌트를 뷰어의 [Screen1] 화면으로 드래그 합니다.

02 [캔버스1]을 선택하고 다음과 같이 속성을 설정합니다.

- **배경 이미지** : 'back.png' 파일 올리기
- **높이** : 부모에 맞추기
- **너비** : 부모에 맞추기
- 나머지 속성은 기본 설정 값 유지

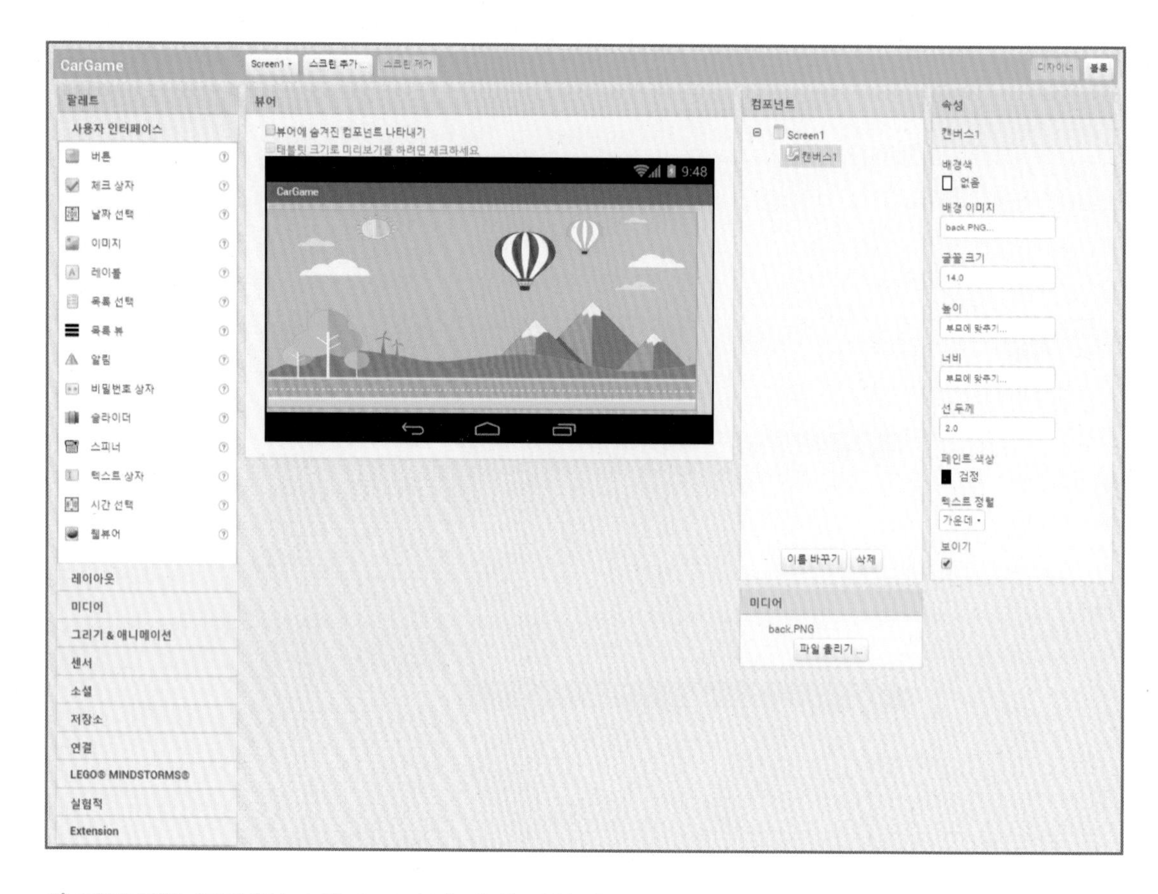

2) 자동차를 위해 [이미지 스프라이트] 추가하기

01 [팔레트 〉 그리기 & 애니메이션]의 이미지 스프라이트 컴포넌트를 뷰어의 [Screen1] 화면의 [캔버스1] 위로 드래그 합니다.

02 [이미지_스프라이트1]을 선택하고 이름 바꾸기 버튼을 클릭하여 새 이름을 '이미지_자동차'로 변경합니다.

03 [이미지_자동차]를 선택하고 다음과 같이 속성을 설정합니다.

- **사진** : 'Car.png' 파일 올리기
- 나머지 속성은 기본 설정 값 유지

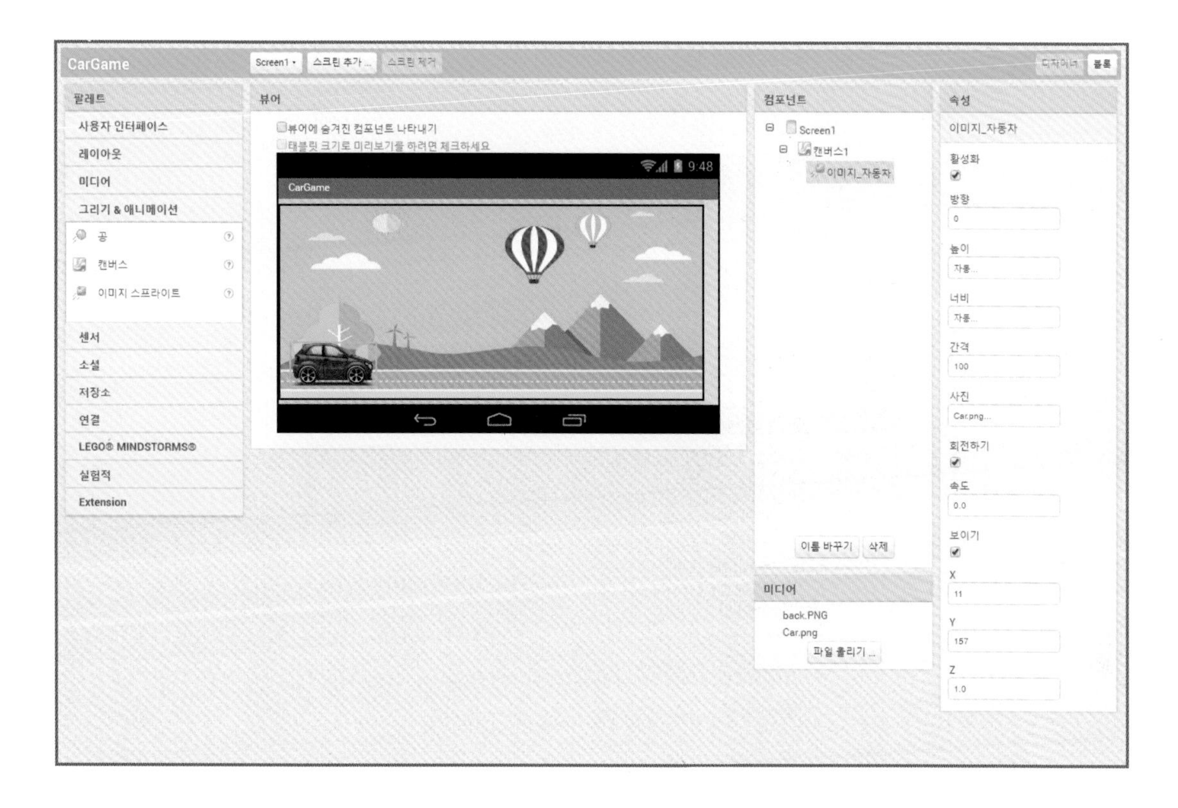

3) 공을 위해 [이미지 스프라이트] 추가하기

01 [팔레트 〉 그리기 & 애니메이션]의 이미지 스프라이트 컴포넌트를 뷰어의 [Screen1] 화면의 [캔버스1] 위로 드래그 합니다.

02 [이미지_스프라이트1]을 선택하고 이름 바꾸기 버튼을 클릭하여 새 이름을 '이미지_공'으로 변경합니다.

03 [이미지_공]을 선택하고 다음과 같이 속성을 설정합니다.

> • **사진** : 'ball.png' 파일 올리기
> • 나머지 속성은 기본 설정 값 유지

4) 자동차의 타임 체크를 위해 [시계] 추가하기

01 [팔레트 > 센서]의 시계 컴포넌트를 뷰어의 [Screen1] 화면 위로 드래그 합니다.

02 [시계1]을 선택하고 이름 바꾸기 버튼을 클릭하여 새 이름을 '시계_자동차'로 변경합니다.

03 [시계_자동차]를 선택하고 다음과 같이 속성을 설정합니다.

- **타이머 간격** : 3000(3초를 뜻함)
- 나머지 속성은 기본 설정 값 유지

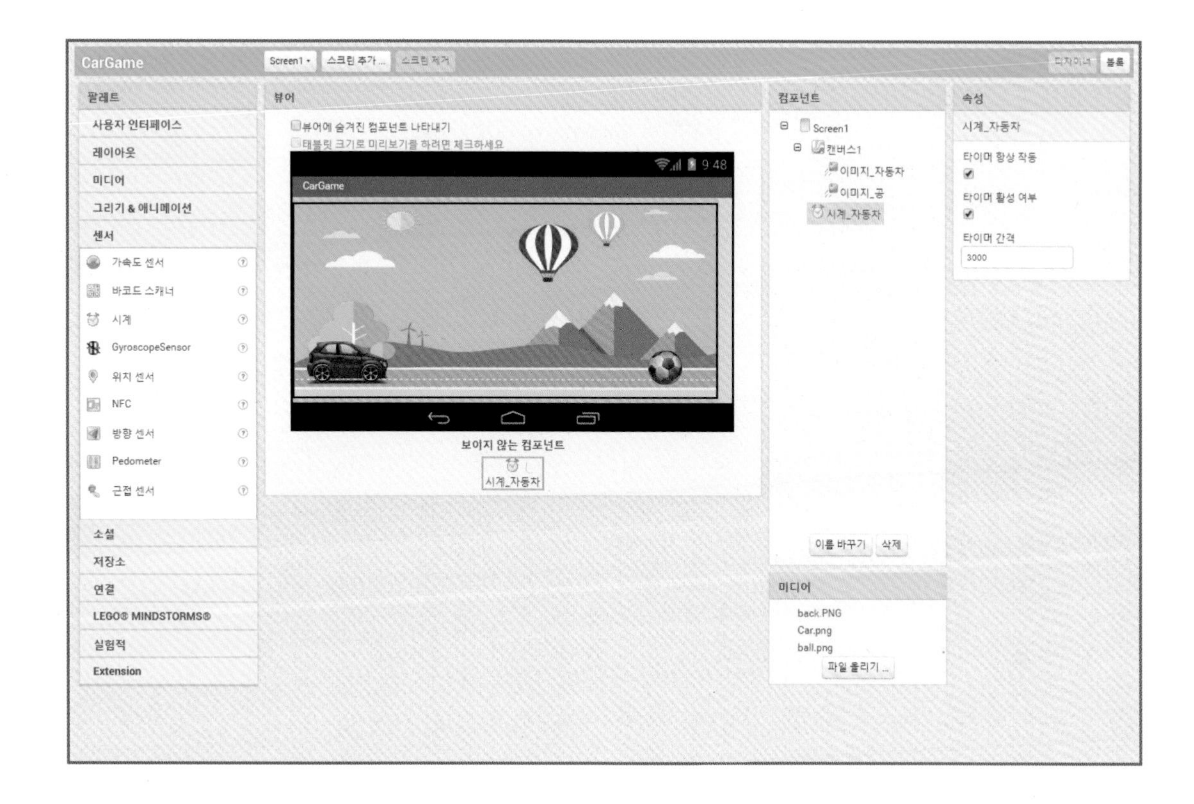

3 프로그래밍하기 : 블록

1) 자동차와 공의 처음 위치를 지정하기 위해 [Screen1] & [이미지_자동차] & [이미지_공] & [수학] 블록을 사용합니다.

01 블록의 [Screen1] 블록을 클릭하여 [언제 'Screen1'.초기화] 블록을 뷰어 영역으로 드래그 합니다.

02 블록의 [Screen1 〉 이미지_자동차] 블록을 클릭하여 [지정하기 '이미지_자동차'.'X' 값] 블록을 [언제 'Screen1'.초기화] 블록 안에 연결합니다.

03 블록의 [공통 블록 〉 수학] 블록에서 [0]을 연결한 다음 '5'로 변경합니다.

04 블록의 [Screen1 〉 이미지_자동차] 블록을 클릭하여 [지정하기 '이미지_자동차'.'Y' 값] 블록을 연결합니다.

05 블록의 [공통 블록 〉 수학] 블록에서 [0]을 연결한 다음 '200'으로 변경합니다.

06 블록의 [Screen1 〉 이미지_공] 블록을 클릭하여 [지정하기 '이미지_공'.'X' 값] 블록을 연결합니다.

07 블록의 [공통 블록 〉 수학] 블록에서 [0]을 연결한 다음 '400'으로 변경합니다.

08 블록의 [Screen1 〉 이미지_공] 블록을 클릭하여 [지정하기 '이미지_공'.'Y' 값] 블록을 연결합니다.

09 블록의 [공통 블록 〉 수학] 블록에서 [0]을 연결한 다음 '200'으로 변경합니다.

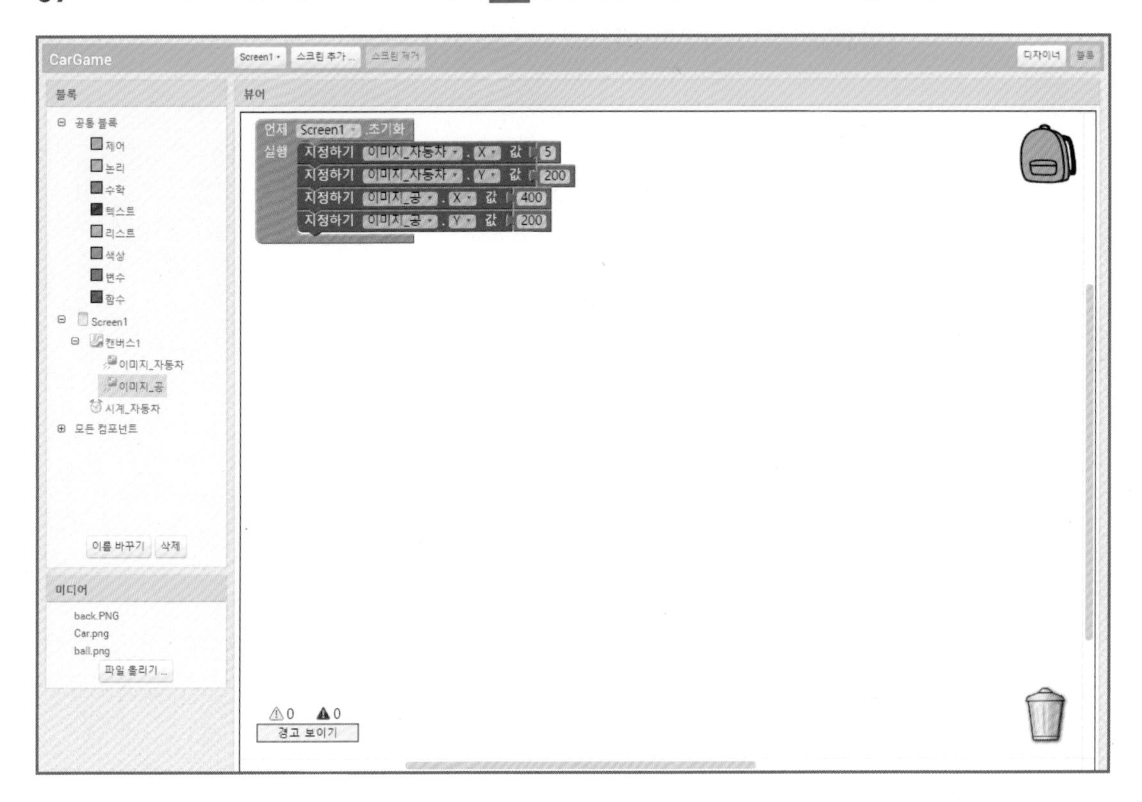

2) 자동차가 3초마다 왼쪽에서 오른쪽으로 움직이도록 하기 위해 [시계_자동차] & [이미지_자동차] & [수학] & [논리] 블록을 사용합니다.

01 블록의 [Screen1 〉 시계_자동차] 블록을 클릭하여 [언제 '시계_자동차'.타이머] 블록을 뷰어 영역으로 드래그 합니다.

02 블록의 [Screen1 〉 이미지_자동차] 블록을 클릭 [지정하기 '이미지_자동차'.'X' 값] 블록을 [언제 '시계_자동차'.타이머] 블록 안에 연결하고 블록의 [공통 블록 〉 수학] 블록에서 [0]을 연결한 다음 '5'로 변경합니다.

03 블록의 [Screen1 〉 이미지_자동차] 블록을 클릭 [지정하기 '이미지_자동차'.'보이기' 값] 블록을 연결하고 블록의 [공통 블록 〉 논리] 블록에서 [참] 블록을 연결합니다.

04 블록의 [Screen1 〉 이미지_자동차] 블록을 클릭 [지정하기 '이미지_자동차'.'속도' 값] 블록을 연결하고 블록의 [공통 블록 〉 수학] 블록에서 [0]을 연결한 다음 '20'으로 변경합니다.

05 블록의 [Screen1 〉 이미지_자동차] 블록을 클릭 [지정하기 '이미지_자동차'.'방향' 값] 블록을 연결하고 블록의 [공통 블록 〉 수학] 블록에서 [0]을 연결합니다.

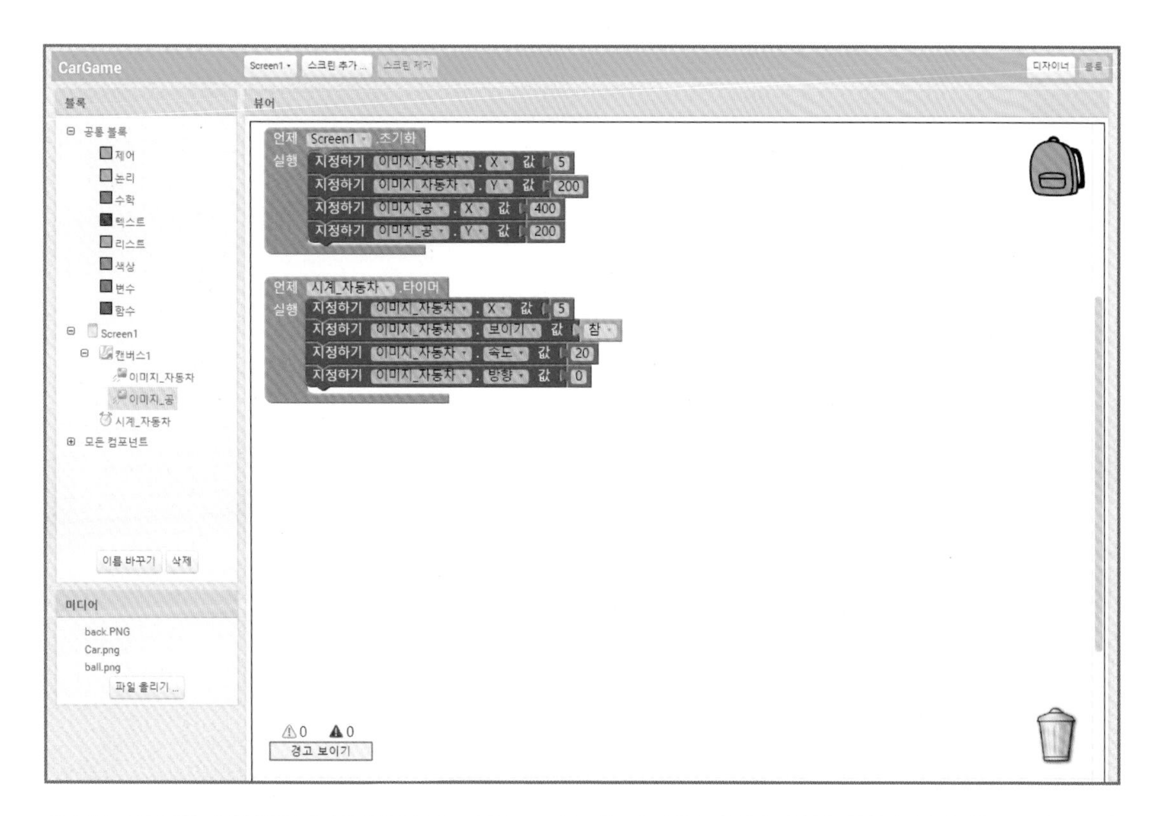

Hint

[이미지 스프라이트]의 방향

이미지 스프라이트의 방향 값에 따른 방향은 다음과 같습니다.

방향 값 0 : 오른쪽 방향

방향 값 90 : 위쪽 방향

방향 값 180 : 왼쪽 방향

방향 값 270 : 아래쪽 방향

3) 자동차가 모서리에 닿으면 사라지게 하기 위해 [이미지_자동차] & [논리] 블록을 사용합니다.

01 블록의 [Screen1 〉 이미지_자동차] 블록을 클릭하여 [언제 '이미지_자동차'.모서리에 닿음] 블록을 뷰어 영역으로 드래그 합니다.

02 블록의 [Screen1 〉 이미지_자동차] 블록을 클릭하여 [지정하기 '이미지_자동차'.'보이기' 값] 블록을 [언제 '이미지_자동차'.모서리에 닿음] 블록 안에 연결하고 블록의 [공통 블록 〉 논리] 블록에서 [거짓] 블록을 연결합니다.

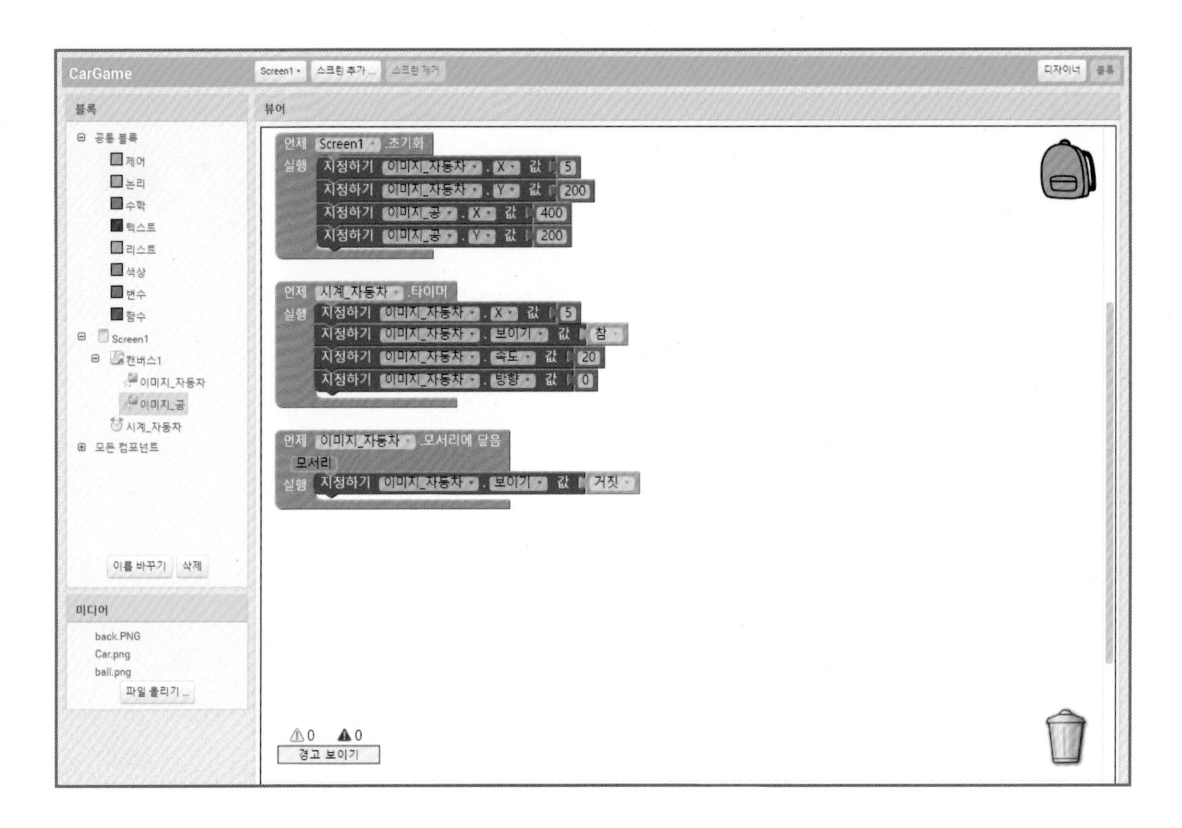

4) 공을 터치하면 위로 움직이게 하기 위해 [이미지_공] & [수학] 블록을 사용합니다.

01 블록의 [Screen1 〉 이미지_공] 블록을 클릭하여 [언제 '이미지_공'.터치] 블록을 뷰어 영역으로 드래그 합니다.

02 블록의 [Screen1 〉 이미지_공] 블록을 클릭하여 [호출 '이미지_공'.좌표로 이동하기] 블록을 [언제 '이미지_공'.터치] 블록 안에 연결합니다. x에는 [공통 블록 〉 수학] 블록의 [400], y에 지정 [200]을 연결합니다.

03 블록의 [Screen1 〉 이미지_공] 블록을 클릭 [지정하기 '이미지_공'.'속도' 값] 블록을 연결하고 블록의 [공통 블록 〉 수학] 블록에서 [0]을 연결한 다음 '15'로 변경합니다.

04 블록의 [Screen1 〉 이미지_공] 블록을 클릭 [지정하기 '이미지_공'.'방향' 값] 블록을 연결하고 블록의 [공통 블록 〉 수학] 블록에서 [0]을 연결한 다음 '90'으로 변경합니다.

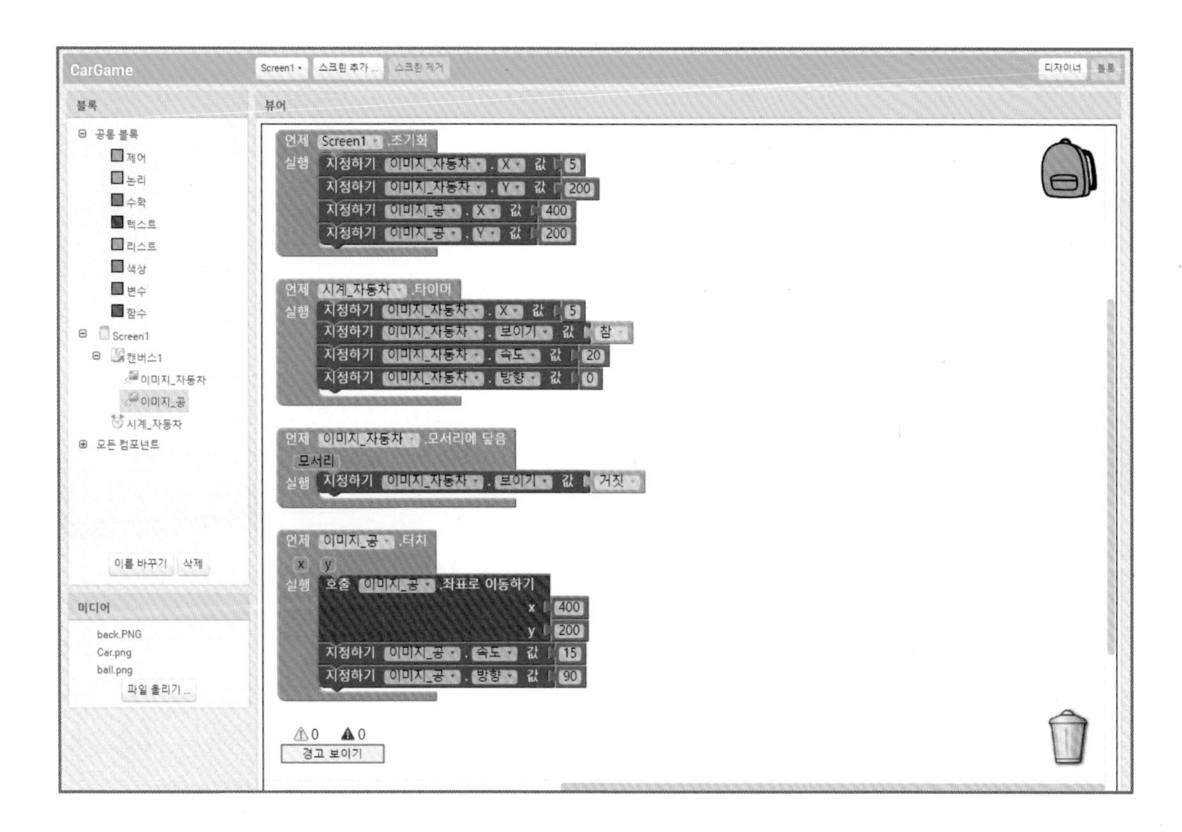

5) 공이 모서리에 닿으면 아래로 움직이게 하기 위해 [이미지_공] & [수학] 블록을 사용합니다.

01 블록의 [Screen1 〉 이미지_공] 블록을 클릭하여 [언제 '이미지_공'.모서리에 닿음] 블록을 뷰어 영역으로 드래그 합니다.

02 블록의 [Screen1 〉 이미지_공] 블록을 클릭 [지정하기 '이미지_공'. '속도' 값] 블록을 연결하고 블록의 [공통 블록 〉 수학] 블록에서 [0]을 연결한 다음 '15'로 변경합니다.

03 블록의 [Screen1 〉 이미지_공] 블록을 클릭 [지정하기 '이미지_공'. '방향' 값] 블록을 연결하고 블록의 [공통 블록 〉 수학] 블록에서 [0]을 연결한 다음 '270'으로 변경합니다.

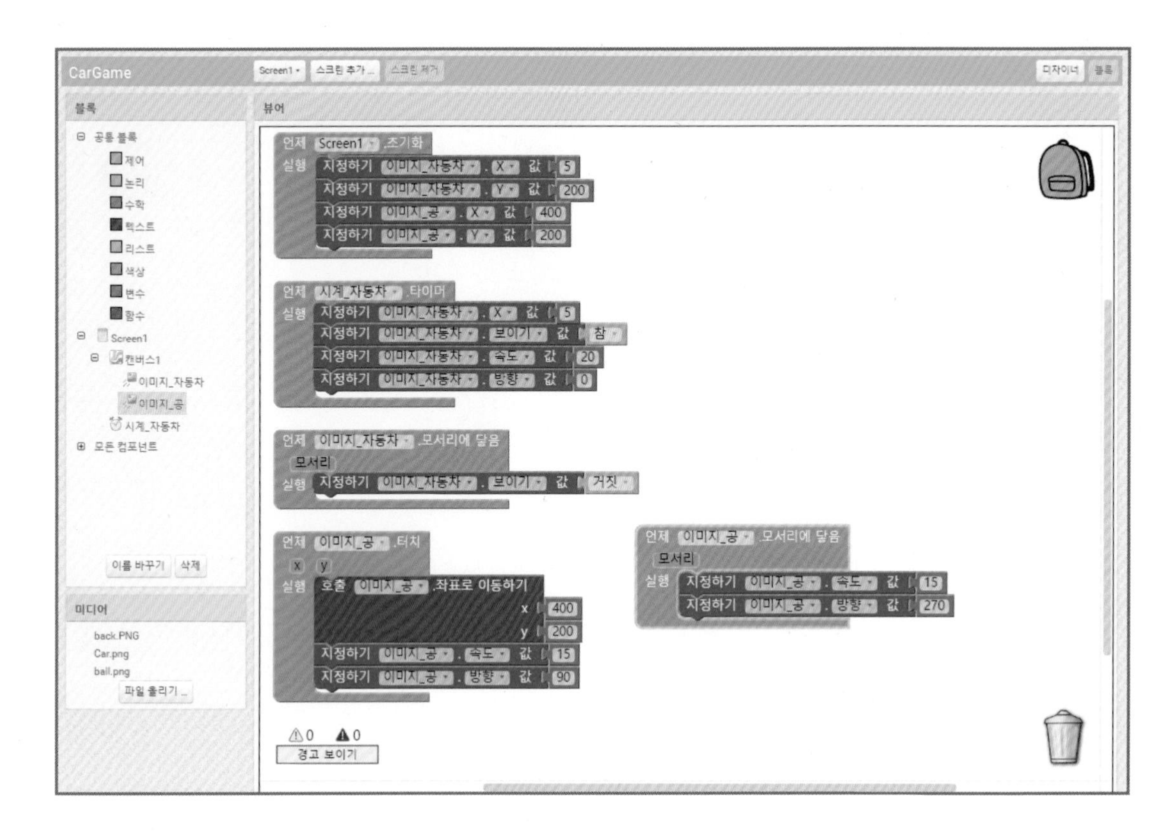

6) 공이 자동차와 충돌하면 자동차와 공이 멈추게 하기 위해 [이미지_공] & [논리] 블록을 사용합니다.

01 블록의 [Screen1 〉 이미지_공] 블록을 클릭하여 [언제 '이미지_공'.충돌] 블록을 뷰어 영역으로 드래그 합니다.

02 블록의 [Screen1 〉 이미지_공] 블록을 클릭 [지정하기 '이미지_공'.'활성화' 값] 블록을 연결하고 블록의 [공통 블록 〉 논리] 블록에서 [거짓] 블록을 연결합니다.

03 블록의 [Screen1 〉 이미지_자동차] 블록을 클릭 [지정하기 '이미지_자동차'.'활성화' 값] 블록을 연결하고 블록의 [공통 블록 〉 논리] 블록에서 [거짓] 블록을 연결합니다.

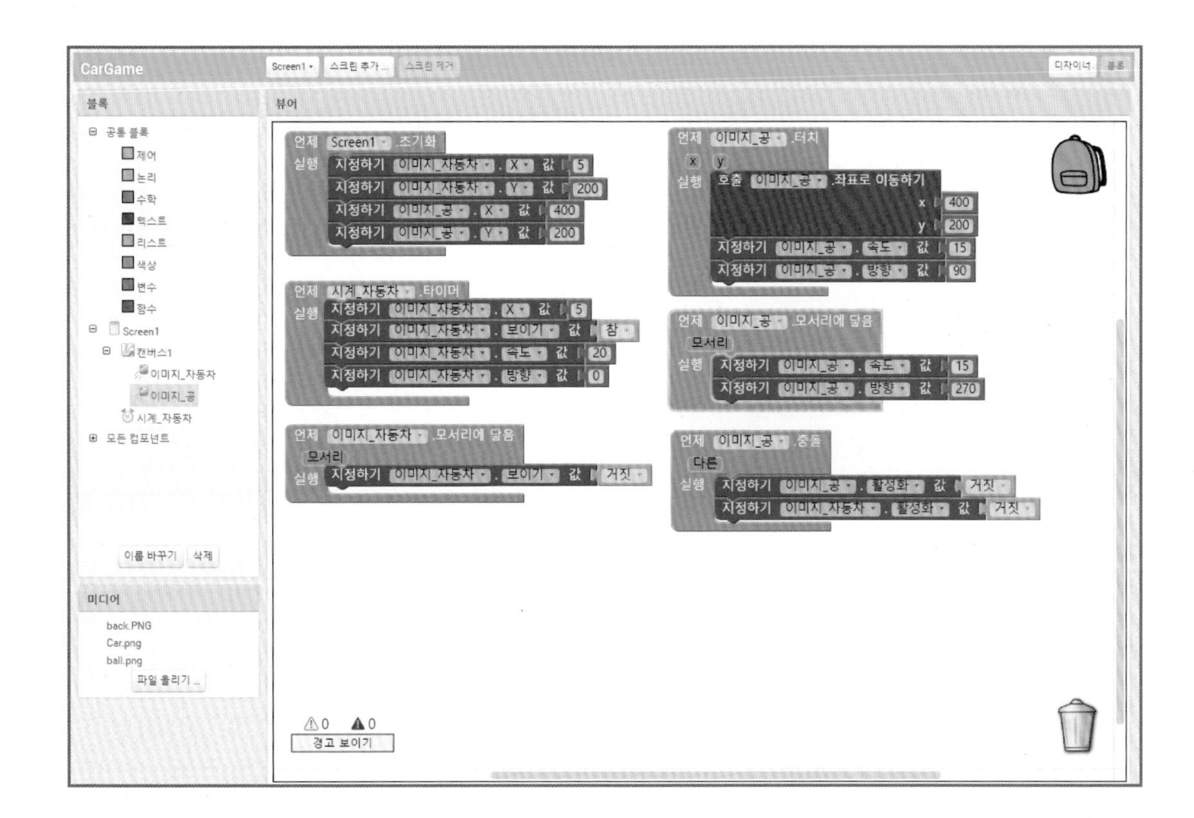

4 디자인하기

1) 디자이너에서 컴포넌트의 속성 값 설정하기

01 컴포넌트의 [캔버스1]을 선택하고 다음과 같이 속성을 설정합니다.

- **배경 이미지** : 'back.png' 파일 올리기
- **높이** : 부모에 맞추기
- **너비** : 부모에 맞추기
- 나머지 속성은 기본 설정 값 유지

2) 디자이너 의 [Screen1] 컴포넌트 속성 [아이콘]에 이미지 파일 올리기

01 [Screen1] 블록을 클릭하여 준비한 아이콘 이미지(: Icon6.png) 파일을 올립니다.

02 스마트폰에 앱을 설치한 다음 실행합니다.

03 아이콘은 스마트폰에 앱이 설치되면 나타납니다.

5 앱 전체 프로그램

```
언제 Screen1 .초기화
실행 지정하기 이미지_자동차 . X 값 5
     지정하기 이미지_자동차 . Y 값 200
     지정하기 이미지_공 . X 값 400
     지정하기 이미지_공 . Y 값 200

언제 시계_자동차 .타이머
실행 지정하기 이미지_자동차 . X 값 5
     지정하기 이미지_자동차 . 보이기 값 참
     지정하기 이미지_자동차 . 속도 값 20
     지정하기 이미지_자동차 . 방향 값 0

언제 이미지_자동차 .모서리에 닿음
 모서리
실행 지정하기 이미지_자동차 . 보이기 값 거짓

언제 이미지_공 .터치
 x y
실행 호출 이미지_공 .좌표로 이동하기
                x 400
                y 200
     지정하기 이미지_공 . 속도 값 15
     지정하기 이미지_공 . 방향 값 90

언제 이미지_공 .모서리에 닿음
 모서리
실행 지정하기 이미지_공 . 속도 값 15
     지정하기 이미지_공 . 방향 값 270

언제 이미지_공 .충돌
 다른
실행 지정하기 이미지_공 . 활성화 값 거짓
     지정하기 이미지_자동차 . 활성화 값 거짓
```

생각키우기

01

공이 자동차와 5번 부딪히면 게임이 종료되도록 앱을 수정하세요.

Hint

[공통 블록 > 수학] 블록의 [변수] 블록을 사용합니다.

02

게임이 종료되었을 경우 [다시 시작] 버튼을 클릭하여 게임을 처음부터 시작하도록 앱을 수정하세요.

Hint

이미지 스프라이트 와 [언제 '이미지_스프라이트'.터치] 블록과 [지정하기 '이미지_자동차'.'활성화' 값] 블록과 [지정하기 '이미지_공'.'활성화' 값] 블록을 사용합니다.

Chapter 07

PART 02 | 그리기 & 애니메이션

두더지 잡기 : Catch_Mole 앱

옛날 오락실 앞에는 어김없이 두더지 잡기 게임기가 놓여 있는 모습을 볼 수 있었습니다. 요즘은 이 게임이 작은 소형 게임기로도 만들어져서 장소에 구애를 받지 않고 게임을 즐길 수 있었습니다. 전통적인 오프라인 게임 중 하나인 두더지 잡기 게임 [Catch_Mole]을 앱으로 만들어 보겠습니다. 게임을 하면서 잠깐 휴식하는 시간도 가져보면 어떨까요?

01 앱 기획하기

1 앱의 기능

- Screen1(Intro 화면)에서 2초 후 게임 시작 버튼 보여주기
- 게임 시작 버튼을 클릭하면 Catch_Mole 게임 화면으로 이동하기
- 두더지가 정해진 시간마다 임의로 캔버스 내에서 움직이기
- 두더지를 터치하면 점수가 5점씩 올라가기

2 완성 화면 (프로젝트명 : Catch_Mole)

[Screen1]

[Screen2]

02 컴포넌트와 블록 익히기

1 컴포넌트

1) 대표 컴포넌트

컴포넌트		팔레트	설명
수평배치	수평배치	레이아웃	컴포넌트들을 화면에 가로로(왼쪽에서 오른쪽으로) 배치시키는 레이아웃 컴포 넌트
버튼	버튼	사용자 인터페이스	클릭하면 연결된 동작을 수행하는 컴포 넌트
시계	시계	센서	스마트폰의 시계, 타이머, 그리고 시간 계산 기능을 제공하는 보이지 않는 컴포 넌트
이미지	이미지	사용자 인터페이스	이미지를 보여주기 위한 컴포넌트
레이블	레이블	사용자 인터페이스	텍스트 속성에 지정된 글을 화면에 표시하는 컴포넌트
캔버스	캔버스	그리기&애니메이션	터치 가능한 2차원 패널로 그림을 그릴 수도 있고 스프라이트를 움직일 수 있는 컴포넌트
이미지 스프라이트	이미지 스프라이트	그리기 & 애니메이션	캔버스에 놓을 수 있고 터치나 드래그에 반응하는 컴포넌트
플레이어	플레이어	미디어	음악을 재생하거나 스마트폰의 진동을 울리게 하는 멀티미디어 컴포넌트

2) 사용 컴포넌트 리스트

종류	팔레트	이름 바꾸기	목적	속성
Screen		Screen1		– 스크린 설명 : Intro – 앱 이름 : Catch_Mole – 배경 이미지 : 'Intro.png' 파일 올리기 – 제목 : Intro

종류	팔레트	이름 바꾸기	목적	속성
수평배치	레이아웃	수평배치1	버튼_게임시작 배치	– 수평 정렬 : 중앙 – 수직 정렬 : 가운데 – 배경색 : 없음 – 너비 : 부모에 맞추기
버튼	사용자 인터페이스	버튼_게임시작	Screen2로 이동	– 배경색 : 없음 – 이미지 : 'Start.png' 파일 올리기 – 텍스트 : 빈칸 처리 – 보이기 : 선택
시계	센서	시계1	버튼_게임시작 보이기 타이머	– 타이머 간격 : 2000(2초를 뜻함)
Screen		Screen2		– 스크린 설명 : Catch_Mole – 배경 이미지 : 'back.png' 파일 올리기 – 제목 : Catch_Mole
수평배치	레이아웃	수평배치1	이미지_점수, 레이블_ 점수 배치	– 수평 정렬 : 중앙 – 수직 정렬 : 가운데 – 배경색 : 밝은 회색 – 너비 : 부모에 맞추기
이미지	사용자 인터페이스	이미지_점수	이미지 점수 레이블	– 사진 : 'Score.png' 파일 올리기
레이블	사용자 인터페이스	레이블_점수	게임 점수 표시	– 배경색 : 없음 – 글꼴 굵게 : 선택 – 글꼴 크기 : 30 – 텍스트 : 0 – 텍스트 정렬 : 가운데 – 텍스트 색상 : 파랑
캔버스	그리기 & 애니메이션	캔버스1	이미지_두더지1, 이미지_두더지2 배치	– 배경색 : 없음 – 높이 : 부모에 맞추기 – 너비 : 부모에 맞추기
이미지 스프라이트	그리기 & 애니메이션	이미지_두더지1	두더지1	– 사진 : 'mole1.png' 파일 올리기
이미지 스프라이트	그리기 & 애니메이션	이미지_두더지2	두더지2	– 사진 : 'mole2.png' 파일 올리기
플레이어	미디어	플레이어1	배경음악 재생	– 소스 : 'music.mp3' 파일 올리기

종류	팔레트	이름 바꾸기	목적	속성
시계	센서	시계_두더지1	두더지1 이동 타이머	– 타이머 간격 : 500(0.5초를 뜻함)

2 블록

블록	컴포넌트	기능
언제 시계1 .타이머 실행	센서	정해진 시간이 되면 블록 안의 블록을 실행한다.
지정하기 버튼_게임시작 . 보이기 값	버튼	버튼의 속성 중 보이기에 대한 값을 지정한다.
참	논리	'참' 또는 '거짓'으로 값을 지정한다.
언제 버튼_게임시작 .클릭 실행	버튼	버튼을 클릭하면 블록 안의 블록을 실행한다.
일반 텍스트를 전달하며 스크린 닫기 텍스트	제어	현재 스크린을 닫고 열려 있는 앱에 텍스트를 전달한다.
실행 결과	제어	실행 블록을 실행하고 결과를 전달한다.
다른 스크린 열기 스크린 이름	제어	지정한 이름의 새 스크린을 연다.
" "	텍스트	입력한 텍스트 문자열을 사용한다.
언제 Screen1 .초기화 실행	Screen	처음 화면이 켜지면 블록 안의 블록을 실행한다.
/	수학	두 수를 나눈 값을 반환한다.
0	수학	입력한 숫자를 값으로 사용한다.
전역변수 초기화 변수_점수 값	변수	전역변수를 만들고 연결된 블록의 값을 해당 변수에 지정한다.

블록	컴포넌트	기능
함수 함수_TouchMole 실행	함수	반복되는 기능을 정의하여 사용 할 수 있는 반환 값을 가지지 않는 함수이다.
호출 플레이어1 .시작	플레이어	음악을 재생한다.
언제 시계_두더지1 .타이머 실행	시계	정해진 시간이 되면 블록 안의 블록을 실행한다.
호출 이미지_두더지1 .좌표로 이동하기 x y	이미지 스프라이트	x, y 좌표로 이미지 스프라이트가 이동한다.
임의의 정수 시작 1 끝 100	수학	주어진 범위 내의 임의의 정수를 반환한다.
언제 이미지_두더지1 .터치 x y 실행	이미지 스프라이트	이미지 스프라이트를 터치하면 블록 안의 블록을 실행한다.
호출 함수_TouchMole	함수	반환 값이 없는 함수를 호출한다.

03 프로젝트 만들기

1 새 프로젝트 시작하기

1) [새 프로젝트 시작하기 ...] 버튼을 클릭하면 나타나는 [새 앱 인벤터 프로젝트 생성] 팝업창에 프로젝트 이름으로 'Catch_Mole'를 입력하고 [확인] 버튼을 클릭합니다.

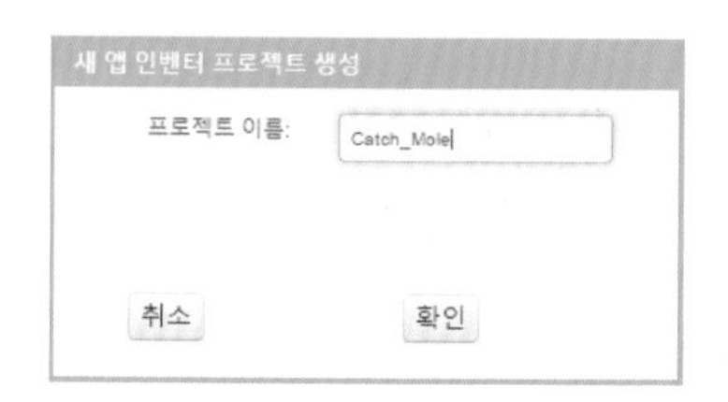

2) [Screen1]의 속성을 다음과 같이 설정합니다.

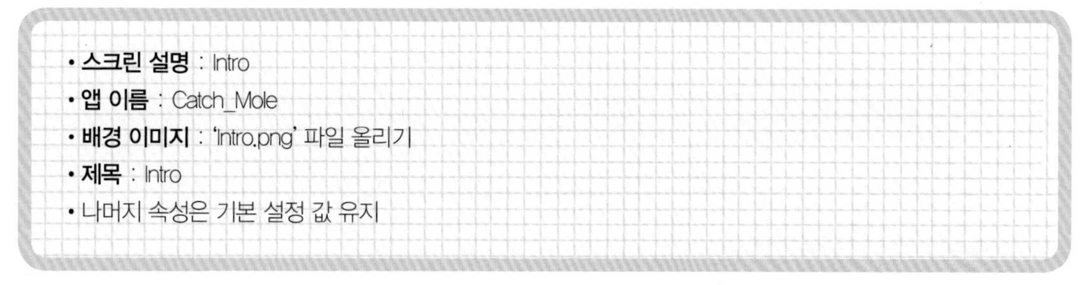

- **스크린 설명** : Intro
- **앱 이름** : Catch_Mole
- **배경 이미지** : 'Intro.png' 파일 올리기
- **제목** : Intro
- 나머지 속성은 기본 설정 값 유지

2 컴포넌트 구성하기 : 디자이너

1) 게임 시작을 위해 [버튼] 추가하기

01 [팔레트 〉 사용자 인터페이스]의 버튼 컴포넌트를 뷰어의 [Screen1] 화면 위로 드래그 합니다.

02 [버튼1]을 선택하고 이름 바꾸기 버튼을 클릭하여 새 이름을 '버튼_게임시작'으로 변경합니다.

03 [버튼_게임시작]을 선택하고 다음과 같이 속성을 설정합니다.

- **배경색** : 없음
- **이미지** : 'Start.png' 파일 올리기
- **텍스트** : 빈칸 처리
- **보이기** : 선택(보이기 선택은 디자인과 블록 코딩을 모두 끝낸 다음에 설정하면 코딩할 때 보면서 할 수 있어서 편리합니다.)
- 나머지 속성은 기본 설정 값 유지

2) 타임 체크를 위해 [시계] 추가하기

01 [팔레트 > 센서]의 시계 컴포넌트를 뷰어의 [Screen1] 화면 위로 드래그 합니다.

02 [시계1]을 선택하고 다음과 같이 속성을 설정합니다.

- **타이머 간격** : 2000(2초를 뜻함)
- 나머지 속성은 기본 설정 값 유지

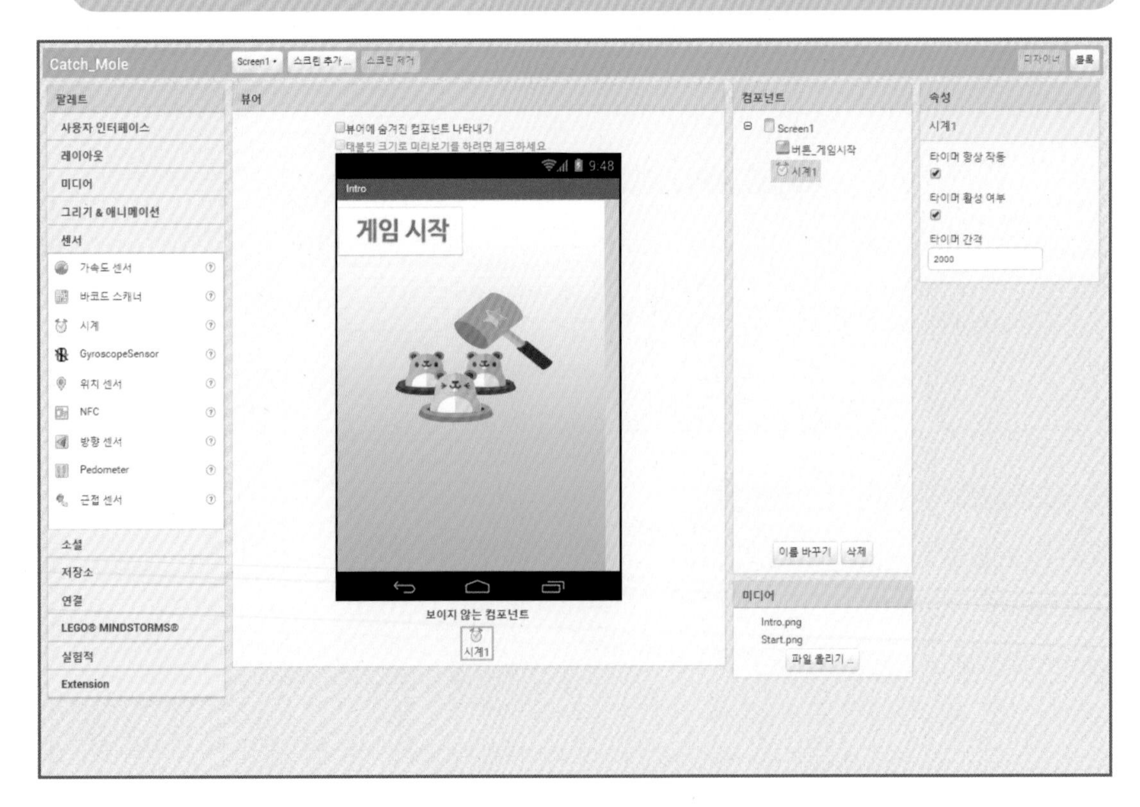

3) 게임을 본격적으로 하는 새로운 스크린 [Screen2] 추가하기

01 스크린 추가... 버튼을 클릭하여 [새 스크린] 팝업창에 스크린 이름을 'Screen2'로 입력합니다.

새 스크린
스크린 이름: Screen2
취소 확인

02 [Screen2]의 속성을 다음과 같이 설정합니다.

- **스크린 설명** : Catch_Mol
- **제목** : Catch_Mole
- **배경 이미지** : 'back.png' 파일 올리기
- 나머지 속성은 기본 설정 값 유지

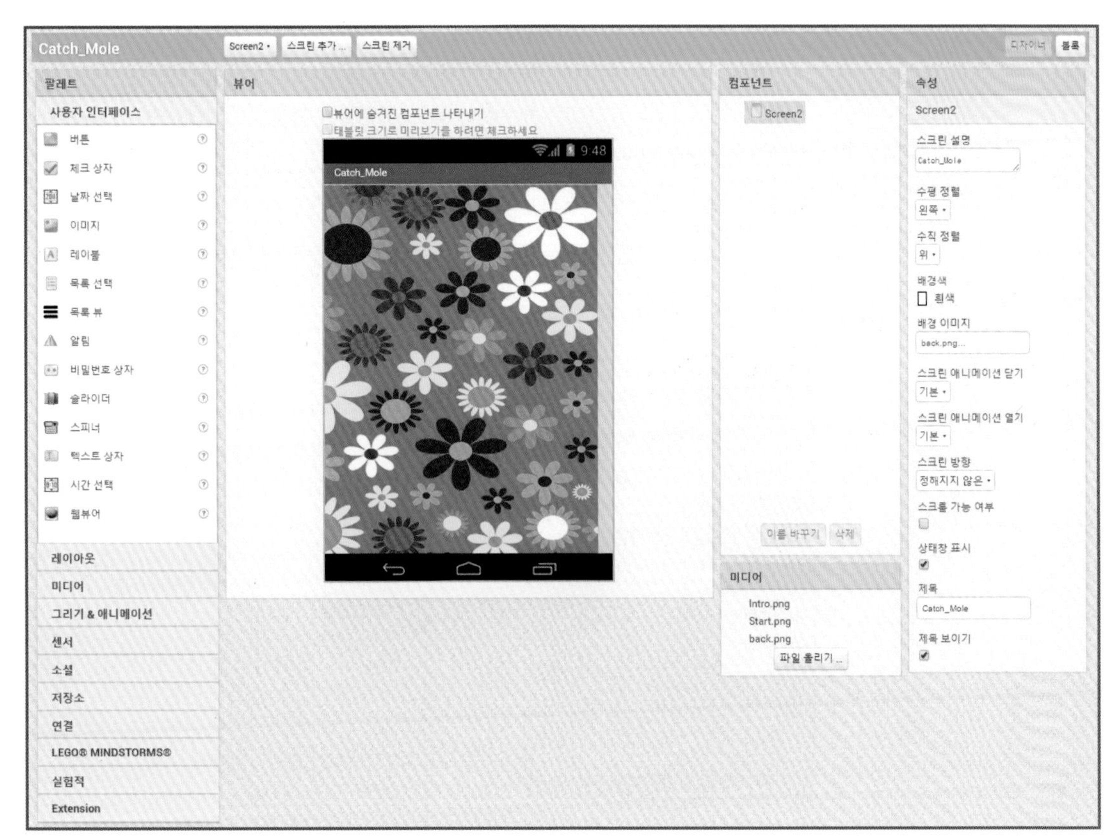

4) 점수 레이블을 이미지로 보여주기 위해 [이미지] 추가하기

01 [팔레트 > 사용자 인터페이스]의 이미지 컴포넌트를 뷰어의 [Screen2] 화면 위로 드래그 합니다.

02 [이미지1]을 선택하고 `이름 바꾸기` 버튼을 클릭하여 새 이름을 '이미지_점수'로 변경합니다.

03 [이미지_점수]를 선택하고 다음과 같이 속성을 설정합니다.

- **사진** : 'Score.png' 파일 올리기
- 나머지 속성은 기본 설정 값 유지

5) 점수를 보여주기 위해 [레이블] 추가하기

01 [팔레트 > 사용자 인터페이스]의 레이블 컴포넌트를 뷰어의 [Screen2] 화면의 [이미지_점수] 아래로 드래그 합니다.

02 [레이블1]을 선택하고 `이름 바꾸기` 버튼을 클릭하여 새 이름을 '레이블_점수'로 변경합니다.

03 [레이블_점수]를 선택하고 다음과 같이 속성을 설정합니다.

- **배경색** : 없음
- **글꼴 굵게** : 선택
- **글꼴 크기** : 30
- **텍스트** : 0
- **텍스트 정렬** : 가운데
- **텍스트 색상** : 파랑
- 나머지 속성은 기본 설정 값 유지

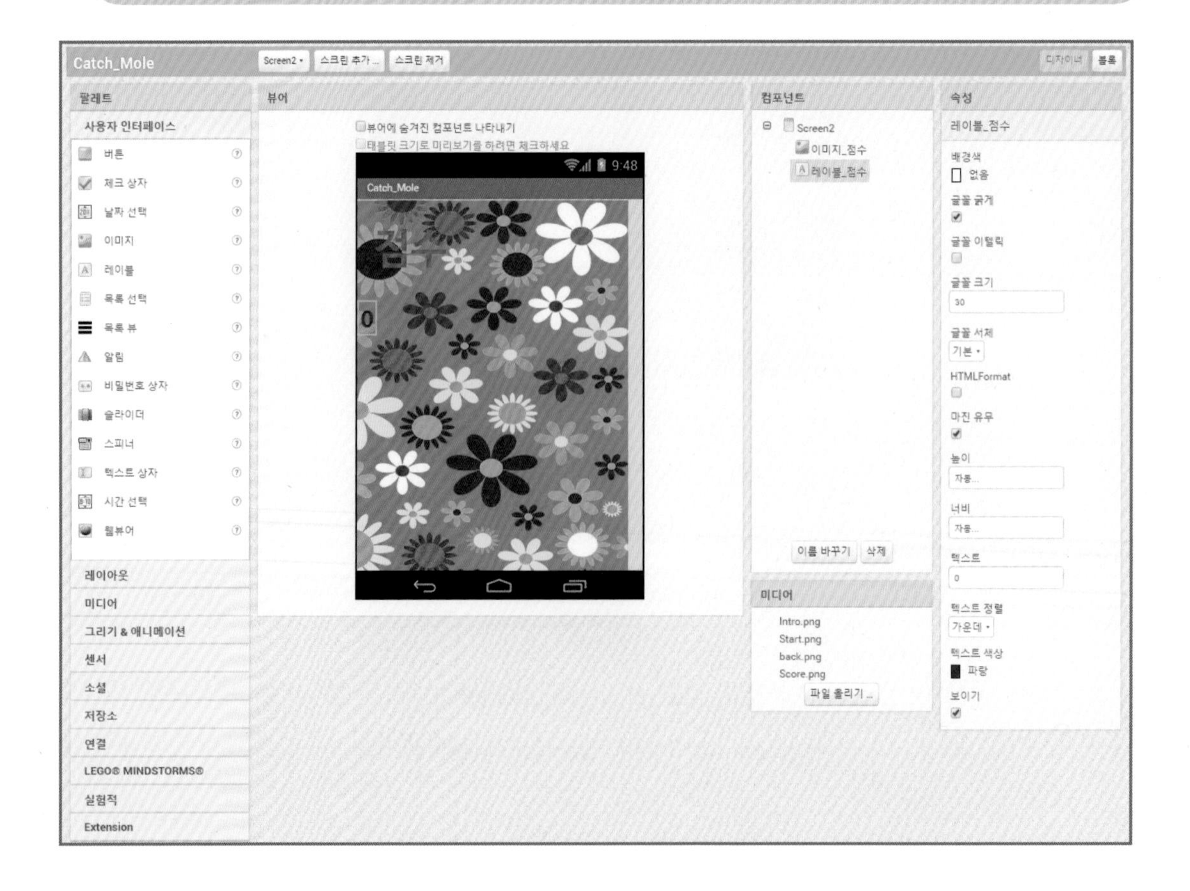

6) 이미지 스프라이트로 두더지를 표현하기 위해 [캔버스] 추가하기

01 [팔레트 > 그리기 & 애니메이션]의 캔버스 컴포넌트를 뷰어의 [Screen2] 화면의 [레이블_점수] 아래로 드래그 합니다.

02 [캔버스1]을 선택하고 다음과 같이 속성을 설정합니다.

- **배경색** : 없음
- **너비** : 부모에 맞추기
- **높이** : 부모에 맞추기
- 나머지 속성은 기본 설정 값 유지

7) 두더지를 위해 [이미지 스프라이트] 2개 추가하기

01 [팔레트 > 그리기 & 애니메이션]의 이미지 스프라이트 컴포넌트를 뷰어의 [Screen2] 화면의 [캔버스1] 위로 2개를 드래그 하여 위치를 정합니다.

02 [이미지_스프라이트1], [이미지_스프라이트2]를 선택하고 이름 바꾸기 버튼을 클릭하여 새 이름을 '이미지_두더지1', '이미지_두더지2'로 각각 변경합니다.

03 [이미지_두더지1], [이미지_두더지2]를 선택하고 다음과 같이 속성을 설정합니다.

- **사진** : 'mole1.png', 'mole2.png'로 각각 올리기
- 나머지 속성은 기본 설정 값 유지

8) 배경음악 재생을 위해 [플레이어] 추가하기

01 [팔레트 〉 미디어]의 ▶ 플레이어 컴포넌트를 뷰어의 [Screen2] 화면 위로 드래그 합니다.

02 [플레이어1]을 선택하고 다음과 같이 속성을 설정합니다.

- **소스** : 'music.mp3' 파일 올리기
- 나머지 속성은 기본 설정 값 유지

9) 두더지의 움직임 타임 체크를 위해 [시계] 2개 추가하기

01 [팔레트 〉 센서]의 시계 컴포넌트를 뷰어의 [Screen2] 화면 위로 2개를 드래그 합니다.

02 [시계1], [시계2]를 선택하고 이름 바꾸기 버튼을 클릭하여 새 이름을 '시계_두더지1', '시계_두더지2'로 각각 변경합니다.

- **타이머 간격** : 두더지1–500(0.5초를 뜻함), 두더지2–800(0.8초를 뜻함)
- 나머지 속성은 기본 설정 값 유지

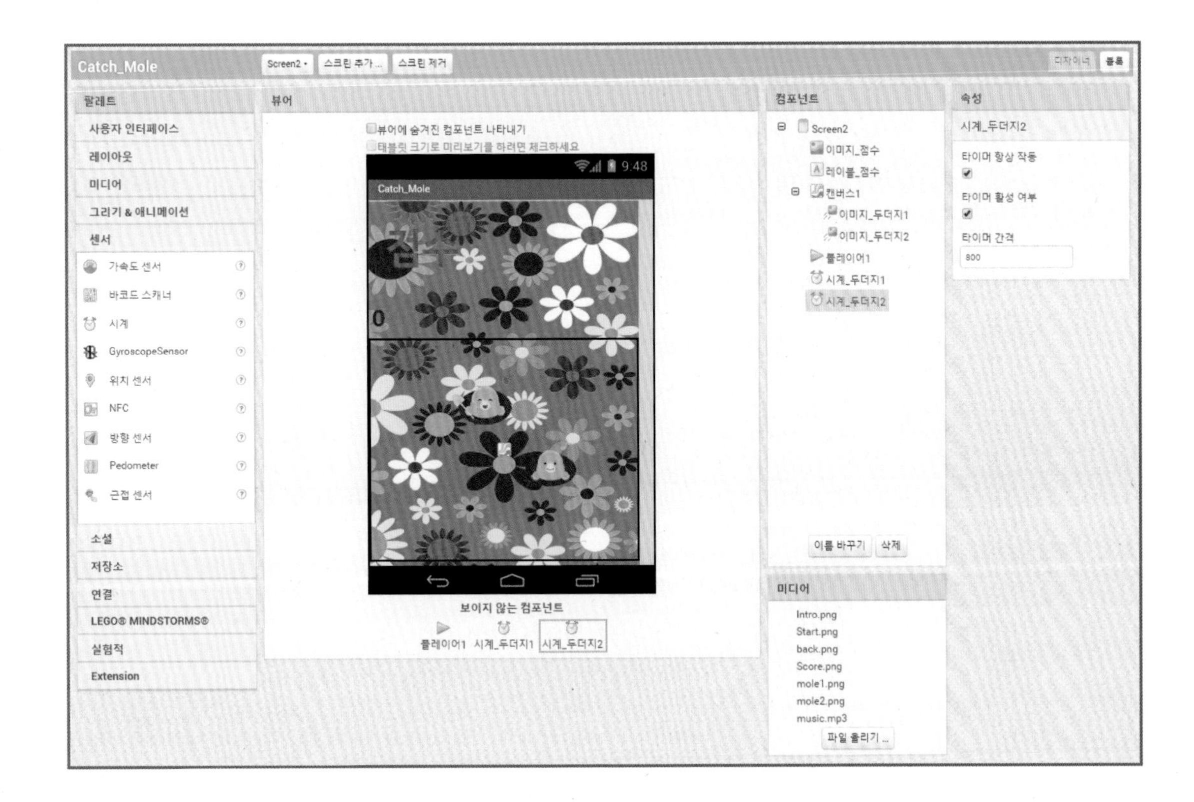

3 프로그래밍하기 : 블록

1) [Screen1]을 선택합니다.

2) [게임 시작] 버튼의 앱이 실행되고 '2초' 후에 보이게 하기 위해 [시계1] & [버튼] & [논리] 블록을 사용합니다.

01 블록의 [Screen1 〉 시계1] 블록을 클릭하여 [언제 '시계1'.타이머] 블록을 뷰어 영역으로 드래그 합니다.

02 블록의 [Screen1 〉 버튼_게임시작] 블록을 클릭하여 [지정하기 '버튼_게임시작'.'보이기' 값] 블록을 [언제 '시계1'.타이머] 블록 안에 연결합니다.

03 블록의 [공통 블록 〉 함수] 블록을 클릭하여 [참] 블록을 연결합니다.

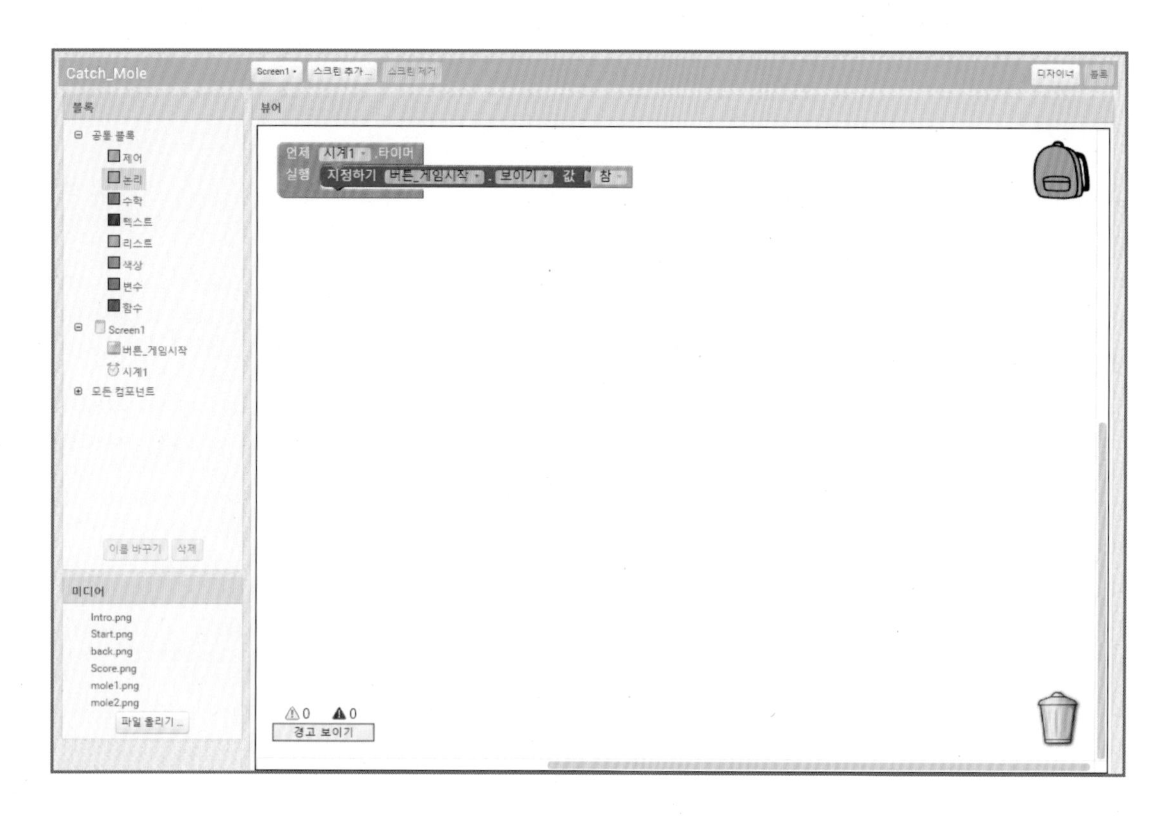

3) [Screen2]로 이동하기 위해 [버튼_게임시작1] & [제어] & [텍스트] 블록을 사용합니다.

01 블록의 [Screen1 〉 버튼_게임시작] 블록을 클릭하여 [언제 '버튼_게임시작'.클릭] 블록을 뷰어 영역으로 드래그 합니다.

02 블록의 [공통 블록 〉 제어] 블록을 클릭하여 [일반 텍스트를 전달하며 스크린 닫기 텍스트] 블록을 [언제 '버튼_게임시작'.클릭] 블록 안에 연결합니다.

03 블록의 [공통 블록 〉 제어] 블록을 클릭하여 [실행 결과] 블록을 [일반 텍스트를 전달하며 스크린 닫기 텍스트] 블록에 연결합니다.

04 블록의 [공통 블록 〉 제어] 블록을 클릭하여 [다른 스크린 열기 스크린 이름] 블록을 [실행 결과] 블록에 연결합니다.

05 블록의 [공통 블록 〉 텍스트] 블록을 클릭하여 [" "] 텍스트 블록을 연결하고 'Screen2'를 입력합니다.

06 블록의 [공통 블록 〉 텍스트] 블록을 클릭하여 [" "] 텍스트 블록을 결과에 연결합니다.

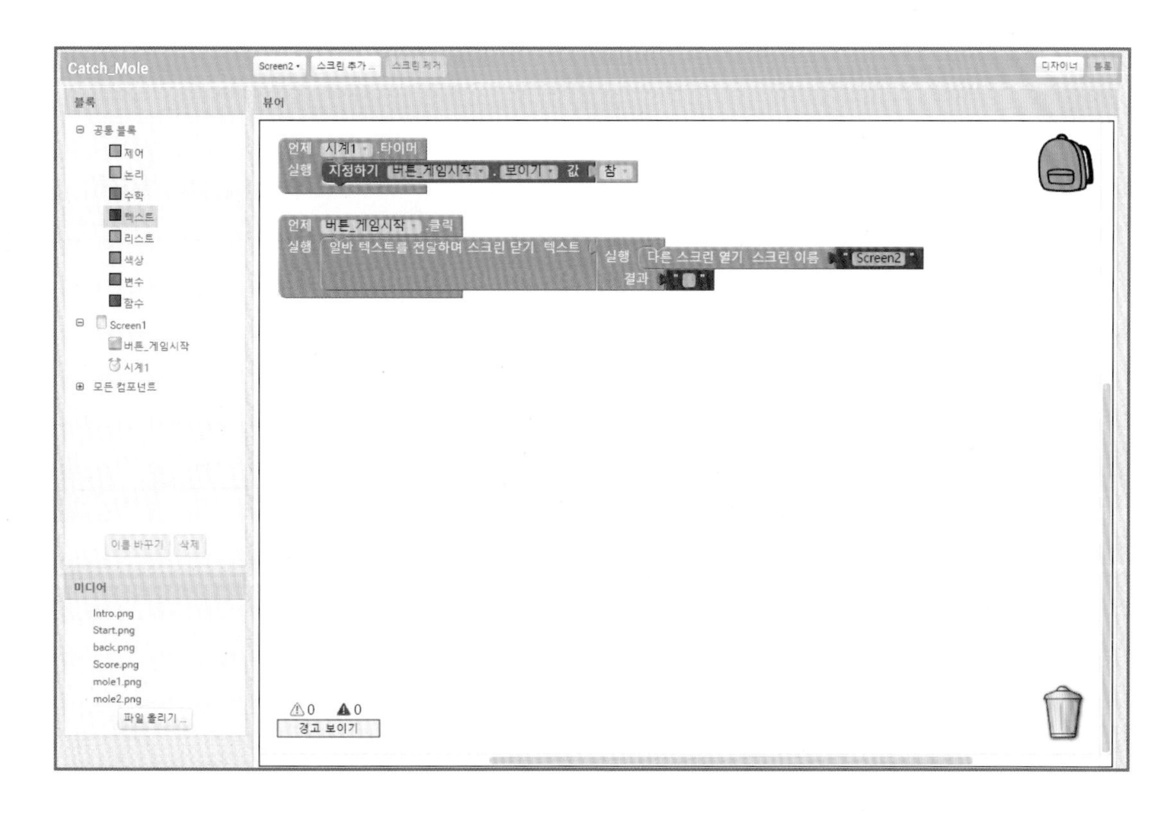

4) [Screen2]를 선택합니다.

5) 두더지를 터치하면 '5'점씩 점수를 추가하기 위해 [변수] & [함수] & [수학] & [레이블_점수] 블록을 사용합니다.

01 블록의 [공통 블록 〉 변수] 블록을 클릭하여 [전역변수 초기화 '변수_점수' 값]을 뷰어 영역으로 드래그 하고 [공통 블록 〉 수학] 블록을 클릭하여 [0]을 연결합니다.

02 두더지 2마리에 동일하게 적용되는 기능을 함수로 정의하기 위해 블록의 [공통 블록 〉 함수] 블록을 클릭하여 [함수 '함수 이름'] 블록을 뷰어 영역으로 드래그 한 후 [함수 '함수_TouchMole']라는 함수 명으로 변경합니다.

03 블록의 [공통 블록 〉 변수] 블록을 클릭하여 [전역변수 초기화 '변수_점수' 값] 블록을 [함수 '함수_TouchMole'] 안에 연결합니다.

04 점수를 5씩 증가하기 위해 [공통 블록 〉 수학] 블록의 [' ' + ' '] 블록을 이용하여 'global 변수_점수' + '5'가 되게 합니다.

05 블록의 [Screen1 〉 레이블_점수] 블록을 클릭하여 [지정하기 '레이블_점수'.'텍스트' 값] 블록을 연결한 후 [가져오기 'global 변수_점수'] 블록을 연결합니다.

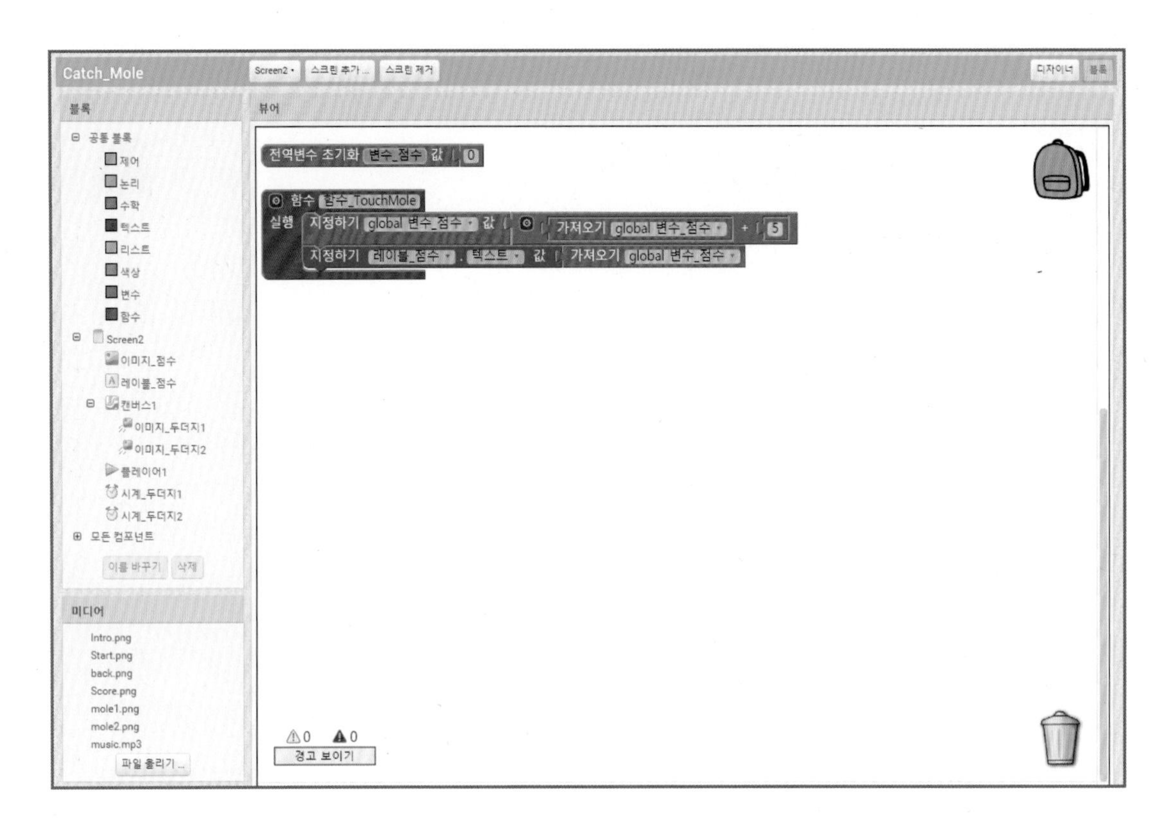

6) [Screen2] 화면으로 이동하면 배경 음악이 재생되게 하기 위해 [Screen2] & [플레이어1] 블록을 사용합니다.

01 블록의 [Screen2]의 [언제 'Screen2'.초기화] 블록을 뷰어 영역으로 드래그 합니다.

02 블록의 [Screen2 〉 플레이어1] 블록을 클릭하여 [호출 '플레이어1'.시작] 블록을 [언제 'Screen2'.초기화] 블록 안에 연결합니다.

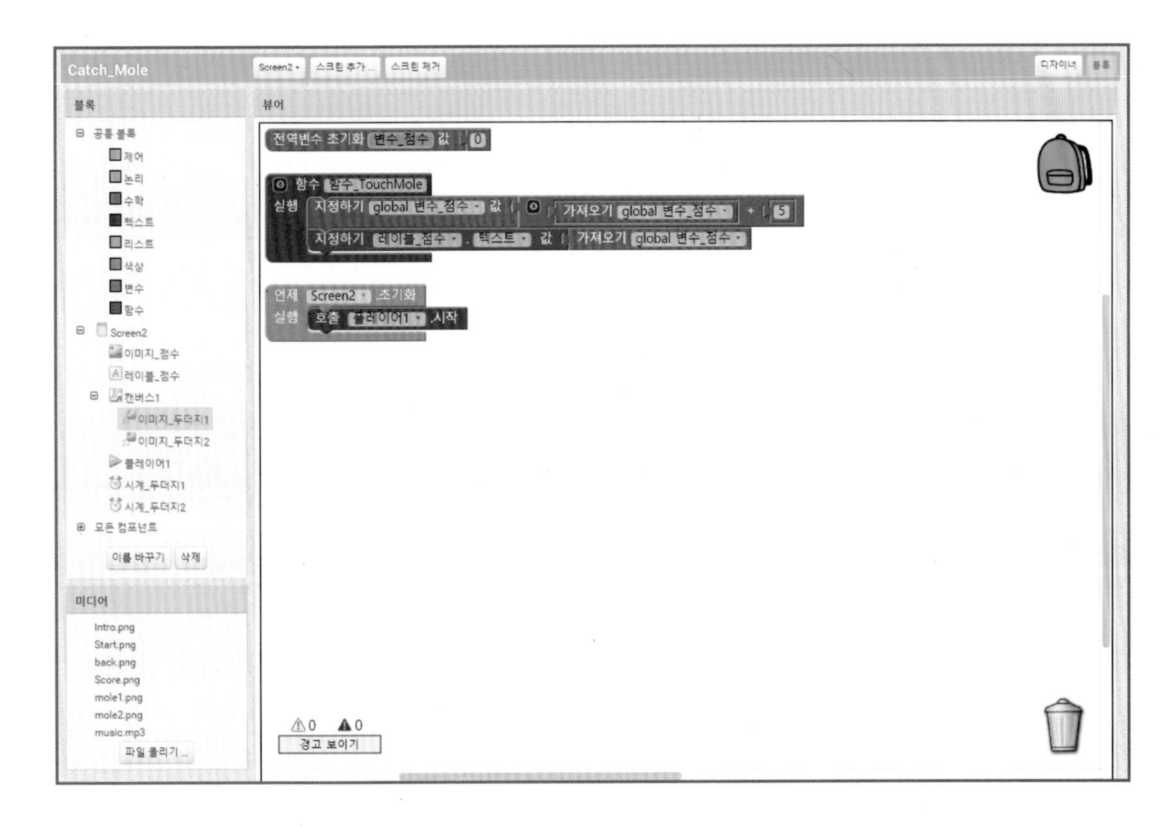

7) 정해진 시간마다(0.5초) [캔버스1] 내에서 두더지1이 임의대로 움직이게 하기 위해 [시계_두더지1] & [이미지_두더지1] & [수학] & [캔버스1] 블록을 사용합니다.

01 블록의 [Screen2]의 [언제 '시계_두더지1'.타이머] 블록을 뷰어 영역으로 드래그 합니다.

02 블록의 [Screen2 〉 이미지_두더지1] 블록을 클릭하여 [호출 '이미지_두더지1'.좌표로 이동하기] 블록을 [언제 '시계_두더지1'.타이머] 블록 안에 연결합니다.

03 x에 블록의 [공통 블록 〉 함수] 블록을 클릭하여 [임의의 정수 시작 '1' 끝 '100'] 블록을 연결하고 '100' 대신 [캔버스1.너비] – [이미지_두더지1.너비]와 같이 코딩하여 연결합니다.

04 y에 블록의 [공통 블록 〉 함수] 블록을 클릭하여 [임의의 정수 시작 '1' 끝 '100'] 블록을 연결하고 '100' 대신 [캔버스1.높이] – [이미지_두더지1.높이]와 같이 코딩하여 연결합니다.

8) 정해진 시간마다(0.8초) [캔버스1] 내에서 두더지2가 임의대로 움직이게 하기 위해 [시계_두더지2] & [이미지_두더지2] & [수학] & [캔버스1] 블록을 사용합니다.

01 블록의 [Screen2]의 [언제 '시계_두더지2'.타이머] 블록을 뷰어 영역으로 드래그 합니다.

02 블록의 [Screen2 〉 이미지_두더지1] 블록을 클릭하여 [호출 '이미지_두더지2'.좌표로 이동하기] 블록을 [언제 '시계_두더지2'.타이머] 블록 안에 연결합니다.

03 x에 블록의 [공통 블록 〉 함수] 블록을 클릭하여 [임의의 정수 시작 '1' 끝 '100'] 블록을 연결하고 '100' 대신 [캔버스1.너비] – [이미지_두더지2.너비]와 같이 코딩하여 연결합니다.

04 y에 블록의 [공통 블록 〉 함수] 블록을 클릭하여 [임의의 정수 시작 '1' 끝 '100'] 블록을 연결하고 '100' 대신 [캔버스1.높이] – [이미지_두더지2.높이]와 같이 코딩하여 연결합니다.

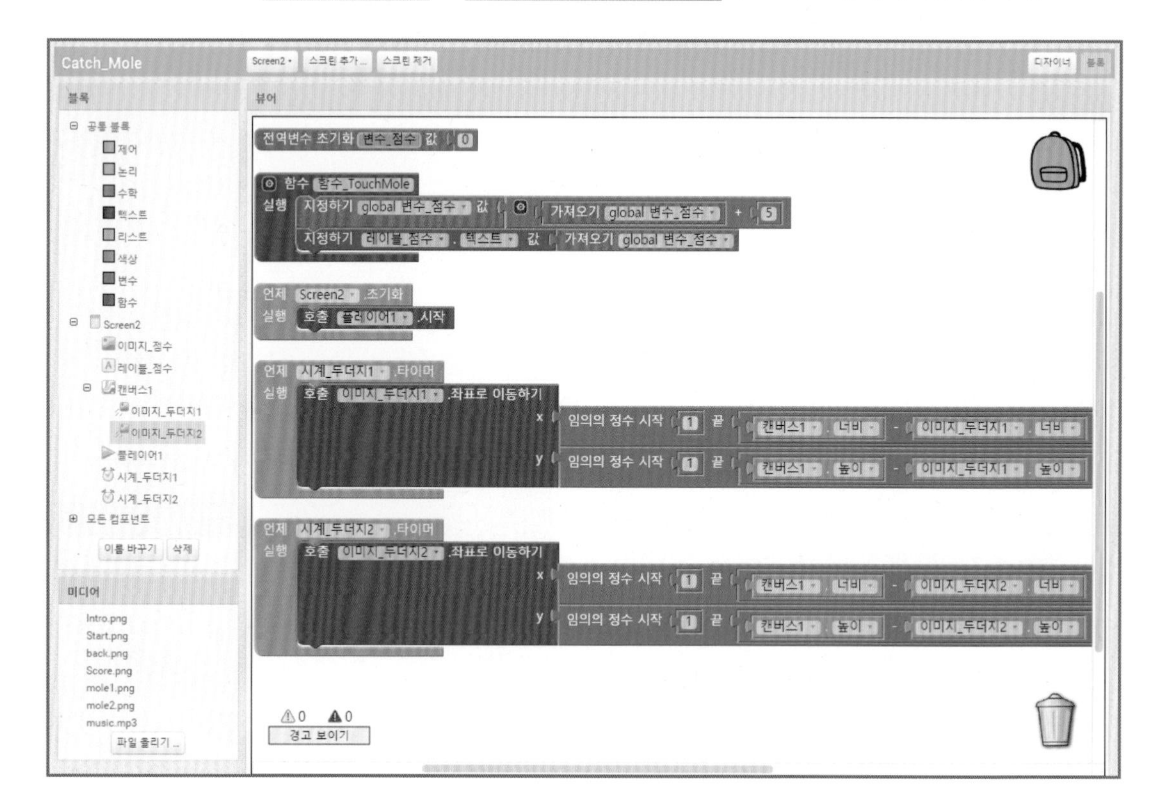

9) 두더지를 터치하면 '5'점씩 점수를 추가하는 것을 실행하기 위해 [이미지_두더지1] & [함수] 블록을 사용합니다.

01 블록의 [Screen2 〉 이미지_두더지1] 블록을 클릭하여 [언제 '이미지_두더지1'.터치] 블록을 뷰어 영역으로 드래그 합니다.

02 블록의 [공통 블록 〉 함수] 블록을 클릭하여 앞에서 정의해둔 [호출 '함수_TouchMole'] 블록을 [언제 '이미지_두더지1'.터치] 블록 안에 연결합니다.

03 블록의 [Screen2 〉 이미지_두더지2] 블록을 클릭하여 [언제 '이미지_두더지2'.터치] 블록을 뷰어 영역으로 드래그 합니다.

04 블록의 [공통 블록 〉 함수] 블록을 클릭하여 앞에서 정의해둔 [호출 '함수_TouchMole'] 블록을 [언제 '이미지_두더지2'.터치] 블록 안에 연결합니다.

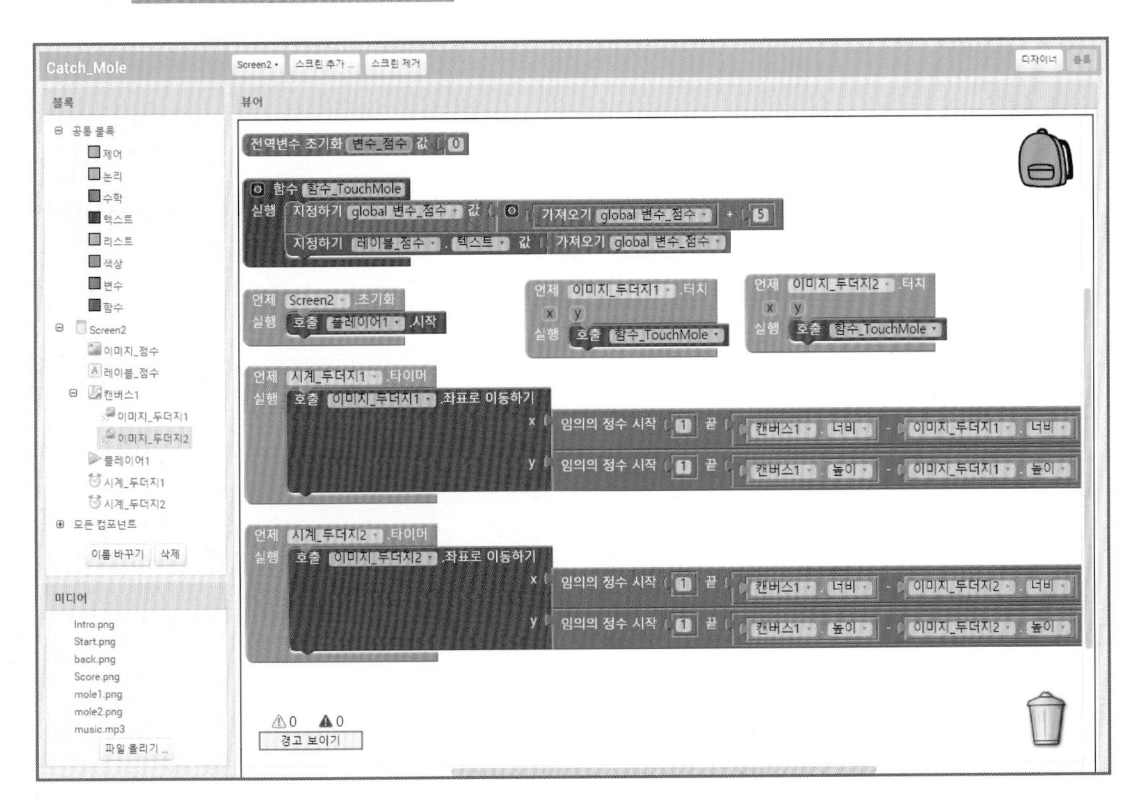

4 디자인하기

1) 디자이너 에서 컴포넌트의 속성 값 설정하기

01 컴포넌트의 [Screen1]을 선택하고 다음과 같이 속성을 설정합니다.

- **수직 정렬** : 아래
- **배경 이미지** : 'Intro.png' 파일 올리기

02 [팔레트 〉 레이아웃]의 수평배치 컴포넌트를 뷰어의 [Screen1] 화면의 맨 위로 드래그 합니다.

03 [수평배치1]을 선택하고 다음과 같이 속성을 설정합니다.

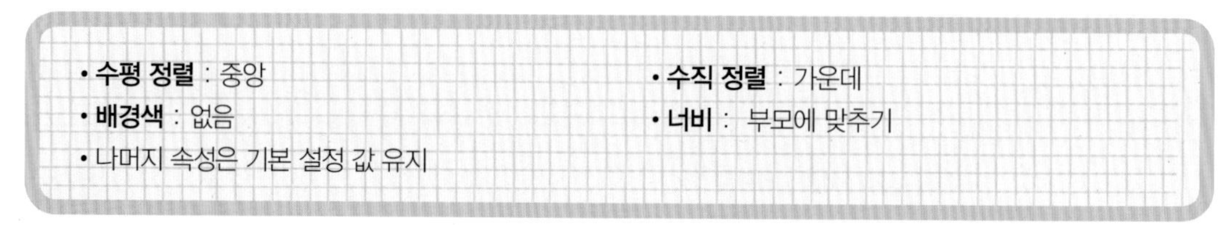

04 컴포넌트의 [버튼_게임시작]을 [수평배치1] 안으로 드래그 합니다.

05 [Screen2]를 선택하고 다음과 같이 속성을 설정합니다.

- **배경 이미지** : 'back.png' 파일 올리기

06 [팔레트 > 레이아웃]의 수평배치 컴포넌트를 뷰어의 [Screen2] 화면의 맨 위로 드래그 합니다.

07 [수평배치1]을 선택하고 다음과 같이 속성을 설정합니다.

- **수평 정렬** : 중앙
- **수직 정렬** : 가운데
- **배경색** : 밝은 회색
- **너비** : 부모에 맞추기
- 나머지 속성은 기본 설정 값 유지

08 컴포넌트의 [이미지_점수]와 [레이블_점수]를 [수평배치1] 안으로 드래그 합니다.

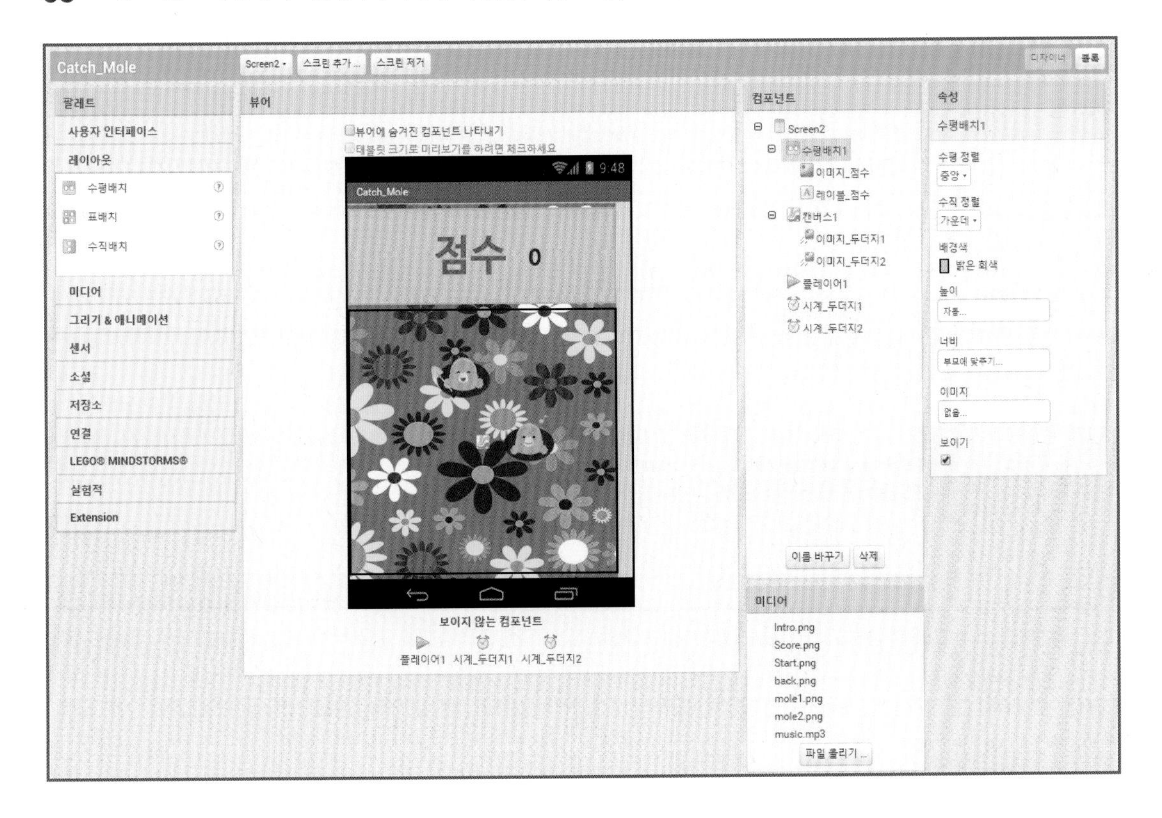

2) 블록 에서 블록으로 디자인하기

〈완성 화면의 구성요소들의 비율〉

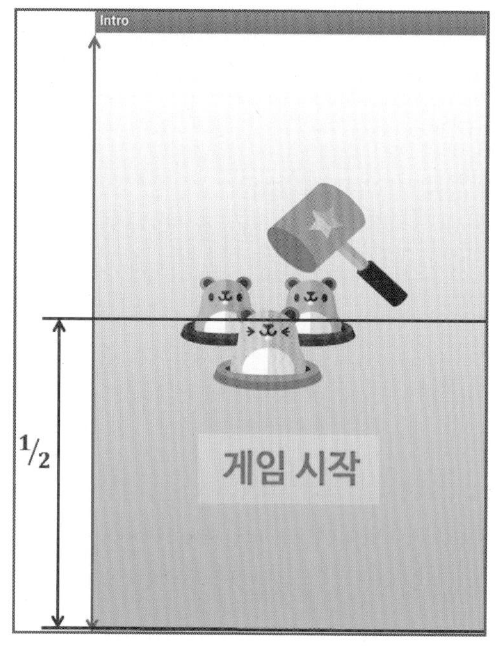

[Screen1]

[Screen2]

01 [Screen1]을 선택한 후 컴포넌트의 [Screen1] 블록을 클릭하여 [언제 'Screen1'.초기화] 블록 뷰어 영역으로 드래그 합니다.

02 [수평배치1]의 높이를 지정하기 위해 [지정하기 '수평배치1'.'높이' 값] 블록을 [언제 'Screen1'.초기화] 블록 안에 연결합니다. [수평배치1]의 높이는 화면높이(Screen1.높이)의 1/2로 지정합니다.

03 [Screen2]를 선택한 후 [수평배치1]의 높이를 지정하기 위해 [지정하기 '수평배치1'.'높이' 값] 블록을 [언제 'Screen2'.초기화] 블록 안에 연결합니다. [수평배치1]의 높이는 화면높이(Screen2.높이)의 1/8로 지정합니다.

언제 Screen2 .초기화
실행 호출 플레이어1 .시작
지정하기 수평배치1 . 높이 값 Screen2 . 높이 / 8

3) 디자이너 의 [Screen1] 컴포넌트 속성 [아이콘]에 이미지 파일 올리기

01 [Screen1] 블록을 클릭하여 준비한 아이콘 이미지(: Icon7.png) 파일을 올립니다.

02 스마트폰에 앱을 설치한 다음 실행합니다.

03 아이콘은 스마트폰에 앱이 설치되면 나타납니다.

5 앱 전체 프로그램

```
언제 시계1 .타이머
실행 지정하기 버튼_게임시작 . 보이기 값 참

언제 버튼_게임시작 .클릭
실행 일반 텍스트를 전달하며 스크린 닫기 텍스트 실행 다른 스크린 열기 스크린 이름 " Screen2 "
                                              결과 " "

언제 Screen1 .초기화
실행 지정하기 수평배치1 . 높이 값 Screen1 . 높이 / 2

전역변수 초기화 변수_점수 값 0

함수 함수_TouchMole
실행 지정하기 global 변수_점수 값 가져오기 global 변수_점수 + 5
     지정하기 레이블_점수 . 텍스트 값 가져오기 global 변수_점수

언제 이미지_두더지1 .터치
x y
실행 호출 함수_TouchMole

언제 이미지_두더지2 .터치
x y
실행 호출 함수_TouchMole

언제 Screen2 .초기화
실행 호출 플레이어1 .시작
     지정하기 수평배치1 . 높이 값 Screen2 . 높이 / 8

언제 시계_두더지1 .타이머
실행 호출 이미지_두더지1 .좌표로 이동하기
     x 임의의 정수 시작 1 끝 캔버스1 . 너비 - 이미지_두더지1 . 너비
     y 임의의 정수 시작 1 끝 캔버스1 . 높이 - 이미지_두더지1 . 높이

언제 시계_두더지2 .타이머
실행 호출 이미지_두더지2 .좌표로 이동하기
     x 임의의 정수 시작 1 끝 캔버스1 . 너비 - 이미지_두더지2 . 너비
     y 임의의 정수 시작 1 끝 캔버스1 . 높이 - 이미지_두더지2 . 높이
```

생각키우기

01

30초가 지나면 게임이 종료되도록 [다시 시작] 버튼을 추가해 [Screen1]으로 이동하여 다시 게임을 할 수 있도록 앱을 수정하세요.

Hint

❶ 블록의 [공통 블록 〉 변수]에서 [전역변수 초기 '변수_게임시간' 값]을 생성합니다.

02

두더지를 2마리 더 추가하고 각 두더지가 나타나는 시간을 모두 다르게 하세요.

Hint

❶ 이미지 스프라이트 컴포넌트를 사용합니다.

❷ 'mole3.png', 'mole4.png' 2개의 이미지 파일을 올립니다.

Chapter 08

PART 02 | 그리기 & 애니메이션

우주전쟁 : SpaceWar 앱

1980년대 초반 우리나라 오락실에서 가장 인기 있었던 게임 중 하나가 바로 갤러그라는 게임입니다. 이런 종류의 게임을 슈팅게임이라고 하는데 이번 장에서는 간단한 슈팅게임인 [SpaceWar]를 앱으로 만들어 보겠습니다. 기회가 된다면 갤러그라는 게임도 직접 만들어 보면 좋을 것 같습니다.

01 앱 기획하기

1 앱의 기능

- 우주선이 2초마다 우주 공간을 임의로 돌아다니기
- 로켓을 드래그 하여 원하는 위치로 이동하기
- 로켓을 터치하면 총알(공)을 발사하기
- 총알(공)이 모서리에 닿으면 보이지 않게 하기
- 우주선과 총알(공)이 부딪히면 1점 올려주고 우주선은 임의의 곳으로 이동하기
- [다시 시작] 버튼을 클릭하며 점수를 처음 값으로 되돌리기

2 완성 화면 (프로젝트명 : SpaceWar)

02 컴포넌트와 블록 익히기

1 컴포넌트

1) 대표 컴포넌트

컴포넌트		팔레트	설명
캔버스	캔버스	그리기 & 애니메이션	터치 가능한 2차원 패널로 그림을 그릴 수도 있고 스프라이트를 움직일 수 있는 컴포넌트
공	공	그리기 & 애니메이션	터치나 드래그에 반응하며 다른 스프 라이트(이미지 스프라이트, 공)나 캔버스의 모서리와 상호작용하는 컴포넌트
이미지 스프라이트	이미지 스프라이트	그리기 & 애니메이션	캔버스에 놓을 수 있고 터치나 드래그에 반응하는 컴포넌트
수평배치	수평배치	레이아웃	컴포넌트들을 화면에 가로로(왼쪽에서 오른쪽으로) 배치시키는 레이아웃 컴포 넌트
레이블	레이블	사용자 인터페이스	텍스트 속성에 지정된 글을 화면에 표시하는 컴포넌트
버튼	버튼	사용자 인터페이스	클릭하면 연결된 동작을 수행하는 컴포넌트
시계	시계	센서	스마트폰의 시계, 타이머, 그리고 시간 계산 기능을 제공하는 보이지 않는 컴포넌트
플레이어	플레이어	미디어	음악을 재생하거나 스마트폰의 진동을 울리게 하는 멀티미디어 컴포넌트

2) 사용 컴포넌트 리스트

종류	팔레트	이름 바꾸기	목적	속성
캔버스	그리기 & 애니메이션	캔버스1	이미지_로켓, 공_총알, 이미지_우주선 배치	– 배경 이미지 : 'back.jpg' 파일 올리기 – 높이 : 320pixels – 너비 : 부모에 맞추기
이미지 스프라이트	그리기 & 애니메이션	이미지_로켓	로켓	– 사진 : 'Rocket.png' 파일 올리기

종류	팔레트	이름 바꾸기	목적	속성
이미지 스프라이트	그리기 & 애니메이션	이미지_우주선	우주선	– 사진 : 'Saucer.png' 파일 올리기
공	그리기 & 애니메이션	공_총알	로켓이 발사하는 총알	– 페인트 색상 : 초록 – Z : 2.0(우주선 보다 앞에 보이게 하기 위함)
수평배치	레이아웃	수평배치1	레이블_점수안내, 레이블_점수 배치	– 수평 정렬 : 중앙 – 수직 정렬 : 가운데 – 너비 : 부모에 맞추기
레이블	사용자 인터페이스	레이블_점수안내	게임 점수안내 레이블	– 글꼴 굵게 : 선택 – 글꼴 크기 : 20 – 텍스트 : 점수 – 텍스트 정렬 : 가운데 – 텍스트 색상 : 어두운 회색
레이블	사용자 인터페이스	레이블_점수	게임 점수	– 글꼴 굵게 : 선택 – 글꼴 크기 : 20 – 텍스트 : 0 – 텍스트 정렬 : 가운데 – 텍스트 색상 : 파랑
수평배치	레이아웃	수평배치2	버튼_다시시작 배치	– 수평 정렬 : 중앙 – 수직 정렬 : 가운데 – 너비 : 부모에 맞추기
버튼	사용자 인터페이스	버튼_다시시작	점수 값 처음으로 되돌리기	– 이미지 : 'Restart.png' 파일 올리기 – 텍스트 : 빈칸 처리
시계	센서	시계_우주선	우주선 움직임 체크 타이머	– 타이머 간격 : 2000(2초를 뜻함)

2 블록

블록	컴포넌트	기능
언제 이미지_로켓 .드래그 시작X 시작Y 이전X 이전Y 현재X 현재Y 실행	그리기 & 애니메이션	이미지 스프라이트를 드래그하면 블록 안의 블록을 실행한다.
지정하기 이미지_로켓 . X 값	그리기 & 애니메이션	이미지 스프라이트의 속성 중 X 값을 지정한다.
언제 공_총알 .모서리에 닿음 모서리 실행	그리기 & 애니메이션	공이 모서리에 닿으면 블록 안의 블록을 실행한다.
언제 시계_우주선 .타이머 실행	센서	정해진 시간이 될 때마다 블록 안의 블록을 실행한다.
언제 이미지_로켓 .터치 x y 실행	그리기 & 애니메이션	이미지 스프라이트를 터치하면 블록 안의 블록을 실행한다.
호출 공_총알 .좌표로 이동하기 x y	그리기 & 애니메이션	x, y 좌표로 공이 이동한다.
언제 공_총알 .충돌 다른 실행	그리기 & 애니메이션	공이 다른 것과 충돌하게 되면 블록 안의 블록을 실행한다.
임의의 정수 시작 1 끝 100	수학	주어진 범위 내의 임의의 정수를 반환한다.

03 프로젝트 만들기

1 새 프로젝트 시작하기

1) 새 프로젝트 시작하기 ... 버튼을 클릭하면 나타나는 [새 앱 인벤터 프로젝트 생성] 팝업창에 프로젝트 이름으로 'SpaceWar'를 입력하고 [확인] 버튼을 클릭합니다.

2) [Screen1]의 속성 중 [스크린 설명], [앱 이름], [제목]을 'SpaceWar'로 변경합니다.

2 컴포넌트 구성하기 : 디자이너

1) 이미지 스프라이트로 로켓과 우주선을 표현하기 위해 [캔버스] 추가하기

01 [팔레트 〉 그리기 & 애니메이션]의 캔버스 컴포넌트를 뷰어의 [Screen1] 화면 위로 드래그합니다.

02 [캔버스1]을 선택하고 다음과 같이 속성을 설정합니다.

- **배경 이미지** : 'back.jpg' 파일 올리기
- **높이** : 320pixels
- **너비** : 부모에 맞추기
- 나머지 속성은 기본 설정 값 유지

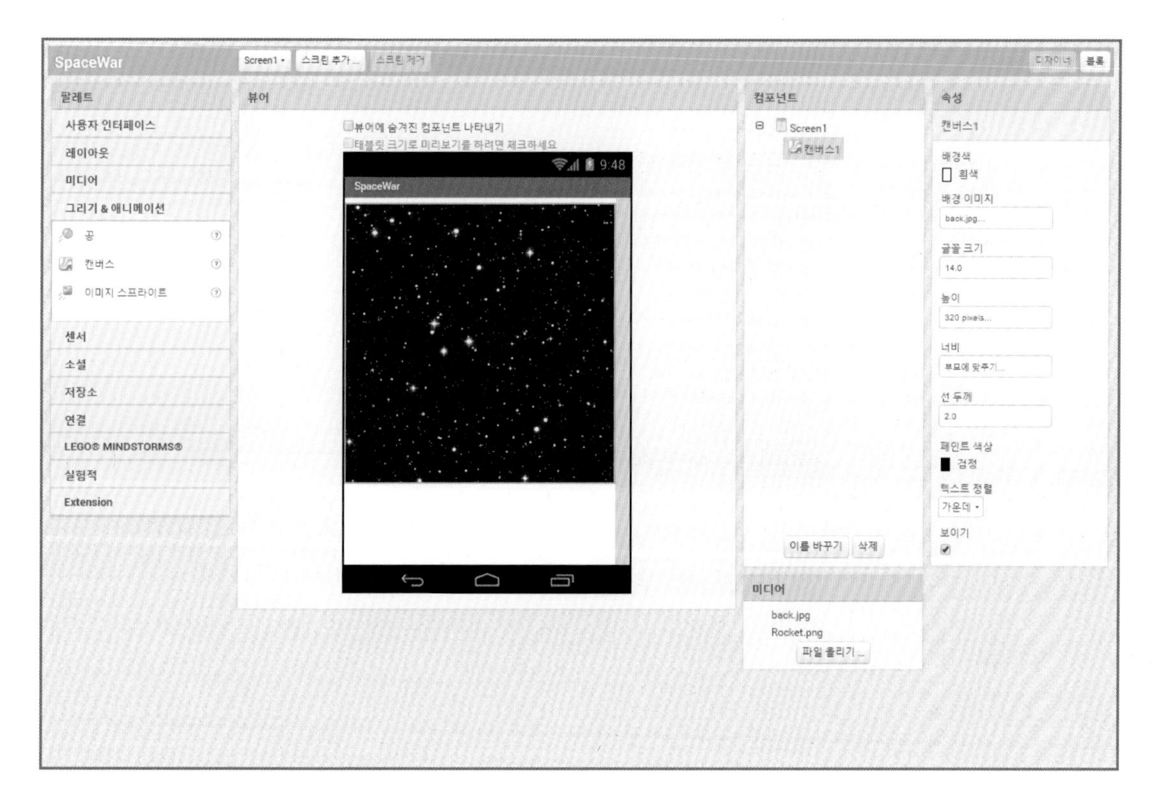

2) 로켓을 위해 [이미지 스프라이트] 추가하기

01 [팔레트 〉 그리기 & 애니메이션]의 이미지 스프라이트 컴포넌트를 뷰어의 [Screen1] 화면의 [캔버스1] 위로 드래그 하여 위치를 정합니다.

02 [이미지_스프라이트1]을 선택하고 이름 바꾸기 버튼을 클릭하여 새 이름을 '이미지_로켓'으로 변경합니다.

03 [이미지_로켓]을 선택하고 다음과 같이 속성을 설정합니다.

- **사진** : 'Rocket.png' 파일 올리기
- 나머지 속성은 기본 설정 값 유지

3) 우주선을 위해 [이미지 스프라이트] 추가하기

01 [팔레트 〉 그리기 & 애니메이션]의 이미지 스프라이트 컴포넌트를 뷰어의 [Screen1] 화면의 [캔버스1] 위로 드래그 하여 위치를 정합니다.

02 [이미지_스프라이트1]을 선택하고 이름 바꾸기 버튼을 클릭하여 새 이름을 '이미지_우주선'으로 변경합니다.

03 [이미지_우주선]을 선택하고 다음과 같이 속성을 설정합니다.

- **사진** : 'Saucer.png' 파일 올리기
- 나머지 속성은 기본 설정 값 유지

4) 로켓이 발사하는 총알을 위해 [이미지 스프라이트] 추가하기

01 [팔레트 > 그리기 & 애니메이션]의 공 컴포넌트를 뷰어의 [Screen1] 화면의 [캔버스1] 위로 드래그 하여 위치를 정합니다.

02 [공1]을 선택하고 이름 바꾸기 버튼을 클릭하여 새 이름을 '공_총알'로 변경합니다.

03 [공_총알]을 선택하고 다음과 같이 속성을 설정합니다.

- **페인트 색상** : 초록
- **Z** : 2.0(우주선 보다 앞에 보이게 하기 위함)
- 나머지 속성은 기본 설정 값 유지

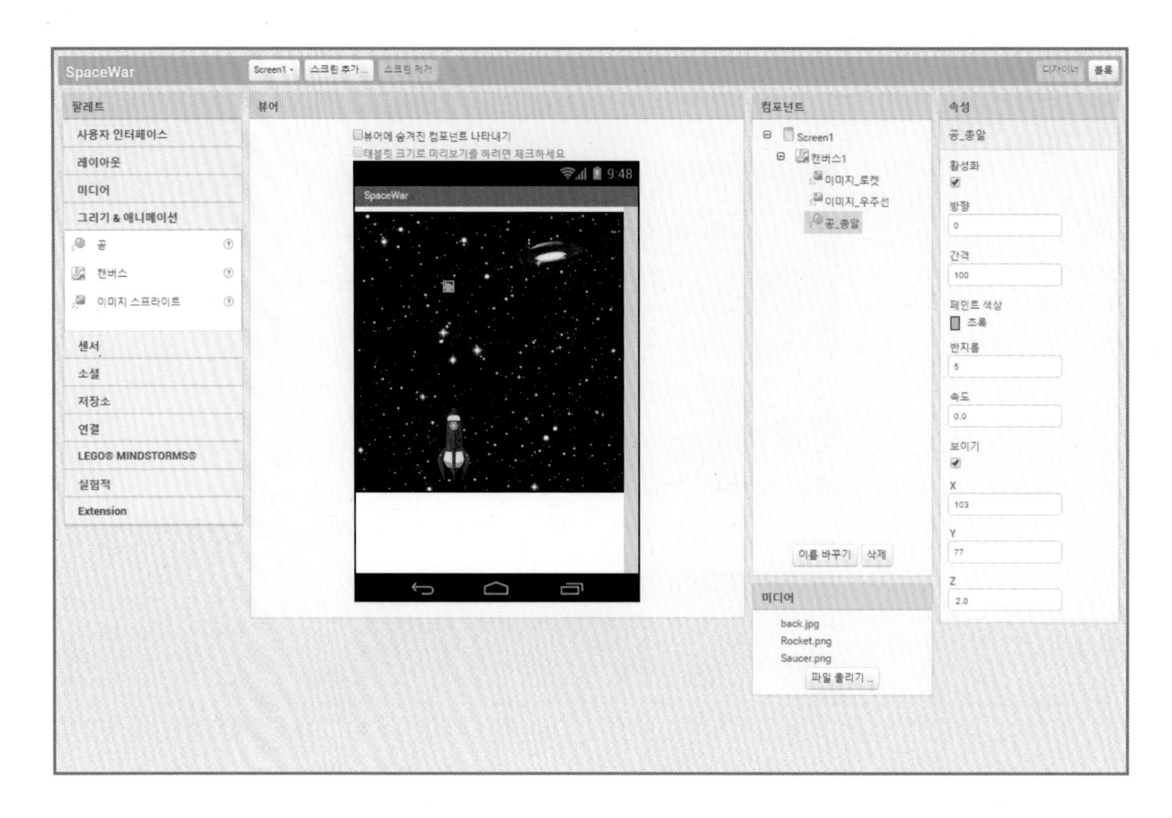

5) 점수 안내 위해 [레이블] 추가하기

01 [팔레트 〉 사용자 인터페이스]의 레이블 컴포넌트를 뷰어의 [Screen1] 화면의 [캔버스1] 아래로 드래그 합니다.

02 [레이블1]을 선택하고 이름 바꾸기 버튼을 클릭하여 새 이름을 '레이블_점수안내'로 변경합니다.

03 [레이블_점수안내]를 선택하고 다음과 같이 속성을 설정합니다.

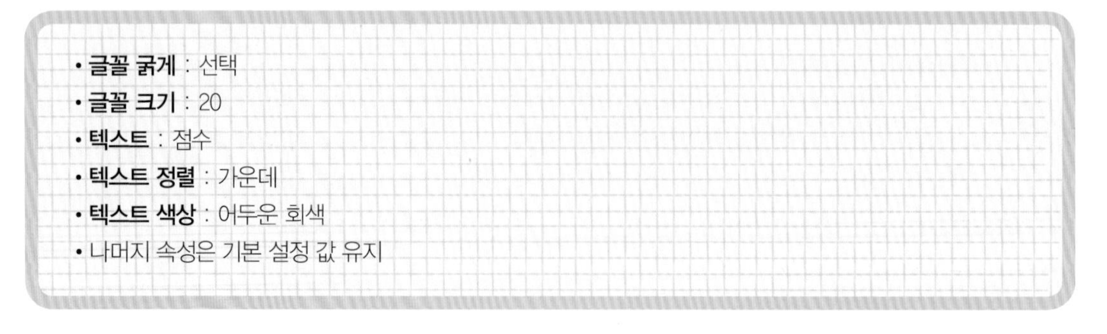

- **글꼴 굵게** : 선택
- **글꼴 크기** : 20
- **텍스트** : 점수
- **텍스트 정렬** : 가운데
- **텍스트 색상** : 어두운 회색
- 나머지 속성은 기본 설정 값 유지

6) 점수를 보여주기 위해 [레이블] 추가하기

01 [팔레트 〉 사용자 인터페이스]의 레이블 컴포넌트를 뷰어의 [Screen1] 화면의 [레이블_점수안내] 아래로 드래그 합니다.

02 [레이블1]을 선택하고 이름 바꾸기 버튼을 클릭하여 새 이름을 '레이블_점수'로 변경합니다.

03 [레이블_점수]를 선택하고 다음과 같이 속성을 설정합니다.

- **글꼴 굵게** : 선택
- **텍스트** : 0
- **글꼴 크기** : 20
- **텍스트 색상** : 파랑
- **텍스트 정렬** : 가운데
- 나머지 속성은 기본 설정 값 유지

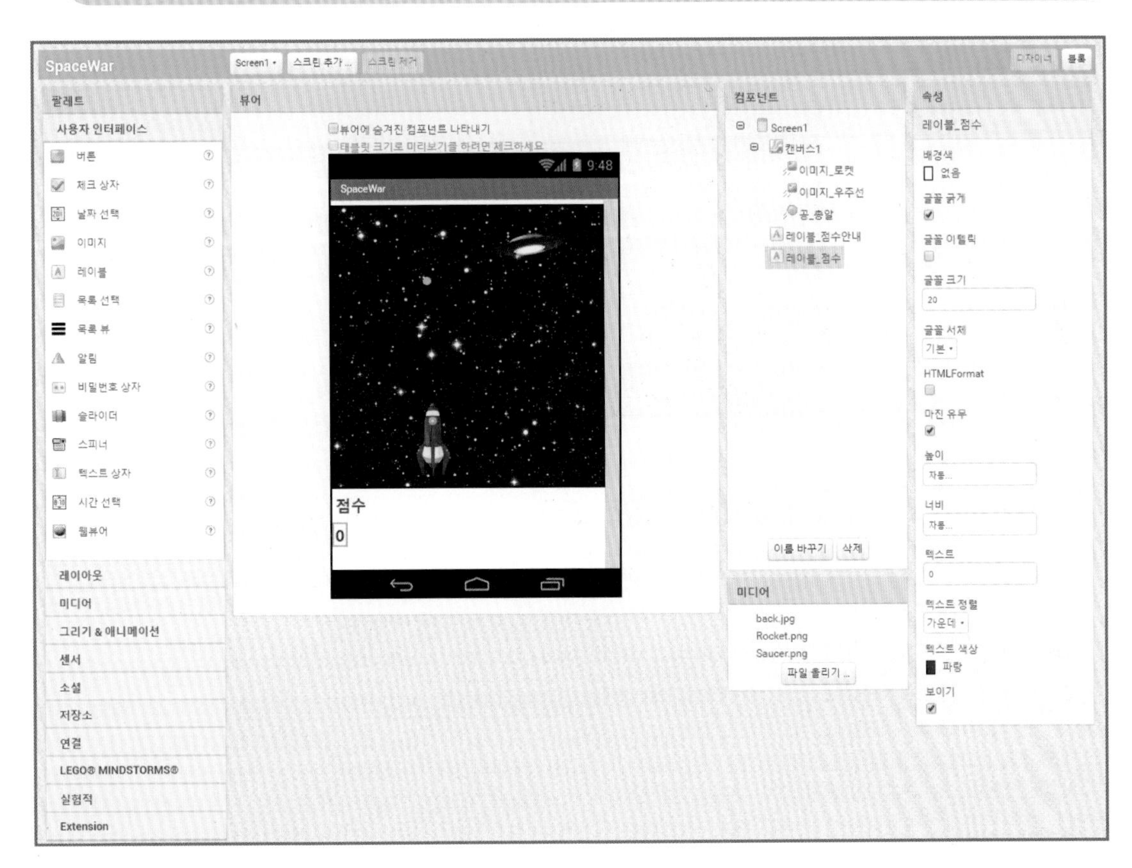

7) 게임을 다시 시작을 위해 [버튼] 추가하기

01 [팔레트 > 사용자 인터페이스]의 버튼 컴포넌트를 뷰어의 [Screen1] 화면의 [레이블_점수] 아래로 드래그 합니다.

02 [버튼1]을 선택하고 이름 바꾸기 버튼을 클릭하여 새 이름을 '버튼_다시시작'으로 변경합니다.

03 [버튼_다시시작]을 선택하고 다음과 같이 속성을 설정합니다.

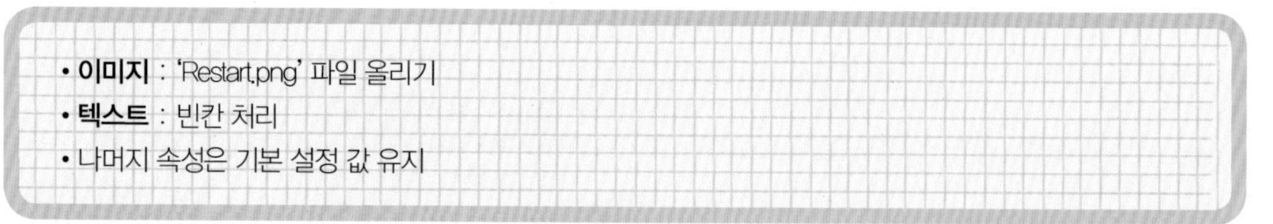

- **이미지** : 'Restart.png' 파일 올리기
- **텍스트** : 빈칸 처리
- 나머지 속성은 기본 설정 값 유지

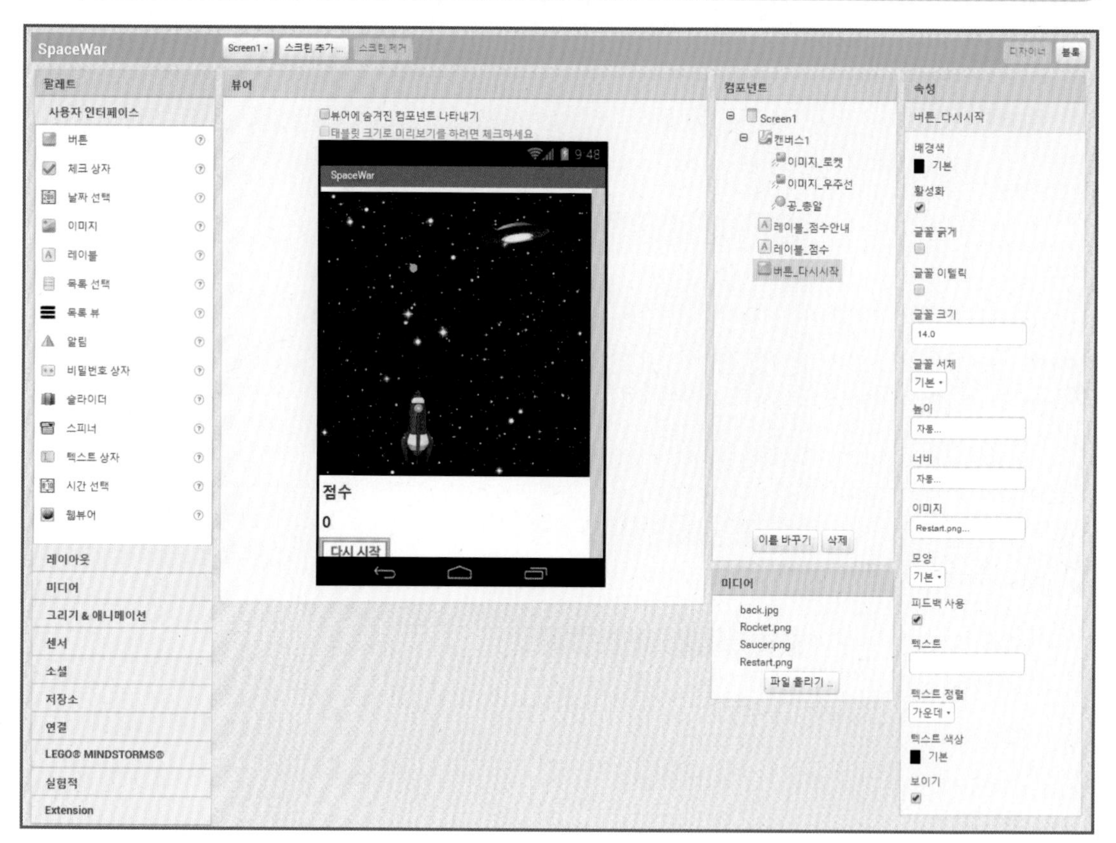

8) 우주선의 타임 체크를 위해 [시계] 추가하기

01 [팔레트 〉 센서]의 시계 컴포넌트를 뷰어의 [Screen1] 화면으로 드래그 합니다.

02 [시계1]을 선택하고 이름 바꾸기 버튼을 클릭하여 새 이름을 '시계_우주선'으로 변경합니다.

03 [시계_우주선]을 선택하고 다음과 같이 속성을 설정합니다.

- **타이머 간격** : 2000(2초를 뜻함)
- 나머지 속성은 기본 설정 값 유지

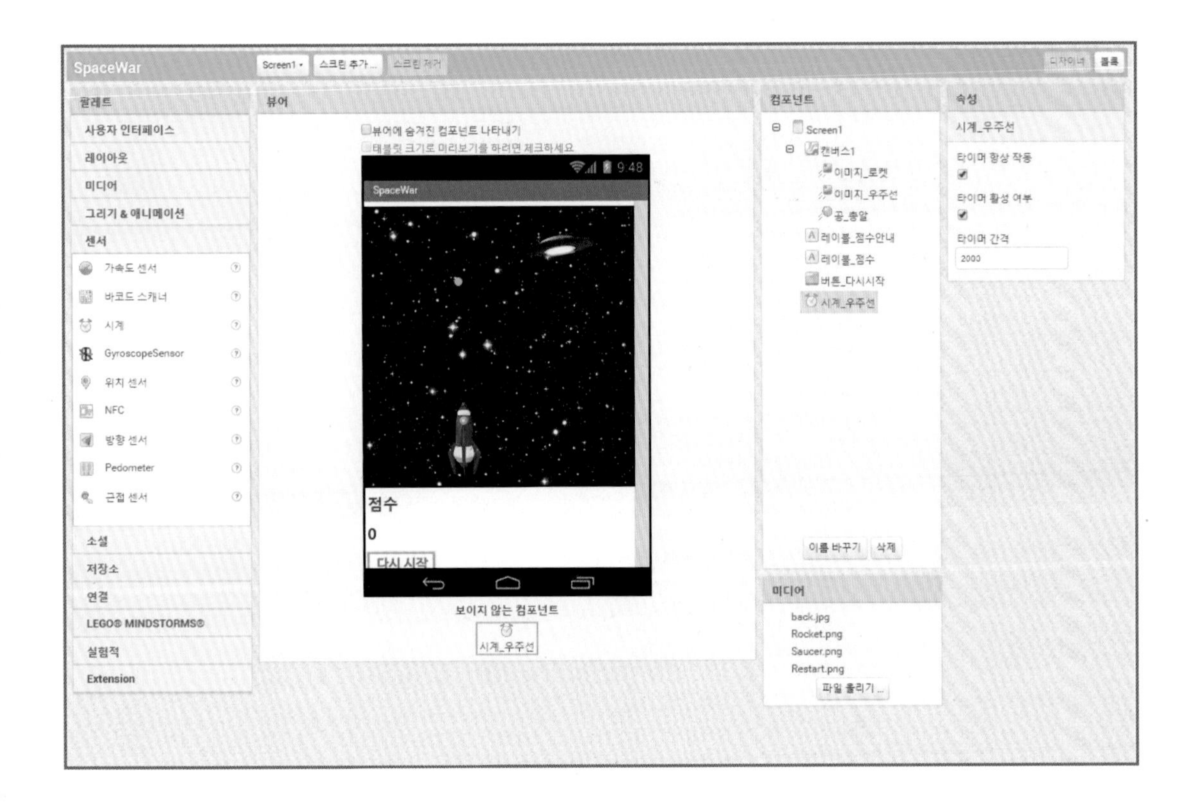

3 프로그래밍하기 : 블록

1) 로켓을 좌우로 이동하기 위해 [이미지_로켓] 블록을 사용합니다.

01 블록의 [Screen1 〉 이미지_로켓] 블록을 클릭하여 [언제 '이미지_로켓'.드래그] 블록을 뷰어 영역으로 드래그 합니다.

02 블록의 [Screen1 〉 이미지_로켓] 블록을 클릭하여 [지정하기 '이미지_로켓'.'X' 값] 블록을 [언제 '이미지_로켓'.드래그] 블록 안에 연결합니다.

03 [언제 '이미지_로켓'.드래그] 블록에 있는 지역변수 [가져오기'현재X'] 블록을 연결합니다.

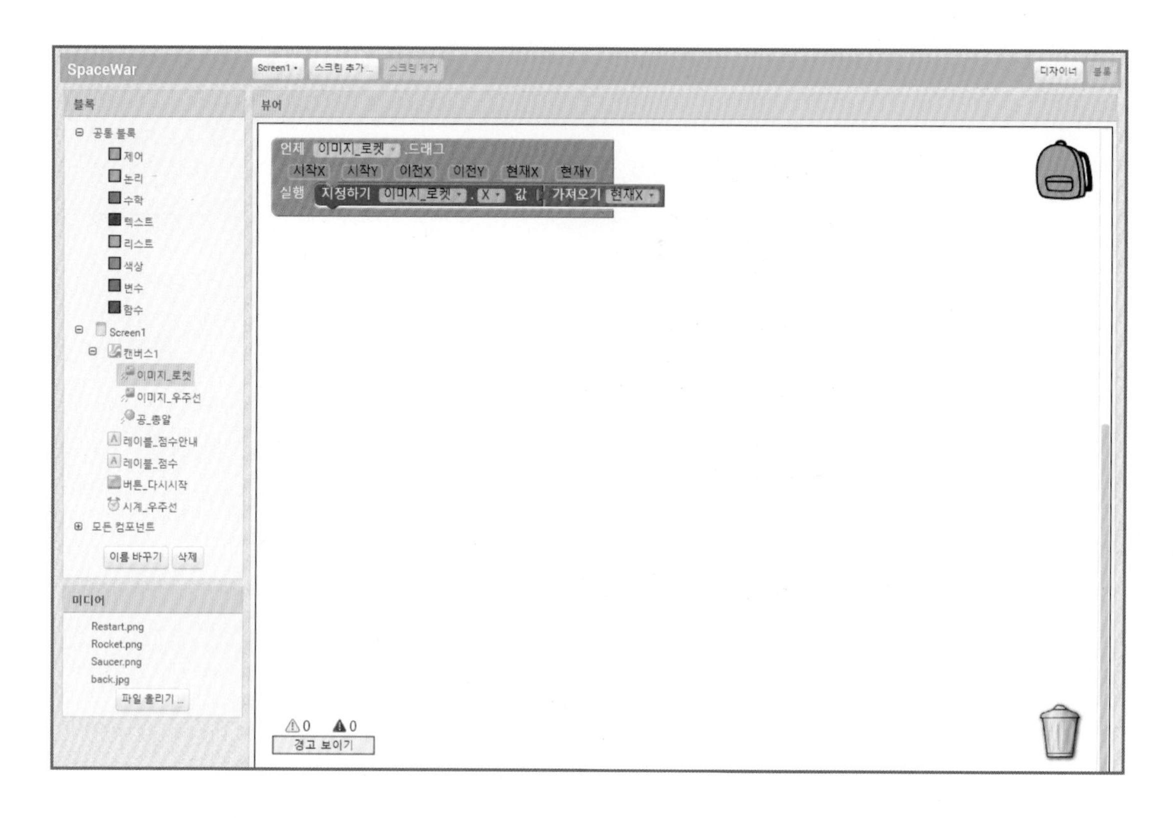

2) 정해진 시간마다(2초) [캔버스1] 내에서 우주선이 좌우로 임의로 움직이게 하기 위해 [시계_우주선] & [이미지_우주선] & [수학] & [캔버스1] 블록을 사용합니다.

01 블록의 [Screen1]의 [언제 '시계_우주선'.타이머] 블록을 뷰어 영역으로 드래그 합니다.

02 블록의 [Screen1 〉 이미지_우주선] 블록을 클릭하여 [지정하기 '이미지_우주선'.'X' 값] 블록을 [언제 '시계_우주선'.타이머] 블록 안에 연결한 다음 [공통 블록 〉 함수] 블록을 클릭하여 [임의의 정수 시작 '1' 끝 '100'] 블록을 연결하고 '100' 대신 ['캔버스1'.'너비'] – ['이미지_우주선'.'너비']와 같이 코딩하여 연결합니다.

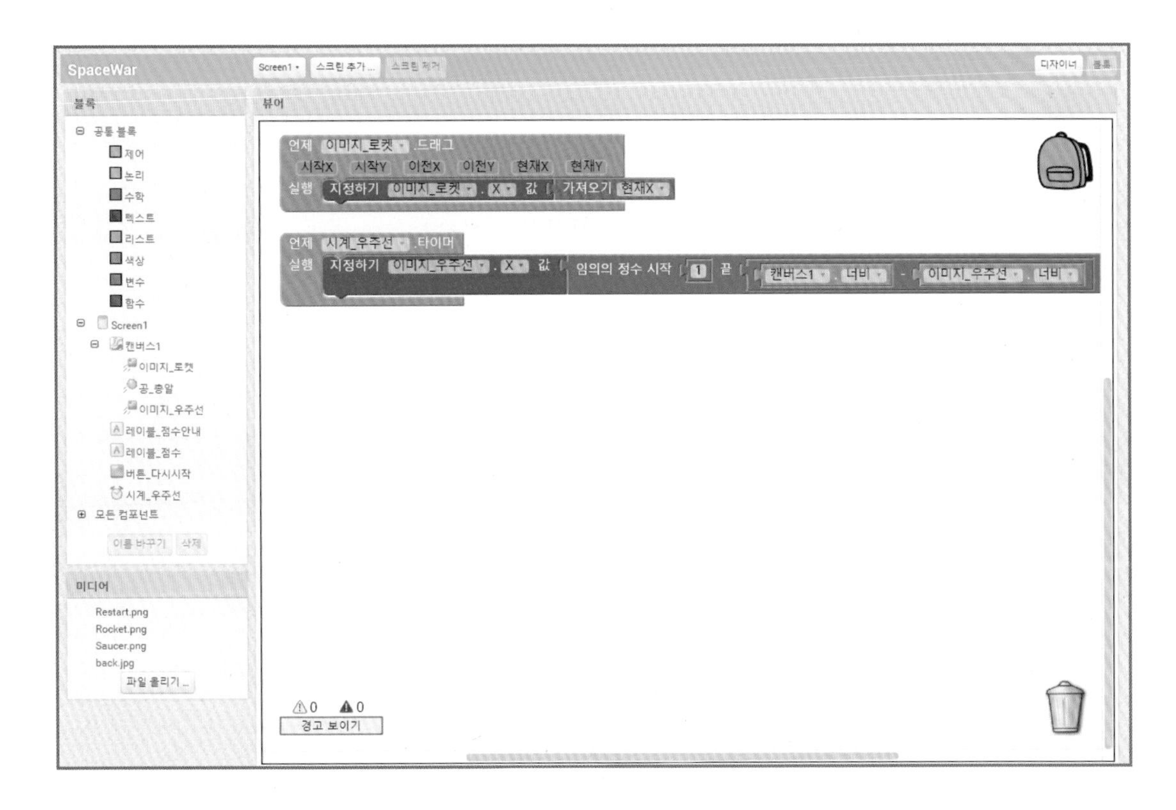

3) 로켓을 터치하면 로켓에서 총알이 발사되게 하기 위해 [이미지_로켓] & [공_총알] & [수학] & [논리] 블록을 사용합니다.

01 블록의 [Screen1]의 [언제 '이미지_로켓'.터치] 블록을 뷰어 영역으로 드래그 합니다.

02 블록의 [Screen1 〉 공_총알] 블록을 클릭하여 [호출 '공_총알'.좌표로 이동하기] 블록을 [언제 '이미지_로켓'.터치] 블록 안에 연결합니다.

03 x에 블록의 [공통 블록 〉 함수] 블록을 클릭하여 [+] 블록을 연결하고 ['이미지_로켓'.'X'] + ['이미지_로켓'.'너비']/2와 같이 코딩하여 연결합니다.

04 y에 블록의 [공통 블록 〉 함수] 블록을 클릭하여 [−] 블록을 연결하고 ['이미지_로켓'.'Y'] −20과 같이 코딩하여 연결합니다.

05 '공_총알'을 앱 실행 초기에 보이지 않게 설정했다가 보이게 하기 위해서 블록의 [Screen1 〉 공_총알] 블록을 클릭하여 [지정하기 '공_총알'.'보이기' 값] 블록을 연결한 다음 [공통 블록 〉 논리] 블록을 클릭하여 [참] 블록을 연결합니다.

06 '공_총알'이 '20'만큼의 속도로 움직이게 하기 위해 블록의 [Screen1 〉 공_총알] 블록을 클릭하여 [지정하기 '공_총알'.'속도' 값] 블록을 연결한 다음 블록의 [공통 블록 〉 함수] 블록을 클릭하여 [20] 블록을 연결합니다.

07 '공_총알'이 위쪽으로 움직이게 하기 위해 블록의 [Screen1 〉 공_총알] 블록을 클릭하여 [지정하기 '공_총알'.'방향' 값] 블록을 연결한 다음 블록의 [공통 블록 〉 함수] 블록을 클릭하여 [90] 블록을 연결합니다.

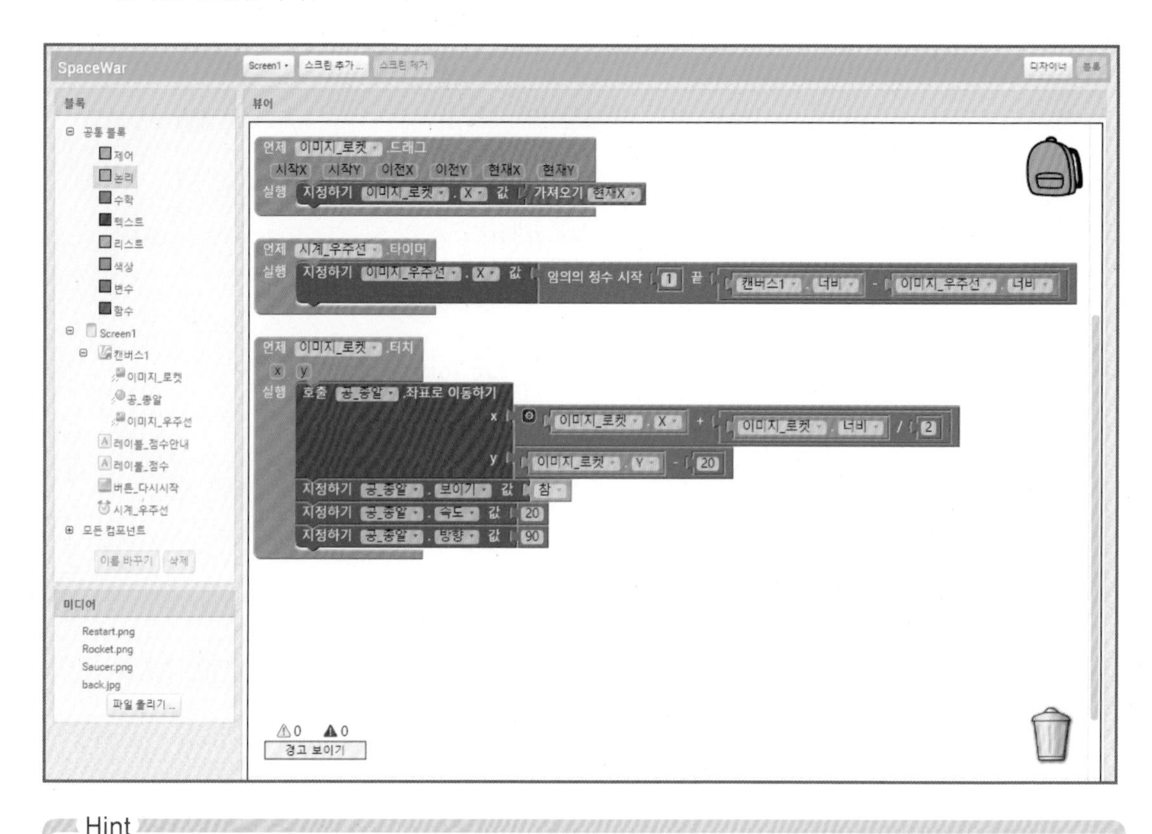

> **Hint**
>
> **[이미지 스프라이트]의 방향**
>
> 이미지 스프라이트의 방향 값에 따른 방향은 다음과 같습니다.
>
> 방향 값 0 : 오른쪽 방향
> 방향 값 90 : 위쪽 방향
> 방향 값 180 : 왼쪽 방향
> 방향 값 270 : 아래쪽 방향

4) 앱이 처음 실행되었을 때 총알이 보이지 않게 하기 위해 [Screen1] & [공_총알] & [논리] 블록을 사용합니다.

01 [Screen1]을 선택한 후 컴포넌트의 [Screen1] 블록을 클릭하여 [언제 'Screen1'.초기화] 블록 뷰어 영역으로 드래그 합니다.

02 블록의 [Screen1 〉 공_총알] 블록을 클릭하여 [지정하기 '공_총알'.'보이기' 값] 블록을 [언제 'Screen1'.초기화] 블록 안에 연결한 다음 [공통 블록 〉 논리] 블록을 클릭하여 [거짓] 블록을 연결합니다.

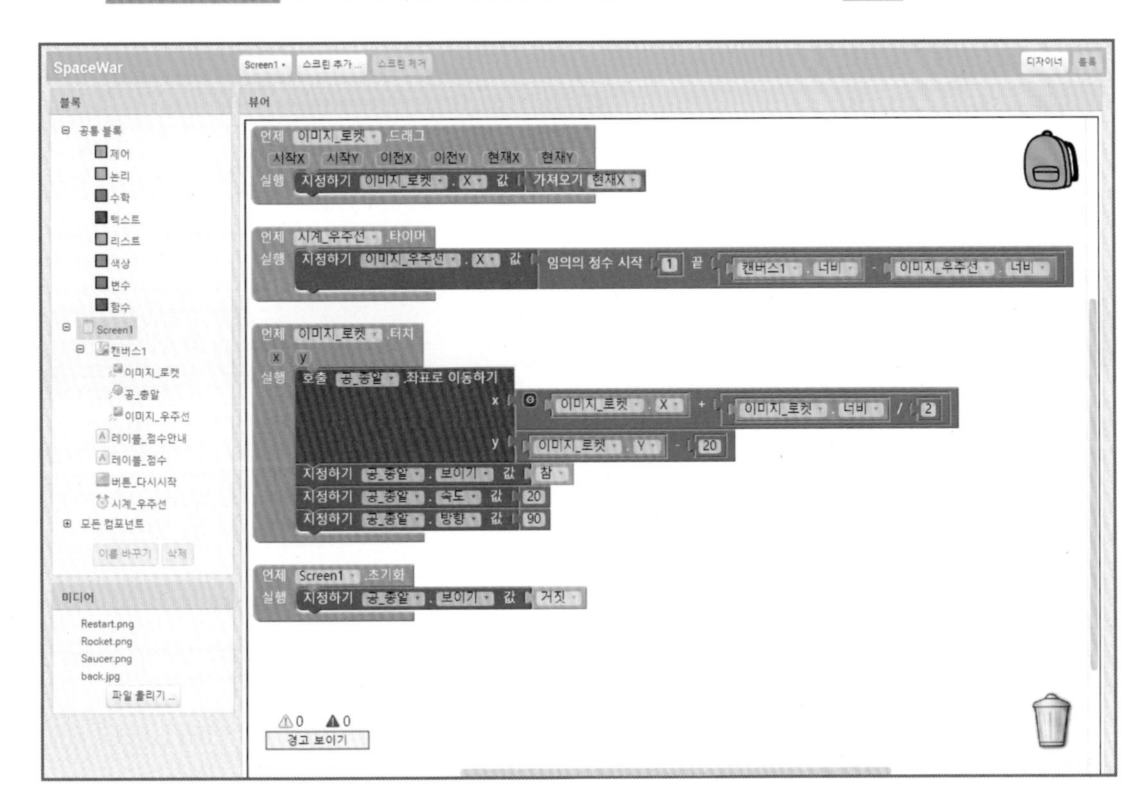

5) 총알이 우주선에 맞으면 '1'점씩 점수를 올려주기 위해 [공_총알] & [논리] & [수학] & [레이블_점수] & [이미지_우주선] & [캔버스1] 블록을 사용합니다.

01 블록의 [Screen1 〉 공_총알]의 [언제 '공_총알'.충돌] 블록을 뷰어 영역으로 드래그 합니다.

02 총알이 보이지 않게 하기 위해 블록의 [Screen1 〉 공_총알] 블록을 클릭하여 [지정하기 '공_총알'.'보이기' 값] 블록을 연결한 다음 [공통 블록 〉 논리] 블록을 클릭하여 [거짓] 블록을 연결합니다.

03 블록의 [Screen1 〉 레이블_점수] 블록을 클릭하여 [지정하기 '레이블_점수'.'텍스트' 값] 블록을 [언제 '공_총알'.충돌] 블록 안에 연결한 다음 [공통 블록 〉 수학] 블록의 [' ' + ' '] 블록을 이용하여 ['레이블_점수'.'텍스트'] + '1'이 되게 블록을 연결합니다.

04 블록의 [Screen1 〉 이미지_우주선] 블록을 클릭하여 [지정하기 '이미지_우주선'.'X' 값] 블록을 [언제 '공_총알'.충돌] 블록 안에 연결한 다음 [공통 블록 〉 함수] 블록을 클릭하여 [임의의 정수 시작 '1' 끝 '100'] 블록을 연결하고 '100' 대신 ['캔버스1'.'너비'] – ['이미지_우주선'.'너비']와 같이 코딩하여 연결합니다.

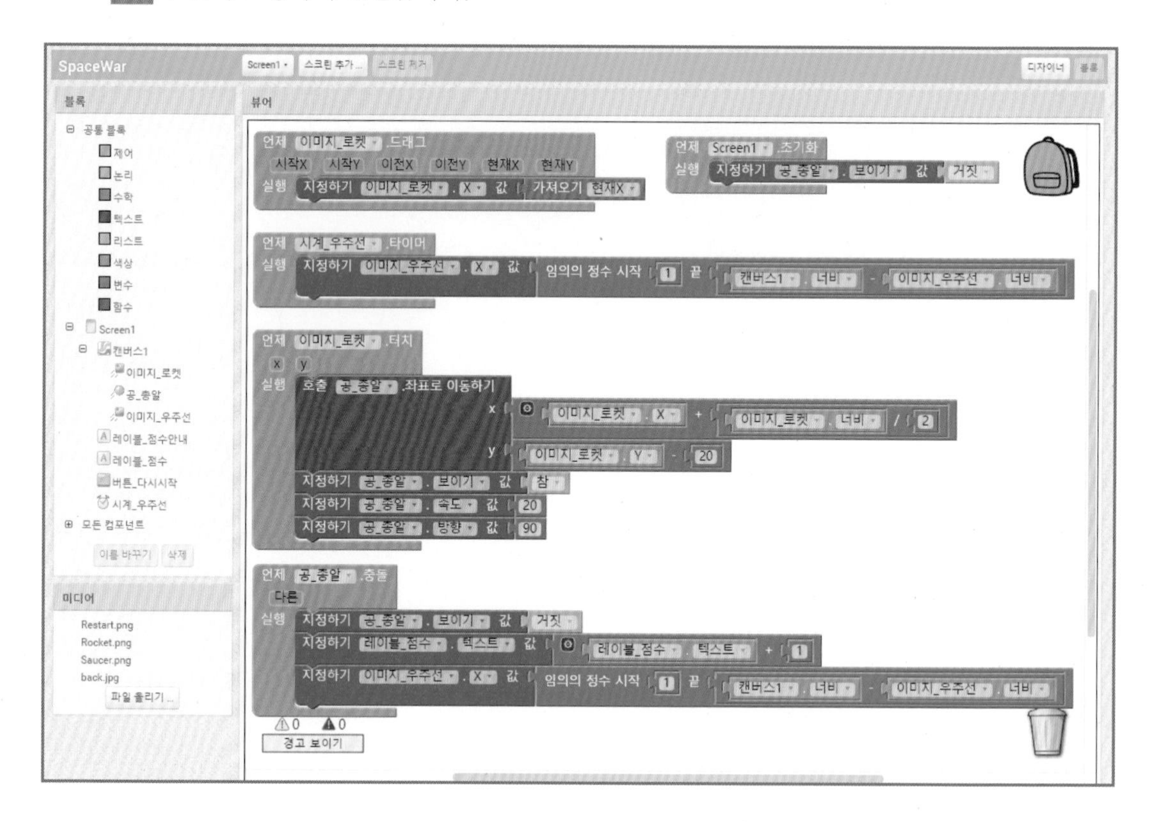

6) 총알이 모서리에 닿으면 보이지 않게 하기 위해 [공_총알] & [논리] 블록을 사용합니다.

01 블록의 [Screen1 〉 공_총알] 블록을 클릭하여 [언제 '공_총알'.모서리에 닿음] 블록 뷰어 영역으로 드래그 합니다.

02 블록의 [Screen1 〉 공_총알] 블록을 클릭하여 [지정하기 '공_총알'.'보이기' 값] 블록을 [언제 '공_총알'.모서리에 닿음] 블록 안에 연결한 다음 [공통 블록 〉 논리] 블록을 클릭하여 [거짓] 블록을 연결합니다.

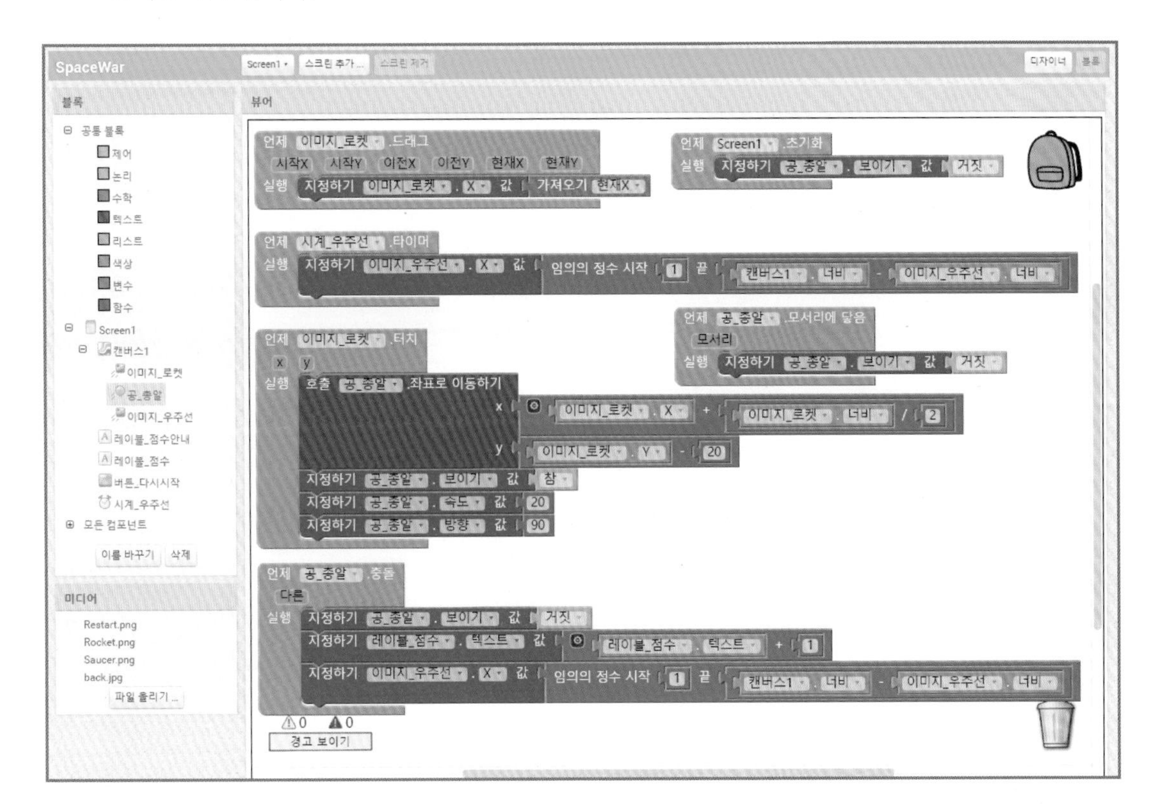

7) 게임을 다시 시작을 하기 위해 점수를 되돌려 놓기 위해 [버튼_다시시작] & [레이블_점수] & [수학] 블록을 사용합니다.

01 블록의 [Screen1 〉 버튼_다시시작]의 [언제 '버튼_다시시작'.클릭] 블록을 뷰어 영역으로 드래그 합니다.

02 블록의 [Screen1 〉 레이블_점수] 블록을 클릭하여 [지정하기 '레이블_점수'.'텍스트' 값] 블록을 [언제 '버튼_다시시작'.클릭] 블록 안에 연결한 다음 [공통 블록 〉 수학] 블록의 [0] 블록을 연결합니다.

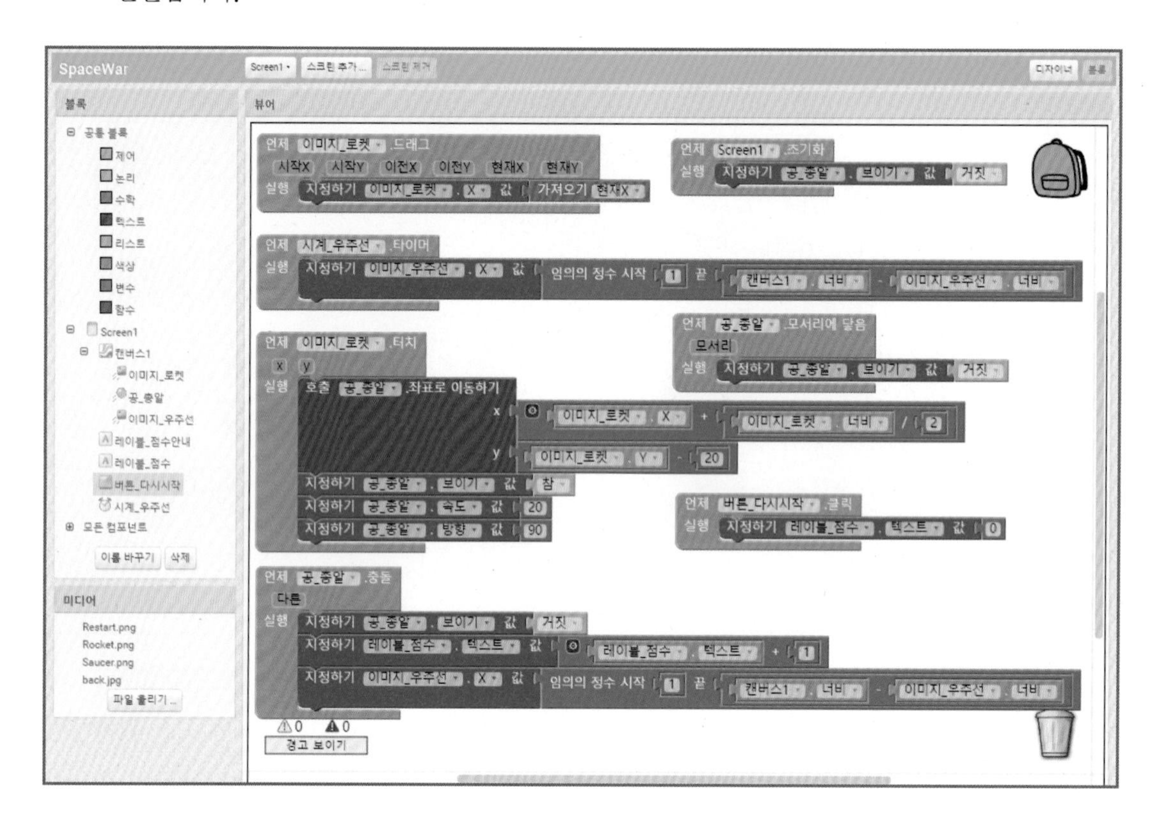

4 디자인하기

1) 디자이너에서 컴포넌트의 속성 값 설정하기

01 [팔레트 〉 레이아웃]의 수평배치 컴포넌트를 뷰어의 [Screen1] 화면의 [레이블_점수안내] 위로 드래그 합니다.

02 [수평배치1]을 선택하고 다음과 같이 속성을 설정합니다.

- **수평 정렬** : 중앙
- **수직 정렬** : 가운데
- **너비** : 부모에 맞추기
- 나머지 속성은 기본 설정 값 유지

03 컴포넌트의 [레이블_점수안내], [레이블_점수]를 [수평배치1] 안으로 차례로 드래그 합니다.

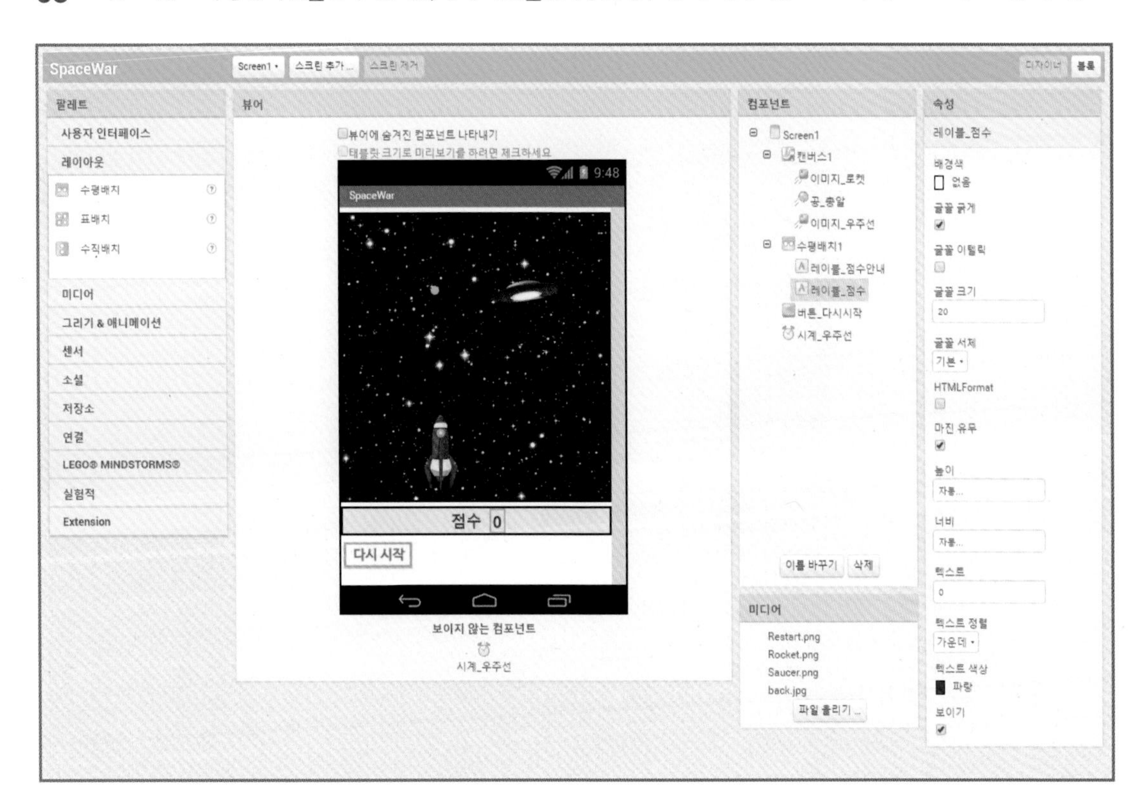

> **Hint**
>
> **[Screen1]의 스크롤 가능 여부 속성 사용법**
>
> 디자이너 에서 컴포넌트로 화면을 구성할 때 한 화면을 넘어가는 경우엔 [Screen1]의 '스크롤 가능 여부 속성'을 선택하면 화면을 스크롤하면서 디자인을 할 수 있습니다.

04 [팔레트 〉 레이아웃]의 수평배치 컴포넌트를 뷰어의 [Screen1] 화면의 [수평배치1] 아래로 드래그 합니다.

05 [수평배치2]을 선택하고 다음과 같이 속성을 설정합니다.

- **수평 정렬** : 중앙
- **수직 정렬** : 가운데
- **너비** : 부모에 맞추기
- 나머지 속성은 기본 설정 값 유지

06 컴포넌트의 [버튼_다시시작]을 [수평배치2] 안으로 드래그 합니다.

07 디자인이 한 화면 안으로 다 정리가 되었고 앱 실행할 때 화면에 스크롤이 생기지 않도록 하기 위해서 [Screen1]의 '스크롤 가능 여부 속성'을 선택을 해제합니다.

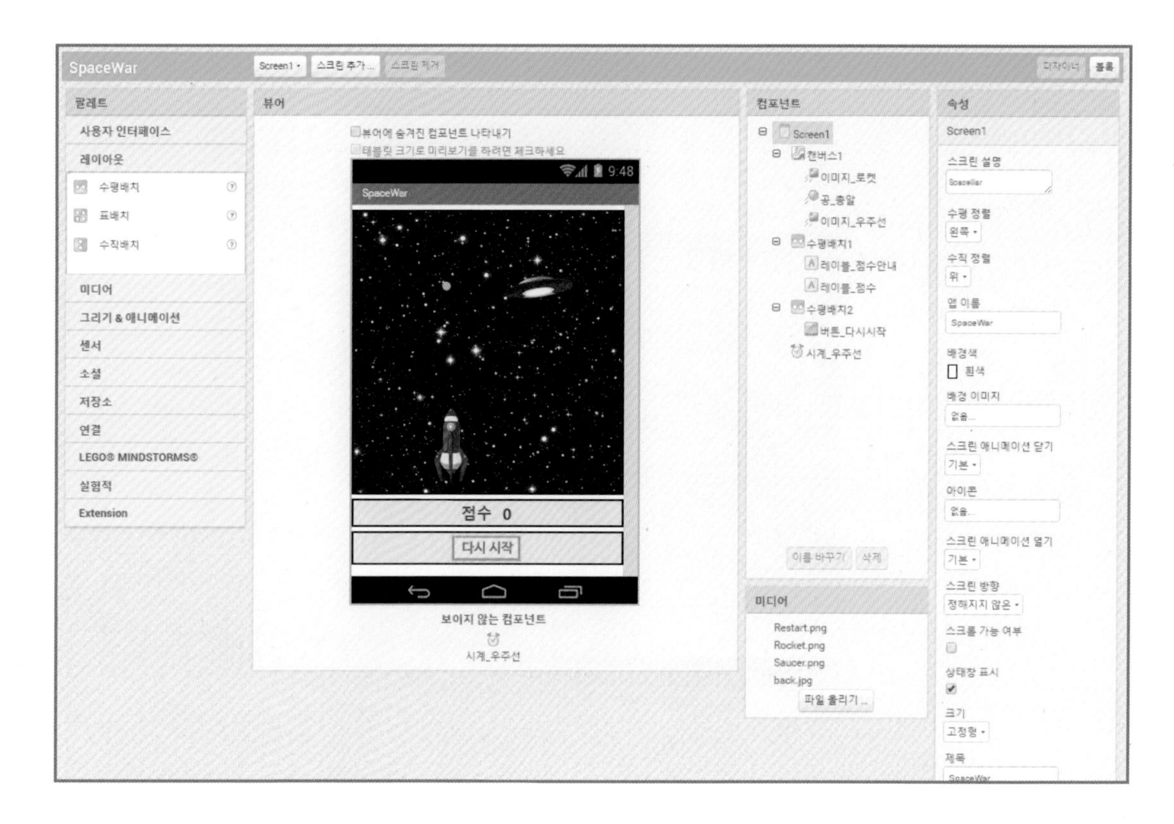

2) 블록에서 블록으로 디자인하기

〈완성 화면의 구성요소들의 비율〉

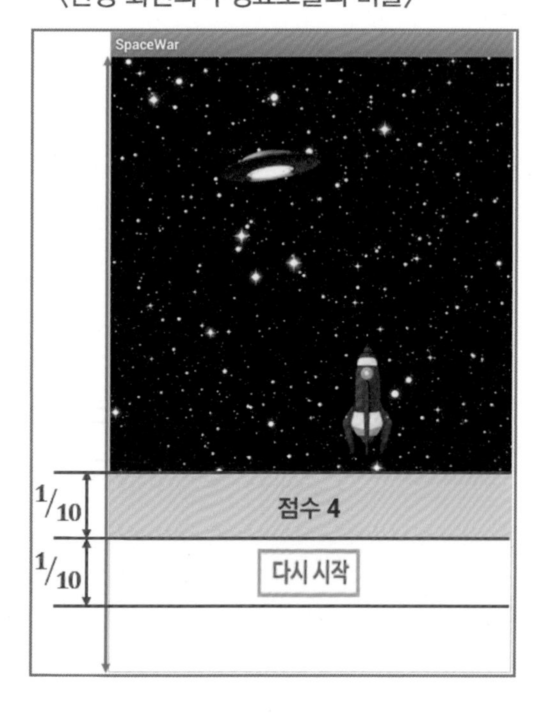

01 [수평배치1]의 높이를 지정하기 위해 [지정하기 '수평배치1'.'높이' 값] 블록을 [언제 'Screen1'.초기화] 블록 안에 연결합니다. [수평배치1]의 높이는 화면높이(Screen1.높이)의 1/10로 지정합니다.

02 [수평배치2]의 높이를 지정하기 위해 [지정하기 '수평배치2'.'높이' 값] 블록을 [지정하기 '수평배치1'.'높이' 값] 블록 아래 연결합니다. [수평배치2]의 높이는 화면높이(Screen1.높이)의 1/10로 지정합니다.

03 [수평배치1]의 배경색을 지정하기 위해 [지정하기 '수평배치1'.'배경색' 값] 블록을 [지정하기 '수평배치2'.'높이' 값] 블록 아래 연결합니다. [수평배치1]의 배경색은 '밝은 회색'으로 지정합니다.

3) 디자이너의 [Screen1] 컴포넌트 속성 [아이콘]에 이미지 파일 올리기

01 [Screen1] 블록을 클릭하여 준비한 아이콘 이미지(: Icon8.png) 파일을 올립니다.

02 스마트폰에 앱을 설치한 다음 실행합니다.

03 아이콘은 스마트폰에 앱이 설치되면 나타납니다.

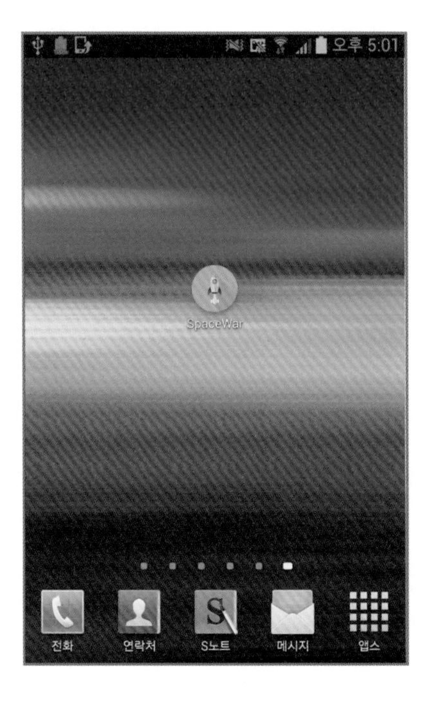

5 앱 전체 프로그램

```
언제 이미지_로켓 .드래그
  시작X 시작Y 이전X 이전Y 현재X 현재Y
실행 지정하기 이미지_로켓 . X 값 가져오기 현재X

언제 공_총알 .모서리에 닿음
  모서리
실행 지정하기 공_총알 . 보이기 값 거짓

언제 시계_우주선 .타이머
실행 지정하기 이미지_우주선 . X 값 임의의 정수 시작 1 끝 캔버스1 . 너비 - 이미지_우주선 . 너비

언제 이미지_로켓 .터치
  x y
실행 호출 공_총알 .좌표로 이동하기
       x 이미지_로켓 . X + 이미지_로켓 . 너비 / 2
       y 이미지_로켓 . Y - 20
     지정하기 공_총알 . 보이기 값 참
     지정하기 공_총알 . 속도 값 20
     지정하기 공_총알 . 방향 값 90

언제 버튼_다시시작 .클릭
실행 지정하기 레이블_점수 . 텍스트 값 0

언제 Screen1 .초기화
실행 지정하기 공_총알 . 보이기 값 거짓
     지정하기 수평배치1 . 높이 값 Screen1 . 높이 / 10
     지정하기 수평배치2 . 높이 값 Screen1 . 높이 / 10
     지정하기 수평배치1 . 배경색 값

언제 공_총알 .충돌
  다른
실행 지정하기 공_총알 . 보이기 값 거짓
     지정하기 레이블_점수 . 텍스트 값 레이블_점수 . 텍스트 + 1
     지정하기 이미지_우주선 . X 값 임의의 정수 시작 1 끝 캔버스1 . 너비 - 이미지_우주선 . 너비
```

생각키우기

01

우주선이 2개 이상 움직이고 게임할 때 배경 음악이 재생되는 앱으로 수정하세요.

Hint

이미지 스프라이트와 플레이어 컴포넌트를 사용합니다.

02

우주선이 상하로도 임의로 이동하도록 앱을 수정하세요.

Hint

[Screen1 〉 이미지_우주선] 블록의 [지정하기 '이미지_우주선'.'Y 값] 블록과 [공통 블록 〉 함수] 블록을 클릭하여 [임의의 정수 시작 '1' 끝 '100'] 블록을 사용합니다.

앱 · 인 · 벤 · 터 · 앱 · 인 · 벤 · 터 · 앱 · 인 · 벤 · 터 · 앱 · 인 · 벤 · 터

캠코더를 사용하여 영상을 녹화하고 카메라를 사용하여 사진을 찍고 음악을 재생하거나 스마트폰의 진동을 울리게 하는 플레이어와 소리 파일을 재생하는 멀티미디어 컴포넌트를 사용하여 스마트폰으로 많이 사용하는 사진찍기, 동영상 촬영, 문자 보내기 등의 앱을 개발해 봅시다.

PART 03 미디어

Chapter 09

PART 03 | 미디어

텍스트로 바꾸기 : Change_Voice 앱

'내가 하는 말을 누군가가 글로 써준다면 얼마나 좋을까?'라고 하는 생각을 해본 적 없나요? 생각했던 것이 이제는 간단하게 현실이 될 수 있답니다. 말하면 음성을 인식해서 글자로 보여주는 [Change_Voice] 앱을 만들어 보겠습니다.

01 앱 기획하기

1 앱의 기능

- 음성 인식하여 음성을 텍스트로 바꾸기
- 텍스트를 지정한 위치에 보여주기

2 완성 화면 (프로젝트명 : Change_Voice)

02 컴포넌트와 블록 익히기

1 컴포넌트

1) 대표 컴포넌트

컴포넌트		팔레트	설명
텍스트 상자	텍스트 상자	사용자 인터페이스	사용자가 텍스트를 입력할 수 있는 상자
레이블	레이블	사용자 인터페이스	텍스트 속성에 지정된 글을 화면에 표시하는 컴포넌트
버튼	버튼	사용자 인터페이스	클릭하면 연결된 동작을 수행하는 컴포넌트
음성 인식	음성 인식	미디어	입력된 음성을 글로 변환해주는 컴포넌트

2) 사용 컴포넌트 리스트

종류	팔레트	이름 바꾸기	목적	속성
수평배치	레이아웃	수평배치1	버튼_말하기 배치	– 수평 정렬 : 중앙 – 너비 : 부모에 맞추기
버튼	사용자 인터페이스	버튼_말하기	음성 인식기 호출	– 이미지 : 'Mic.png' 파일 올리기 – 텍스트 : 빈칸 처리
레이블	사용자 인터페이스	레이블_ 버튼안내	'버튼_말하기'에 대한 안내	– 배경색 : 없음 – 글꼴 굵게 : 선택 – 텍스트 : 버튼을 클릭하고 말하세요. – 텍스트 정렬 : 가운데
수평배치	레이아웃	수평배치2	수직배치1, 레이블_디자인1, 텍스트_음성 배치	– 수평 정렬 : 중앙 – 높이 : 부모에 맞추기 – 너비 : 부모에 맞추기 – 이미지 : 'back_Img.PNG' 파일 올리기
수직배치	레이아웃	수직배치1	레이블_디자인1, 텍스트_음성 배치	– 수평 정렬 : 중앙 – 배경색 : 없음 – 높이 : 200 pixels

종류	팔레트	이름 바꾸기	목적	속성
레이블	사용자 인터페이스	레이블_디자인1	말풍선 이미지에 텍스트 상자를 맞추기 위한 여백	– 배경색 : 없음 – 텍스트 : 빈칸 처리
텍스트 상자	사용자 인터페이스	텍스트_음성	음성에 대한 글	– 배경색 : 밝은 회색 – 활성화 : 선택 해제하기 – 글꼴 굵게 : 선택 – 힌트 : 대화 내용 – 여러 줄 : 선택 – 텍스트 정렬 : 가운데 – 텍스트 색상 : 파랑
음성 인식	미디어	음성_인식1	음성을 글로 변환	

2 블록

블록	컴포넌트	기능
호출 음성_인식1 .텍스트 가져오기	미디어	음성을 텍스트로 가지고 온다.
언제 음성_인식1 .텍스트 가져온 후 결과 실행	미디어	음성을 텍스트로 가지고 온 후 블록 안의 블록을 실행한다.
음성_인식1 . 결과	미디어	음성 인식 결과 값이다.
지정하기 버튼_말하기 . 너비 값	버튼	버튼의 속성 중 너비 값을 지정한다.
/	수학	두 수를 나눈 값을 반환한다.
0	수학	입력한 숫자를 값으로 사용한다.

03 프로젝트 만들기

1 새 프로젝트 시작하기

1) 새 프로젝트 시작하기... 버튼을 클릭하면 나타나는 [새 앱 인벤터 프로젝트 생성] 팝업창에 프로젝트 이름으로 'Change_Voice'를 입력하고 [확인] 버튼을 클릭합니다.

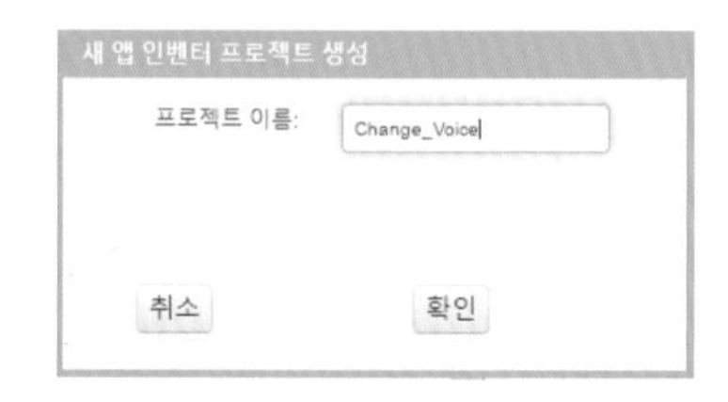

2) [Screen1]의 속성 중 [스크린 설명], [앱 이름], [제목]을 'Change_Voice'로 변경합니다.

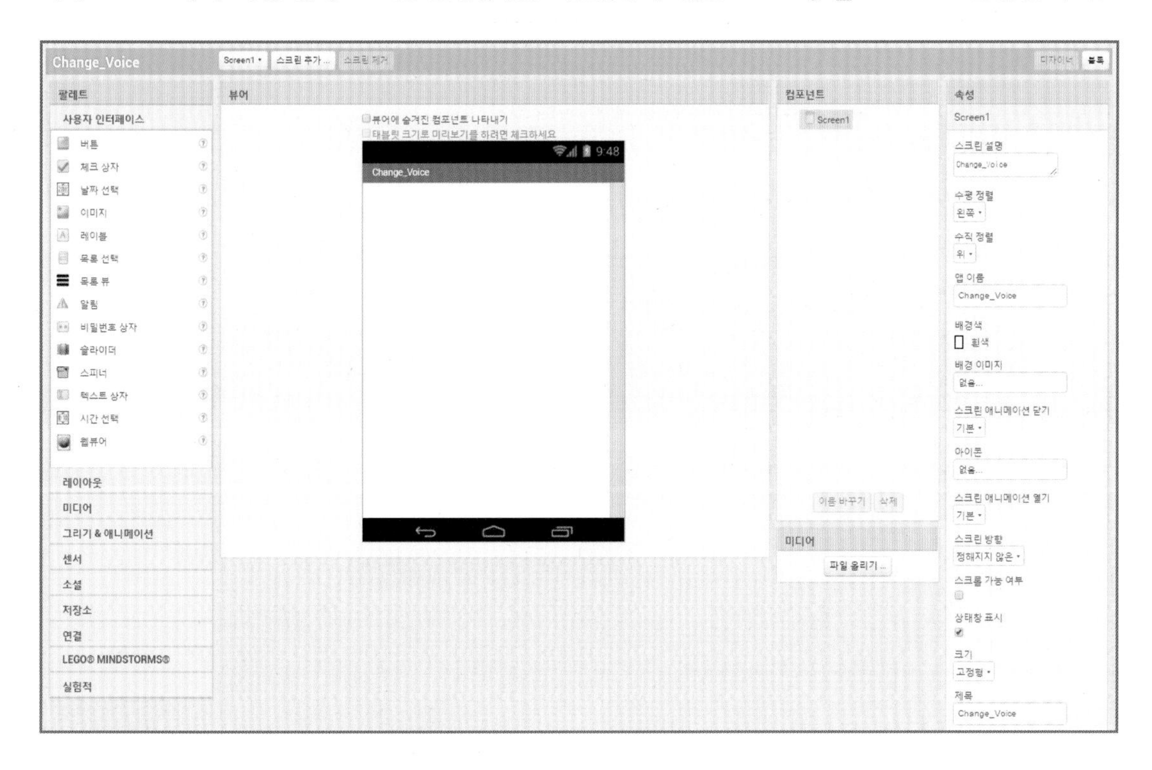

2 컴포넌트 구성하기 : 디자이너

1) 음성 인식을 위한 [버튼] 추가하기

01 [팔레트 > 사용자 인터페이스]의 버튼 컴포넌트를 뷰어의 [Screen1] 화면 위로 드래그 합니다.

02 [버튼1]을 선택하고 이름 바꾸기 버튼을 클릭하여 새 이름을 '버튼_말하기'로 변경합니다.

2) 버튼 기능에 대한 안내문을 보여주기 위한 [레이블] 추가하기

01 [팔레트 > 사용자 인터페이스]의 레이블 컴포넌트를 뷰어의 [Screen1] 화면 위로 드래그 합니다.

02 [레이블1]을 선택하고 이름 바꾸기 버튼을 클릭하여 새 이름을 '레이블_버튼안내'로 변경합니다.

03 [레이블_버튼안내]를 선택하고 다음과 같이 속성을 설정합니다.

- **배경색 :** 없음
- **글꼴 굵게 :** 선택
- **텍스트 :** 버튼을 클릭하고 말하세요.
- **텍스트 정렬 :** 가운데
- 나머지 속성은 기본 설정 값 유지

3) 음성을 글로 변환하기 위해 [음성 인식] 추가하기

01 [팔레트 〉 미디어]에 있는 음성 인식 컴포넌트를 뷰어의 [Screen1] 화면 위로 드래그 합니다.

02 속성은 기본 값으로 설정합니다.

4) 음성을 텍스트로 보여주기 위한 [텍스트 상자] 추가하기

01 [팔레트 〉 사용자 인터페이스]의 텍스트 상자 컴포넌트를 뷰어의 [Screen1] 화면 위로 드래그 합니다.

02 [텍스트_상자1]을 선택하고 이름 바꾸기 버튼을 클릭하여 새 이름을 '텍스트_음성'으로 변경합니다.

03 [텍스트_음성]을 선택하고 다음과 같이 속성을 설정합니다.

- **배경색** : 밝은 회색
- **활성화** : 선택 해제하기
- **글꼴 굵게** : 선택
- **힌트** : 대화 내용
- **여러 줄** : 선택
- **텍스트 정렬** : 가운데
- **텍스트 색상** : 파랑
- 나머지 속성은 기본 설정 값 유지

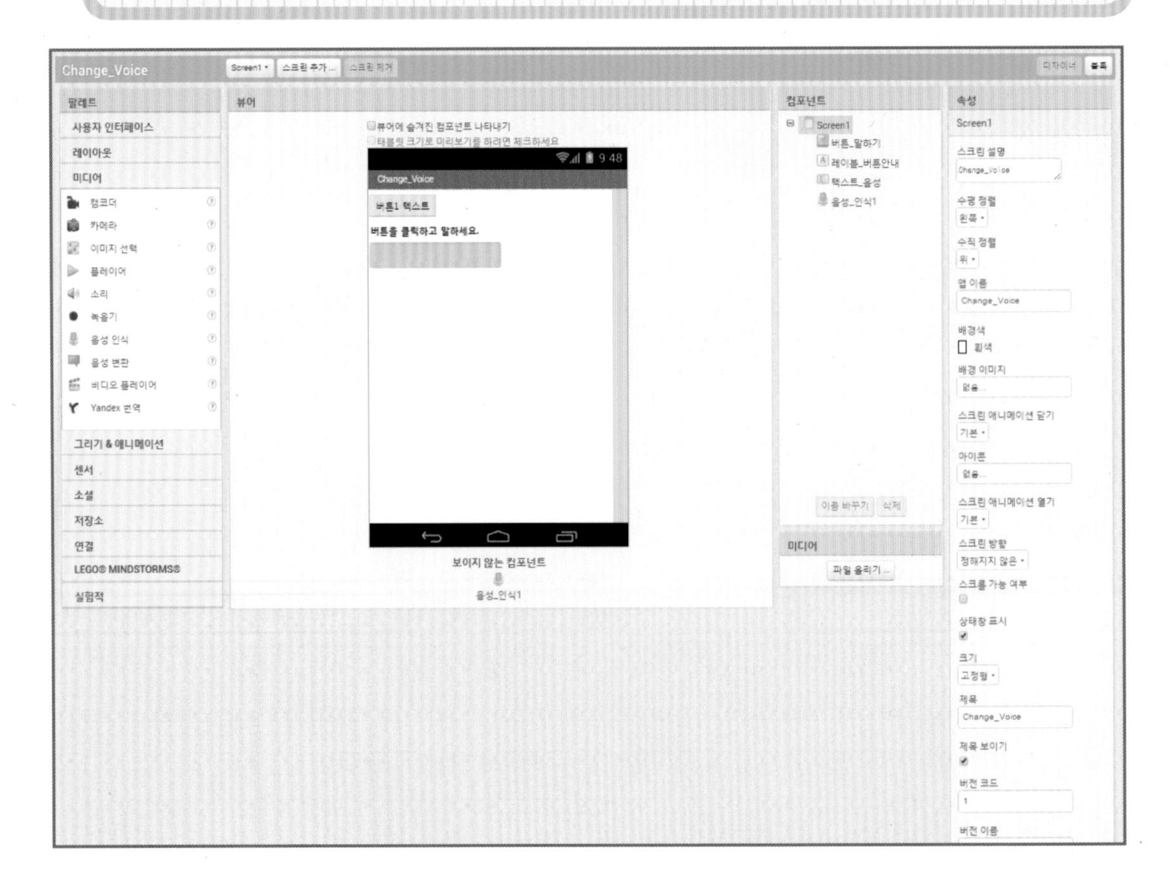

3 프로그래밍하기 : 블록

1) [버튼_말하기] 블록 & [음성_인식1] 블록

01 블록의 [Screen1 〉 버튼_이미지] 블록을 클릭하여 [언제 '버튼_말하기'.클릭] 블록을 뷰어 영역으로 드래그 합니다.

02 블록의 [Screen1 〉 음성_인식1] 블록을 클릭하여 [호출 '음성_인식1'.텍스트 가져오기] 블록을 [언제 '버튼_말하기'.클릭] 블록 안에 연결합니다.

2) [음성_인식1] & [텍스트_음성] 블록

01 블록의 [Screen1 〉 음성_인식1] 블록을 클릭하여 [언제 '음성_인식1'.텍스트 가져온 후] 블록을 뷰어 영역으로 드래그 합니다.

02 블록의 [Screen1 〉 텍스트_음성] 블록을 클릭하여 [지정하기 '텍스트_음성'.'텍스트' 값] 블록을 [언제 '음성_인식1'.텍스트 가져온 후] 블록 안에 연결합니다.

03 블록의 [Screen1 〉 음성_인식1] 블록을 클릭하여 ['음성_인식1'.'결과'] 블록을 연결합니다.

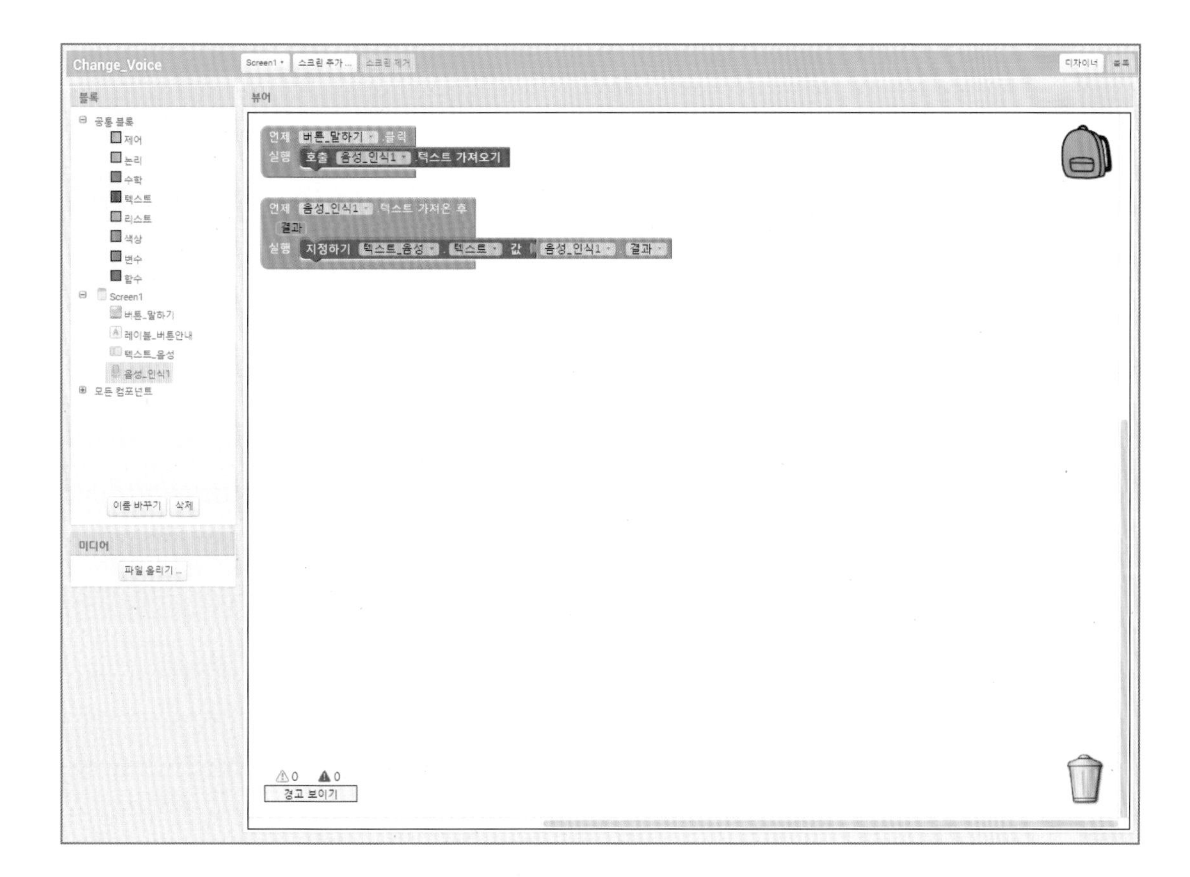

4 디자인하기

1) 디자이너 에서 컴포넌트의 속성 값 설정하기

01 [팔레트 〉 레이아웃]의 수평배치 컴포넌트를 뷰어의 [Screen1] 화면 위로 드래그 합니다.

02 [수평배치1]을 선택하고 다음과 같이 속성을 설정합니다.

- **수평 정렬** : 중앙
- **너비** : 부모에 맞추기
- 나머지 속성은 기본 설정 값 유지

03 컴포넌트의 [버튼_말하기]를 [수평배치1] 안으로 드래그 합니다.

04 [버튼_말하기] 버튼을 선택하고 다음과 같이 속성을 설정합니다.

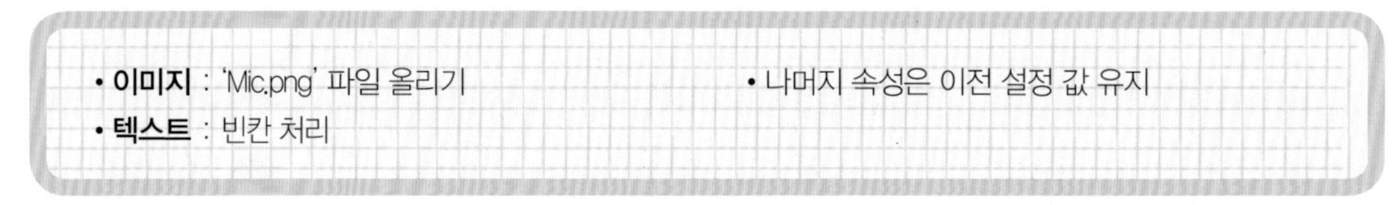

- **이미지** : 'Mic.png' 파일 올리기
- **텍스트** : 빈칸 처리
- 나머지 속성은 이전 설정 값 유지

05 컴포넌트의 [레이블_버튼안내] 컴포넌트를 선택하고 다음과 같이 속성을 설정합니다.

- **너비** : 부모에 맞추기
- 나머지 속성은 이전 설정 값 유지

06 [팔레트 〉 레이아웃]의 수평배치 컴포넌트를 뷰어의 [Screen1] 화면 위로 드래그 합니다.

07 [수평배치2]를 선택하고 다음과 같이 속성을 설정합니다.

- **수평 정렬** : 중앙
- **높이** : 부모에 맞추기
- **너비** : 부모에 맞추기
- **이미지** : 'back_Img.PNG' 파일 올리기
- 나머지 속성은 기본 설정 값 유지

08 [팔레트 〉 레이아웃]의 수직배치 컴포넌트를 뷰어의 [수평배치2] 안으로 드래그 합니다.

09 [수직배치1]을 선택하고 다음과 같이 속성을 설정합니다.

- **수평 정렬** : 중앙
- **배경색** : 없음
- **높이** : 200 pixels
- 나머지 속성은 기본 설정 값 유지

10 컴포넌트의 [텍스트_음성]을 [수직배치1] 안으로 드래그 합니다.

11 [텍스트_음성]을 선택하고 다음과 같이 속성을 설정합니다.

- **배경색** : 없음
- 나머지 속성은 이전 설정 값 유지

12 [팔레트 〉 사용자 인터페이스]의 레이블 컴포넌트를 [수직배치1] 안으로 [텍스트_음성] 위로 드래그 합니다.

13 [레이블1]을 선택하고 이름 바꾸기 버튼을 클릭하여 새 이름을 '레이블_디자인1'로 변경합니다.

14 [레이블_디자인1]을 선택하고 다음과 같이 속성을 설정합니다.

- **배경색** : 없음
- **텍스트** : 빈칸 처리
- 나머지 속성은 기본 설정 값 유지

2) 블록 에서 블록으로 디자인하기

〈완성 화면의 구성요소들의 비율〉

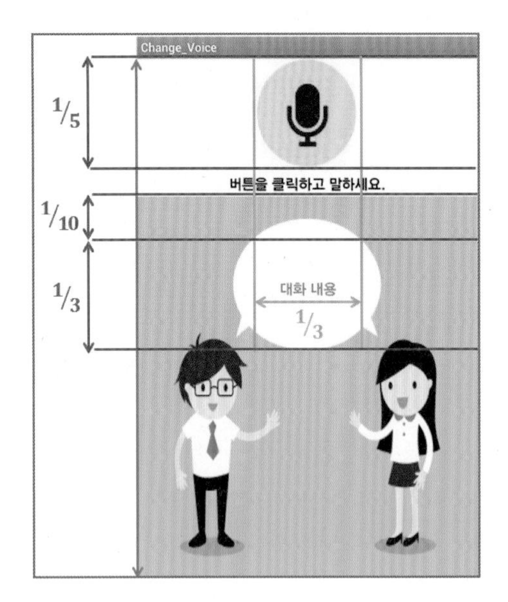

01 [Screen1] 블록을 클릭하여 [언제 'Screen1'.초기화] 블록 뷰어 영역으로 드래그 합니다. 처음 화면이 켜질 때 구성요소들의 크기를 조정하는 명령으로 크기를 지정할 수 있습니다.

02 [버튼_말하기]의 너비를 지정하기 위해 [지정하기 '버튼_말하기'.'너비' 값] 블록을 연결합니다. [버튼_말하기]의 너비는 화면너비(Screen1.너비)의 1/3로 지정합니다.

03 [버튼_말하기]의 높이를 지정하기 위해 [지정하기 '버튼_말하기'.'높이' 값] 블록을 연결합니다. [버튼_말하기]의 높이는 화면높이(Screen1.높이)의 1/5로 지정합니다.

04 [레이블_디자인1]의 높이를 지정하기 위해 [지정하기 '레이블_디자인1'.'높이' 값] 블록을 연결합니다. [레이블_디자인1]의 높이는 화면높이(Screen1.높이)의 1/10로 지정합니다.

05 [텍스트_음성]의 너비를 지정하기 위해 [지정하기 '텍스트_음성'.'너비' 값] 블록을 연결합니다. [텍스트_음성]의 너비는 화면너비(Screen1.너비)의 1/3로 지정합니다.

06 [텍스트_음성]의 높이를 지정하기 위해 [지정하기 '텍스트_음성'.'높이' 값] 블록을 연결합니다. [텍스트_음성]의 높이는 화면높이(Screen1.높이)의 1/3로 지정합니다.

```
언제 Screen1 .초기화
실행 지정하기 버튼_말하기 . 너비 값 Screen1 . 너비 / 3
     지정하기 버튼_말하기 . 높이 값 Screen1 . 높이 / 5
     지정하기 레이블_디자인1 . 높이 값 Screen1 . 높이 / 10
     지정하기 텍스트_음성 . 너비 값 Screen1 . 너비 / 3
     지정하기 텍스트_음성 . 높이 값 Screen1 . 높이 / 3
```

3) 디자이너 의 [Screen1] 컴포넌트 속성 [아이콘]에 이미지 파일 올리기

01 [Screen1] 블록을 클릭하여 준비한 아이콘 이미지(: Icon9.png) 파일을 올립니다.

02 스마트폰에 앱을 설치한 다음 실행합니다.

03 아이콘은 스마트폰에 앱이 설치되면 나타납니다.

5 앱 전체 프로그램

생각키우기

01

두 사람이 각자 말을 하는 앱을 만들어 보세요.

Hint

버튼 컴포넌트와 음성 인식 컴포넌트를 2개 사용합니다.

02

두 사람의 말을 다른 위치에 구분하여 텍스트로 보여주고 말한 내용을 연결하여 표현하는 앱을 만들어 보세요.

Hint

- 텍스트 상자를 2개 사용하여 두 사람의 음성에 대한 텍스트 상자 속성을 다르게 설정합니다.
- 블록의 [공통 블록 〉 텍스트]의 **[합치기]** 블록을 사용합니다.
- 두 사람의 대화를 저장하기 위해 블록의 [공통 블록 〉 변수]의 **[전역변수 초기화 '변수 이름' 값]** 블록을 사용하여 변수를 각각 생성합니다.

MEMO

Chapter 10

PART 03 | 미디어

스티커 사진 만들기 : PhotoSticker 앱

스마트폰이 보급되면서 가장 활발하게 개발된 앱 중 하나가 바로 사진과 관련된 분야입니다. 그리고 최근에는 사진만 찍는 것이 아니라 사진에 예쁜 스티커도 삽입해서 개성만점 자기만의 작품을 만드는 경우도 많이 있답니다. 이번 장에서는 사진을 촬영하고 촬영한 사진에 스티커를 추가해서 예쁜 스티커 사진을 만들 수 있는 [PhotoSticker] 앱을 만들어 보겠습니다.

01 앱 기획하기

1 앱의 기능

- 앱이 실행되면 Intro 화면을 2초 동안 보여준 다음 사진 촬영하기
- 사진 촬영 후 스티커로 사진을 꾸밀 수 있는 화면으로 이동하기
- 스티커를 다양한 이미지로 구성하기
- 스티커를 사진 위에 자유롭게 이동하기

2 완성 화면 (프로젝트명 : PhotoSticker)

02 컴포넌트와 블록 익히기

1 컴포넌트

1) 대표 컴포넌트

컴포넌트		팔레트	설명
시계	시계	센서	스마트폰의 시계, 타이머, 그리고 시간 계산 기능을 제공하는 보이지 않는 컴포넌트
카메라	카메라	미디어	사진을 찍는 컴포넌트
캔버스	캔버스	그리기 & 애니메이션	터치 가능한 2차원 패널로 그림을 그릴 수도 있고 스프라이트를 움직일 수 있는 컴포넌트
이미지 스프라이트	이미지 스프라이트	그리기 & 애니메이션	캔버스에 놓을 수 있고 터치나 드래그에 반응하는 컴포넌트
버튼	버튼	사용자 인터페이스	클릭하면 연결된 동작을 수행하는 컴포넌트

2) 사용 컴포넌트 리스트

종류	팔레트	이름 바꾸기	목적	속성
시계	센서	시계1	Intro 화면 2초 보여주는 타임 체크	– 타이머 간격 : 2000(2초를 뜻함)
카메라	미디어	카메라1	사진 촬영	
캔버스	그리기 & 애니메이션	캔버스1	그림을 그리는 영역	– 높이 : 부모에 맞추기 – 너비 : 부모에 맞추기
이미지 스프라이트	그리기 & 애니메이션	이미지_사진	사진	
		이미지_스티커	스티커	– Z : 2.0
수평배치	레이아웃	수평배치1	버튼_스티커, 버튼_사진촬영 배치	– 수평 정렬 : 중앙 – 배경색 : 없음 – 높이 : 자동 – 너비 : 부모에 맞추기
버튼	사용자 인터페이스	버튼_스티커	스티커 선택하기	– 배경색 : 밝은 회색 – 글꼴 굵게 : 선택 – 텍스트 : 스티커

종류	팔레트	이름 바꾸기	목적	속성
버튼	사용자 인터페이스	버튼_사진촬영	사진촬영을 위해 'Screen1'으로 이동	– 배경색 : 밝은 회색 – 글꼴 굵게 : 선택 – 텍스트 : 스티커

2 블록

블록	컴포넌트	기능
언제 시계1 .타이머 실행	센서	정해진 시간이 되면 블록 안의 블록을 실행한다.
호출 카메라1 .사진 찍기	미디어	사진을 촬영한다.
언제 카메라1 .사진 찍은 후 이미지 실행	미디어	사진을 찍은 후 블록 안의 블록을 실행한다.
값을 전달하며 스크린 닫기 결과	제어	현재 스크린을 닫고 새로 열리는 스크린에 결과를 전달한다.
실행 결과	제어	실행 블록을 실행하고 결과를 전달 한다.
시작 값을 전달하며 다른 스크린 열기 스크린 이름 시작 값	제어	여러 개의 스크린이 있는 앱에서 스크린을 열고 시작 값을 전달한다.
시작 값 가져오기	제어	스크린이 열릴 때 전달 받은 시작 값이다.
전역변수 초기화 변수_스티커번호 값	변수	전역변수를 만들고 초기 값을 지정한다.
지정하기 이미지_스티커 . 사진 값	그리기 & 애니메이션	이미지 스프라이트의 사진 값을 지정한다.
언제 이미지_스티커 .드래그 시작X 시작Y 이전X 이전Y 현재X 현재Y 실행	그리기 & 애니메이션	이미지 스프라이트를 드래그 하면 블록 안의 블록을 실행한다.
호출 이미지_스티커 .좌표로 이동하기 x y	그리기 & 애니메이션	이미지 스티커를 x, y 좌표 값으로 이동한다.
다른 스크린 열기 스크린 이름	제어	지정한 이름의 새 스크린을 연다.

03 프로젝트 만들기

1 새 프로젝트 시작하기

1) [새 프로젝트 시작하기 ...] 버튼을 클릭하면 나타나는 [새 앱 인벤터 프로젝트 생성] 팝업창에 프로젝트 이름으로 'PhotoSticker'를 입력하고 [확인] 버튼을 클릭합니다.

2) [Screen1]의 속성을 다음과 같이 설정합니다.

- **스크린 설명** : Intro
- **앱 이름** : PhotoSticker
- **배경 이미지** : 'Intro.jpg' 파일 올리기
- **제목** : Intro
- 나머지 속성은 기본 설정 값 유지

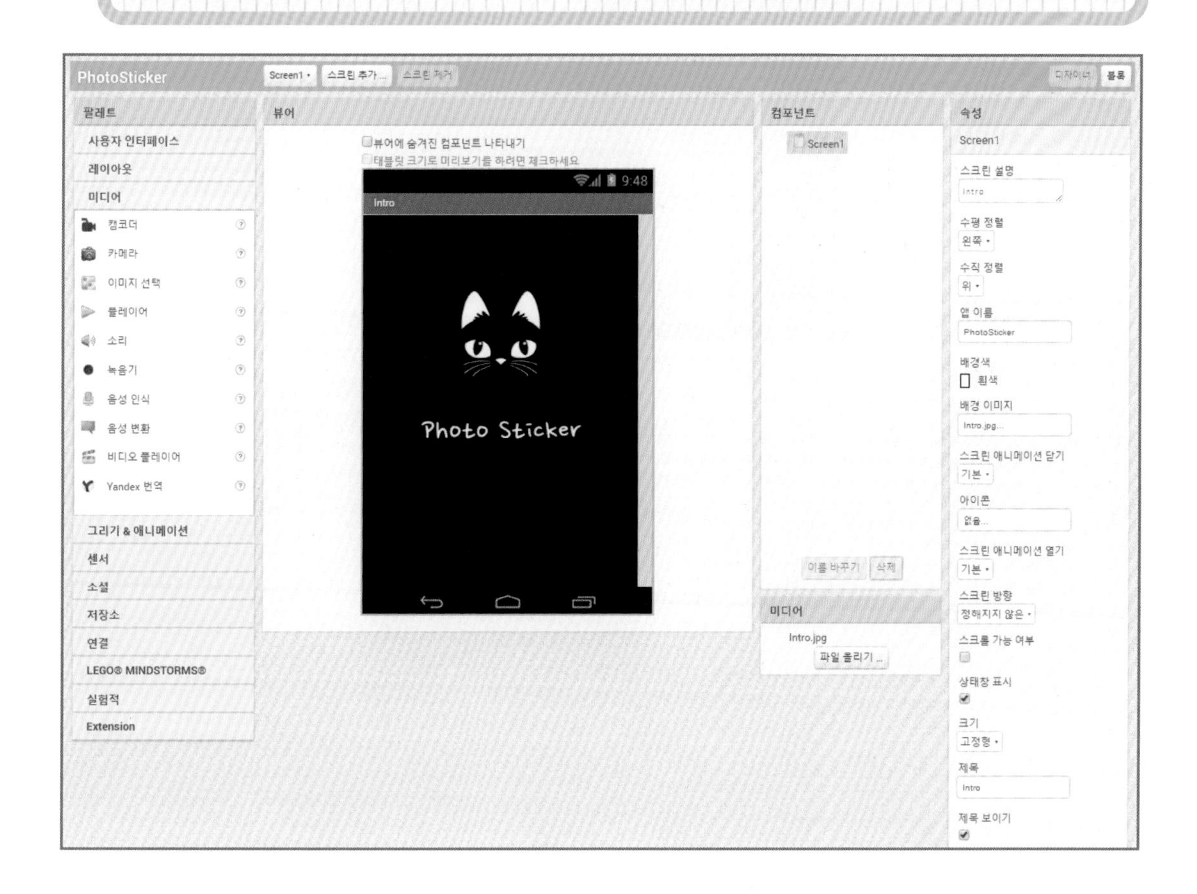

2 컴포넌트 구성하기 : 디자이너

1) 타임 체크를 위해 [시계] 추가하기

01 [팔레트 〉 센서]의 시계 컴포넌트를 뷰어의 [Screen1] 화면 위로 드래그 합니다.

02 [시계1]을 선택하고 다음과 같이 속성을 설정합니다.

- **타이머 간격** : 2000(2초를 뜻함)
- 나머지 속성은 기본 설정 값 유지

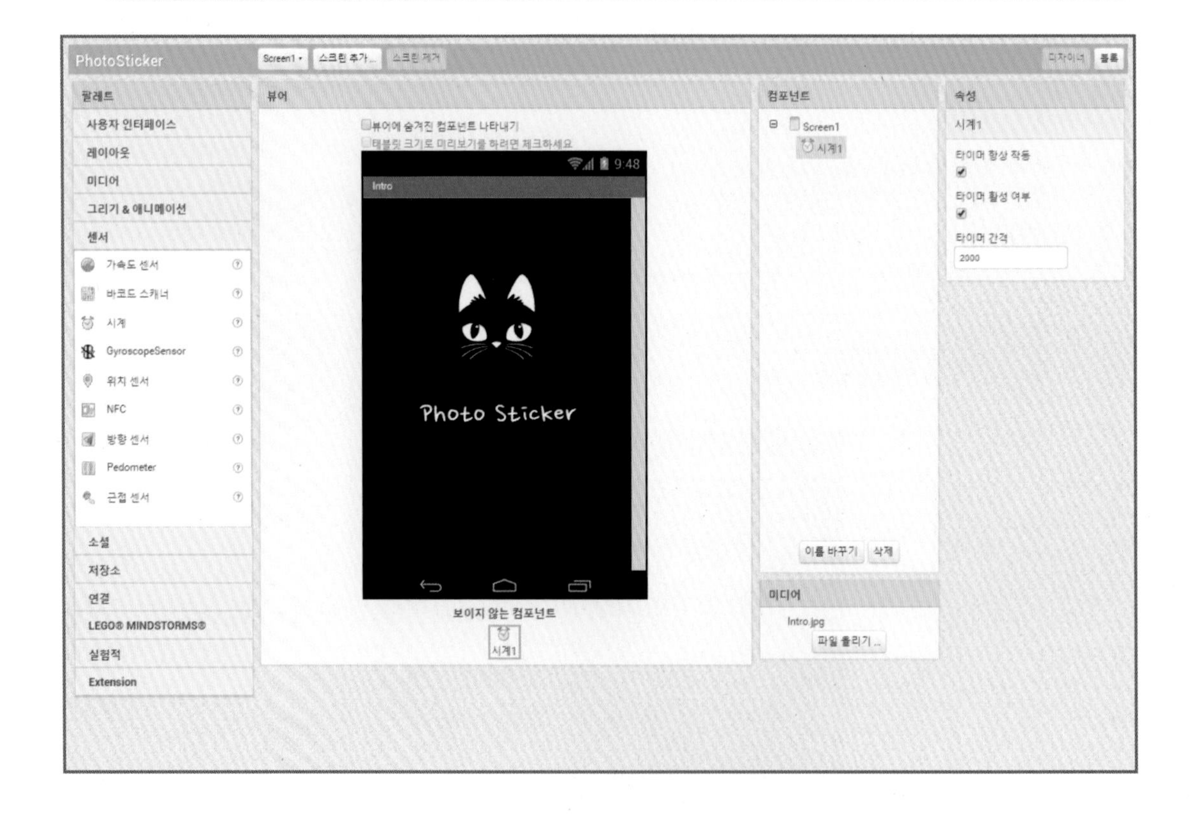

2) 사진 촬영을 위해 [카메라] 추가하기

01 [팔레트 > 미디어]의 카메라 컴포넌트를 뷰어의 [Screen1] 화면 위로 드래그 합니다.

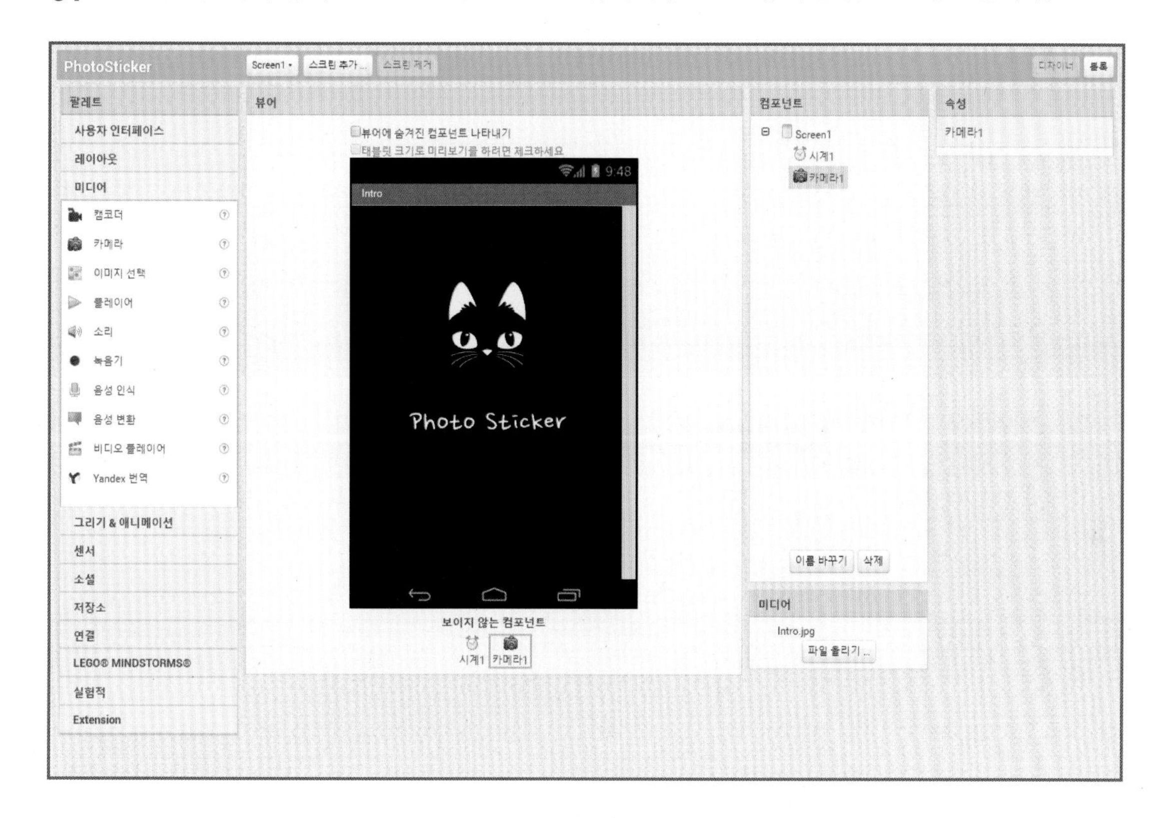

3) 사진을 스티커로 꾸밀 수 있는 새로운 스크린 [Screen2] 추가하기

01 [스크린 추가...] 버튼을 클릭하여 [새 스크린] 팝업창에 스크린 이름을 'Screen2'로 입력합니다.

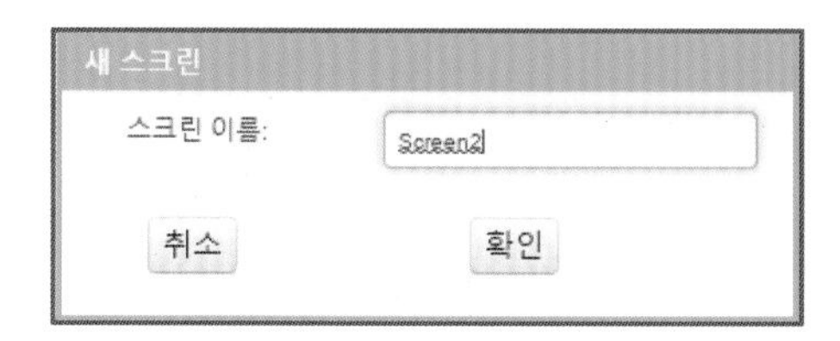

02 [Screen2]의 속성을 다음과 같이 설정합니다.

- **스크린 설명** : Photo
- **제목** : Photo
- 나머지 속성은 기본 설정 값 유지

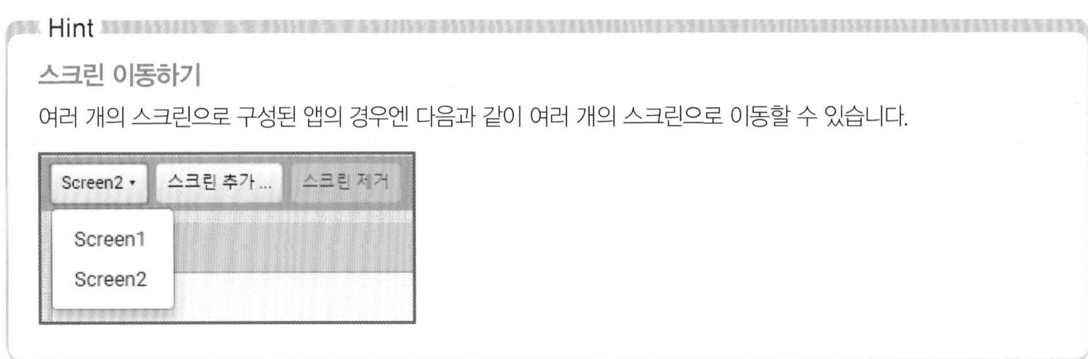

Hint

스크린 이동하기

여러 개의 스크린으로 구성된 앱의 경우엔 다음과 같이 여러 개의 스크린으로 이동할 수 있습니다.

4) 사진에 스티커로 꾸미기 위해 [캔버스] 추가하기

01 [팔레트 〉 그리기 & 애니메이션]의 캔버스 컴포넌트를 뷰어의 [Screen2] 화면으로 드래그합니다.

02 [캔버스1]을 선택하고 다음과 같이 속성을 설정합니다.

- **높이** : 부모에 맞추기
- **너비** : 부모에 맞추기
- 나머지 속성은 기본 설정 값 유지

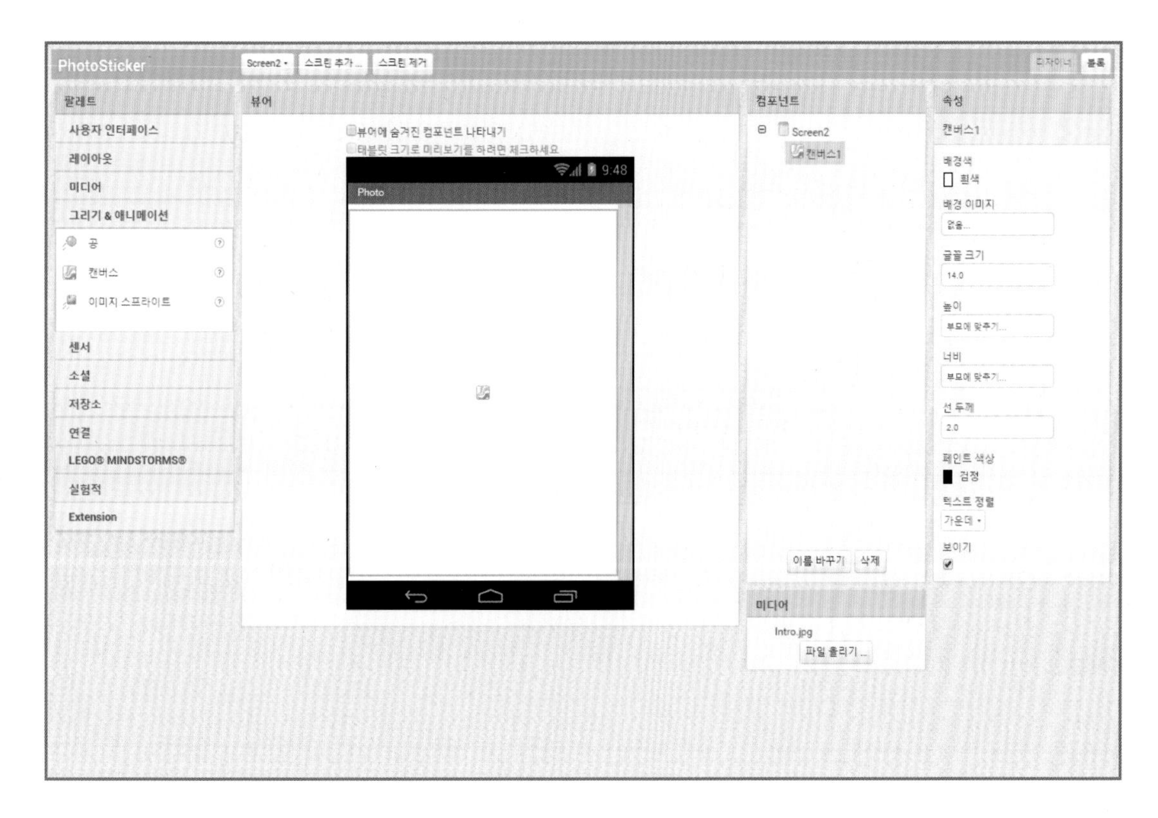

5) 사진을 위해 [이미지 스프라이트] 추가하기

01 [팔레트 > 그리기 & 애니메이션]의 이미지 스프라이트 컴포넌트를 뷰어의 [Screen2] 화면의 [캔버스1] 위로 드래그 합니다.

02 [이미지_스프라이트1]을 선택하고 이름 바꾸기 버튼을 클릭하여 새 이름을 '이미지_사진'으로 변경합니다.

03 [이미지_사진]을 선택하고 다음과 같이 속성을 설정합니다.

- 속성은 기본 설정 값 유지

6) 스티커를 위해 [이미지 스프라이트] 추가하기

01 [팔레트 > 그리기 & 애니메이션]의 이미지 스프라이트 컴포넌트를 뷰어의 [Screen2] 화면의 [캔버스1] 위로 드래그 합니다.

02 [이미지_스프라이트1]을 선택하고 이름 바꾸기 버튼을 클릭하여 새 이름을 '이미지_스티커'로 변경합니다.

03 [이미지_스티커]을 선택하고 다음과 같이 속성을 설정합니다.

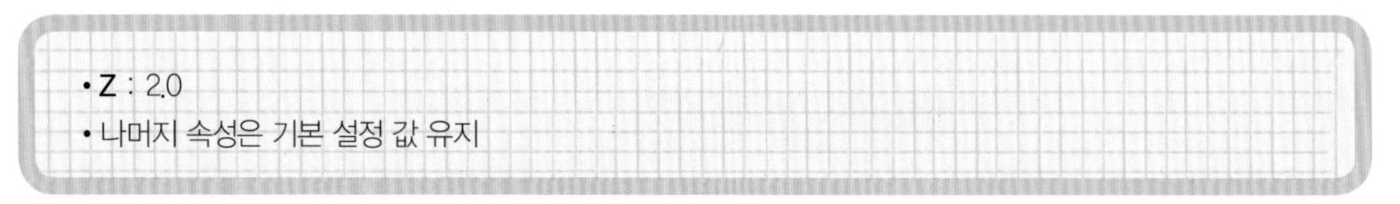

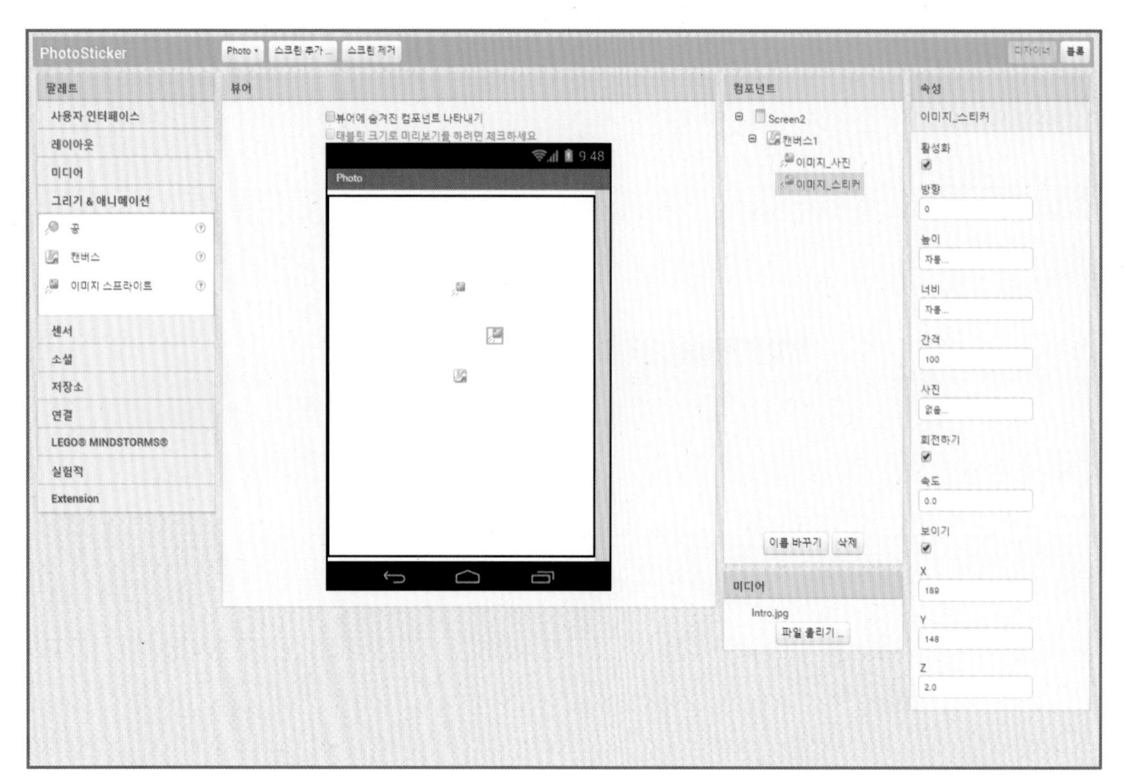

Hint

이미지 스프라이트의 Z 속성

[캔버스] 와 [이미지 스프라이트]를 이용해서 그림 위에 그림이 있도록 하기 위해서는 컴포넌트의 속성 중 'Z' 속성의 값을 다음과 같이 설정합니다. 이미지 스프라이트들이 겹쳐질 때 Z값이 클수록 위에 배치됩니다.

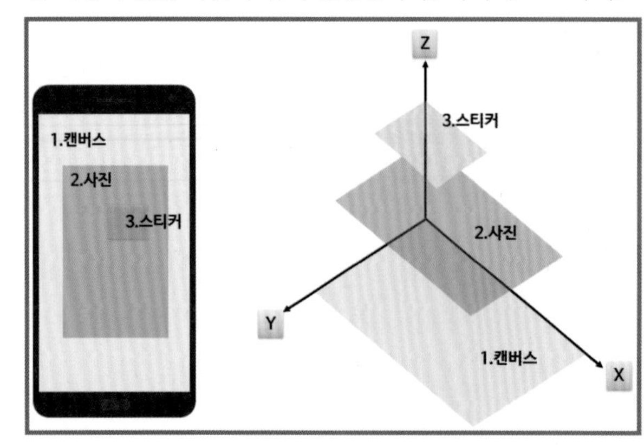

7) 스티커를 5개의 이미지로 구성하기

01 미디어의 파일 올리기... 버튼을 클릭합니다.

02 5개의 이미지 파일('s1.png'~'s5.png')을 올립니다.

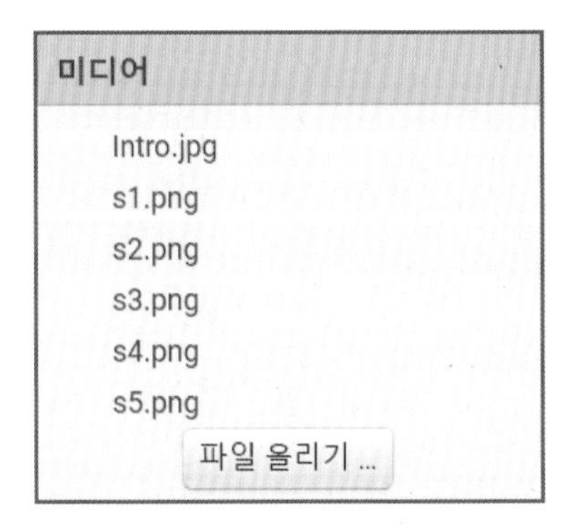

8) 스티커를 선택하기 위해 [버튼] 추가하기

01 [팔레트 > 사용자 인터페이스]의 버튼 컴포넌트를 뷰어의 [Screen2] 화면의 캔버스 컴포넌트 아래로 드래그 합니다.

02 [버튼1]을 선택하고 이름 바꾸기 버튼을 클릭하여 새 이름을 '버튼_스티커'로 변경합니다.

03 [버튼_스티커]를 선택하고 다음과 같이 속성을 설정합니다.

- **배경색** : 밝은 회색
- **글꼴 굵게** : 선택
- **텍스트** : 스티커
- 나머지 속성은 기본 설정 값 유지

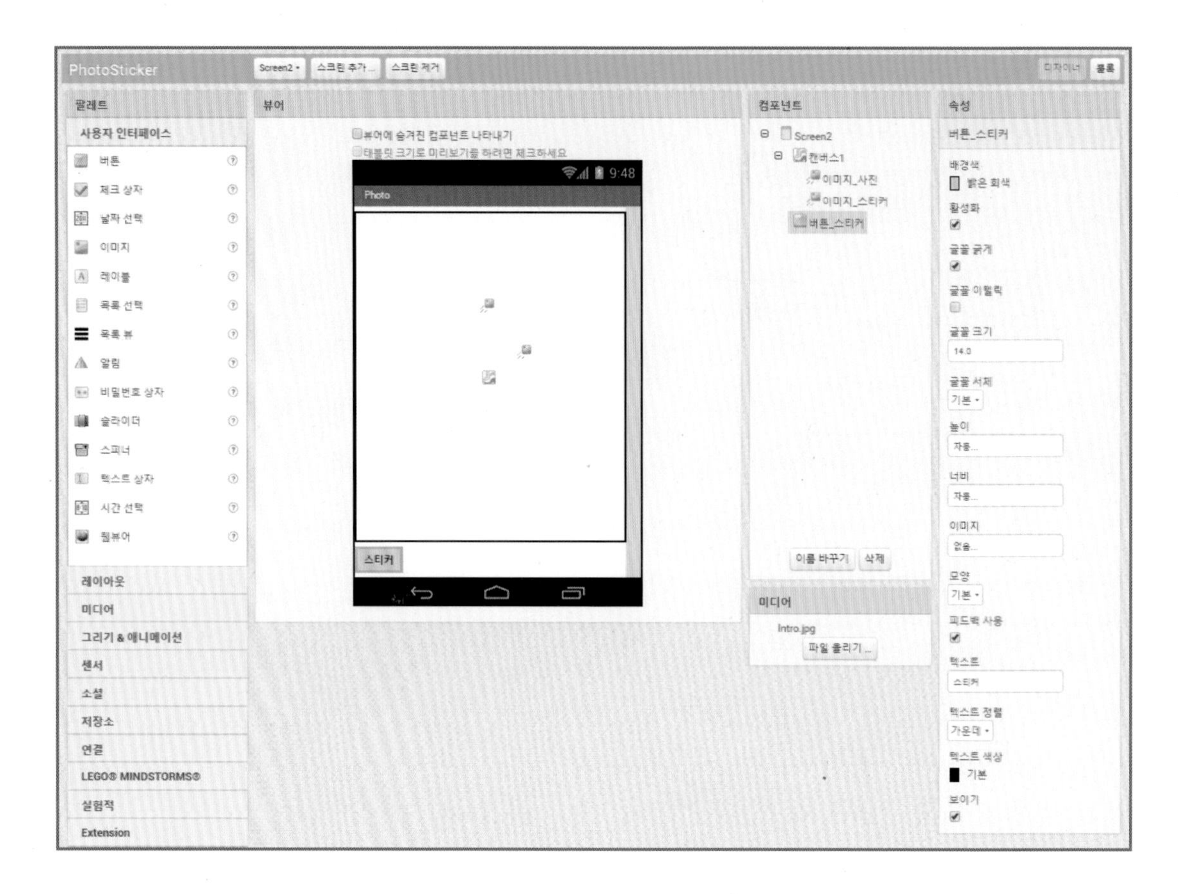

9) [Screen1]으로 돌아가 사진 촬영을 다시 하기 위해 [버튼] 추가하기

01 [팔레트 〉 사용자 인터페이스]의 버튼 컴포넌트를 뷰어의 [Screen2] 화면의 [버튼_스티커] 컴포넌트 아래로 드래그 합니다.

02 [버튼1]을 선택하고 이름 바꾸기 버튼을 클릭하여 새 이름을 '버튼_사진촬영'으로 변경합니다.

03 [버튼_사진촬영]을 선택하고 다음과 같이 속성을 설정합니다.

- **배경색** : 밝은 회색
- **글꼴 굵게** : 선택
- **텍스트** : 사진찍기
- 나머지 속성은 기본 설정 값 유지

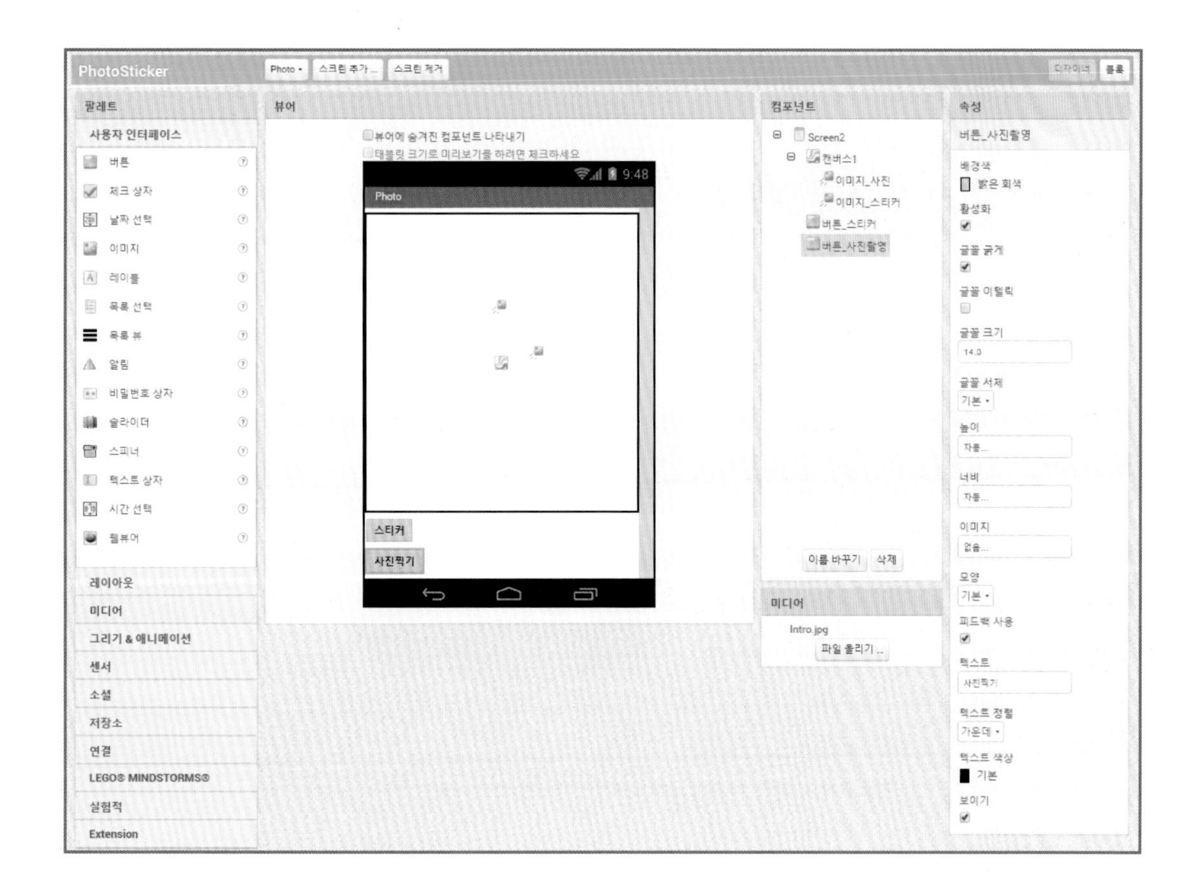

3 프로그래밍하기 : 블록

1) [Screen1]을 선택합니다.

2) 2초가 지나면 시계의 타이머가 멈추고 사진을 찍기 위해 [시계1] & [카메라1] & [논리] 블록을 사용합니다.

01 블록의 [Screen1 〉 시계1] 블록을 클릭하여 [언제 '시계1'.타이머] 블록을 뷰어 영역으로 드래그 합니다.

02 블록의 [Screen1 〉 시계1] 블록을 클릭하여 [지정하기 '시계1'.'타이머 활성 여부' 값] 블록을 [언제 '시계1'.타이머] 블록 안에 연결합니다.

03 블록의 [공통 블록 〉 논리] 블록에서 [거짓] 블록을 연결합니다.

04 블록의 [Screen1 〉 카메라1] 블록을 클릭하여 [호출 '카메라1'.사진 찍기] 블록을 연결합니다.

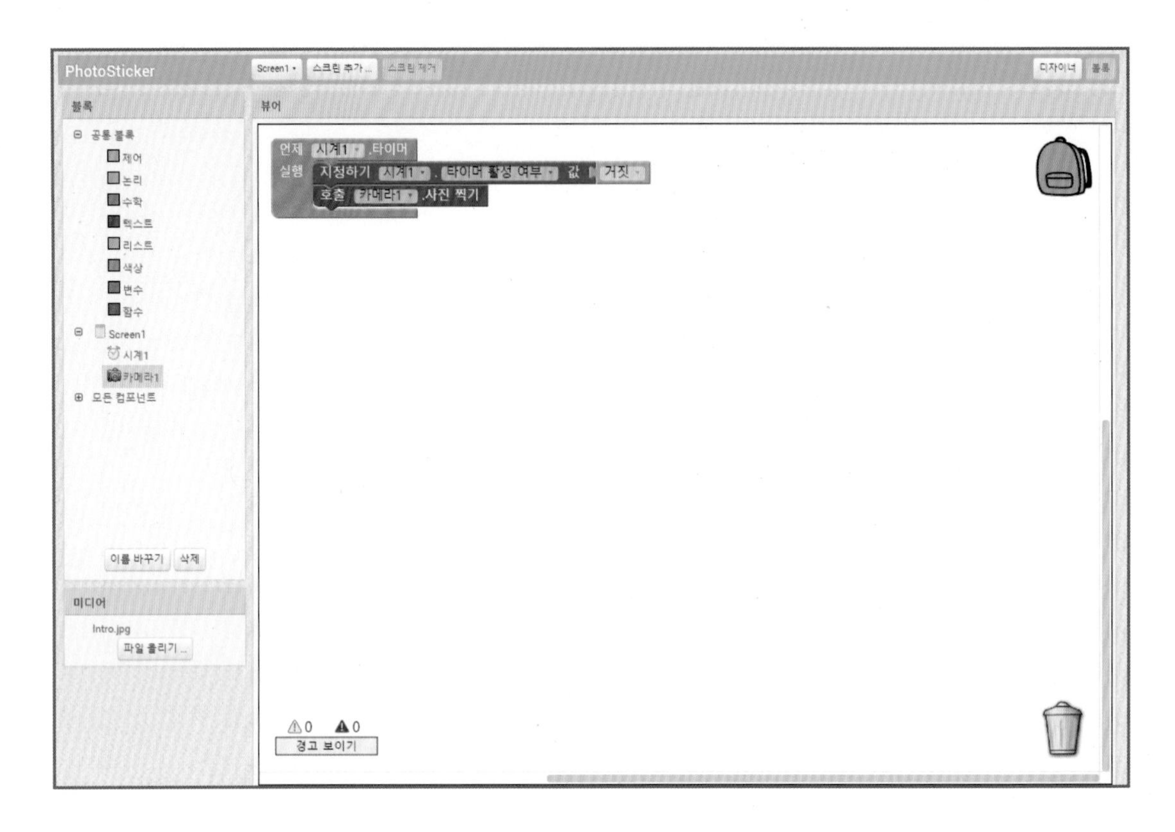

3) 사진을 찍은 후 스티커로 꾸미기 위해 찍은 사진 정보와 함께 [Screen2]으로 이동하기 위해 [카메라1] & [제어] & [텍스트] 블록을 사용합니다.

01 블록의 [Screen1 〉 카메라1] 블록을 클릭하여 [언제 '카메라1'.사진 찍은 후] 블록을 뷰어 영역으로 드래그 합니다.

02 블록의 [공통 블록 〉 제어] 블록을 클릭하여 [값을 전달하며 스크린 닫기 결과] 블록을 [언제 '카메라1'.사진 찍은 후] 블록 안에 연결합니다.

03 블록의 [공통 블록 〉 제어] 블록을 클릭하여 [실행 결과] 블록을 [값을 전달하며 스크린 닫기 결과] 블록에 연결합니다.

04 블록의 [공통 블록 〉 제어] 블록을 클릭하여 [시작 값을 전달하며 다른 스크린 열기 스크린 이름] 블록을 [실행 결과] 블록에 연결합니다.

05 블록의 [공통 블록 〉 텍스트] 블록을 클릭하여 [" "] 텍스트 블록을 연결하고 'Screen2'를 입력합니다.

06 [언제 '카메라1'.사진 찍은 후] 블록의 지역변수(local variable) [이미지]를 시작 값에 연결합니다.

07 블록의 [공통 블록 〉 텍스트] 블록을 클릭하여 [" "] 텍스트 블록을 결과에 연결합니다.

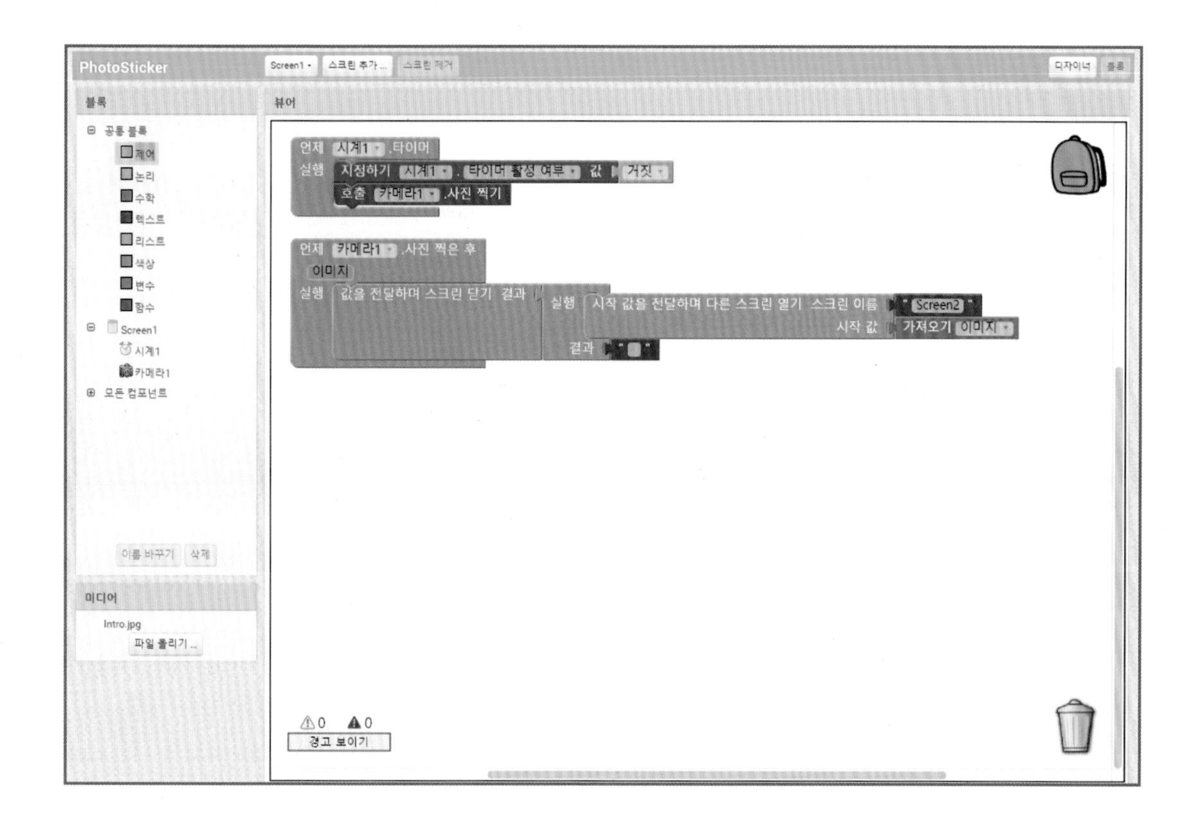

4) [Screen1]에서 전달한 이미지 값을 '이미지_사진'의 사진 값으로 받기 위해 [Screen2] & [이미지_사진] & [제어] 블록을 선택합니다.

01 [Screen2]를 선택합니다.

02 블록의 [Screen2 〉 버튼_스티커] 블록을 클릭하여 [언제 'Screen2'.초기화] 블록을 뷰어 영역으로 드래그 합니다.

03 블록의 [Screen2 〉 이미지_사진] 블록을 클릭하여 [지정하기 '이미지_스티커'.'사진' 값] 블록을 [언제 '버튼_스티커'.클릭] 블록 안에 연결하고 [시작 값 가져오기] 블록을 연결합니다.

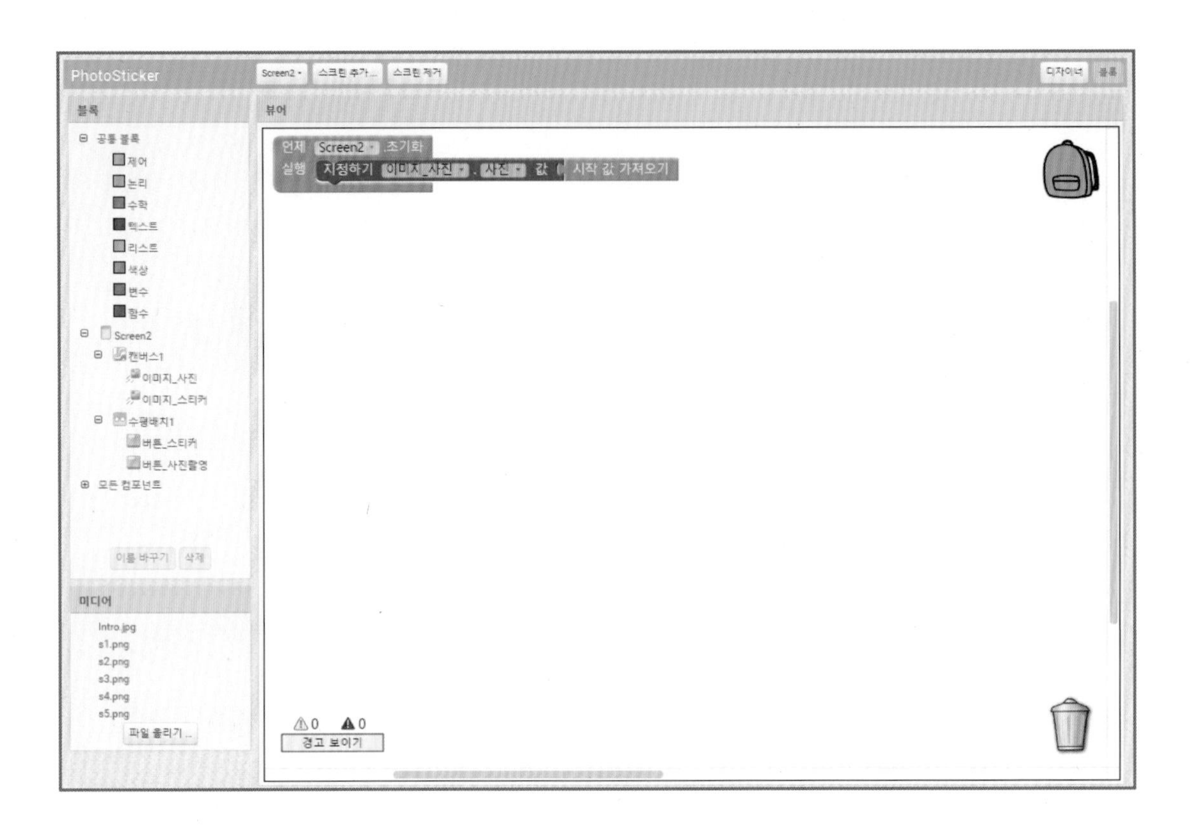

5) 스티커 버튼을 클릭할 때마다 's1.png'~'s5.png'순으로 스티커의 이미지가 차례대로 바꾸게 하기 위해 [버튼_스티커] & [이미지_스티커] & [리스트] & [텍스트] & [변수] 블록을 사용합니다.

01 블록의 [공통 블록 〉 변수] 블록을 클릭하여 [전역변수 초기화 '변수_스티커번호' 값]을 뷰어 영역으로 드래그 하고 [공통 블록 〉 수학] 블록을 클릭하여 [0]을 연결한 후 '1'로 변경합니다.

02 블록의 [Screen2 〉 버튼_스티커] 블록을 클릭하여 [언제 '버튼_스티커'.클릭] 블록을 뷰어 영역으로 드래그 합니다.

03 블록의 [Screen2 〉 이미지_스티커] 블록을 클릭하여 [지정하기 '이미지_스티커'.'사진' 값] 블록을 [언제 '버튼_스티커'.클릭] 블록 안에 연결합니다.

04 리스트를 만들어 스티커를 차례대로 선택하기 위해서 블록의 [공통 블록 〉 리스트] 블록을 클릭하여 [리스트에서 항목 선택하기 리스트]와 [리스트 만들기] 블록을 연결합니다.

05 리스트를 6개로 만들고 블록의 [공통 블록 〉 텍스트] 블록을 클릭하여 [" "] 텍스트 블록을 6개 연결하고 차례대로 's1.png'~'s5.png'를 입력하고 맨 마지막 [" "] 텍스트 블록은 스티커 이미지가 마지막까지 왔음을 표시하기 위해 비워둡니다.

06 현재 몇 번째 스티커가 선택되었는지를 확인하기 위해서 블록의 [공통 블록 〉 리스트] 블록을 클릭하여 [가져오기 'global 변수_스티커번호'] 블록을 위치에는 연결합니다.

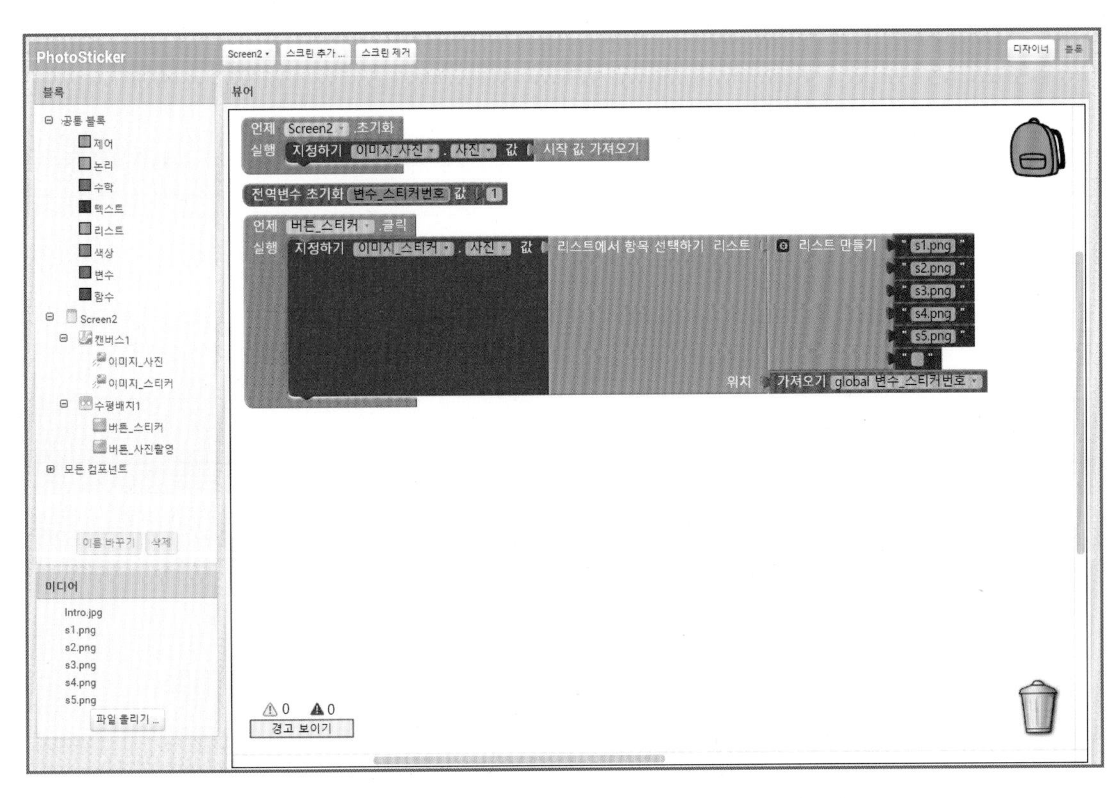

Hint

[리스트 만들기] 블록에서 항목 늘리기

⚙을 마우스로 클릭하면 팝업창이 뜨고 이때 항목 블록을 [리스트] 블록 안으로 원하는 항목 수가 되도록 드래그 합니다.

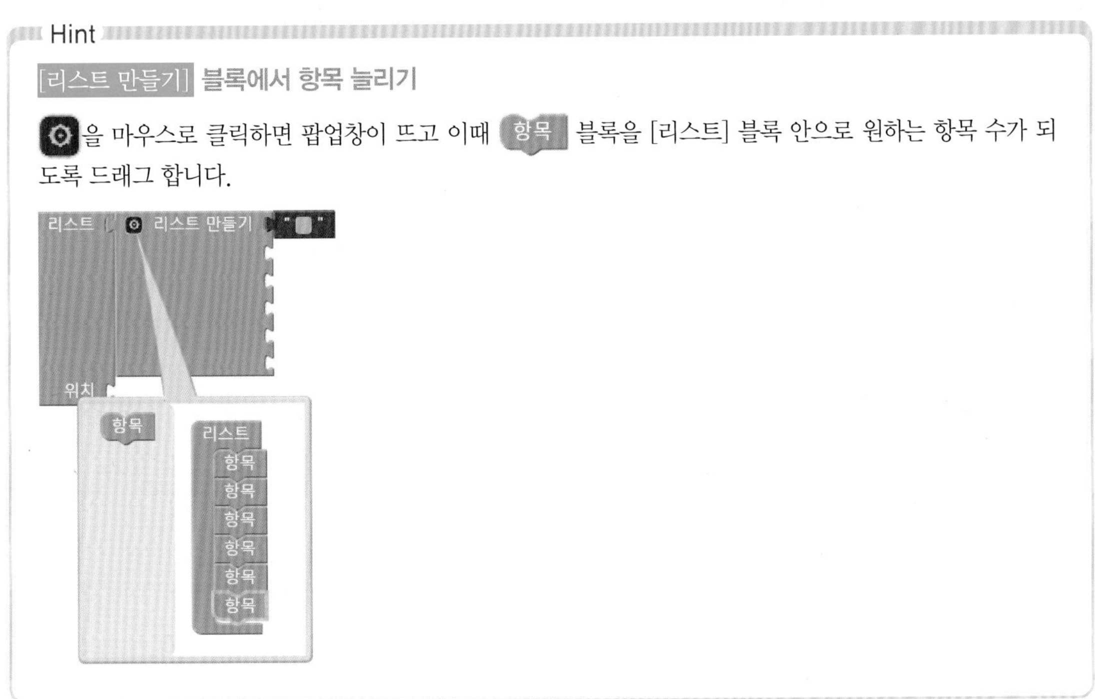

6) 스티커의 이미지를 처음부터 끝까지 돌아가면서 선택할 수 있도록 하기 위해 [변수] & [수학] & [제어] & [논리] 블록을 사용합니다.

01 블록의 [Screen2 〉 이미지_스티커] 블록을 클릭하여 [지정하기 'global 변수_스티커번호'. 값] 블록을 연결합니다.

02 스티커번호를 1씩 증가하기 위해 [공통 블록 〉 수학] 블록의 [' ' + ' '] 블록을 이용하여 'global 변수_스티커번호' + '1'이 되게 합니다.

03 만약 'global 변수_스티커번호'가 '7'이면 다시 '1'부터 시작하도록 하기 위해 블록의 [공통 블록 〉 제어] 블록과 [공통 블록 〉 논리] 블록을 사용하여 아래와 같이 코딩합니다.

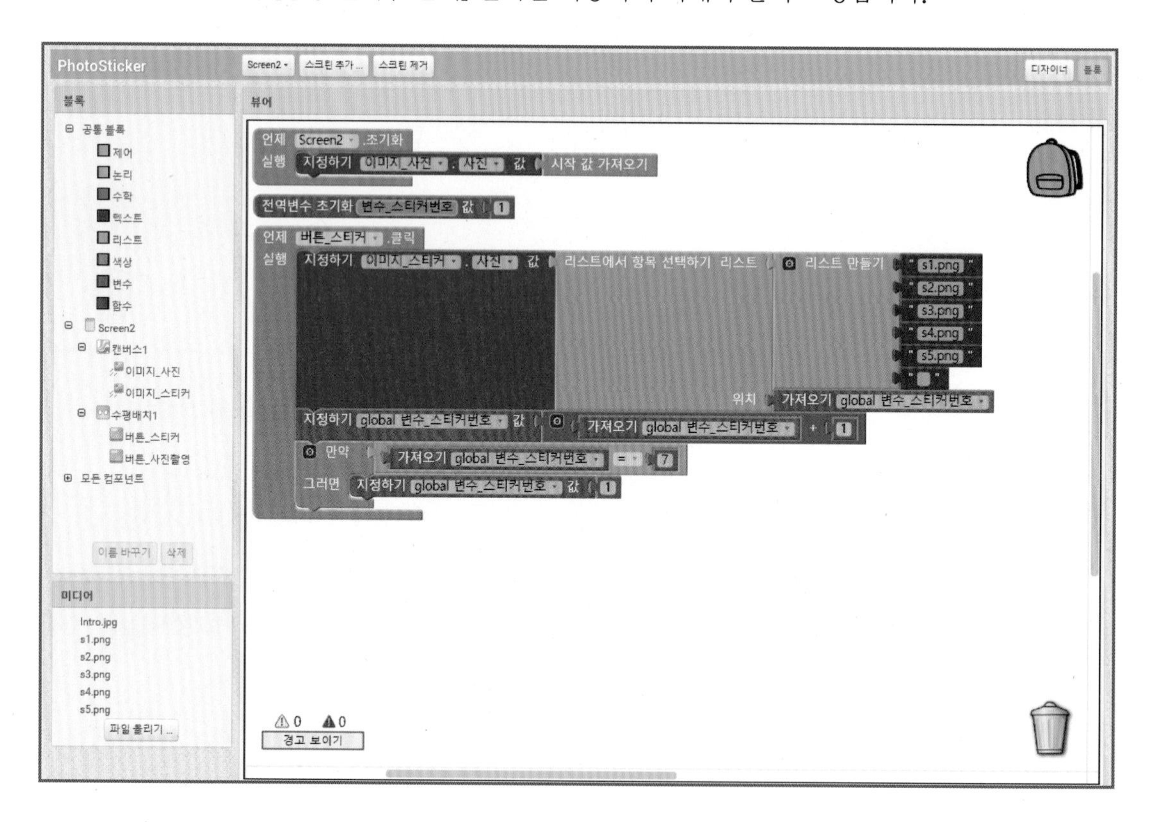

7) 스티커의 처음 위치를 지정하기 위해 [이미지_스티커] & [수학] & [Screen2] 블록을 사용합니다.

01 블록의 [공통 블록 〉 변수] 블록을 클릭하여 [지정하기 '이미지_스티커'.'X' 값] 블록을 연결합니다. X는 화면너비(Screen2.너비)의 1/2로 지정합니다.

02 블록의 [공통 블록 〉 변수] 블록을 클릭하여 [지정하기 '이미지_스티커'.'Y' 값] 블록을 연결합니다. Y는 화면너비(Screen2.높이)의 1/5로 지정합니다.

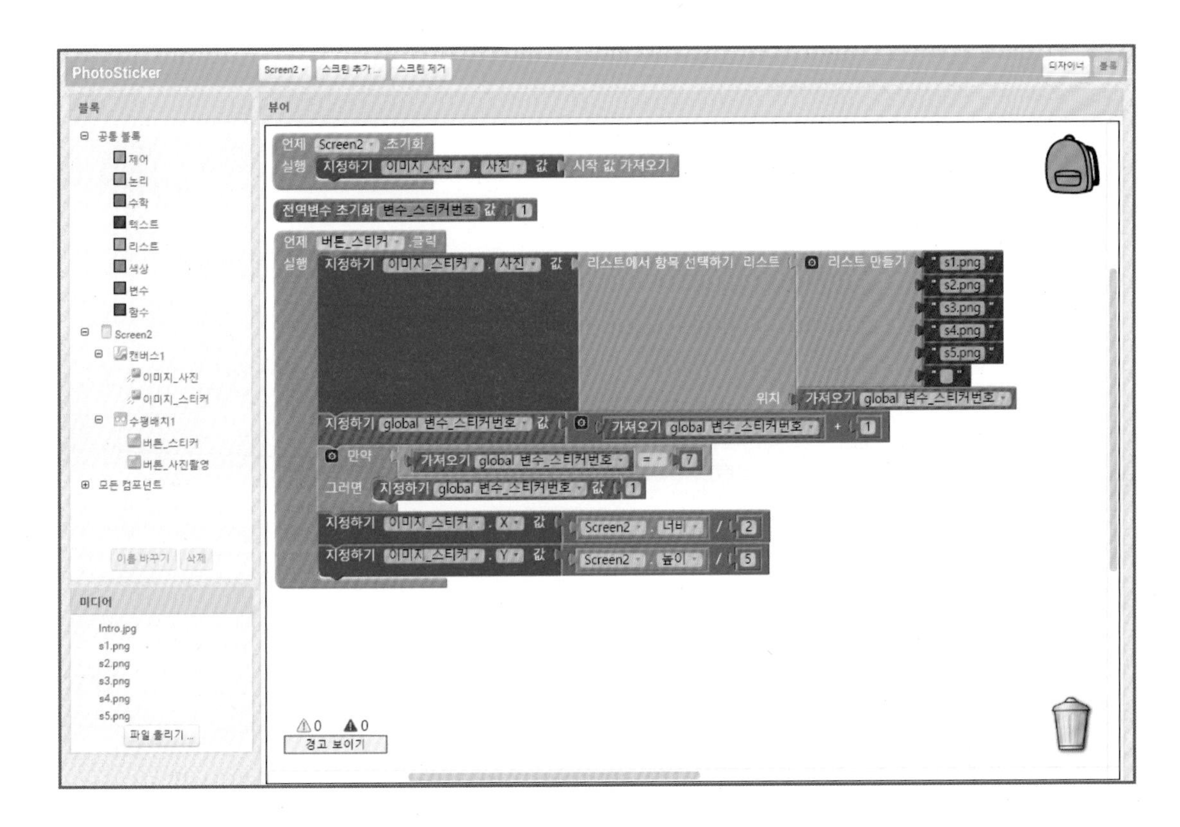

8) 스티커의 위치를 마음대로 이동하기 위해 [이미지_스티커] 블록을 사용합니다.

01 블록의 [Screen2 〉 이미지_스티커] 블록을 클릭하여 [언제 '이미지_스티커'.드래그] 블록을 뷰어 영역으로 드래그 합니다.

02 블록의 [Screen2 〉 이미지_스티커] 블록을 클릭하여 [호출 '이미지_스티커'.좌표로 이동하기] 블록을 [언제 '이미지_스티커'.드래그] 블록 안에 연결합니다. x에는 지역변수 ['현재X'], y에 지역변수 ['현재Y']를 연결합니다.

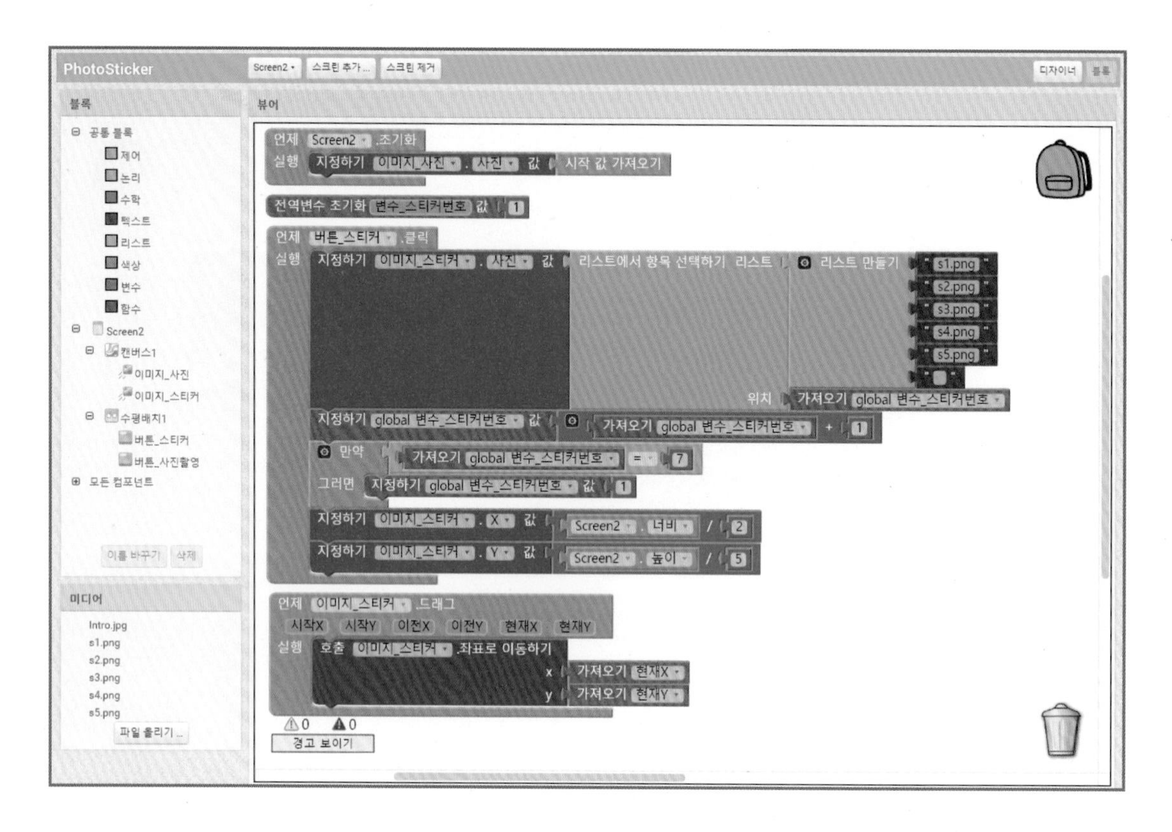

9) [Screen2]를 닫고 사진을 촬영할 수 있는 [Screen1]으로 이동하기 위해 [버튼_사진촬영] & [제어] 블록을 사용합니다.

01 블록의 [Screen2 〉 버튼_사진촬영] 블록을 클릭하여 [언제 '버튼_사진촬영'.클릭] 블록을 뷰어 영역으로 드래그 합니다.

02 블록의 [공통 블록 〉 제어] 블록을 클릭하여 [값을 전달하며 스크린 닫기 결과] 블록을 [언제 '버튼_사진촬영'.클릭] 블록 안에 연결합니다.

03 블록의 [공통 블록 〉 제어] 블록을 클릭하여 [실행 결과] 블록을 [값을 전달하며 스크린 닫기 결과] 블록에 연결합니다.

04 블록의 [공통 블록 〉 제어] 블록을 클릭하여 [다른 스크린 열기 스크린 이름] 블록을 [실행 결과] 블록에 연결합니다.

05 블록의 [공통 블록 〉 텍스트] 블록을 클릭하여 [" "] 텍스트 블록을 연결하고 'Screen1'을 입력합니다.

06 블록의 [공통 블록 〉 텍스트] 블록을 클릭하여 [" "] 텍스트 블록을 결과에 연결합니다.

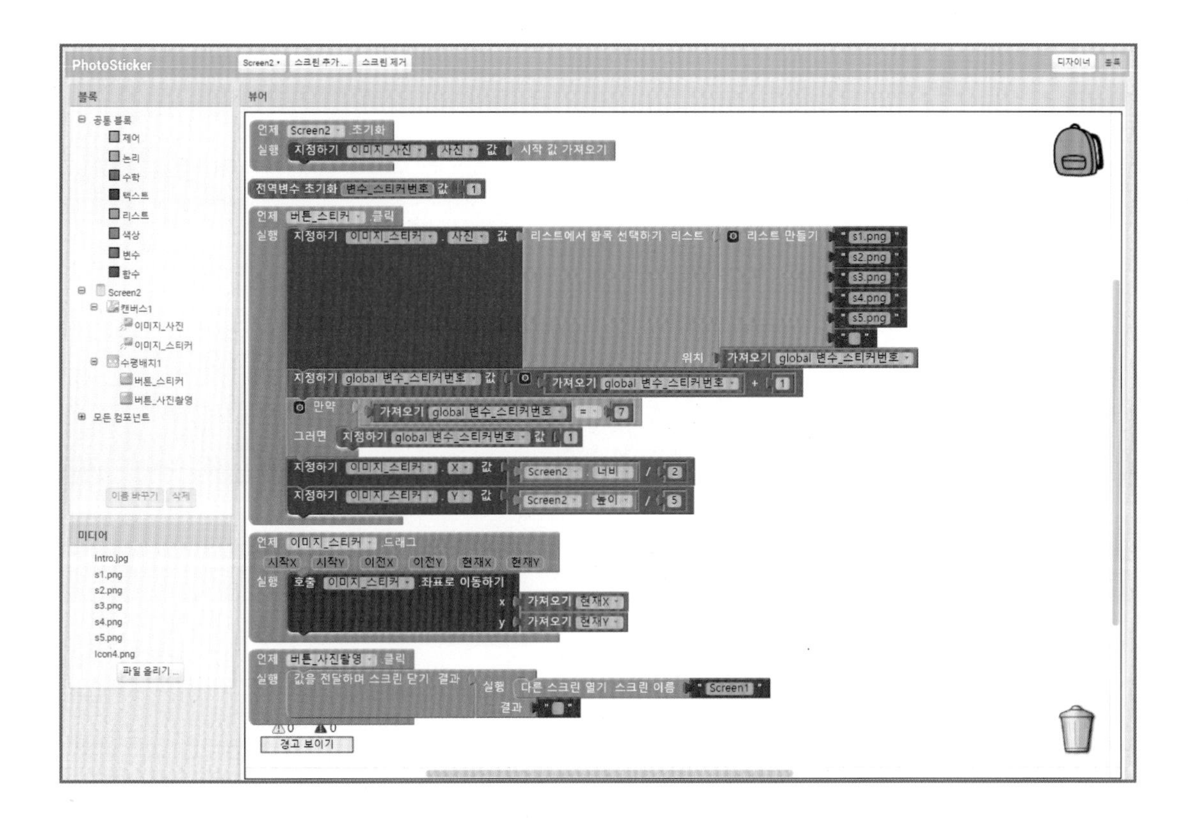

4 디자인하기

1) 디자이너 에서 컴포넌트의 속성 값 설정하기

01 컴포넌트의 [캔버스1]을 선택하고 다음과 같이 속성을 설정합니다.

- **높이** : 부모에 맞추기
- **너비** : 부모에 맞추기
- 나머지 속성은 기본 설정 값 유지

02 [팔레트 〉 레이아웃]의 수평배치 컴포넌트를 뷰어의 [Screen2] 화면의 [캔버스1] 아래로 드래그 합니다.

03 [수평배치1]을 선택하고 다음과 같이 속성을 설정합니다.

- **수평 정렬** : 중앙
- **배경색** : 없음
- **높이** : 자동
- **너비** : 부모에 맞추기
- 나머지 속성은 기본 설정 값 유지

04 컴포넌트의 [버튼_스티커]와 [버튼_사진촬영]을 [수평배치1] 안으로 드래그 합니다.

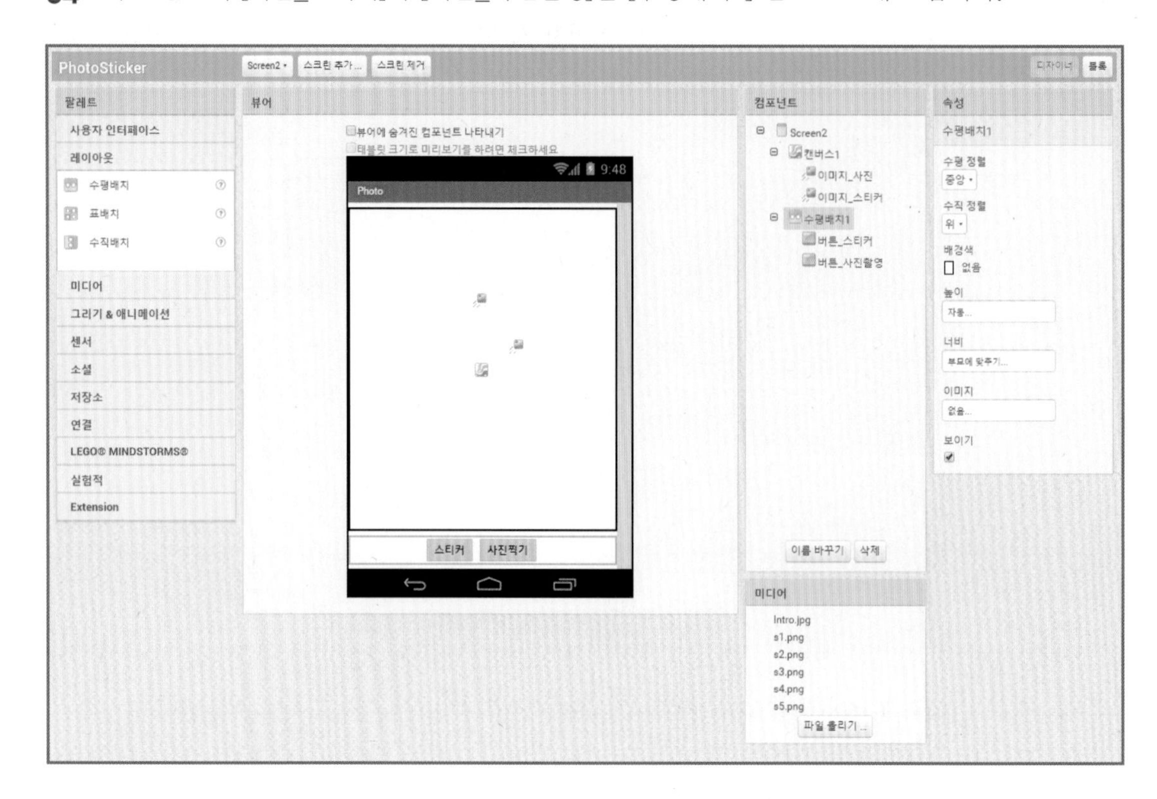

2) 블록에서 블록으로 디자인하기

〈완성 화면의 구성요소들의 비율〉

01 [이미지_사진]의 너비를 지정하기 위해 [지정하기 '이미지_사진'.'너비' 값] 블록을 [언제 'Screen2'.초기화] 블록 안에 연결합니다. [이미지_사진]의 너비는 캔버스1의 너비로 지정합니다.

02 [이미지_사진]의 높이를 지정하기 위해 [지정하기 '이미지_사진'.'높이' 값] 블록을 연결합니다. [이미지_사진]의 높이는 캔버스1의 높이로 지정합니다.

03 [이미지_사진]의 X를 지정하기 위해 [지정하기 '이미지_사진'.'X' 값] 블록을 연결합니다. [공통 블록 〉 수학] 블록을 클릭하여 [0]을 연결합니다.

04 [이미지_사진]의 Y를 지정하기 위해 [지정하기 '이미지_사진'.'Y' 값] 블록을 연결합니다. [공통 블록 〉 수학] 블록을 클릭하여 [0]을 연결합니다.

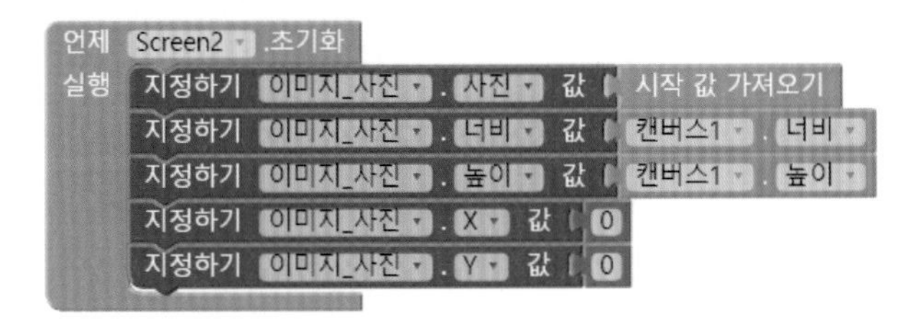

3) 디자이너의 [Screen1] 컴포넌트 속성 [아이콘]에 이미지 파일 올리기

01 [Screen1] 블록을 클릭하여 준비한 아이콘 이미지(: Icon10.png) 파일을 올립니다.

02 스마트폰에 앱을 설치한 다음 실행합니다.

03 아이콘은 스마트폰에 앱이 설치되면 나타납니다.

5 앱 전체 프로그램

```
언제 시계1 .타이머
실행 지정하기 시계1 . 타이머 활성 여부 값 거짓
     호출 카메라1 .사진 찍기

언제 카메라1 .사진 찍은 후
 이미지
실행 값을 전달하며 스크린 닫기 결과 실행 시작 값을 전달하며 다른 스크린 열기 스크린 이름 " Screen2 "
                                                                      시작 값 가져오기 이미지
                                   결과 " "

언제 Screen2 .초기화
실행 지정하기 이미지_사진 . 사진 값 시작 값 가져오기
     지정하기 이미지_사진 . 너비 값 캔버스1 . 너비
     지정하기 이미지_사진 . 높이 값 캔버스1 . 높이
     지정하기 이미지_사진 . X 값 0
     지정하기 이미지_사진 . Y 값 0

전역변수 초기화 변수_스티커번호 값 1

언제 버튼_스티커 .클릭
실행 지정하기 이미지_스티커 . 사진 값 리스트에서 항목 선택하기 리스트 리스트 만들기 " s1.png "
                                                                       " s2.png "
                                                                       " s3.png "
                                                                       " s4.png "
                                                                       " s5.png "
                                                                       " "
                                                            위치 가져오기 global 변수_스티커번호
     지정하기 global 변수_스티커번호 값 가져오기 global 변수_스티커번호 + 1
     만약 가져오기 global 변수_스티커번호 = 7
     그러면 지정하기 global 변수_스티커번호 값 1
     지정하기 이미지_스티커 . X 값 Screen2 . 너비 / 2
     지정하기 이미지_스티커 . Y 값 Screen2 . 높이 / 5

언제 이미지_스티커 .드래그
 시작X 시작Y 이전X 이전Y 현재X 현재Y
실행 호출 이미지_스티커 .좌표로 이동하기
                              x 가져오기 현재X
                              y 가져오기 현재Y

언제 버튼_사진촬영 .클릭
실행 값을 전달하며 스크린 닫기 결과 실행 다른 스크린 열기 스크린 이름 " Screen1 "
                                   결과 " "
```

생각 키우기

01

다른 종류의 스티커 이미지를 추가하는 버튼 기능을 개발하세요.

Hint

이미지 스프라이트 컴포컨트와 버튼 컴포넌트를 하나씩 더 추가합니다.

02

사진을 저장하는 기능을 추가하세요.

Hint

버튼 컴포넌트와 시계 컴포넌트 그리고 [호출 '캔버스1'.다른 이름으로 저장] 블록을 사용합니다. 이때 사진 파일의 저장 경로와 파일명은 다음과 같이 합니다.

예 /DCIM/Test/시스템시간.jpg

Chapter 11

PART 03 | 미디어

동영상 플레이어 : Video_Player 앱

요즘은 자기를 표현하는 방법으로 동영상(UCC: User Created Contents)을 많이 사용합니다. 이번 장에서는 이미 녹화되어 파일로 존재하는 동영상을 스마트폰에서 재생하고 멈추는 기본적인 기능과 직접 녹화한 나만의 동영상을 재생하는 [Video_Player] 앱을 만들어 보겠습니다.

01 앱 기획하기

1 앱의 기능

- 동영상 파일을 재생하고 멈추기
- 동영상 녹화하기
- 녹화한 동영상을 재생하고 멈추기

2 완성 화면 (프로젝트명 : Video_Player)

02 컴포넌트와 블록 익히기

1 컴포넌트

1) 대표 컴포넌트

컴포넌트		팔레트	설명
레이블	레이블	사용자 인터페이스	텍스트 속성에 지정된 글을 화면에 표시하는 컴포넌트
버튼	버튼	사용자 인터페이스	클릭하면 연결된 동작을 수행하는 컴포넌트
비디오 플레이어	비디오 플레이어	미디어	비디오를 재생할 수 있는 멀티미디어 컴포넌트
캠코더	캠코더	미디어	영상을 녹화하는 컴포넌트
알림	알림	사용자 인터페이스	경고창, 메시지, 임시 경고를 화면에 표시하거나 안드로이드 로그를 생성하는 컴포넌트

2) 사용 컴포넌트 리스트

종류	팔레트	이름 바꾸기	목적	속성
수평배치	레이아웃	수평배치1	비디오_플레이어1 배치	– 수평 정렬 : 중앙 – 배경색 : 없음 – 높이 : 부모에 맞추기 – 너비 : 부모에 맞추기
비디오 플레이어	미디어	비디오_플레이어1	동영상 관련 기능	– 소스 : 'UCC.mp4' 파일 올리기
수평배치	레이아웃	수평배치2	버튼_Play, 레이블_디자인1, 버튼_Pause, 레이블_디자인2, 버튼_Rec 배치	– 수평 정렬 : 중앙 – 배경색 : 밝은 회색 – 너비 : 부모에 맞추기
버튼	사용자 인터페이스	버튼_Play	동영상 재생	– 배경색 : 없음 – 이미지 : 'btn_Play.PNG' 파일 올리기 – 텍스트 : 빈칸 처리

종류	팔레트	이름 바꾸기	목적	속성
레이블	사용자 인터페이스	레이블_디자인1	버튼_Play와 버튼_Pause 사이의 여백	– 배경색 : 없음 – 텍스트 : 빈칸 처리
버튼	사용자 인터페이스	버튼_Pause	동영상 일시정지	– 배경색 : 없음 – 이미지 : 'btn_Pause.PNG' 파일 올리기 – 텍스트 : 빈칸 처리
레이블	사용자 인터페이스	레이블_디자인2	버튼_Pause와 버튼_Rec 사이의 여백	– 배경색 : 없음 – 텍스트 : 빈칸 처리
캠코더	미디어	캠코더1	동영상 촬영	

2 블록

블록	컴포넌트	기능
호출 비디오_플레이어1 .시작	미디어	동영상 재생을 시작한다.
호출 비디오_플레이어1 .일시정지	미디어	동영상 재생을 일시정지한다.
호출 캠코더1 .비디오 녹화하기	미디어	동영상을 녹화한다.
언제 버튼_Play .클릭 실행	버튼	버튼 클릭시 블록 안의 블록을 실행한다.
지정하기 비디오_플레이어1 . 소스 값	미디어	동영상의 속성 중 소스 값을 지정한다.
가져오기 클립	미디어	동영상의 소스로 클립을 가져온다.
언제 Screen1 .초기화 실행	Screen	Screen1이 실행할 때 블록 안의 블록을 실행한다.
지정하기 버튼_Play . 너비 값	버튼	버튼의 속성 중 너비 값을 지정한다.
Screen1 . 너비	Screen	Screen1의 너비 값이다.
/	수학	두 수를 나눈 값을 반환한다.
0	수학	입력한 숫자를 값으로 사용한다.

03 프로젝트 만들기

1 새 프로젝트 시작하기

1) 새 프로젝트 시작하기... 버튼을 클릭하면 나타나는 [새 앱 인벤터 프로젝트 생성] 팝업창에 프로젝트 이름으로 'Video_Player'를 입력하고 [확인] 버튼을 클릭합니다.

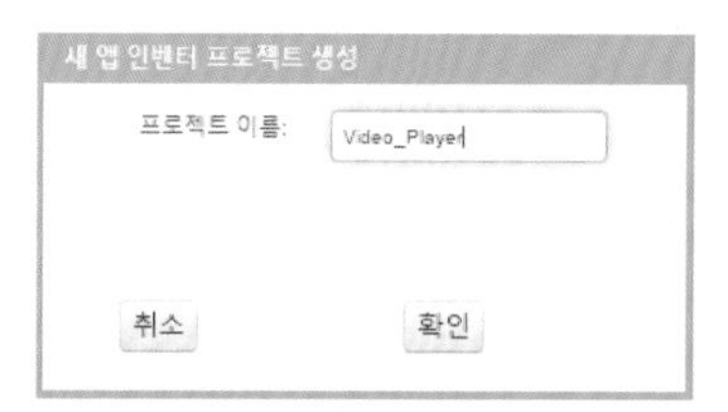

2) [Screen1]의 속성 중 [스크린 설명], [앱 이름], [제목]을 'Video_Player'로 변경합니다.

2 컴포넌트 구성하기 : 디자이너

1) 동영상 재생을 위한 [비디오 플레이어] 추가하기

01 [팔레트 > 미디어]의 비디오 플레이어 컴포넌트를 뷰어의 [Screen1] 화면 위로 드래그 합니다.

02 [비디오_플레이어1]을 선택하고 다음과 같이 속성을 설정합니다.

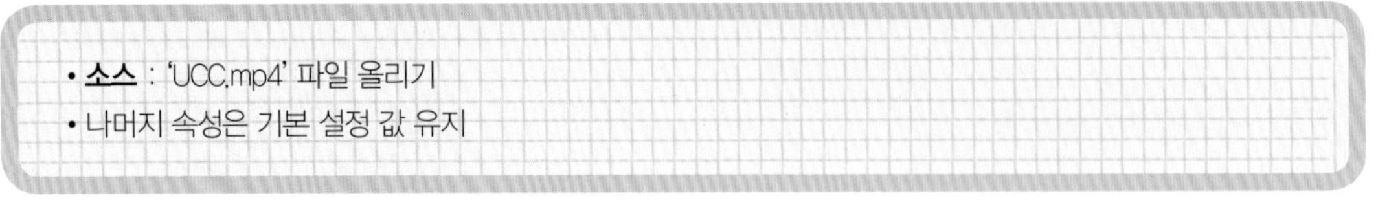

- **소스** : 'UCC.mp4' 파일 올리기
- 나머지 속성은 기본 설정 값 유지

3) 동영상을 재생하기 위해 [버튼] 추가하기

01 [팔레트 > 사용자 인터페이스]의 버튼 컴포넌트를 뷰어의 [Screen1] 화면의 비디오 플레이어 컴포넌트 아래로 드래그 합니다.

02 [버튼1]을 선택하고 이름 바꾸기 버튼을 클릭하여 새 이름을 '버튼_Play'로 변경합니다.

03 [버튼_Play]를 선택하고 다음과 같이 속성을 설정합니다.

- **배경색** : 없음
- **이미지** : 'btn_Play.PNG' 파일 올리기
- **텍스트** : 빈칸 처리
- 나머지 속성은 기본 설정 값 유지

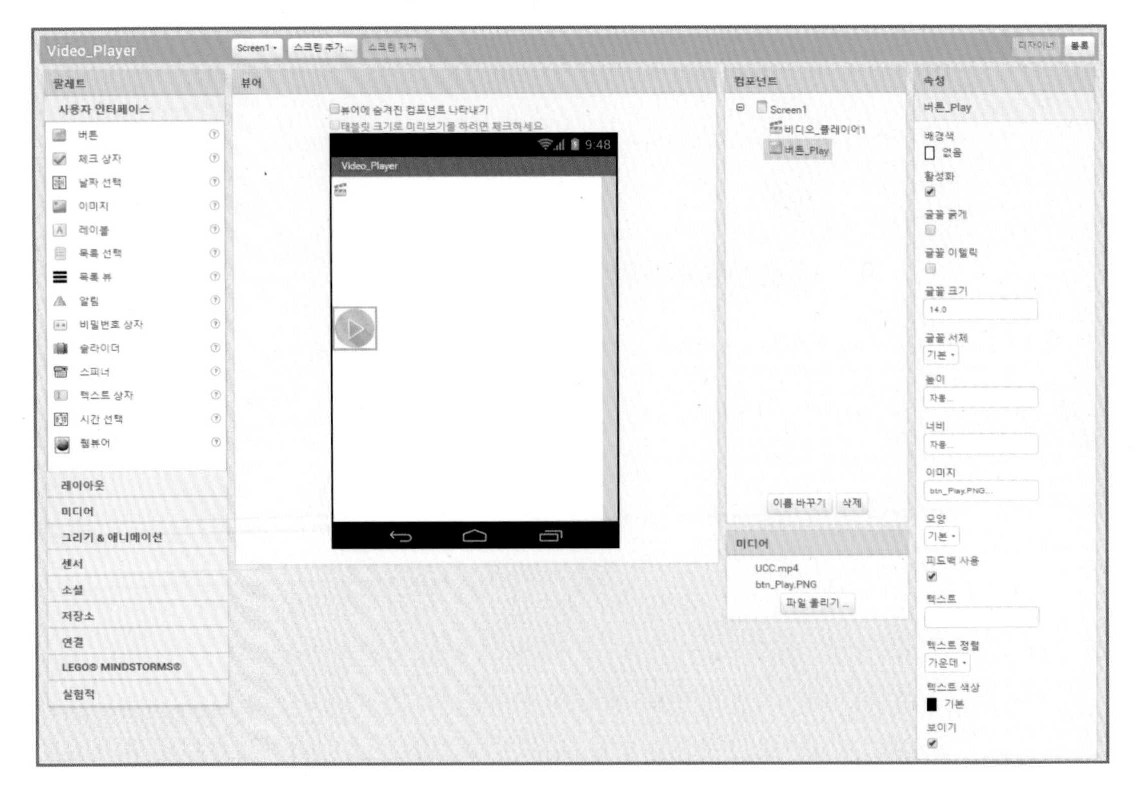

4) 동영상을 일시정지하기 위해 [버튼] 추가하기

01 [팔레트 〉 사용자 인터페이스]의 버튼 컴포넌트를 뷰어의 [Screen1] 화면의 [버튼_Play] 컴포넌트 아래로 드래그 합니다.

02 [버튼1]을 선택하고 이름 바꾸기 버튼을 클릭하여 새 이름을 '버튼_Pause'로 변경합니다.

03 [버튼_Pause]를 선택하고 다음과 같이 속성을 설정합니다.

- **배경색** : 없음
- **이미지** : 'btn_Pause.PNG' 파일 올리기
- **텍스트** : 빈칸 처리
- 나머지 속성은 기본 설정 값 유지

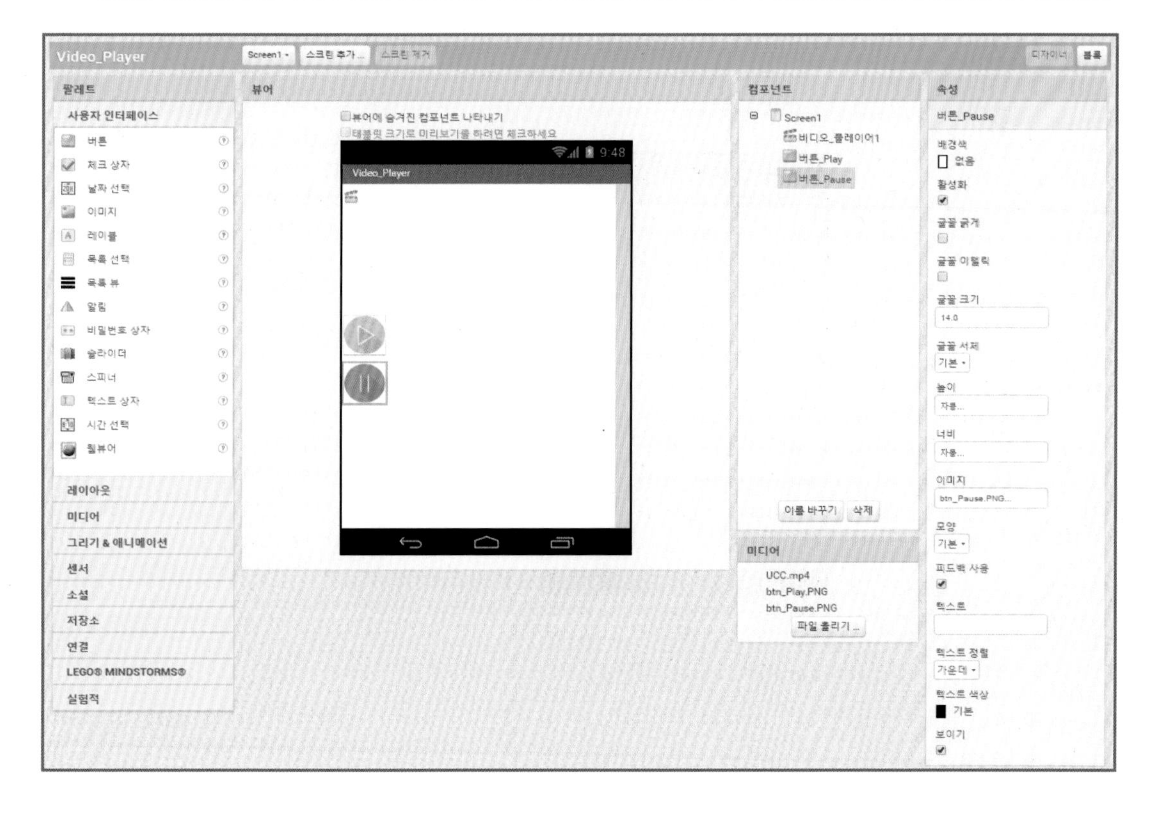

5) 동영상을 녹화하기 위해 [버튼]과 [캠코더] 추가하기

01 [팔레트 〉 사용자 인터페이스]의 버튼 컴포넌트를 뷰어의 [Screen1] 화면의 [버튼_Pause] 컴포넌트 아래로 드래그 합니다.

02 [버튼1]을 선택하고 이름 바꾸기 버튼을 클릭하여 새 이름을 '버튼_Rec'로 변경합니다.

03 [버튼_Rec]를 선택하고 다음과 같이 속성을 설정합니다.

- **배경색** : 없음
- **텍스트** : 빈칸 처리
- **이미지** : 'btn_Rec.PNG' 파일 올리기
- 나머지 속성은 기본 설정 값 유지

04 [팔레트 〉 미디어]의 캠코더 컴포넌트를 뷰어의 [Screen1] 화면 위로 드래그 합니다.

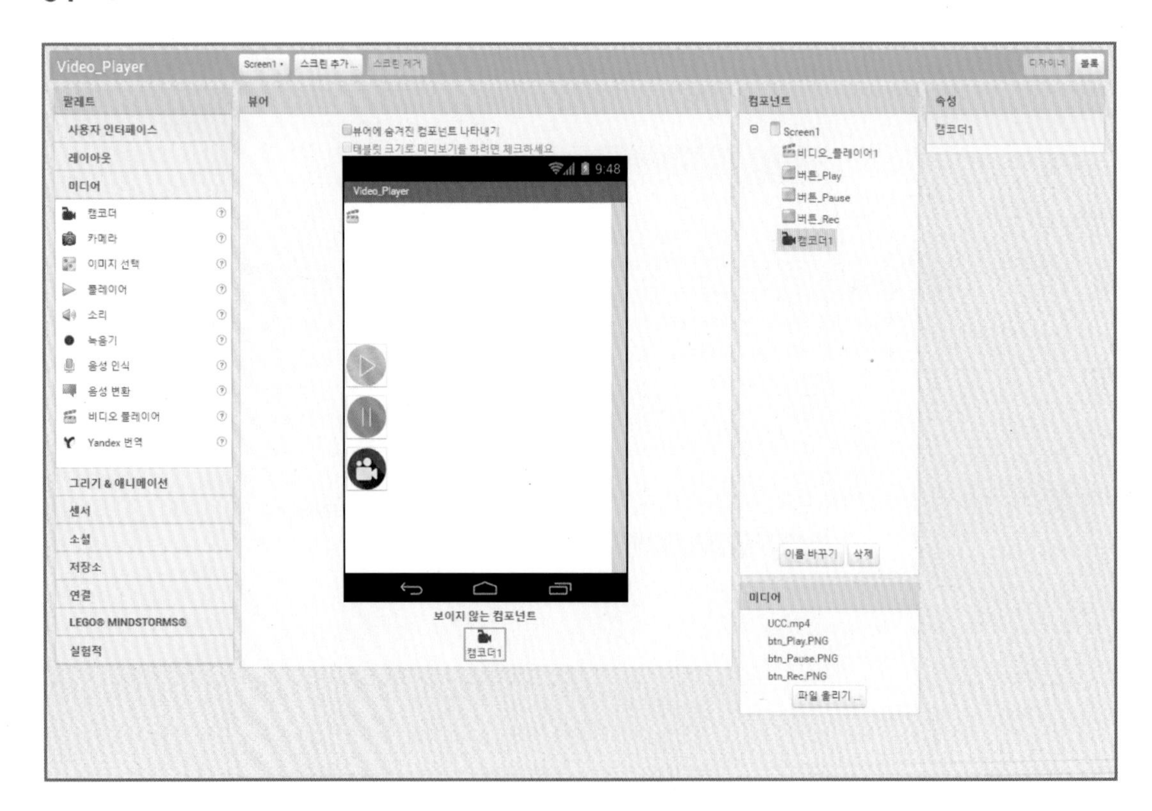

3 프로그래밍하기 : 블록

1) [버튼_Play] & [비디오_플레이어1] 블록

01 블록의 [Screen1 〉 버튼_Play] 블록을 클릭하여 [언제 '버튼_Play'.클릭] 블록을 뷰어 영역으로 드래그 합니다.

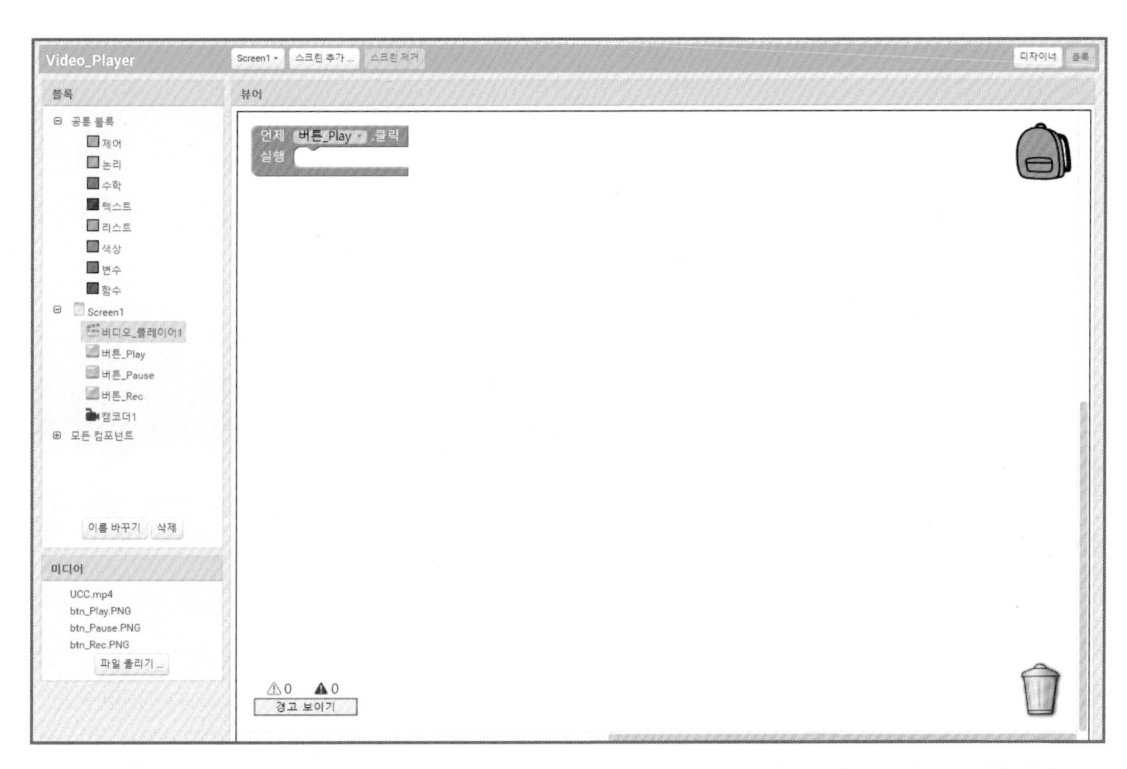

02 블록의 [Screen1 〉 비디오_플레이어1] 블록을 클릭하여 [호출 '비디오_플레이어1'.시작] 블록을 [언제 '버튼_Play'.클릭] 블록 안에 연결합니다.

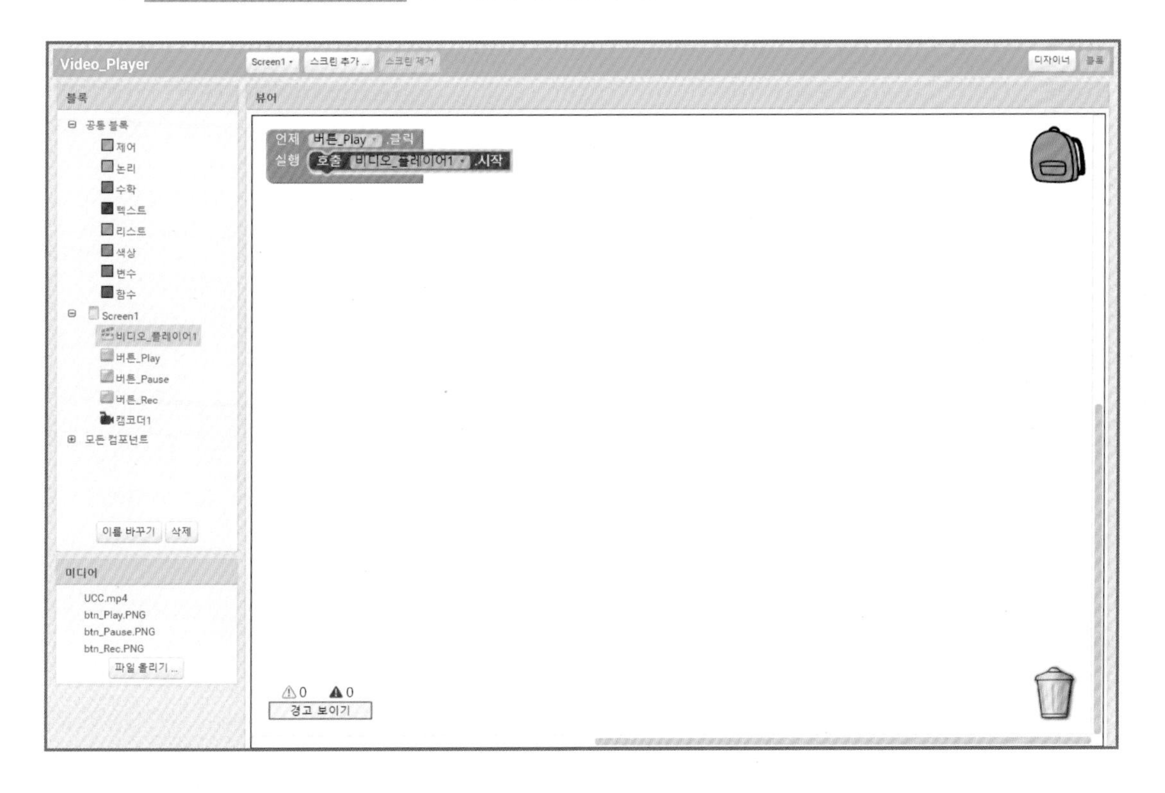

2) [버튼_Pause] & [비디오_플레이어1] 블록

01 블록의 [Screen1 > 버튼_Pause] 블록을 클릭하여 [언제 '버튼_Pause'.클릭] 블록을 뷰어 영역으로 드래그 합니다.

02 블록의 [Screen1 > 비디오_플레이어1] 블록을 클릭하여 [호출 '비디오_플레이어1'.일시정지] 블록을 [언제 '버튼_Pause'.클릭] 블록 안에 연결합니다.

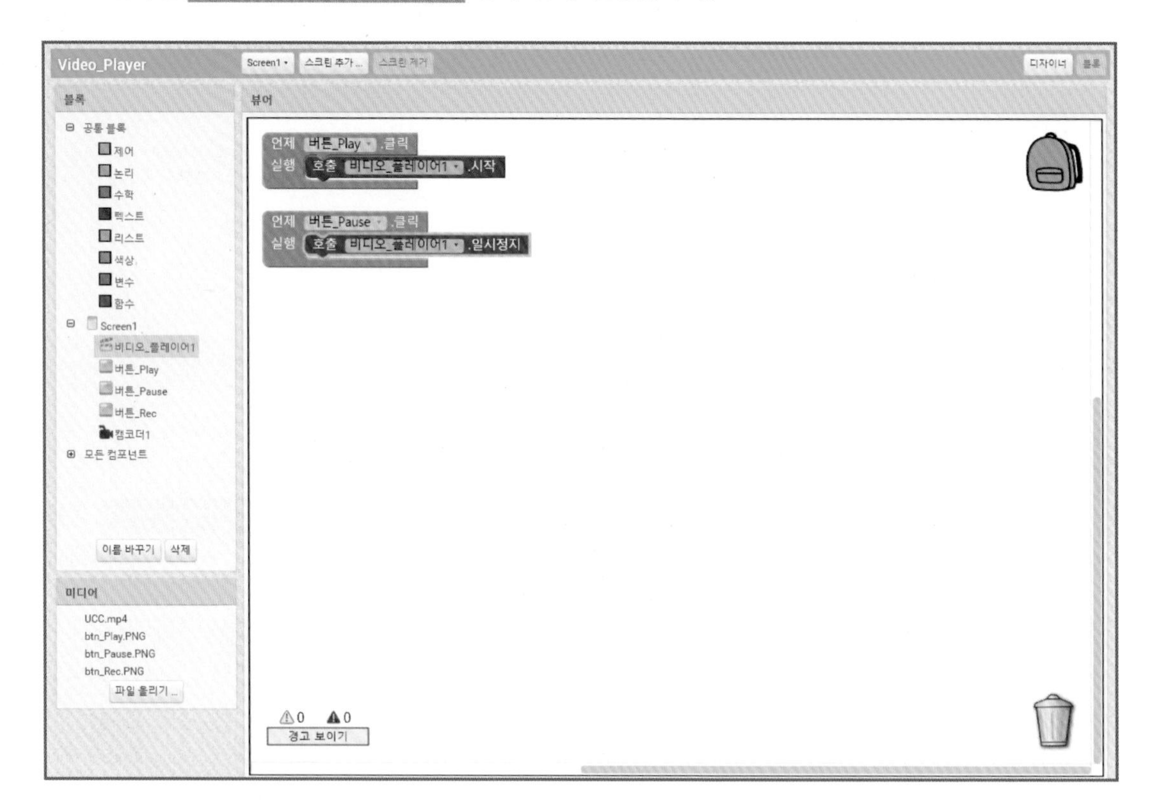

3) [버튼_Rec] & [캠코더1] 블록

01 블록의 [Screen1 > 버튼_Rec] 블록을 클릭하여 [언제 '버튼_Rec'.클릭] 블록을 뷰어 영역으로 드래그 합니다.

02 블록의 [Screen1 > 캠코더1] 블록을 클릭하여 [호출 '캠코더1'.비디오 녹화하기] 블록을 [언제 '버튼_Rec'.클릭] 블록 안에 연결합니다.

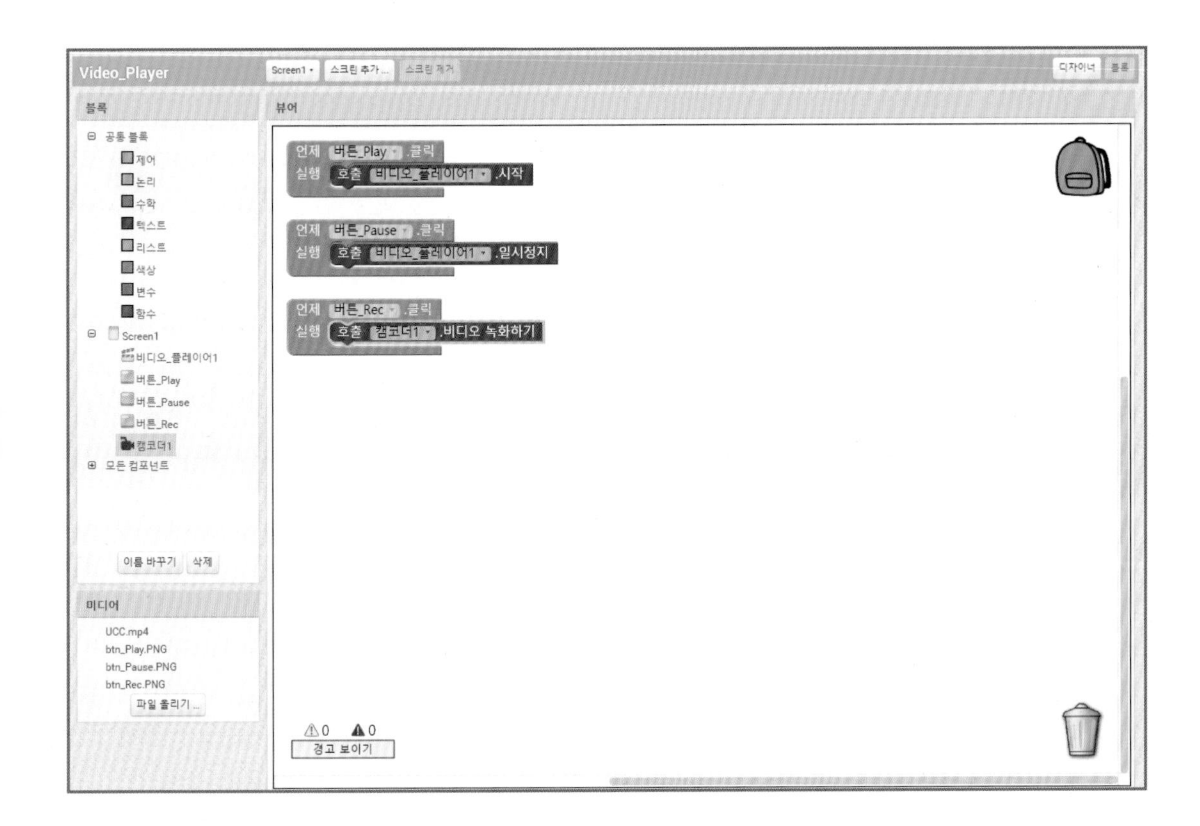

4) [캠코더1] & [비디오_플레이어1] 블록

01 블록의 [Screen1 〉 캠코더1] 블록을 클릭하여 [언제 '캠코더1'.녹화 후] 블록을 뷰어 영역으로 드래그 합니다.

02 블록의 [Screen1 〉 비디오_플레이어1] 블록을 클릭하여 [지정하기 '비디오_플레이어1'.'소스' 값] 블록을 [언제 '캠코더1'.녹화 후] 블록 안에 연결하고 [클립]에서 [가져오기 '클립'] 블록을 연결합니다.

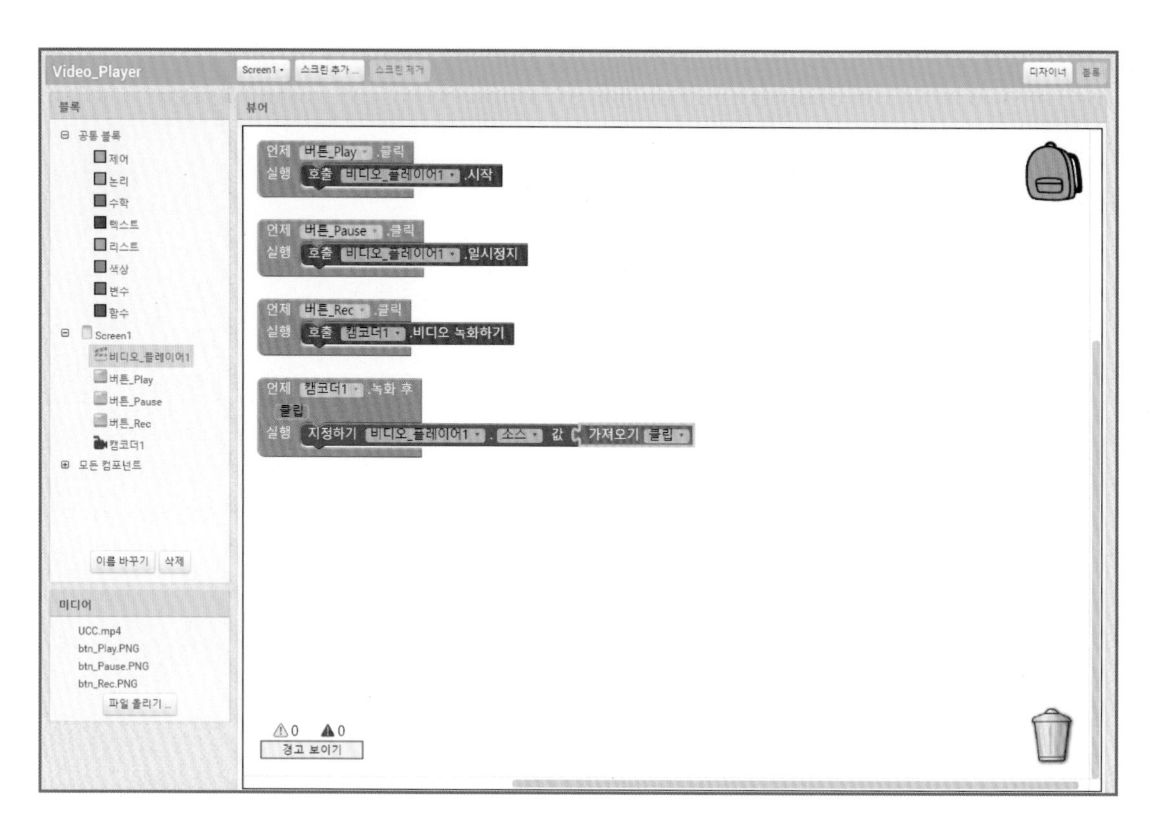

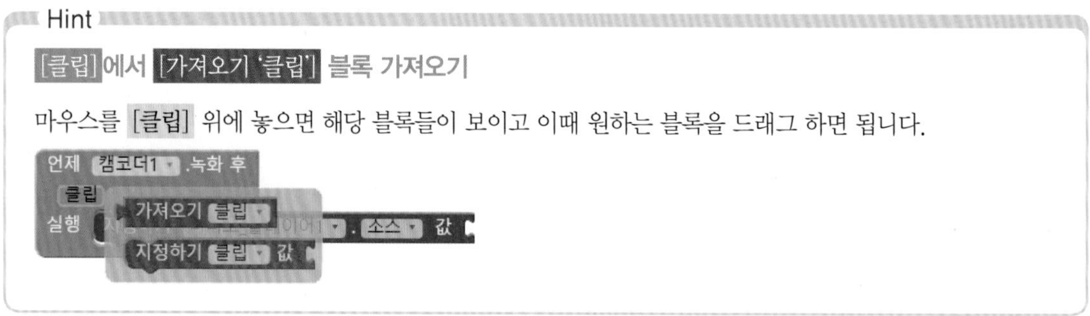

Hint

[클립]에서 [가져오기 '클립'] 블록 가져오기

마우스를 [클립] 위에 놓으면 해당 블록들이 보이고 이때 원하는 블록을 드래그 하면 됩니다.

4 디자인하기

1) 디자이너에서 컴포넌트의 속성 값 설정하기

01 [팔레트 > 레이아웃]의 수평배치 컴포넌트를 뷰어의 [Screen1] 화면의 가장 위로 드래그 합니다.

02 [수평배치1]을 선택하고 다음과 같이 속성을 설정합니다.

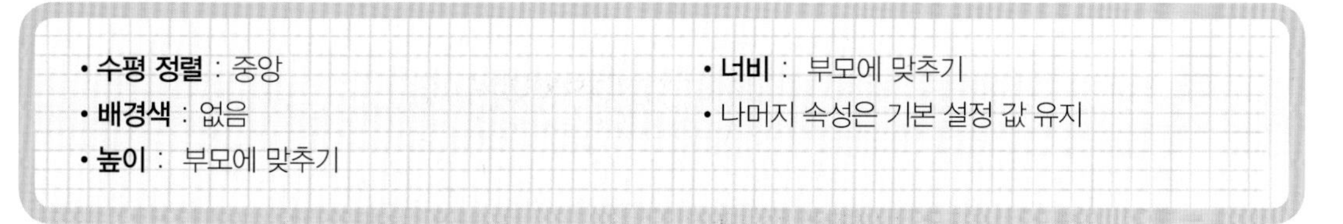

- **수평 정렬** : 중앙
- **배경색** : 없음
- **높이** : 부모에 맞추기
- **너비** : 부모에 맞추기
- 나머지 속성은 기본 설정 값 유지

03 컴포넌트의 [비디오_플레이어1]을 [수평배치1] 안으로 드래그 합니다.

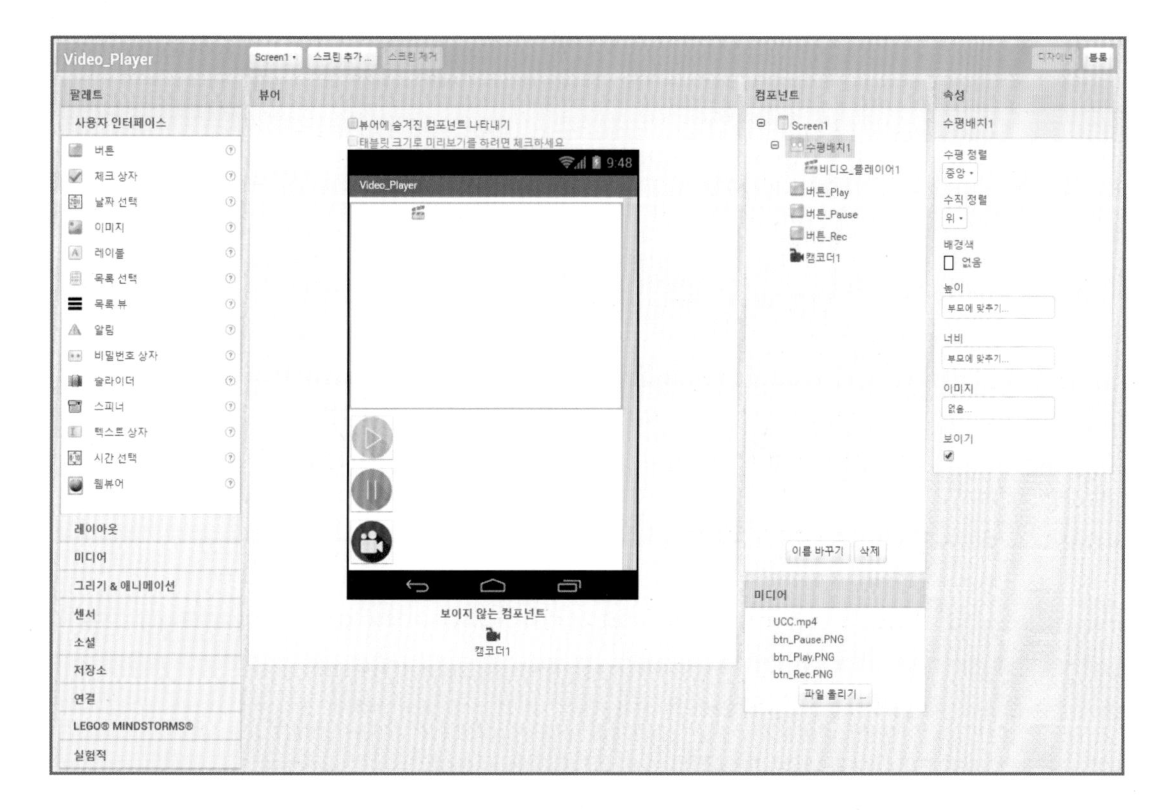

04 [팔레트 〉 레이아웃]의 수평배치 컴포넌트를 뷰어의 [Screen1] 화면의 [수평배치1] 아래로 드래그 합니다.

05 [수평배치2]를 선택하고 다음과 같이 속성을 설정합니다.

- **수평 정렬** : 중앙
- **배경색** : 밝은 회색
- **너비** : 부모에 맞추기
- 나머지 속성은 기본 설정 값 유지

06 컴포넌트의 [버튼_Play], [버튼_Pause], [버튼_Rec]를 [수평배치2] 안으로 차례로 드래그 합니다.

07 [팔레트 〉 사용자 인터페이스]의 A 레이블 컴포넌트를 [수직배치2]의 [버튼_Play]와 [버튼_Pause] 사이에 드래그 합니다.

08 [레이블]을 선택하고 이름 바꾸기 버튼을 클릭하여 새 이름을 '레이블_디자인1'로 변경합니다.

09 [레이블_디자인1]을 선택하고 다음과 같이 속성을 설정합니다.

- **배경색** : 없음
- **텍스트** : 빈칸 처리
- 나머지 속성은 기본 설정 값 유지

10 [팔레트 〉 사용자 인터페이스]의 A 레이블 컴포넌트를 [수직배치2]의 [버튼_Pause]와 [버튼_Rec] 사이에 드래그 합니다.

11 [레이블1]을 선택하고 이름 바꾸기 버튼을 클릭하여 새 이름을 '레이블_디자인2'로 변경합니다.

12 [레이블_디자인2]을 선택하고 다음과 같이 속성을 설정합니다.

- **배경색** : 없음
- **텍스트** : 빈칸 처리
- 나머지 속성은 기본 설정 값 유지

2) 블록 에서 블록으로 디자인하기

〈완성 화면의 구성요소들의 비율〉

01 [Screen1] 블록을 클릭하여 [언제 'Screen1'.초기화] 블록 뷰어 영역으로 드래그 합니다. 처음 화면이 켜질 때 구성요소들의 크기를 조정하는 명령으로 크기를 지정할 수 있습니다.

02 [버튼_Play]의 너비를 지정하기 위해 [지정하기 '버튼_Play'.'너비' 값] 블록을 연결합니다. [버튼_Play]의 너비는 화면너비(Screen1.너비)의 1/5로 지정합니다.

03 [버튼_Play]의 높이를 지정하기 위해 [지정하기 '버튼_Play'.'높이' 값] 블록을 연결합니다. [버튼_Play]의 높이는 화면높이(Screen1.높이)의 1/8로 지정합니다.

04 [레이블_디자인1]의 너비를 지정하기 위해 [지정하기 '레이블_디자인1'.'너비' 값] 블록을 연결합니다. [레이블_디자인1]의 너비는 화면너비(Screen1.너비)의 1/20로 지정합니다.

05 [버튼_Pause]의 너비를 지정하기 위해 [지정하기 '버튼_Pause'.'너비' 값] 블록을 연결합니다. [버튼_Pause]의 너비는 화면너비(Screen1.너비)의 1/5로 지정합니다.

06 [버튼_Pause]의 높이를 지정하기 위해 [지정하기 '버튼_Pause'.'높이' 값] 블록을 연결합니다. [버튼_Pause]의 높이는 화면높이(Screen1.높이)의 1/8로 지정합니다.

07 [레이블_디자인2]의 너비를 지정하기 위해 [지정하기 '레이블_디자인2'.'너비' 값] 블록을 연결합니다. [레이블_디자인2]의 너비는 화면너비(Screen1.너비)의 1/20로 지정합니다.

08 [버튼_Rec]의 너비를 지정하기 위해 [지정하기 '버튼_Rec'.'너비' 값] 블록을 연결합니다. [버튼_Rec]의 너비는 화면너비(Screen1.너비)의 1/5로 지정합니다.

09 [버튼_Rec]의 높이를 지정하기 위해 [지정하기 '버튼_Rec'.'높이' 값] 블록을 연결합니다. [버튼_Pause]의 높이는 화면높이(Screen1.높이)의 1/8로 지정합니다.

3) 블록 의 [Screen1] 컴포넌트 속성 [아이콘]에 이미지 파일 올리기

01 [Screen1] 블록을 클릭하여 준비한 아이콘 이미지(: Icon11.png) 파일을 올립니다.

02 스마트폰에 앱을 설치한 다음 실행합니다.

03 아이콘은 스마트폰에 앱이 설치되면 나타납니다.

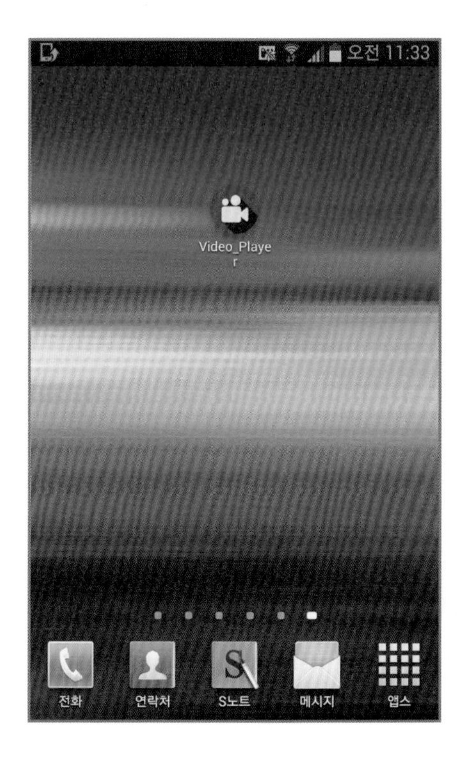

5 앱 전체 프로그램

```
언제 버튼_Play .클릭
실행 호출 비디오_플레이어1 .시작

언제 버튼_Pause .클릭
실행 호출 비디오_플레이어1 .일시정지

언제 버튼_Rec .클릭
실행 호출 캠코더1 .비디오 녹화하기

언제 캠코더1 .녹화 후
 클립
실행 지정하기 비디오_플레이어1 . 소스 값 가져오기 클립

언제 Screen1 .초기화
실행 지정하기 버튼_Play . 너비 값 Screen1 . 너비 / 5
     지정하기 버튼_Play . 높이 값 Screen1 . 높이 / 8
     지정하기 레이블_디자인1 . 너비 값 Screen1 . 너비 / 20
     지정하기 버튼_Pause . 너비 값 Screen1 . 너비 / 5
     지정하기 버튼_Pause . 높이 값 Screen1 . 높이 / 8
     지정하기 레이블_디자인2 . 너비 값 Screen1 . 너비 / 20
     지정하기 버튼_Rec . 너비 값 Screen1 . 너비 / 5
     지정하기 버튼_Rec . 높이 값 Screen1 . 높이 / 8
```

생각키우기

01

동영상 재생이 완료되는 메시지 창을 띄워보세요.

Hint

[비디오_플레이어1] 블록의 [언제 '비디오_플레이어1'.재생 완료] 블록과 알림 컴포넌트를 사용합니다.

02

메시지 창을 다음과 같이 구성하세요.

Hint

[알림1] 블록의 [호출 '알림1'.메시지창 나타내기] 블록과 [텍스트] 블록의 [" "], [합치기] 블록을 사용합니다.

- **메시지** : '동영상 재생시간 +초 동안의 재생이 끝났습니다'
- **제목** : '재생완료 알림'
- **버튼 텍스트** : '확인'

* 동영상 재생시간을 초 단위로 표현하기 : [호출 '비디오_플레이어1'.재생시간 가져오기]를 '1000'으로 나누기

Chapter 12

PART 03 | 미디어

미니 피아노 : mini_Piano 앱

사람들이 가장 보편적으로 많이 배우는 악기를 꼽으라면 아마 피아노일 것 같습니다. 그리고 악기를 처음 배우는 사람들도 가장 먼저 배우는 악기가 피아노이어서 이번 장에서는 실제 피아노가 없어도 간단한 동요를 연주할 수 있는 미니 피아노 앱 [mini_Piano]를 만들어 보겠습니다. 피아노를 안배웠다구요? 이 앱으로 도전해 보세요!

01 앱 기획하기

1 앱의 기능

- 피아노 건반을 터치하면 해당하는 건반의 음을 연주하기

2 완성 화면 (프로젝트명 : mini_Piano)

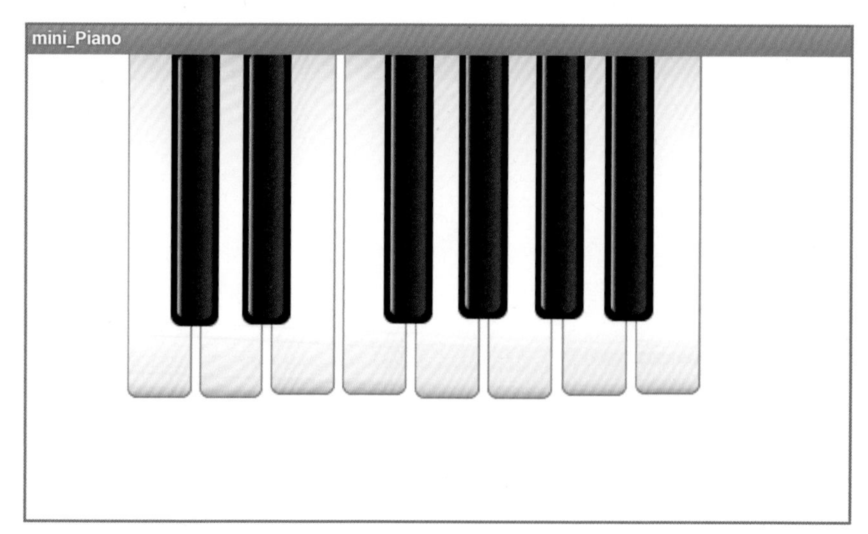

02 컴포넌트와 블록 익히기

1 컴포넌트

1) 대표 컴포넌트

컴포넌트		팔레트	설명
캔버스	캔버스	그리기 & 애니메이션	터치 가능한 2차원 패널로 그림을 그릴 수도 있고 스프라이트를 움직일 수 있는 컴포넌트
이미지 스프라이트	이미지 스프라이트	그리기 & 애니메이션	캔버스에 놓을 수 있고 터치나 드래그에 반응하는 컴포넌트
소리	소리	미디어	소리 파일을 재생하는 멀티미디어 컴포넌트

2) 사용 컴포넌트 리스트

종류	팔레트	이름 바꾸기	목적	속성
Screen		Screen1	모든 컴포넌트 포함	– 스크린 설명/앱 이름/제목 : mini_Piano – 스크린 방향 : 가로
캔버스	그리기 & 애니메이션	캔버스1	피아노 건반 배치	– 배경색 : 없음 – 높이 : 부모에 맞추기 – 너비 : 부모에 맞추기
이미지 스프라이트	그리기 & 애니메이션	이미지_도 ~ 이미지_도1	피아노 흰색 건반	– 사진 : '1.png'로 지정
이미지 스프라이트	그리기 & 애니메이션	이미지_도S ~ 이미지_AIS	피아노 검은색 건반	– 사진 : '2.png'로 지정
소리	미디어	소리1	버튼에 대한 음원	

2 블록

블록	컴포넌트	기능
함수 함수_이름 실행	함수	반복되는 기능을 정의하여 사용할 수 있는 반환 값을 가지지 않는 함수이다.
지정하기 소리1 . 소스 값	소리	소리의 속성 중 소스 값을 지정한다.
합치기	텍스트	모든 입력들을 하나의 문자열로 합친다.
" "	텍스트	입력한 텍스트 문자열을 사용한다.
언제 이미지_도 .터치 x y 실행	그리기 & 애니메이션	이미지 스프라이트를 터치하면 블록 안의 블록을 실행한다.
호출 함수_play x	함수	반환 값이 없는 함수를 호출한다.
0	수학	입력한 숫자를 값으로 사용한다.

03 프로젝트 만들기

1 새 프로젝트 시작하기

1) 새 프로젝트 시작하기 ... 버튼을 클릭하면 나타나는 [새 앱 인벤터 프로젝트 생성] 팝업창에 프로젝트 이름으로 'mini_Piano'를 입력하고 [확인] 버튼을 클릭합니다.

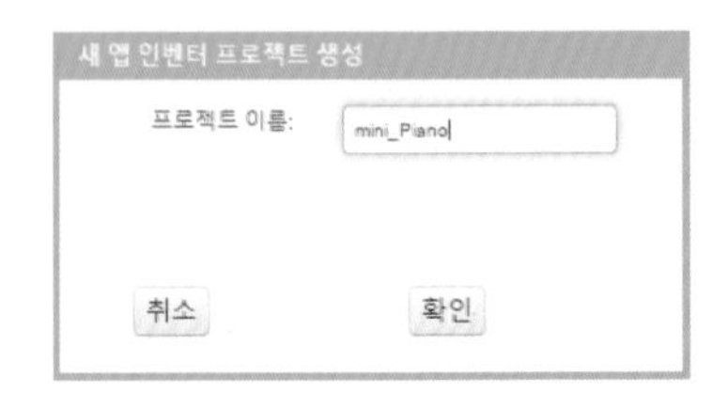

2) [Screen1]의 속성을 다음과 같이 설정합니다.

- **스크린 설명/앱 이름/제목** : mini_Piano
- **스크린 방향** : 가로
- 나머지 속성은 기본 설정 값 유지

2 컴포넌트 구성하기 : 디자이너

1) 이미지 스프라이트를 사용하기 위해 [캔버스] 추가하기

01 [팔레트 > 그리기 & 애니메이션]의 캔버스 컴포넌트를 뷰어의 [Screen1] 화면 위로 드래그합니다.

02 [캔버스1]을 선택하고 다음과 같이 속성을 설정합니다.

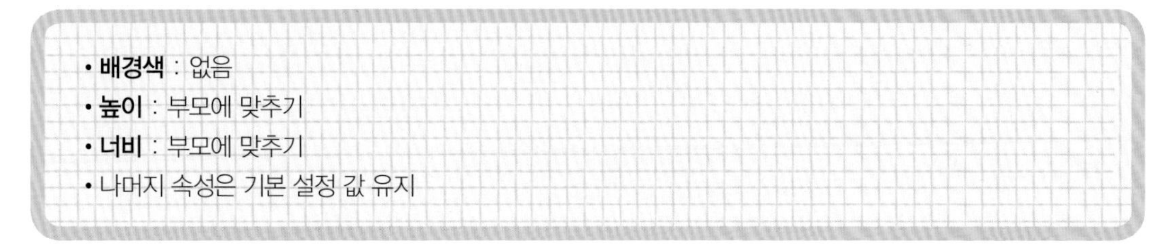

- **배경색** : 없음
- **높이** : 부모에 맞추기
- **너비** : 부모에 맞추기
- 나머지 속성은 기본 설정 값 유지

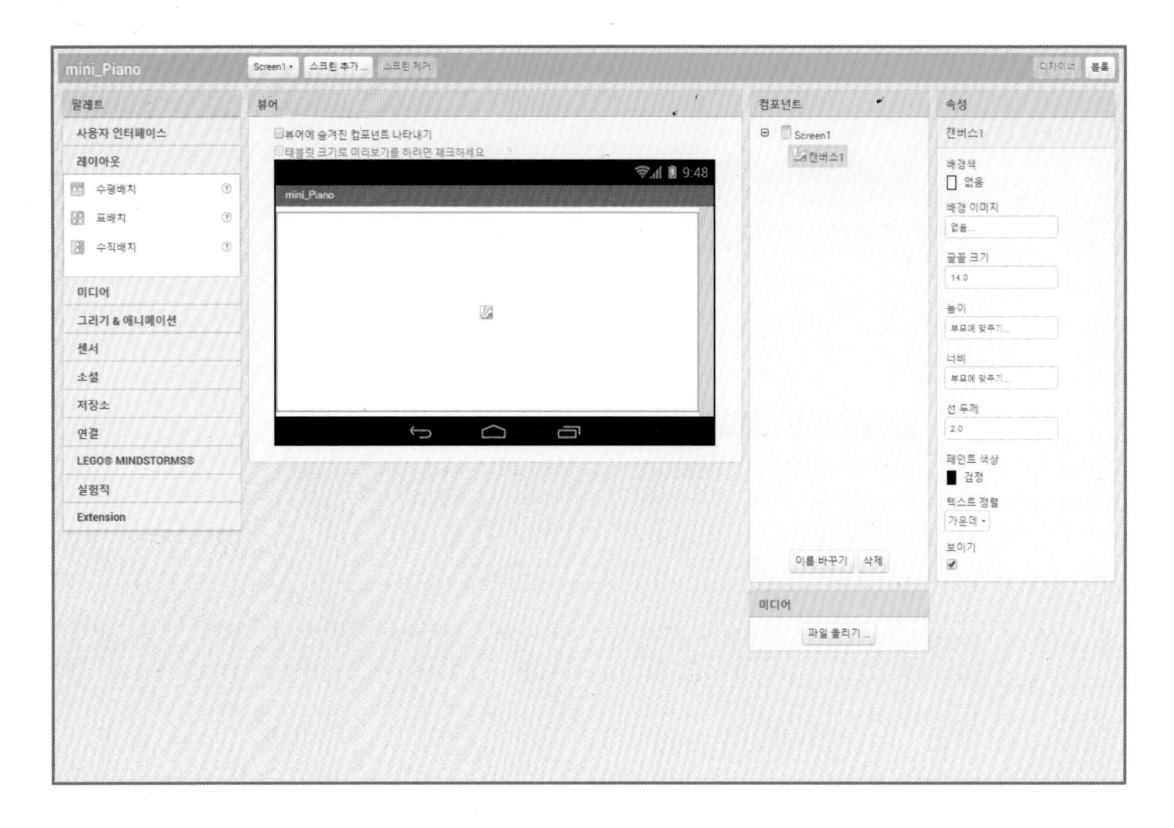

2) 피아노 건반 사진을 위해 [미디어]에 파일 올리기

01 미디어의 파일 올리기 ... 버튼을 클릭합니다.

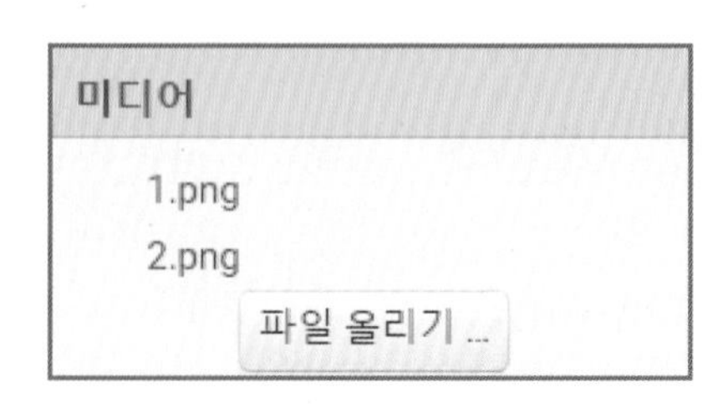

02 2개의 이미지 파일('1.png', '2.png')을 올립니다.

3) 피아노 흰 건반을 위해 [이미지 스프라이트] 추가하기

01 [팔레트 > 그리기 & 애니메이션]의 이미지 스프라이트 컴포넌트를 뷰어의 [Screen1] 화면의 [캔버스1] 위로 드래그 하여 위치를 정합니다.

02 [이미지_스프라이트1]을 선택하고 이름 바꾸기 버튼을 클릭하여 새 이름을 '이미지_도'로 변경합니다.

03 [이미지_도]를 선택하고 다음과 같이 속성을 설정합니다.

- **사진** : '1.png'로 지정
- 나머지 속성은 기본 설정 값 유지

Hint

이미지 스프라이트 8개(도, 레, 미, 파, 솔, 라, 시, 도1)에 대하여 위와 동일한 방법으로 버튼을 추가하고 속성을 설정합니다.

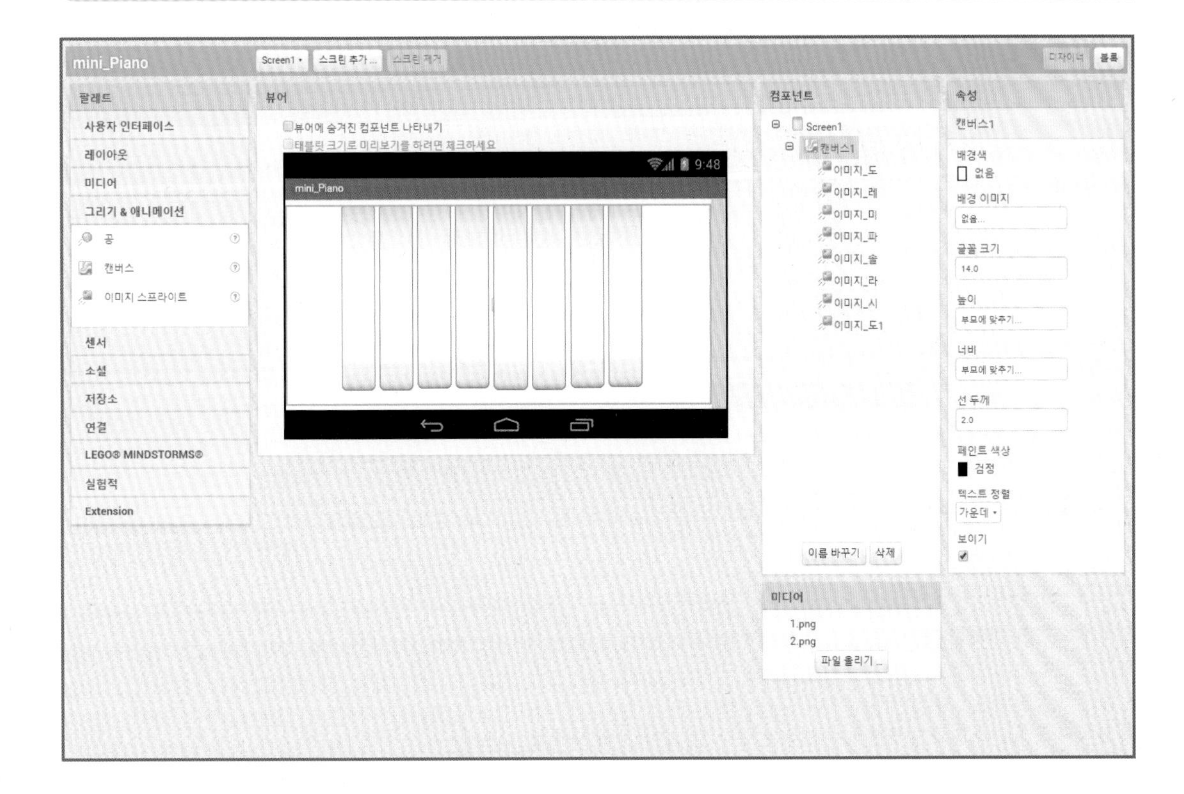

4) 피아노 검은 건반을 위해 [이미지 스프라이트] 추가하기

01 [팔레트 > 그리기 & 애니메이션]의 이미지 스프라이트 컴포넌트를 뷰어의 [Screen1] 화면의 [캔버스1] 위로 드래그 하여 위치를 정합니다.

02 [이미지_스프라이트1]을 선택하고 이름 바꾸기 버튼을 클릭하여 새 이름을 '이미지_도S'로 변경합니다.

03 [이미지_도S]를 선택하고 다음과 같이 속성을 설정합니다.

- **사진** : '2.png'로 지정
- 나머지 속성은 기본 설정 값 유지

Hint

이미지 스프라이트 6개(도S, 레S, 파S, 솔S, 라S, 시S)에 대하여 위와 동일한 방법으로 버튼을 추가하고 속성을 설정합니다.

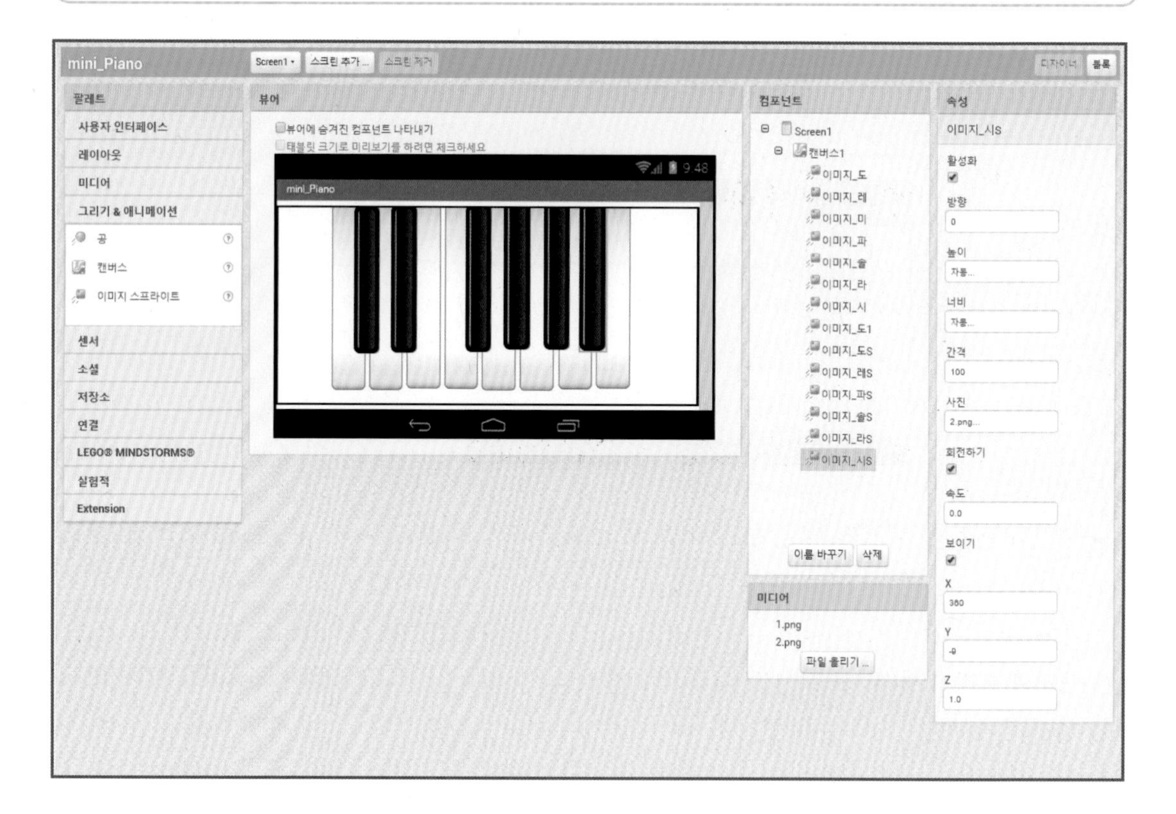

5) 건반에 대한 음원을 위해 [소리] 추가하기

01 [팔레트 > 미디어]의 소리 컴포넌트를 뷰어의 [Screen1] 화면으로 드래그 합니다.

02 [소리1]의 속성은 기본 설정 값을 유지합니다.

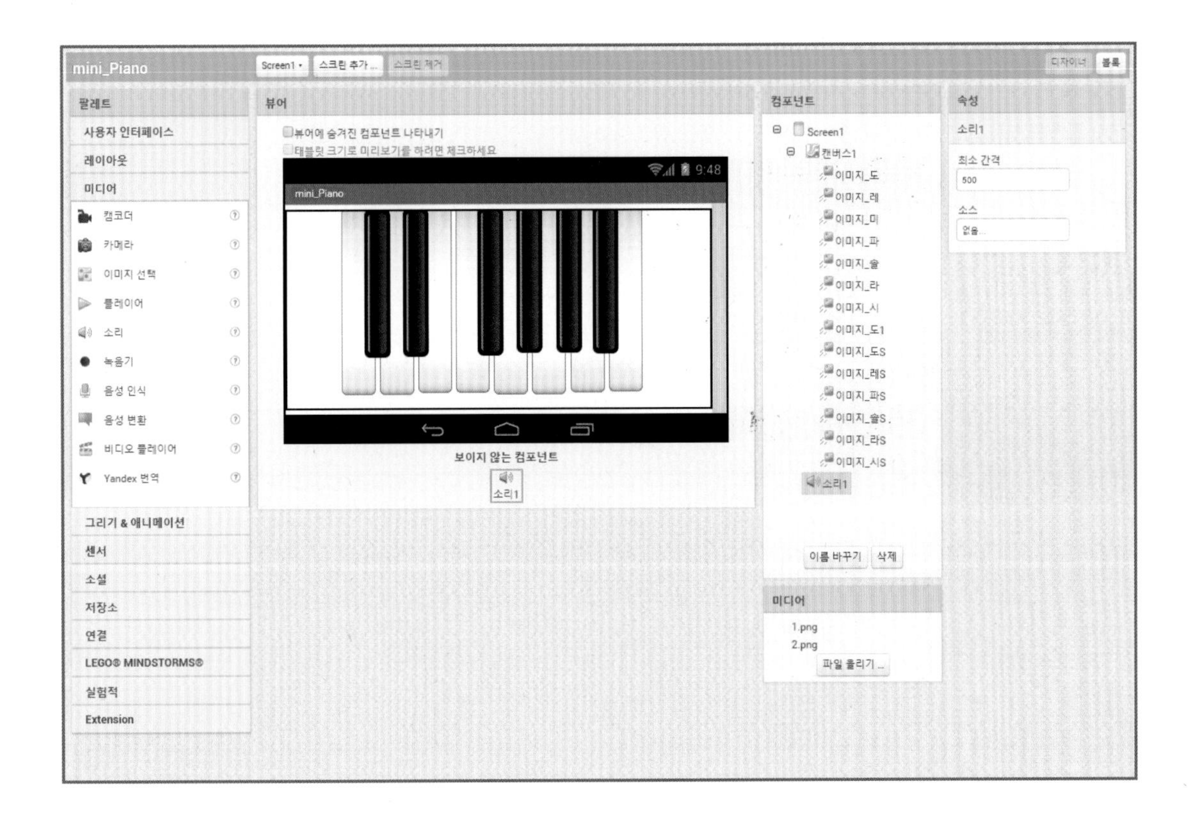

6) 피아노 건반에 해당되는 소리를 위해 미디어에 파일 올리기

01 미디어의 파일 올리기 ... 버튼을 클릭합니다.

02 8개의 소리 파일('1.mp3' ~ '8.mp3')을 올립니다.

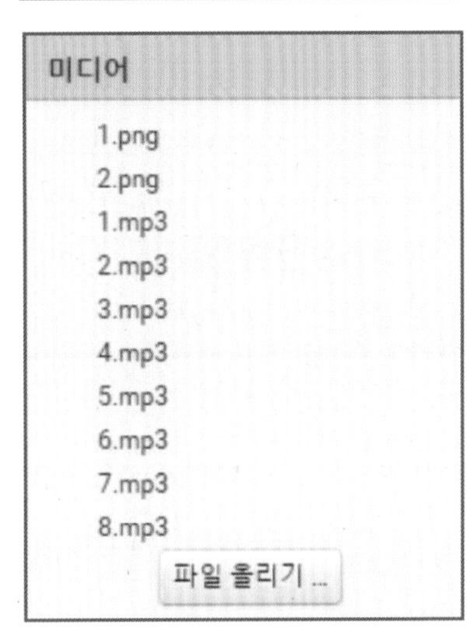

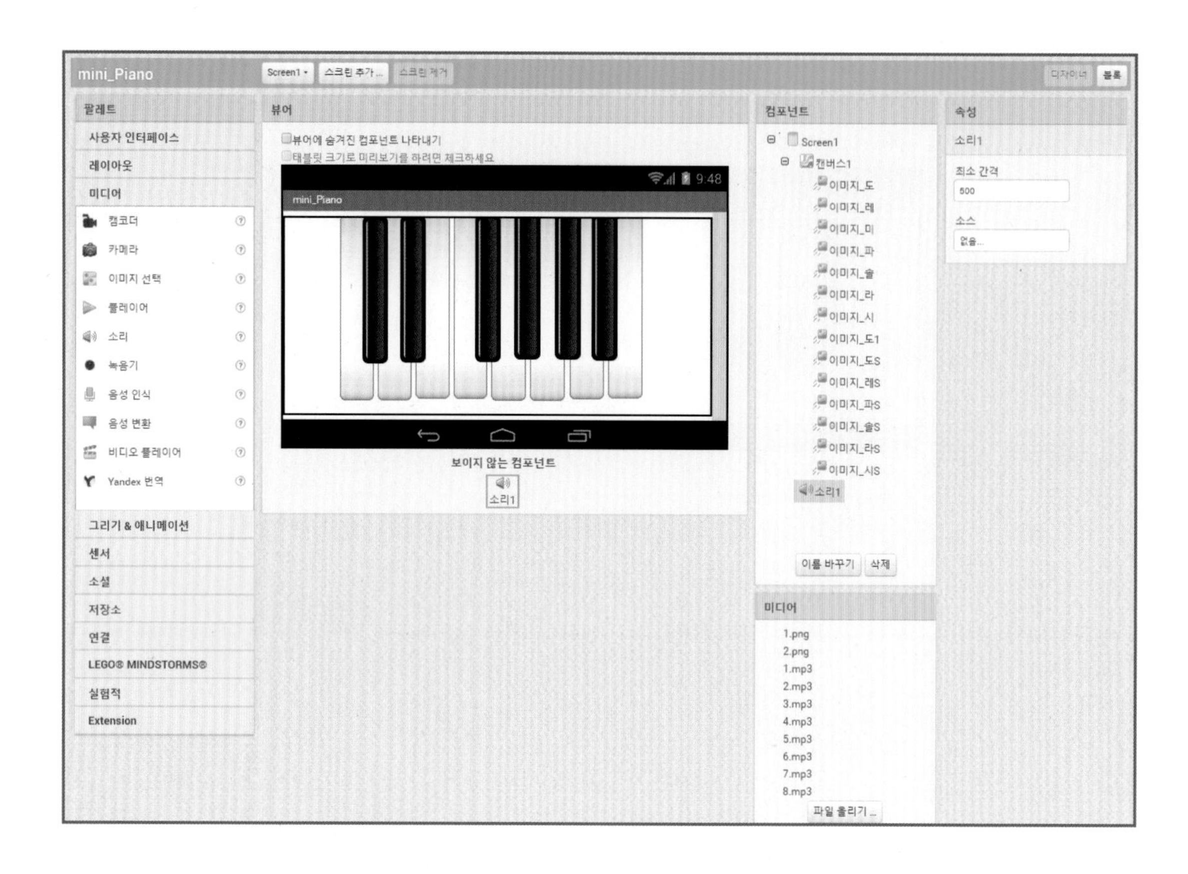

3 프로그래밍하기 : 블록

1) 건반에 해당되는 소리 파일을 재생하기 위해 [함수] & [소리1] & [텍스트] 블록을 사용합니다.

01 블록의 [공통 블록 > 함수] 블록을 클릭하여 [함수 '함수_play'] 블록을 뷰어 영역으로 드래그합니다.

02 입력값을 1개 생성하기 위해서 ⚙를 클릭하여 [입력:X] 블록을 [입력값] 블록 안에 연결합니다.

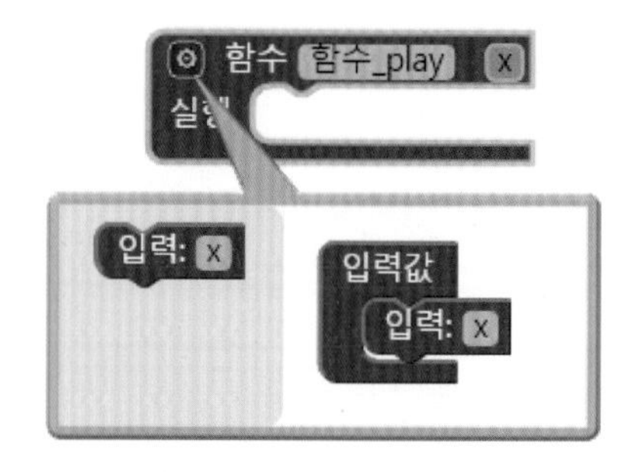

03 블록의 [Screen1 > 소리1] 블록을 클릭하여 [지정하기 '소리1'.'소스' 값] 블록을 [함수 '함수_play'] 블록 안에 연결합니다.

04 블록의 [공통 블록 〉 텍스트] 블록을 클릭하여 [합치기] 블록을 지역변수인 [가져오기 'x'] 블록을 연결합니다.

05 블록의 [공통 블록 〉 텍스트] 블록을 클릭하여 [" "] 텍스트 블록을 연결하고 '.mp3'를 입력합니다.

06 블록의 [Screen1 〉 소리1] 블록을 클릭하여 [호출 '소리1'.재생] 블록을 [지정하기 '소리1'.'소스' 값] 블록 아래에 연결합니다.

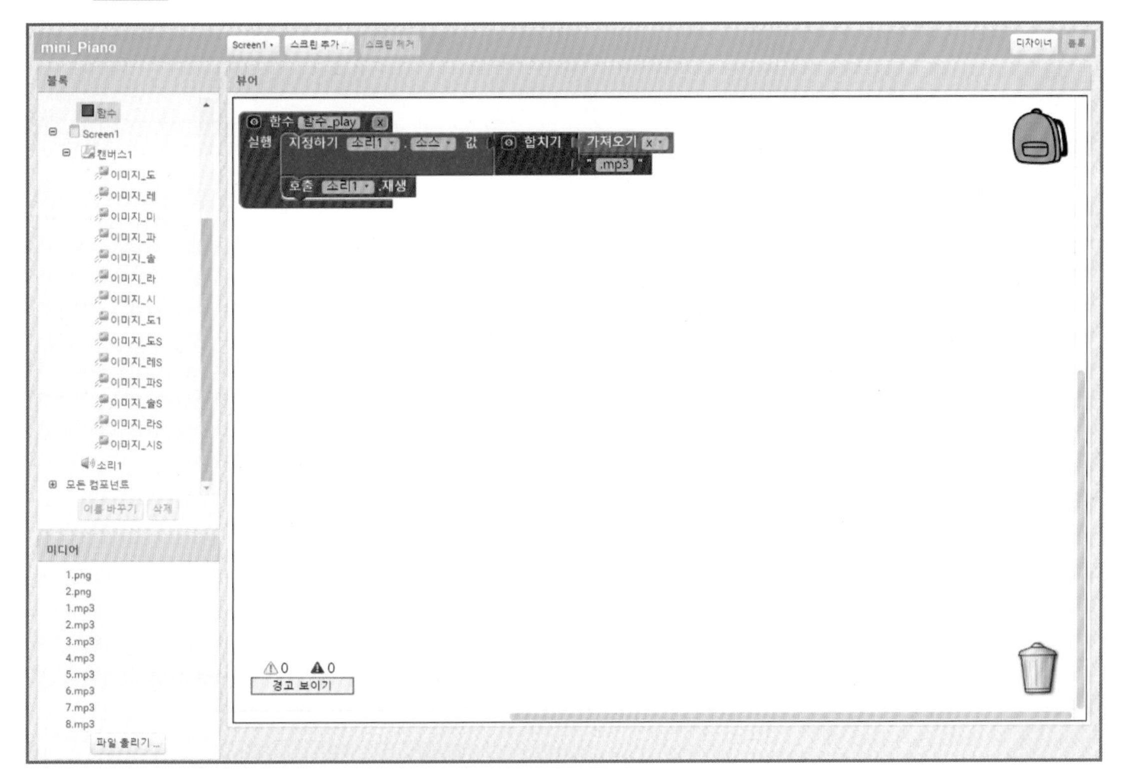

2) [이미지_도] & [함수] & [수학] 블록

01 블록의 [Screen1 〉 이미지_도] 블록을 클릭하여 [언제 '이미지_도'.터치] 블록을 뷰어 영역으로 드래그 합니다.

02 블록의 [공통 블록 〉 변수] 블록을 클릭하여 [호출 '함수_play'] 블록을 [언제 '이미지_도'.터치] 블록 안에 연결합니다.

03 블록의 [공통 블록 〉 수학] 블록을 클릭하여 x에 [0] 블록을 연결하고 값을 '1'로 변경합니다.

04 03까지 코딩한 블록을 나머지 이미지 스프라이트 수만큼 복제하기 하여 각각에 해당되는 변수로 수정합니다.

> **Hint**
>
> 본 장에서는 흰 건반 8개에 대한 소리만 재생합니다.

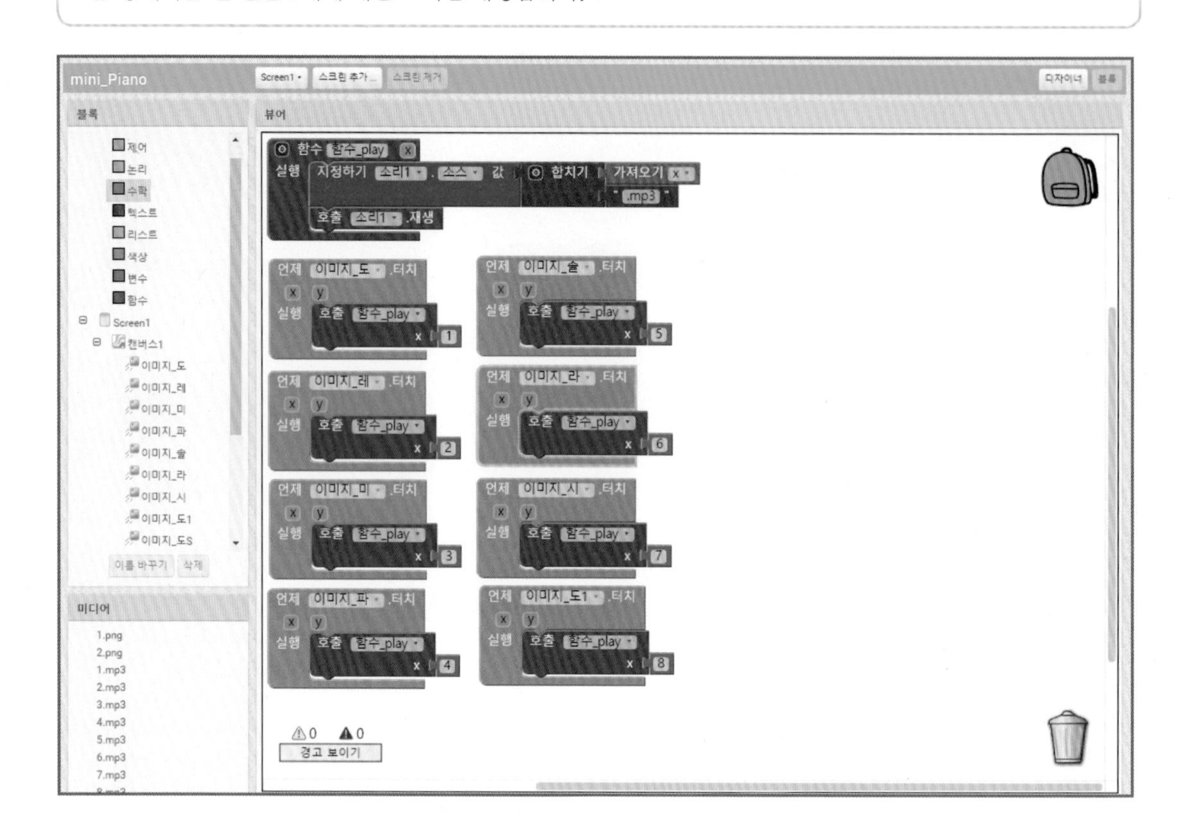

> **Hint**
>
> **블록 복제하기**
>
> 마우스를 복제하기 원하는 블록 위에 놓고 마우스 오른쪽 버튼을 클릭하여 팝업 메뉴가 나타나면 [복제하기]를 선택합니다.
>
> 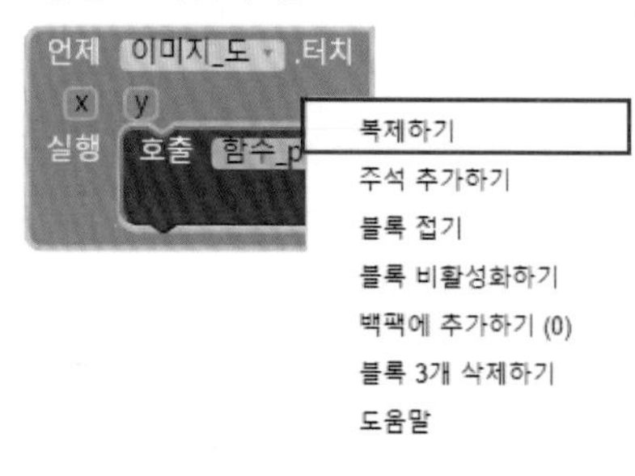
>

4 디자인하기

1) 디자이너 에서 컴포넌트의 속성 값 설정하기

01 컴포넌트의 [Screen1]을 선택하고 다음과 같이 속성을 설정합니다.

- **스크린 방향** : 가로
- 나머지 속성은 기본 설정 값 유지

2) 디자이너 의 [Screen1] 컴포넌트 속성 [아이콘]에 이미지 파일 올리기

01 [Screen1] 블록을 클릭하여 준비한 아이콘 이미지(: Icon12.png) 파일을 올립니다.

02 스마트폰에 앱을 설치한 다음 실행합니다.

03 아이콘은 스마트폰에 앱이 설치되면 나타납니다.

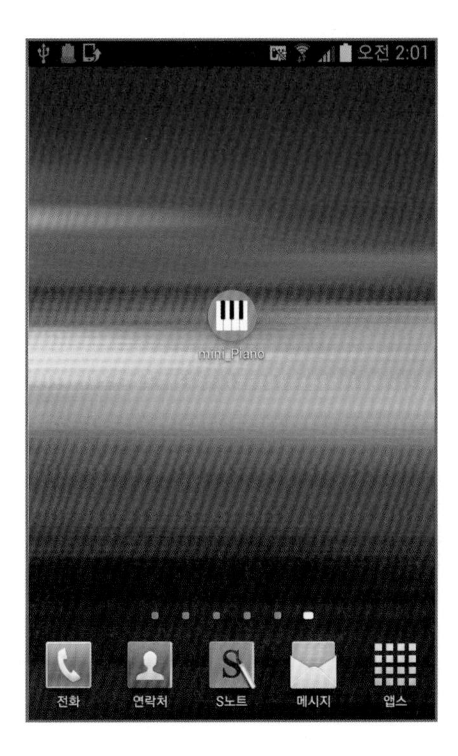

5 앱 전체 프로그램

함수 함수_play x
실행 지정하기 소리1 . 소스 값 합치기 가져오기 x
" .mp3 "
호출 소리1 .재생
언제 이미지_도 .터치
x y
실행 호출 함수_play
x 1
언제 이미지_레 .터치
x y
실행 호출 함수_play
x 2
언제 이미지_미 .터치
x y
실행 호출 함수_play
x 3
언제 이미지_파 .터치
x y
실행 호출 함수_play
x 4
언제 이미지_솔 .터치
x y
실행 호출 함수_play
x 5
언제 이미지_라 .터치
x y
실행 호출 함수_play
x 6
언제 이미지_시 .터치
x y
실행 호출 함수_play
x 7
언제 이미지_도1 .터치
x y
실행 호출 함수_play
x 8

생각키우기

01

검은색 건반에 대한 소스도 연결해서 완성된 피아노 앱을 만들어 보세요.

Hint

❶ 미디어의 파일 올리기... 버튼을 클릭합니다.

미디어

파일 올리기...

❷ 6개의 소리 파일('9.mp3' ~ '14.mp3')을 올립니다.

❸ 블록의 [Screen1 〉 이미지_도S] 블록을 클릭하여 [언제 '이미지_도S'.터치] 블록을 사용합니다.

❹ '이미지_도S' ~ '이미지_시S'까지 적용합니다.

02

흰색 건반에 각 건반의 계이름을 모두 표시하세요.

Hint

❶ 이미지 스프라이트 컴포넌트를 사용합니다.

❷ 이미지 파일 'n1.png' ~'n8.png'을 사용합니다.

Chapter 13

PART 03 | 미디어

손쉽게 문자 보내고 받기 : Hands_Free 앱

메시지를 보낼 때 보통 직접 메시지를 입력하시죠? 그런데 바쁠 때나 키보드 입력이 귀찮을 때가 있더라구요. 그럴 때 메시지를 키보드를 사용해서 입력하지 않고 말만하면 스마트폰이 알아서 문자로 변환해서 메시지를 보내주고, 메시지를 보내는 것만이 아니라 받은 메시지도 읽어주는 [Hands_Free] 앱을 만들어 보겠습니다.

01 앱 기획하기

1 앱의 기능

- 음성 인식하여 음성을 텍스트로 바꾸기
- 텍스트를 문자 메시지로 발송하기
- 받은문자 메시지 보여주기
- 받은문자 메시지 읽어주기

2 완성 화면 (프로젝트명 : Hands_Free)

02 컴포넌트와 블록 익히기

1 컴포넌트

1) 대표 컴포넌트

컴포넌트		팔레트	설명
레이블	레이블	사용자 인터페이스	텍스트 속성에 지정된 글을 화면에 표시하는 컴포넌트
음성 인식	음성 인식	미디어	입력된 음성을 글로 변환해주는 컴포넌트
문자 메시지	문자 메시지	소셜	지정한 전화번호로 문자 메시지를 보내는 컴포넌트
음성 변환	음성_변환	미디어	글을 음성으로 바꾸어주는 컴포넌트

2) 사용 컴포넌트 리스트

종류	팔레트	이름 바꾸기	목적	속성
수평배치	레이아웃	수평배치1	버튼_말하기 배치	– 수평 정렬 : 중앙 – 너비 : 부모에 맞추기
버튼	사용자 인터페이스	버튼_말하기	음성 인식기 호출	– 이미지 : 'Mic.png' 파일 올리기 – 텍스트 : 빈칸 처리
레이블	사용자 인터페이스	레이블_버튼안내	'버튼_말하기'에 대한 안내	– 배경색 : 없음 – 글꼴 굵게 : 선택 – 텍스트 : 버튼을 클릭하고 말하세요. – 텍스트 정렬 : 가운데 – 텍스트 색상 : 노랑
텍스트 상자	사용자 인터페이스	텍스트_음성	음성을 글로 변환한 내용 표시	– 배경색 : 밝은 회색 – 활성화 : 선택 해제하기 – 글꼴 굵게 : 선택 – 너비 : 부모에 맞추기 – 여러 줄 : 선택 – 힌트 : 빈칸 처리 – 텍스트 정렬 : 가운데 – 텍스트 색상 : 파랑

종류	팔레트	이름 바꾸기	목적	속성
수평배치	레이아웃	수평배치2	버튼_문자보내기 배치	– 수평 정렬 : 중앙 – 너비 : 부모에 맞추기
텍스트 상자	사용자 인터페이스	텍스트_받은문자	받은문자 표시	– 배경색 : 밝은 회색 – 활성화 : 선택 해제하기 – 글꼴 굵게 : 선택 – 너비 : 부모에 맞추기 – 여러 줄 : 선택 – 힌트 : 빈칸 처리 – 텍스트 정렬 : 가운데 – 텍스트 색상 : 검정
수평배치	레이아웃	수평배치3	버튼_문자읽기 배치	– 수평 정렬 : 중앙 – 너비 : 부모에 맞추기
버튼	사용자 인터페이스	버튼_문자읽기	받은문자 읽기 실행 버튼	– 글꼴 굵게 : 선택 – 텍스트 : 문자 읽기
음성 인식	미디어	음성_인식1	음성을 글로 변환	
문자 메시지	소셜	문자_메시지1	문자 보내기 및 받기 기능	
음성 변환	미디어	음성_변환1	글을 음성으로 변환	

2 블록

블록	컴포넌트	기능
호출 음성_인식1 .텍스트 가져오기	미디어	음성을 텍스트로 가지고 온다.
언제 음성_인식1 .텍스트 가져온 후 결과 실행	미디어	음성을 텍스트로 가지고 온 후 블록 안의 블록을 실행한다.
음성_인식1 . 결과	미디어	음성 인식 결과 값이다.
호출 문자_메시지1 .메시지 보내기	소셜	지정한 전화번호로 메시지 속성 값을 문자 메시지로 보낸다.
언제 문자_메시지1 .메시지 받음 전화번호 메시지 텍스트 실행	미디어	문자 메시지를 받은 경우 블록 안의 블록을 실행한다.
호출 음성_변환1 .말하기 메시지	리스트	텍스트를 음성으로 변환한다.

03 프로젝트 만들기

1 새 프로젝트 시작하기

1) [새 프로젝트 시작하기...] 버튼을 클릭하면 나타나는 [새 앱 인벤터 프로젝트 생성] 팝업창에 프로젝트 이름으로 'Hands_Free'를 입력하고 [확인] 버튼을 클릭합니다.

2) [Screen1]의 속성 중 [스크린 설명], [앱 이름], [제목]을 'Hands_Free'로 변경합니다.

2 컴포넌트 구성하기 : 디자이너

1) 음성 인식을 위한 [버튼] 추가하기

01 [팔레트 〉 사용자 인터페이스]의 버튼 컴포넌트를 뷰어의 [Screen1] 화면 위로 드래그 합니다.

02 [버튼1]을 선택하고 [이름 바꾸기] 버튼을 클릭하여 새 이름을 '버튼_말하기'로 변경합니다.

2) 버튼 기능에 대한 안내문을 보여주기 위한 [레이블] 추가하기

01 [팔레트 〉 사용자 인터페이스]의 레이블 컴포넌트를 뷰어의 [Screen1] 화면 위로 드래그 합니다.

02 [레이블1]을 선택하고 이름 바꾸기 버튼을 클릭하여 새 이름을 '레이블_버튼안내'로 변경합니다.

03 [레이블_버튼안내]를 선택하고 다음과 같이 속성을 설정합니다.

- **배경색** : 회색
- **글꼴 굵게** : 선택
- **텍스트** : 버튼을 클릭하고 메시지를 말하세요.
- **텍스트 정렬** : 가운데
- **텍스트 색상** : 노랑
- 나머지 속성은 기본 설정 값 유지

3) 음성을 텍스트로 보여주기 위한 [텍스트 상자] 추가하기

01 [팔레트 〉 사용자 인터페이스]의 텍스트 상자 컴포넌트를 뷰어의 [Screen1] 화면 위로 드래그 합니다.

02 [텍스트_상자1]을 선택하고 이름 바꾸기 버튼을 클릭하여 새 이름을 '텍스트_음성'으로 변경합니다.

03 [텍스트_음성]을 선택하고 다음과 같이 속성을 설정합니다.

- **배경색** : 밝은 회색
- **활성화** : 선택 해제하기
- **글꼴 굵게** : 선택
- **너비** : 부모에 맞추기
- **여러 줄** : 선택
- **힌트** : 빈칸 처리
- **텍스트 정렬** : 가운데
- **텍스트 색상** : 파랑
- 나머지 속성은 기본 설정 값 유지

4) 문자를 보내기 위한 [버튼] 추가하기

01 [팔레트 〉 사용자 인터페이스]의 버튼 컴포넌트를 뷰어의 [Screen1] 화면 위로 드래그 합니다.

02 [버튼1]을 선택하고 이름 바꾸기 버튼을 클릭하여 새 이름을 '버튼_문자보내기'로 변경합니다.

5) 받은문자를 보여주기 위한 [텍스트 상자] 추가하기

01 [팔레트 〉 사용자 인터페이스]의 텍스트 상자 컴포넌트를 뷰어의 'Screen1' 화면 위로 드래그 합니다.

02 [텍스트_상자1]을 선택하고 이름 바꾸기 버튼을 클릭하여 새 이름을 '텍스트_받은문자'로 변경합니다.

03 [텍스트_받은문자]를 선택하고 다음과 같이 속성을 설정합니다.

- **배경색** : 밝은 회색
- **활성화** : 선택 해제하기
- **글꼴 굵게** : 선택
- **너비** : 부모에 맞추기
- **여러 줄** : 선택
- **힌트** : 빈칸 처리
- **텍스트 정렬** : 가운데
- **텍스트 색상** : 검정
- 나머지 속성은 기본 설정 값 유지

6) 받은문자를 읽기 위한 [버튼] 추가하기

01 [팔레트 〉 사용자 인터페이스]의 버튼 컴포넌트를 뷰어의 [Screen1] 화면 위로 드래그 합니다.

02 [버튼1]을 선택하고 이름 바꾸기 버튼을 클릭하여 새 이름을 [버튼_문자읽기]로 변경합니다.

- **글꼴 굵게** : 선택
- **텍스트** : 문자 읽기
- 나머지 속성은 기본 설정 값 유지

7) 음성을 글로 변환하기위해 [음성 인식] 추가하기

01 [팔레트 〉 미디어]에 있는 음성 인식 컴포넌트를 뷰어의 [Screen1] 화면 위로 드래그 합니다.

02 속성은 기본 값으로 설정합니다.

8) 문자를 보내고 받기 위해 [문자 메시지] 추가하기

01 팔레트의 소셜에 있는 문자 메시지 컴포넌트를 뷰어의 [Screen1] 화면 위로 드래그 합니다.

02 속성은 기본 값으로 설정합니다.

9) 문자를 음성으로 변환하기위해 '음성 변환' 추가하기

01 [팔레트 〉 미디어]에 있는 음성_변환 컴포넌트를 뷰어의 [Screen1] 화면 위로 드래그 합니다.

02 속성은 기본 값으로 설정합니다.

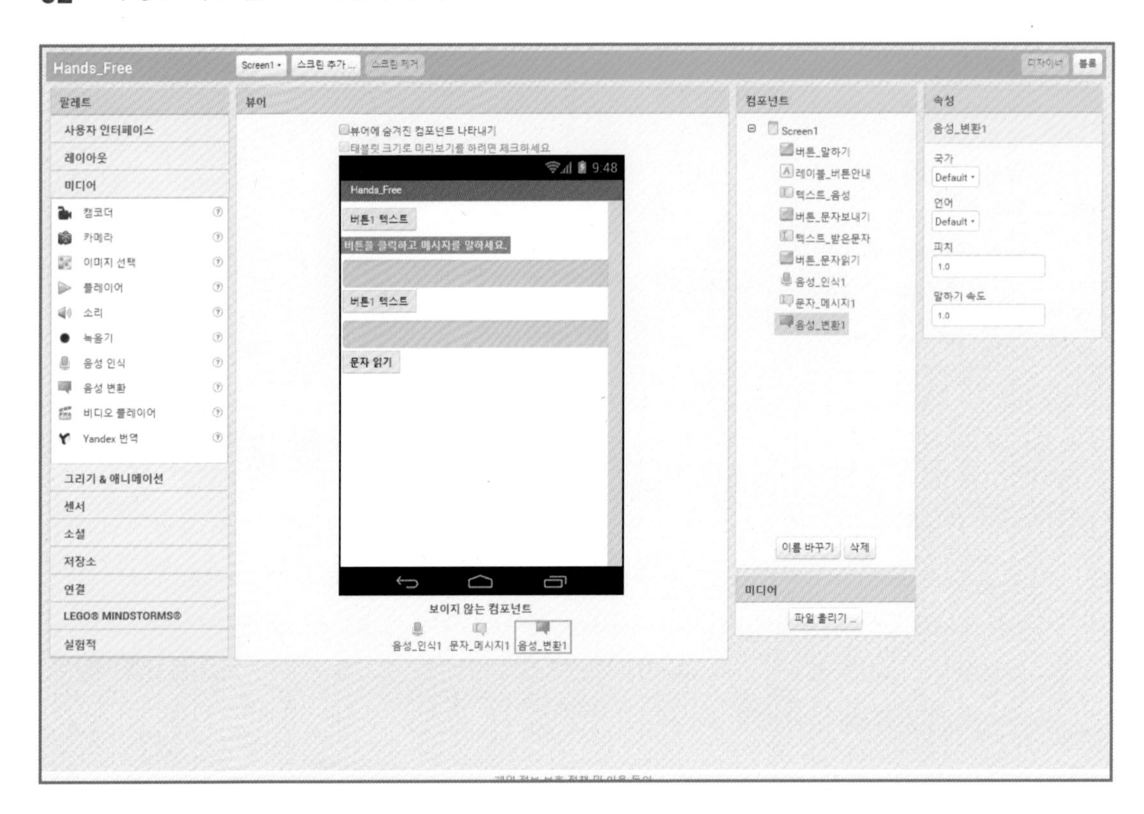

3 프로그래밍하기 : 블록

1) [버튼_음성하기] & [음성_인식1] 블록

01 블록의 [Screen1 〉 버튼_말하기] 블록을 클릭하여 [언제 '버튼_말하기'.클릭] 블록을 뷰어 영역으로 드래그 합니다.

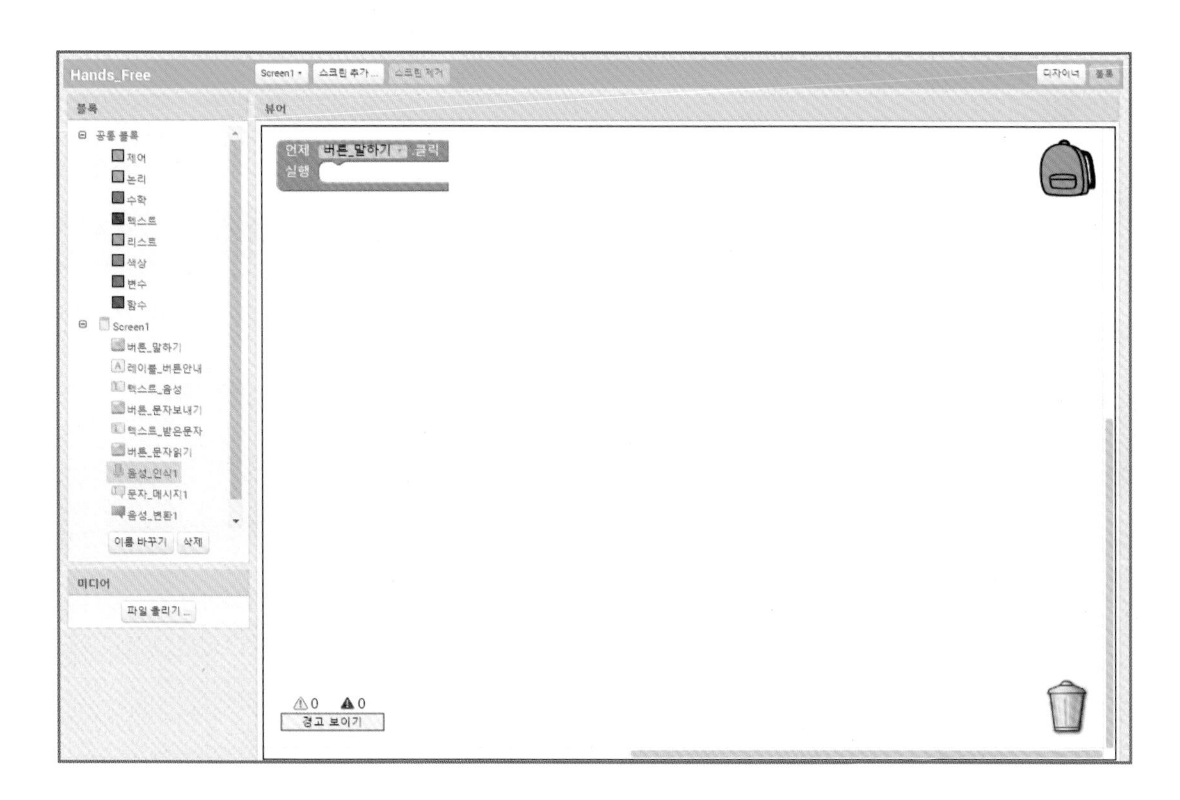

02 블록의 [Screen1 〉 음성_인식1] 블록을 클릭하여 [호출 '음성_인식1'.텍스트 가져오기] 블록을 [언제 '버튼_말하기'.클릭] 블록 안에 연결합니다.

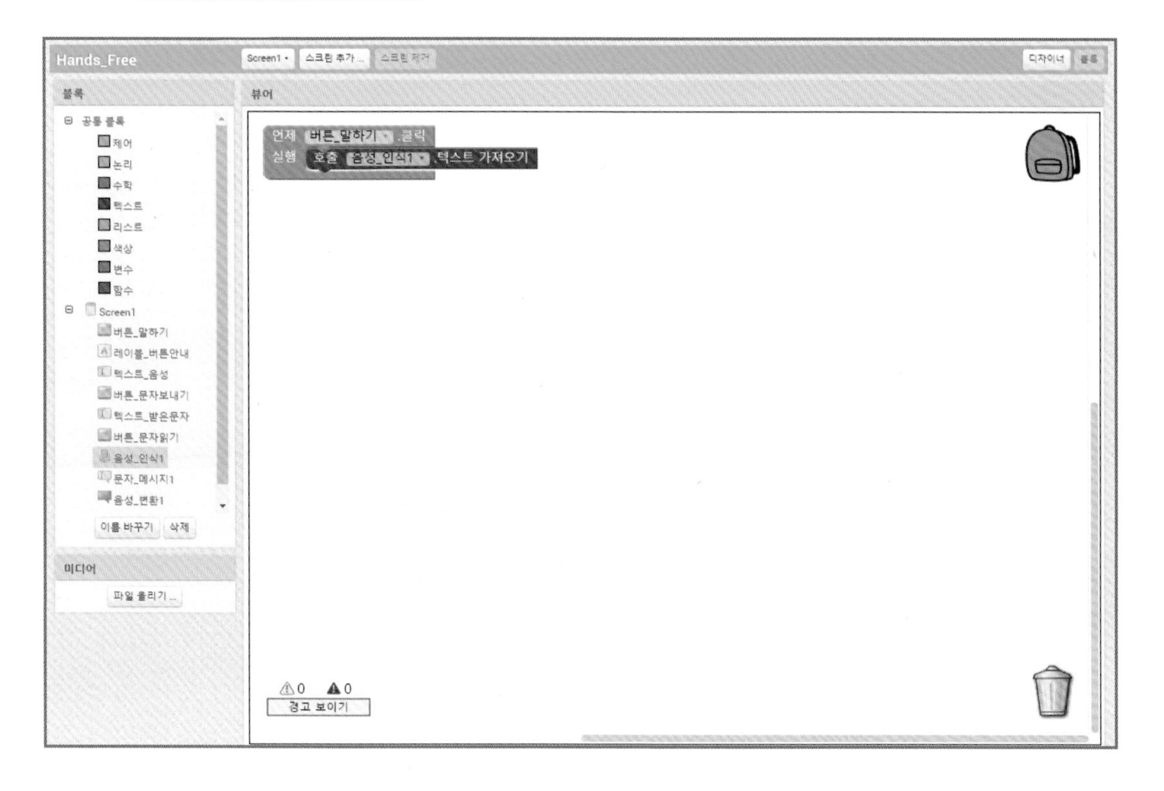

2) [음성_인식1] & [텍스트_음성] 블록

01 블록의 [Screen1 〉 음성_인식1] 블록을 클릭하여 [언제 '음성_인식1'.텍스트 가져온 후] 블록을 뷰어 영역으로 드래그 합니다.

02 블록의 [Screen1 〉 텍스트_음성] 블록을 클릭하여 [지정하기 '텍스트_음성'.'텍스트' 값] 블록을 [언제 '음성_인식1'.텍스트 가져온 후] 블록 안에 연결합니다.

03 블록의 [Screen1 〉 음성_인식1] 블록을 클릭하여 ['음성_인식1'.'결과'] 블록을 연결합니다.

3) [버튼_문자보내기] & [문자_메시지1 & [텍스트] 블록

01 블록의 [Screen1 〉 버튼_문자보내기] 블록을 클릭하여 [언제 '버튼_문자보내기'.클릭] 블록을 뷰어 영역으로 드래그 합니다.

02 블록의 [Screen1 〉 문자_메시지1] 블록을 클릭하여 [지정하기 '문자_메시지1'.'전화번호' 값] 블록을 [언제 '버튼_문자보내기'.클릭] 블록 안에 연결합니다.

03 블록의 [공통 블록 〉 텍스트] 블록을 클릭하여 [" "] 블록을 [지정하기 '문자_메시지1'.'전화번호' 값] 블록에 연결하고 [" "] 블록에 문자 메시지를 받을 전화번호를 숫자만 입력합니다. (예 : 01012345678)

04 블록의 [Screen1 〉 문자_메시지1] 블록을 클릭하여 [지정하기 '문자_메시지1'.'메시지' 값] 블록을 [지정하기 '문자_메시지1'.'전화번호' 값] 블록 아래에 연결하고 블록의 [Screen1 〉 텍스트_음성] 블록을 클릭하여 ['텍스트_음성'.'텍스트'] 블록을 연결합니다.

05 블록의 [Screen1 〉 문자_메시지1] 블록을 클릭하여 [호출 '문자_메시지1'.메시지 보내기] 블록을 [지정하기 '문자_메시지1'.'메시지' 값] 블록 아래에 연결합니다.

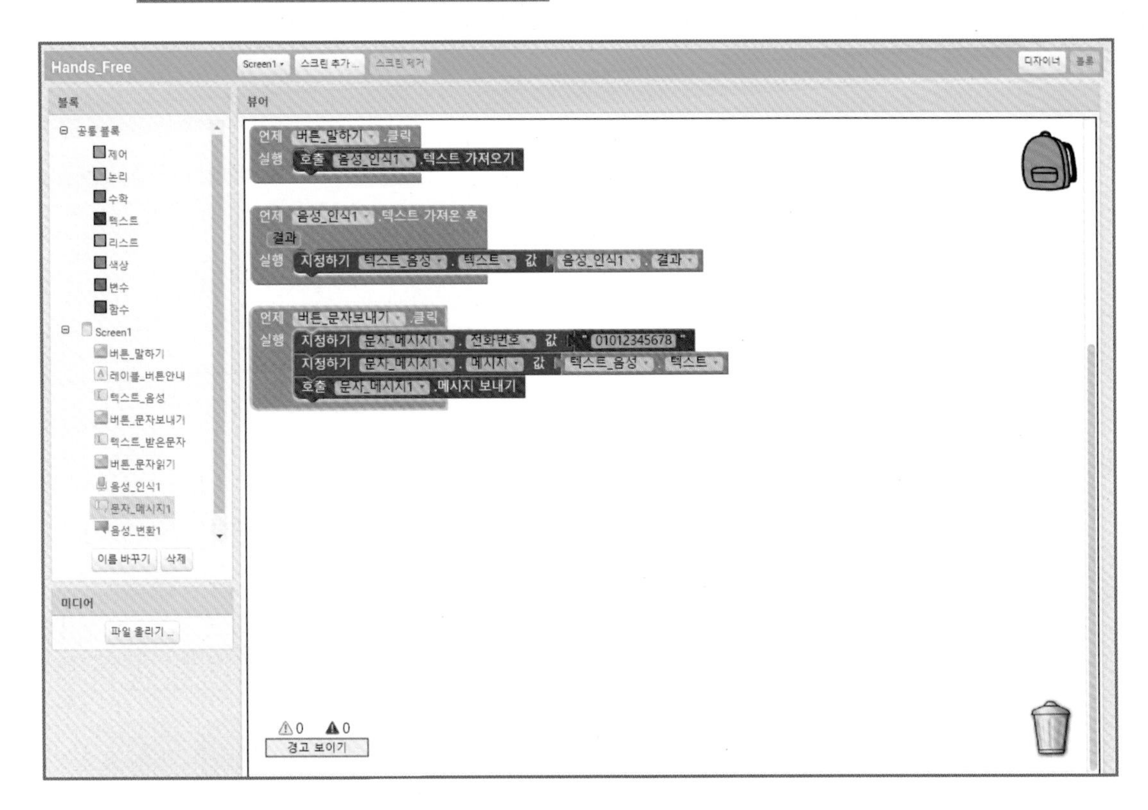

4) [문자_메시지1] & [텍스트_받은문자] 블록

01 블록의 [Screen1 〉 문자_메시지1] 블록을 클릭하여 [언제 '문자_메시지1'.메시지 받음] 블록을 뷰어 영역으로 드래그 합니다.

02 블록의 [Screen1 〉 텍스트_받은문자] 블록을 클릭하여 [지정하기 '문자_메시지1'.'메시지' 값] 블록을 [언제 '문자_메시지1'.메시지 받음] 블록 안에 연결하고 [메시지 텍스트]에서 [가져오기 '메시지 텍스트'] 블록을 연결합니다.

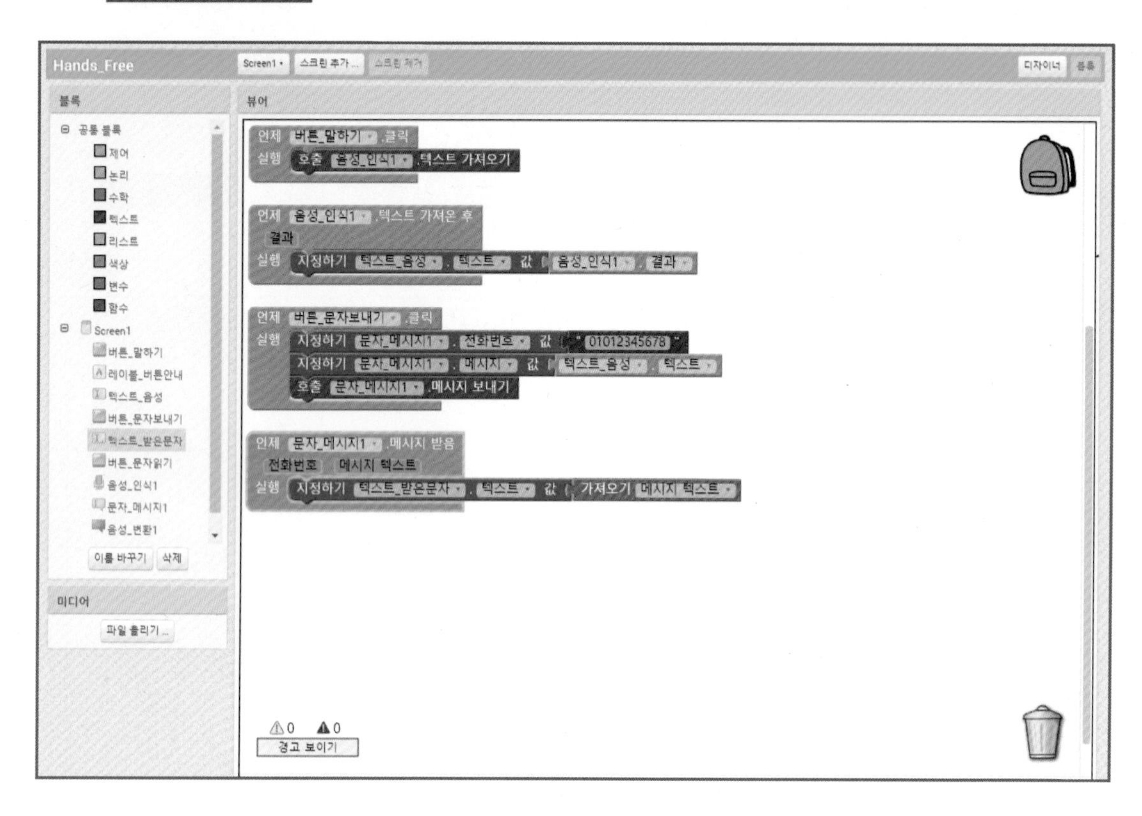

5) [버튼_문자읽기] & [음성_변환1] & [텍스트_받은문자] 블록

01 블록의 [Screen1 〉 버튼_문자읽기] 블록을 클릭하여 [언제 '버튼_문자읽기'.클릭] 블록을 뷰어 영역으로 드래그 합니다.

02 블록의 [Screen1 〉 음성_변환1] 블록을 클릭하여 [호출 '음성_변환1'.말하기 메시지] 블록을 [언제 '버튼_문자읽기'.클릭] 블록 안에 연결하고 블록의 [Screen1 〉 텍스트_받은문자] 블록을 클릭하여 ['텍스트_받은문자'.'텍스트'] 블록을 연결합니다.

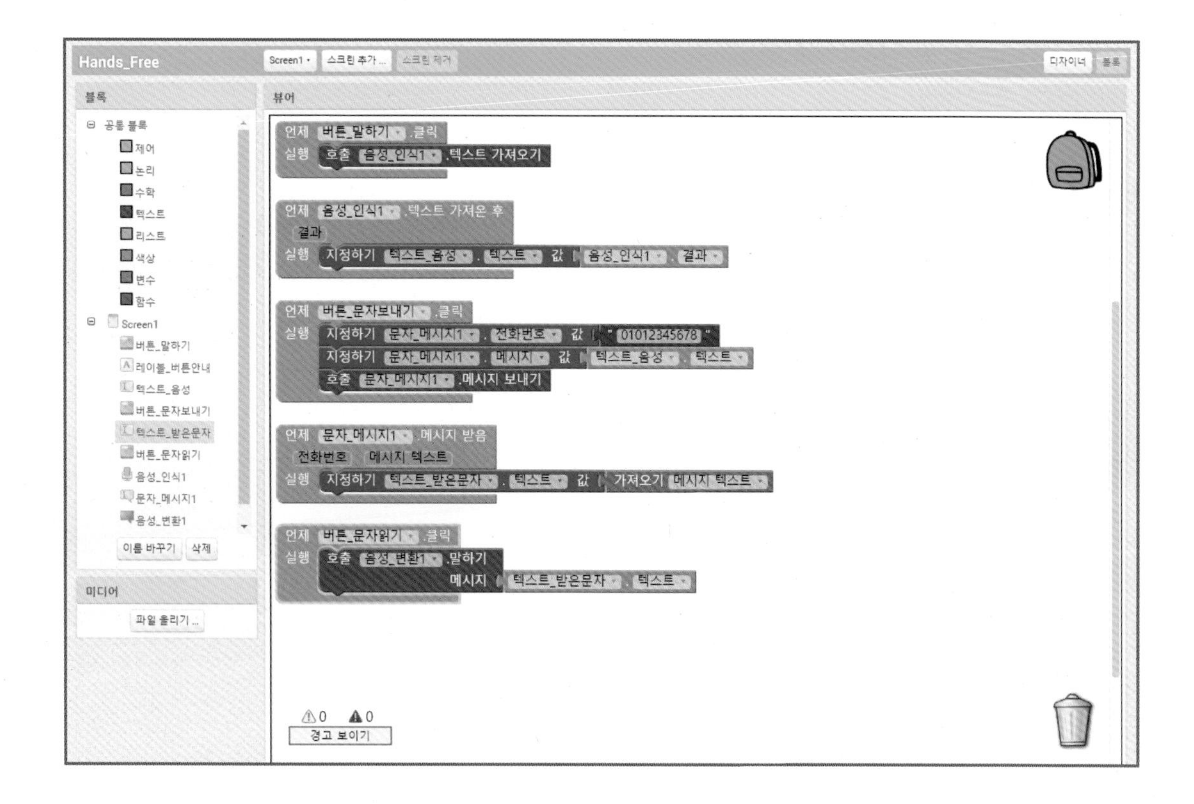

4 디자인하기

1) 디자이너 에서 컴포넌트의 속성 값 설정하기

01 [팔레트 〉 레이아웃]의 수평배치 컴포넌트를 뷰어의 [Screen1] 화면 위로 드래그 합니다.

02 [수평배치1]을 선택하고 다음과 같이 속성을 설정합니다.

- **수평 정렬** : 중앙
- **너비** : 부모에 맞추기
- 나머지 속성은 기본 설정 값 유지

03 컴포넌트의 [버튼_말하기]를 [수평배치1] 안으로 드래그 합니다.

04 [버튼_말하기] 버튼을 선택하고 다음과 같이 속성을 설정합니다.

- **이미지** : 'Mic.png' 파일 올리기
- **텍스트** : 빈칸 처리
- 나머지 속성은 이전 설정 값 유지

05 컴포넌트의 [레이블_버튼안내] 컴포넌트를 선택하고 다음과 같이 속성을 설정합니다.

- **너비** : 부모에 맞추기
- 나머지 속성은 이전 설정 값 유지

06 [팔레트 〉 레이아웃]의 수평배치 컴포넌트를 뷰어의 [Screen1] 화면 위로 드래그 합니다.

07 [수평배치2]를 선택하고 다음과 같이 속성을 설정합니다.

- **수평 정렬** : 중앙
- **너비** : 부모에 맞추기
- 나머지 속성은 기본 설정 값 유지

08 컴포넌트의 [버튼_문자보내기]를 [수평배치2] 안으로 드래그 합니다.

09 [버튼_문자보내기] 버튼을 선택하고 다음과 같이 속성을 설정합니다.

> • **이미지** : 'btn_send.png' 파일 올리기
> • **텍스트** : 빈칸 처리
> • 나머지 속성은 이전 설정 값 유지

10 [팔레트 〉 레이아웃]의 수평배치 컴포넌트를 뷰어의 [Screen1] 화면 위로 드래그 합니다.

11 [수평배치3]을 선택하고 다음과 같이 속성을 설정합니다.

> • **수평 정렬** : 중앙
> • **너비** : 부모에 맞추기
> • 나머지 속성은 기본 설정 값 유지

12 컴포넌트의 [버튼_문자읽기]를 [수평배치3] 안으로 드래그 합니다.

13 [버튼_문자읽기] 버튼을 선택하고 다음과 같이 속성을 설정합니다.

> • **이미지** : 'btn_send.png' 파일 올리기
> • **텍스트** : 문자 읽기
> • 나머지 속성은 이전 설정 값 유지

2) 블록 에서 블록으로 디자인하기

〈완성 화면의 구성요소들의 비율〉

01 [Screen1] 블록을 클릭하여 [언제 'Screen1'.초기화] 블록 뷰어 영역으로 드래그 합니다. 처음 화면이 켜질 때 구성요소들의 크기를 조정하는 명령으로 크기를 지정할 수 있습니다.

02 [버튼_음성하기]의 너비를 지정하기 위해 [지정하기 '버튼_말하기'.'너비' 값] 블록을 연결합니다. [버튼_음성하기]의 너비는 화면너비(Screen1.너비)의 1/3로 지정합니다.

03 [버튼_음성하기]의 높이를 지정하기 위해 [지정하기 '버튼_말하기'.'높이' 값] 블록을 연결합니다. [버튼_음성하기]의 높이는 화면높이(Screen1.높이)의 1/5로 지정합니다.

04 [텍스트_음성]의 높이를 지정하기 위해 [지정하기 '텍스트_음성'.'높이' 값] 블록을 연결합니다. [텍스트_음성]의 높이는 화면높이(Screen1.높이)의 1/5로 지정합니다.

05 [버튼_문자보내기]의 너비를 지정하기 위해 [지정하기 '버튼_문자보내기'.'너비' 값] 블록을 연결합니다. [버튼_문자보내기]의 너비는 화면너비(Screen1.너비)의 1/3로 지정합니다.

06 [텍스트_받은문자]의 높이를 지정하기 위해 [지정하기 '텍스트_받은문자'.'높이' 값] 블록을 연결합니다. [텍스트_받은문자]의 높이는 화면높이(Screen1.높이)의 1/5로 지정합니다.

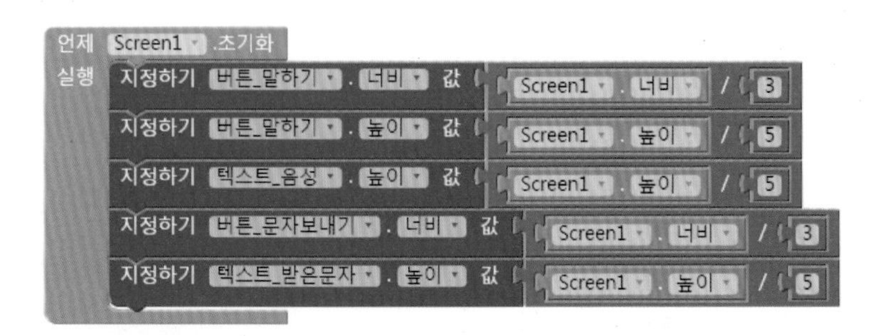

3) 디자이너 의 [Screen1] 컴포넌트 속성 [아이콘]에 이미지 파일 올리기

01 [Screen1] 블록을 클릭하여 준비한 아이콘 이미지(: Icon13.png) 파일을 올립니다.

02 스마트폰에 앱을 설치한 다음 실행합니다.

03 아이콘은 스마트폰에 앱이 설치되면 나타납니다.

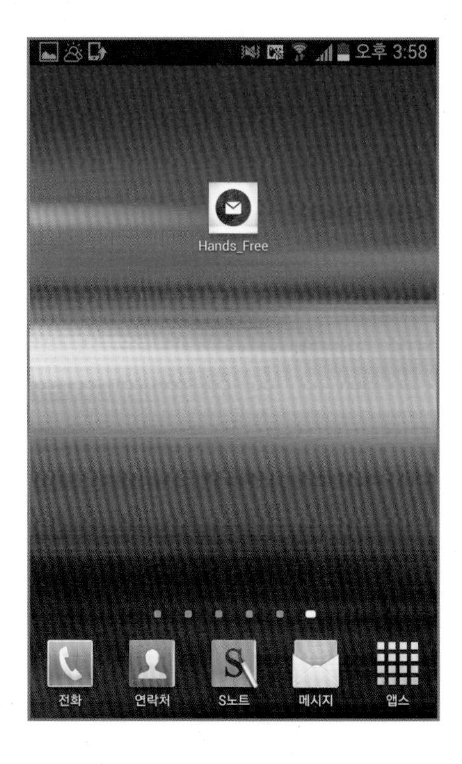

5 앱 전체 프로그램

```
언제 버튼_말하기 .클릭
실행 호출 음성_인식1 .텍스트 가져오기
```

```
언제 음성_인식1 .텍스트 가져온 후
  결과
실행 지정하기 텍스트_음성 . 텍스트 값 음성_인식1 . 결과
```

```
언제 버튼_문자보내기 .클릭
실행 지정하기 문자_메시지1 . 전화번호 값 " 01012345678 "
     지정하기 문자_메시지1 . 메시지 값 텍스트_음성 . 텍스트
     호출 문자_메시지1 .메시지 보내기
```

```
언제 문자_메시지1 .메시지 받음
  전화번호 메시지 텍스트
실행 지정하기 텍스트_받은문자 . 텍스트 값 가져오기 메시지 텍스트
```

```
언제 버튼_문자읽기 .클릭
실행 호출 음성_변환1 .말하기
               메시지 텍스트_받은문자 . 텍스트
```

```
언제 Screen1 .초기화
실행 지정하기 버튼_말하기 . 너비 값 Screen1 . 너비 / 3
     지정하기 버튼_말하기 . 높이 값 Screen1 . 높이 / 5
     지정하기 텍스트_음성 . 높이 값 Screen1 . 높이 / 5
     지정하기 버튼_문자보내기 . 너비 값 Screen1 . 너비 / 3
     지정하기 텍스트_받은문자 . 높이 값 Screen1 . 높이 / 5
```

생각키우기

01

숫자만 입력되는 텍스트 상자 기능을 이용하여 전화번호를 직접 입력 받아서 문자 메시지 보내는 앱을 만들어 보세요.

Hint

텍스트 상자의 '숫자만' 속성을 사용합니다.

02

전화번호가 입력되면 문자 메시지를 발송하고, 입력이 되지 않았을 때는 '전화번호를 입력하시오.'라는 메시지를 보여주는 앱을 만들어 보세요.

Hint

알림 컴포넌트의 [호출 '알림1'.경고창 나타내기] 블록과 제어 블록의 [만약_그러면_아니면] 블록을 사용합니다.

앱 · 인 · 벤 · 터 · 앱 · 인 · 벤 · 터 · 앱 · 인 · 벤 · 터 · 앱 · 인 · 벤 · 터

기본적인 컴포넌트에는 클릭을 하면 연결된 동작을 수행하는 버튼과 사용자 클릭에 따라 선택되거나 해제되는 체크 상자, 이미지를 보여주는 이미지, 텍스트 속성에 지정된 글을 화면에 표시하는 레이블, 사용자가 텍스트를 입력할 수 있는 텍스트 상자 등이 있으며, 정보를 저장하고 검색하기 위해 웹 서비스와 통신하는 저장소 컴포넌트를 사용하여 생활에 필요한 앱을 개발해 봅시다.

PART 04 사용자 인터페이스 & 저장소

Chapter 14

PART 04 | 사용자 인터페이스 & 저장소

버섯돌이 계산기 : Calculator

반복적인 작업을 빠르고 정확하게 해야 하는 분야에 앞으로는 로봇이 그 일을 대치할 것이라는 예측이 많이 나오고 있습니다. 그런데 이미 오래 전부터 이렇게 대치되어온 영역이 있습니다. 바로 수를 계산하는 계산기입니다. 이번 장에서는 간단한 사칙연산을 할 수 있는 버섯돌이 계산기 [Calculator] 앱을 만들어 보겠습니다.

01 앱 기획하기

1 앱의 기능

- 숫자를 2개 입력하기
- +, − , *, / 연산자를 클릭하면 수식과 결과에 값 보여주기
- [지우기] 버튼을 클릭하면 입력한 숫자와 수식과 결과를 초기 값으로 되돌리기

2 완성 화면 (프로젝트명 : Calculator)

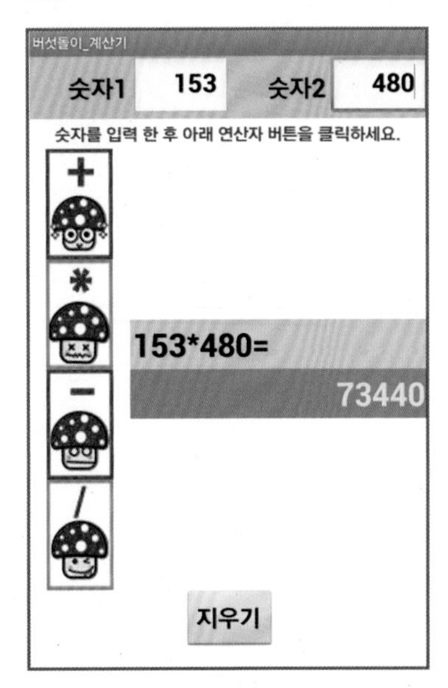

02 컴포넌트와 블록 익히기

1 컴포넌트

1) 대표 컴포넌트

컴포넌트		팔레트	설명
수평배치	수평배치	레이아웃	컴포넌트들을 화면에 가로로(왼쪽에서 오른쪽으로) 배치시키는 레이아웃 컴포넌트
레이블	레이블	사용자 인터페이스	텍스트 속성에 지정된 글을 화면에 표시하는 컴포넌트
텍스트 상자	텍스트 상자	사용자 인터페이스	사용자가 텍스트를 입력할 수 있는 상자
수직배치	수직배치	레이아웃	컴포넌트들이 차곡차곡 쌓이도록 배치하는 레이아웃 컴포넌트
버튼	버튼	사용자 인터페이스	클릭하면 연결된 동작을 수행하는 컴포넌트
알림	알림	사용자 인터페이스	경고창, 메시지, 임시 경고를 화면에 표시하거나 안드로이드 로그를 생성하는 컴포넌트

2) 사용 컴포넌트 리스트

종류	팔레트	이름 바꾸기	목적	속성
수평배치	레이아웃	수평배치1	레이블_숫자1, 텍스트_숫자1, 레이블_숫자2, 텍스트_숫자2 배치	– 수평 정렬 : 중앙 – 수직 정렬 : 가운데 – 배경색 : 주황 – 너비 : 부모에 맞추기
레이블	사용자 인터페이스	레이블_안내	앱 사용 설명	– 배경색 : 없음 – 글꼴 굵게 : 선택 – 글꼴 크기 : 14 – 너비 : 부모에 맞추기 – 텍스트 : 숫자를 입력한후 아래 연산자 버튼을 클릭하세요. – 텍스트 정렬 : 가운데 – 텍스트 색상 : 어두운 회색

종류	팔레트	이름 바꾸기	목적	속성
수평배치	레이아웃	수평배치2	수직배치1, 수직배치2 배치	– 수평 정렬 : 중앙 – 수직 정렬 : 가운데 – 높이 : 부모에 맞추기 – 너비 : 부모에 맞추기
수직배치	레이아웃	수직배치1	버튼_더하기, 버튼_곱하기, 버튼_빼기, 버튼_나누기 배치	– 수평 정렬 : 중앙 – 수직 정렬 : 가운데
수직배치	레이아웃	수직배치2	수평배치3, 수평배치4 배치	– 수평 정렬 : 중앙 – 수직 정렬 : 가운데 – 높이 : 부모에 맞추기 – 너비 : 부모에 맞추기
수평배치	레이아웃	수평배치3	레이블_수식 배치	– 수평 정렬 : 왼쪽 – 수직 정렬 : 가운데 – 배경색 : 밝은 회색 – 너비 : 부모에 맞추기
수평배치	레이아웃	수평배치4	레이블_결과 배치	– 수평 정렬 : 오른쪽 – 수직 정렬 : 가운데 – 배경색 : 회색 – 너비 : 부모에 맞추기
수평배치	레이아웃	수평배치5	버튼_지우기 배치	– 수평 정렬 : 중앙 – 수직 정렬 : 가운데 – 너비 : 부모에 맞추기
버튼	사용자 인터페이스	버튼_지우기	클릭하면 모든 값 처음으로 되돌리기	– 글꼴 굵게 : 선택 – 글꼴 크기 : 20 – 텍스트 : 지우기
알림	사용자 인터페이스	알림1	숫자 입력 확인을 위한 메시지창 나타내기	

2 블록

블록	컴포넌트	기능
언제 버튼_더하기 .클릭 실행	버튼	버튼을 클릭하면 블록 안의 블록을 실행한다.
호출 함수_숫자입력확인	함수	함수를 호출한다.
지정하기 레이블_수식 . 텍스트 값	레이블	레이블의 속성 중 텍스트 값을 지정한다.
+	수학	두 수를 더한 값을 반환한다.
또는	논리	양쪽의 조건 중 하나가 '참'이면 참을 반환한다.
=	논리	양쪽의 값이 같은지를 비교한다.
호출 알림1 .메시지창 나타내기 메시지 제목 버튼 텍스트	알림	제목과 버튼이 있는 메시지창을 나 타낸다.
함수 함수_이름 실행	함수	반환값이 없는 함수를 선언한다.
/	수학	두 수를 나눈 값을 반환한다.
합치기	텍스트	모든 입력들을 하나의 문자열로 합친다.
" "	텍스트	입력한 텍스트 문자열을 사용한다.
언제 Screen1 .초기화 실행	Screen	처음 화면이 켜지면 블록 안의 블록을 실행한다.

03 프로젝트 만들기

1 새 프로젝트 시작하기

1) 새 프로젝트 시작하기... 버튼을 클릭하면 나타나는 [새 앱 인벤터 프로젝트 생성] 팝업창에 프로젝트 이름으로 'Calculator'를 입력하고 [확인] 버튼을 클릭합니다.

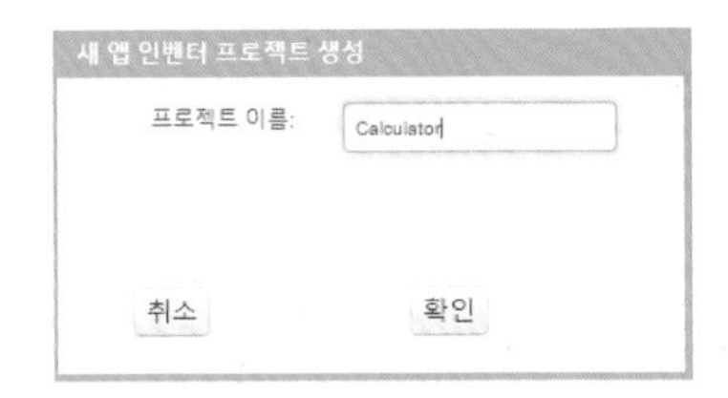

2) [Screen1]의 속성을 다음과 같이 설정합니다.

- **스크린 설명** : Calculator
- **앱 이름** : Calculator
- **스크롤 가능 여부** : 선택(디자인 할 때 한 화면을 넘어가므로 선택했다가 나중에 해제함)
- **제목** : 버섯돌이_계산기
- 나머지 속성은 기본 설정 값 유지

2 컴포넌트 구성하기 : 디자이너

1) 앱 사용 안내를 위해 [레이블] 3개 추가하기

01 [팔레트 > 사용자 인터페이스]의 레이블 컴포넌트를 뷰어의 [Screen1] 화면 위로 3개를 드래그 합니다.

02 [레이블1]을 선택하고 이름 바꾸기 버튼을 클릭하여 새 이름을 '레이블_숫자1'로 변경합니다.

03 [레이블2]를 선택하고 이름 바꾸기 버튼을 클릭하여 새 이름을 '레이블_숫자2'로 변경합니다.

04 [레이블_숫자1], [레이블_숫자2]의 속성을 다음과 같이 설정합니다.

- **글꼴 굵게** : 선택
- **글꼴 크기** : 20
- **너비** : 부모에 맞추기
- **텍스트** : 숫자1(레이블_숫자1의 경우), 숫자2(레이블_숫자2의 경우)
- **텍스트 정렬** : 오른쪽
- 나머지 속성은 기본 설정 값 유지

05 [레이블3]을 선택하고 이름 바꾸기 버튼을 클릭하여 새 이름을 '레이블_안내'로 변경합니다.

06 [레이블_안내]를 선택하고 다음과 같이 속성을 설정합니다.

- **배경색** : 없음
- **글꼴 굵게** : 선택
- **글꼴 크기** : 14
- **너비** : 부모에 맞추기
- **텍스트** : 숫자를 입력 한 후 아래 연산자 버튼을 클릭하세요.
- **텍스트 정렬** : 가운데
- **텍스트 색상** : 어두운 회색
- 나머지 속성은 기본 설정 값 유지

2) 숫자를 입력하기 위해 [텍스트 상자] 2개 추가하기

01 [팔레트 > 사용자 인터페이스]의 텍스트 상자 컴포넌트를 뷰어의 [Screen1] 화면의 [레이블_안내] 아래로 2개 드래그 합니다.

02 [텍스트_상자1]을 선택하고 이름 바꾸기 버튼을 클릭하여 새 이름을 '텍스트_숫자1'로 변경합니다.

03 [텍스트_상자2]를 선택하고 이름 바꾸기 버튼을 클릭하여 새 이름을 '텍스트_숫자2'로 변경합니다.

04 [텍스트_숫자1], [텍스트_숫자2]의 속성을 다음과 같이 설정합니다.

- **글꼴 굵게** : 선택
- **글꼴 크기** : 20
- **너비** : 부모에 맞추기
- **힌트** : 0
- **숫자만** : 선택
- **텍스트 정렬** : 오른쪽
- 나머지 속성은 기본 설정 값 유지

3) +, *, -, / 버튼을 위해 [버튼] 4개 추가하기

01 [팔레트 > 사용자 인터페이스]의 버튼 컴포넌트를 뷰어의 [Screen1] 화면의 [레이블_안내] 아래로 4개 드래그 합니다.

02 [버튼1]을 선택하고 이름 바꾸기 버튼을 클릭하여 새 이름을 '버튼_더하기'로 변경합니다.

03 [버튼2]를 선택하고 이름 바꾸기 버튼을 클릭하여 새 이름을 '버튼_곱하기'로 변경합니다.

04 [버튼3]을 선택하고 이름 바꾸기 버튼을 클릭하여 새 이름을 '버튼_빼기'로 변경합니다.

05 [버튼4]를 선택하고 이름 바꾸기 버튼을 클릭하여 새 이름을 '버튼_나누기'로 변경합니다.

06 [버튼_더하기], [버튼_곱하기],[버튼_빼기], [버튼_나누기]의 속성을 다음과 같이 설정합니다.

- **이미지** : 'Cal1.png'~'Cal4.png' 파일 올리기
- **텍스트** : 빈칸 처리
- 나머지 속성은 기본 설정 값 유지

4) 수식을 보여주기 위해 [레이블] 추가하기

01 [팔레트 〉 사용자 인터페이스]의 레이블 컴포넌트를 뷰어의 [Screen1] 화면 위로 드래그 합니다.

02 [레이블1]을 선택하고 이름 바꾸기 버튼을 클릭하여 새 이름을 '레이블_수식'으로 변경합니다.

03 [레이블_수식]을 선택하고 다음과 같이 속성을 설정합니다.

- **배경색** : 없음
- **글꼴 굵게** : 선택
- **글꼴 크기** : 25
- **텍스트** : 수식
- **텍스트 정렬** : 오른쪽
- **텍스트 색상** : 검정
- 나머지 속성은 기본 설정 값 유지

5) 결과를 보여주기 위해 [레이블] 추가하기

01 [팔레트 > 사용자 인터페이스]의 A 레이블 컴포넌트를 뷰어의 [Screen1] 화면 위로 드래그 합니다.

02 [레이블1]을 선택하고 이름 바꾸기 버튼을 클릭하여 새 이름을 '레이블_결과'로 변경합니다.

03 [레이블_결과]를 선택하고 다음과 같이 속성을 설정합니다.

- **배경색** : 없음
- **글꼴 굵게** : 선택
- **글꼴 크기** : 25
- **텍스트** : 결과
- **텍스트 정렬** : 왼쪽
- **텍스트 색상** : 노랑
- 나머지 속성은 기본 설정 값 유지

6) 결과를 지우기 위해 [버튼] 추가하기

01 [팔레트 > 사용자 인터페이스]의 버튼 컴포넌트를 뷰어의 [Screen1] 화면의 [레이블_결과] 아래로 드래그 합니다.

02 [버튼1]을 선택하고 이름 바꾸기 버튼을 클릭하여 새 이름을 '버튼_지우기'로 변경합니다.

03 [버튼_지우기]를 선택하고 다음과 같이 속성을 설정합니다.

- **글꼴 굵게** : 선택
- **글꼴 크기** : 20
- **텍스트** : 지우기
- 나머지 속성은 기본 설정 값 유지

7) 경고 메시지를 위해 '알림' 추가하기

01 [팔레트 〉 사용자 인터페이스]의 ⚠ 알림 컴포넌트를 뷰어의 [Screen1] 화면의 아래로 드래그 합니다.

3 프로그래밍하기 : 블록

1) 더하기 연산을 위해 [버튼] & [레이블] & [텍스트 상자] & [수학] & [텍스트] 블록을 사용합니다.

01 블록의 [Screen1 〉 버튼_더하기]을 클릭하여 [언제 '버튼_더하기'.클릭] 블록을 뷰어 영역으로 드래그 합니다.

02 블록의 [Screen1 〉 레이블_수식]을 클릭하여 [지정하기 '레이블_수식'.'텍스트' 값] 블록을 [언제 '버튼_더하기'.클릭] 블록 안에 연결합니다.

03 블록의 [공통 블록 〉 텍스트] 블록을 클릭하여 [합치기] 블록을 연결하고 문자열을 4개로 만든 다음 차례대로 위에서부터 다음과 같이 연결합니다.

04 블록의 [Screen1 〉 텍스트_숫자1]을 클릭하여 ['텍스트_숫자1'.'텍스트'] 블록을 합니다.

05 블록의 [공통 블록 〉 텍스트] 블록을 클릭하여 [" "] 텍스트 블록을 연결한 다음 '+'를 입력합니다.

06 블록의 [Screen1 〉 텍스트_숫자2]를 클릭하여 ['텍스트_숫자2'.'텍스트'] 블록을 합니다.

07 블록의 [공통 블록 〉 텍스트] 블록을 클릭하여 [" "] 텍스트 블록을 연결한 다음 '='을 입력합니다.

08 블록의 [Screen1 〉 레이블_결과]를 클릭하여 [지정하기 '레이블_결과'.'텍스트' 값] 블록을 [지정하기 '레이블_수식'.'텍스트' 값] 블록 아래에 연결합니다.

09 [공통 블록 〉 수학] 블록을 클릭하여 [ ] + [ ]를 연결한 후 ['텍스트_숫자1'.'텍스트'] 블록과 ['텍스트_숫자2'.'텍스트'] 블록을 연결합니다.

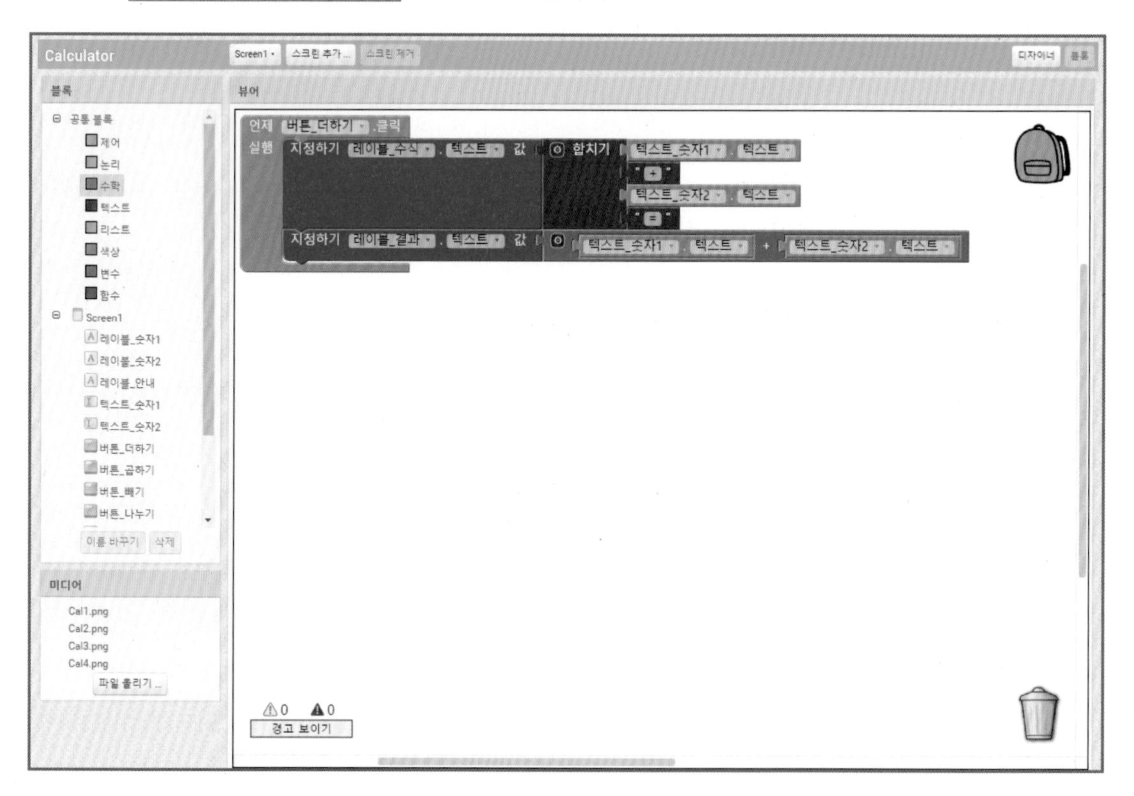

2) 곱하기/빼기/나누기 연산을 위해 [버튼] & [레이블] & [텍스트] & [수학] 블록을 사용합니다.

01 1)과 동일한 과정을 거치며 연산자에 따라 [" "] 텍스트 블록을 연결한 다음 '*, −, /'로 각각 입력합니다.

02 블록의 [Screen1 〉 레이블_결과]를 클릭하여 [지정하기 '레이블_결과'.'텍스트' 값] 블록에 연결하는 [공통 블록 〉 수학] 블록도 [ ] * [ ], [ ] − [ ], [ ] / [ ]로 각각 연결합니다.

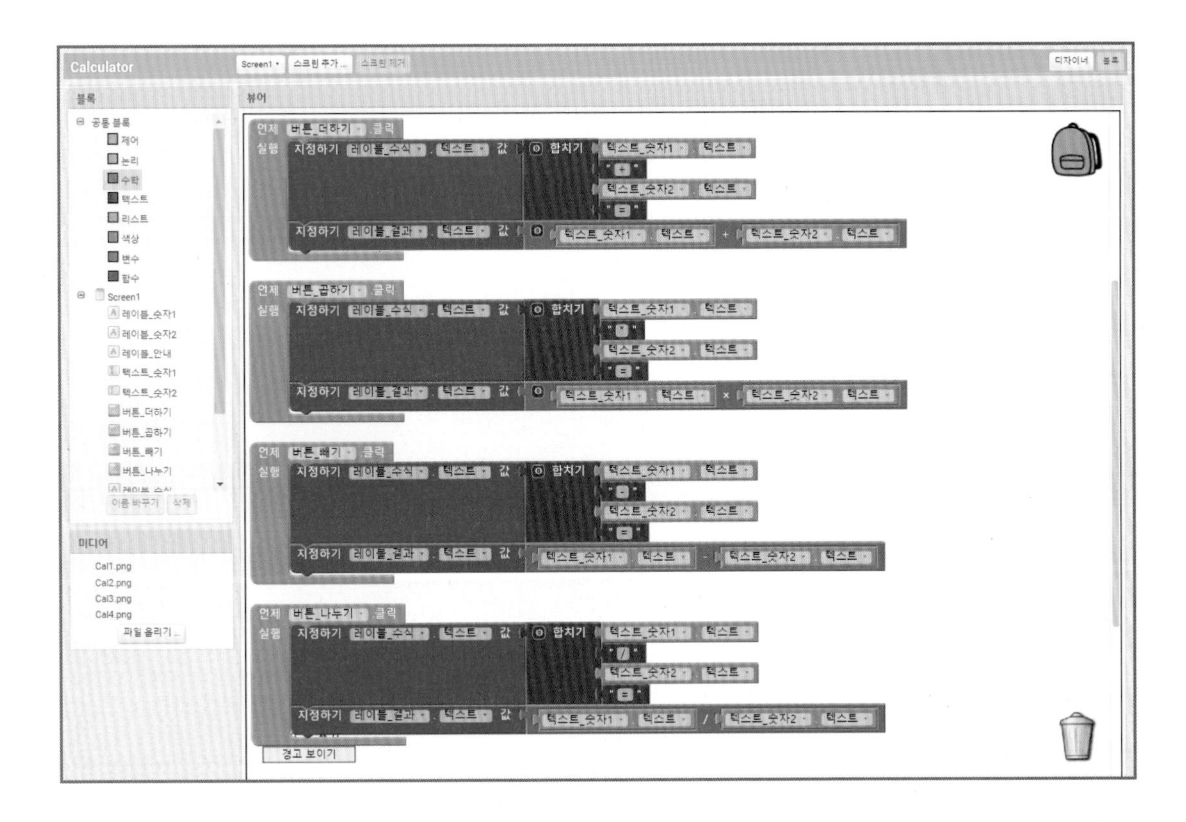

3) 숫자1과 숫자2에 숫자가 정확하게 입력됐는지 확인하기 위해 [함수] & [제어] & [논리] & [텍스트 상자] & [알림] & [텍스트] 블록을 사용합니다.

01 [공통 블록 〉 함수] 블록을 클릭하여 [함수 '함수 이름'] 블록을 뷰어 영역으로 드래그 한 다음 '함수_숫자입력확인'으로 이름을 변경합니다.

02 [공통 블록 〉 제어] 블록을 클릭하여 [만약 그러면] 블록을 [함수 '함수_숫자입력확인'] 블록 안에 연결합니다.

03 블록의 [공통 블록 〉 논리] 블록에서 [ ] 또는 [ ] 블록을 [만약]에 연결합니다. [ ] 또는 [ ] 앞에는 ['텍스트_숫자1'.'텍스트'] = [" "]을 연결하고 뒤에는 ['텍스트_숫자2'.'텍스트'] = [" "]을 연결합니다.

04 블록의 [Screen1 〉 알림1]을 클릭하여 [함수 '알림1'.메시지창 나타내기/메시지/제목/버튼 텍스트] 블록을 [ ] 또는 [ ] 블록 아래에 연결합니다. 메시지에 ['숫자를 정확하게 입력하세요.'] 텍스트 블록을 연결하고, 제목에 ['숫자입력확인'] 텍스트 블록을 연결하고, 버튼 텍스트에 ['확인'] 텍스트 블록을 연결합니다.

함수 함수_숫자입력확인
실행 만약 텍스트_숫자1 . 텍스트 = " " 또는 텍스트_숫자2 . 텍스트 = " "
그러면 호출 알림1 .메시지창 나타내기
메시지 " 숫자를 정확하게 입력하세요. "
제목 " 숫자입력확인 "
버튼 텍스트 " 확인 "

4) [함수 '함수_숫자입력확인'] 블록을 버튼을 클릭했을 때의 블록 안에 모두 연결합니다.

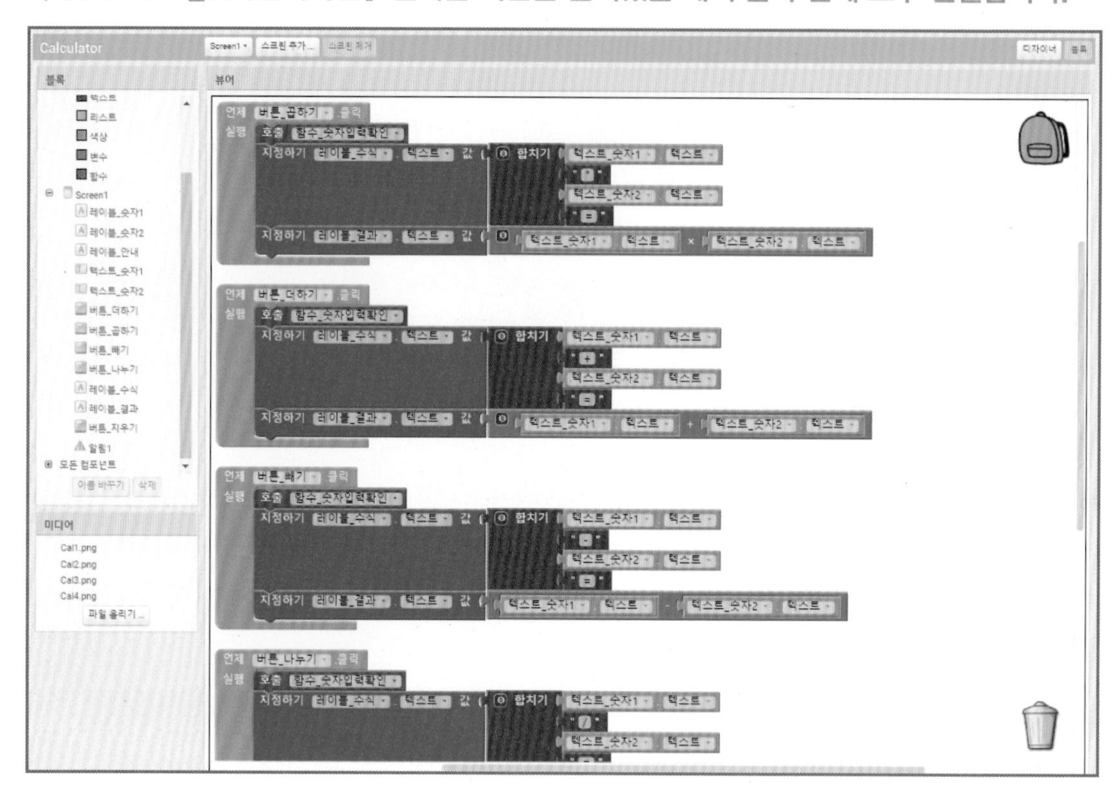

5) 다시 계산을 하려면 값들을 처음 값으로 돌리기 위해 [버튼] & [레이블] & [텍스트 상자] & [텍스트] 블록을 사용합니다.

01 블록의 [Screen1 〉 버튼_지우기]를 클릭하여 [언제 '버튼_지우기'.클릭] 블록을 뷰어 영역으로 드래그 합니다.

02 블록의 [Screen1 〉 텍스트_숫자1]을 클릭하여 [지정하기 '텍스트_숫자1'.'텍스트' 값] 블록을 [언제 '버튼_지우기'.클릭] 블록 안에 연결하고 [공통 블록 〉 텍스트] 블록을 클릭하여 [" "] 블록을 연결합니다.

03 블록의 [Screen1 〉 텍스트_숫자2]을 클릭하여 [지정하기 '텍스트_숫자2'.'텍스트' 값] 블록을 연결하고 [공통 블록 〉 텍스트] 블록을 클릭하여 [" "] 블록을 연결합니다.

04 블록의 [Screen1 〉 레이블_수식]을 클릭하여 [지정하기 '레이블_수식'.'텍스트' 값] 블록을 연결하고 [공통 블록 〉 텍스트] 블록을 클릭하여 [" "] 블록을 연결하고 '수식'으로 변경합니다.

05 블록의 [Screen1 〉 레이블_결과]를 클릭하여 [지정하기 '레이블_결과'.'텍스트' 값] 블록을 연결하고 [공통 블록 〉 텍스트] 블록을 클릭하여 [" "] 블록을 연결하고 '결과'로 변경합니다.

```
언제 버튼_지우기 .클릭
실행 지정하기 텍스트_숫자1 . 텍스트 값 " "
     지정하기 텍스트_숫자2 . 텍스트 값 " "
     지정하기 레이블_수식 . 텍스트 값 " 수식 "
     지정하기 레이블_결과 . 텍스트 값 " 결과 "
```

4 디자인하기

1) 디자이너에서 컴포넌트의 속성 값 설정하기

01 [팔레트 〉 레이아웃]의 수평배치 컴포넌트를 뷰어의 [Screen1] 화면의 가장 위로 드래그 합니다.

02 [수평배치1]을 선택하고 다음과 같이 속성을 설정합니다.

- **수평 정렬** : 중앙
- **수직 정렬** : 가운데
- **배경색** : 주황
- **너비** : 부모에 맞추기
- 나머지 속성은 기본 설정 값 유지

03 [레이블_숫자1], [텍스트_숫자1], [레이블_숫자2], [텍스트_숫자2]를 [수평배치1] 안으로 드래그 합니다.

04 [팔레트 〉 레이아웃]의 수평배치 컴포넌트를 뷰어의 [Screen1] 화면의 '레이블_안내' 아래로 드래그 합니다.

05 [수평배치2]를 선택하고 다음과 같이 속성을 설정합니다.

- **수평 정렬** : 중앙
- **수직 정렬** : 가운데
- **높이** : 부모에 맞추기
- **너비** : 부모에 맞추기
- 나머지 속성은 기본 설정 값 유지

06 [팔레트 〉 레이아웃]의 수직배치 컴포넌트를 뷰어의 [Screen1] 화면의 [수평배치2] 안으로 드래그 합니다.

07 [수직배치1]을 선택하고 다음과 같이 속성을 설정합니다.

- **수평 정렬** : 중앙
- **수직 정렬** : 가운데
- 나머지 속성은 기본 설정 값 유지

08 [버튼_더하기], [버튼_곱하기], [버튼_빼기], [버튼_나누기]를 [수직배치1] 안으로 드래그 합니다.

09 [팔레트 > 레이아웃]의 수직배치 컴포넌트를 뷰어의 [Screen1] 화면의 [수평배치2] 안으로 드래그 합니다.

10 [수직배치2]를 선택하고 다음과 같이 속성을 설정합니다.

- **수평 정렬** : 중앙
- **수직 정렬** : 가운데
- **높이** : 부모에 맞추기
- **너비** : 부모에 맞추기
- 나머지 속성은 기본 설정 값 유지

11 [팔레트 > 레이아웃]의 수평배치 컴포넌트를 뷰어의 [Screen1] 화면의 [수직배치2] 안으로 드래그 합니다.

12 [수평배치3]을 선택하고 다음과 같이 속성을 설정합니다.

- **수평 정렬** : 왼쪽
- **수직 정렬** : 가운데
- **배경색** : 밝은 회색
- **너비** : 부모에 맞추기
- 나머지 속성은 기본 설정 값 유지

13 [레이블_수식]을 [수평배치3] 안으로 드래그 합니다.

14 [팔레트 > 레이아웃]의 수평배치 컴포넌트를 뷰어의 [Screen1] 화면의 [수직배치2] 안의 [수평배치3] 아래로 드래그 합니다.

15 [수평배치4]을 선택하고 다음과 같이 속성을 설정합니다.

- **수평 정렬** : 오른쪽
- **수직 정렬** : 가운데
- **배경색** : 회색
- **너비** : 부모에 맞추기
- 나머지 속성은 기본 설정 값 유지

16 [레이블_결과]를 [수평배치4] 안으로 드래그 합니다.

17 [팔레트 > 레이아웃]의 수평배치 컴포넌트를 뷰어의 [Screen1] 화면의 [버튼_지우기] 위로 드래그 합니다.

18 [수평배치5]을 선택하고 다음과 같이 속성을 설정합니다.

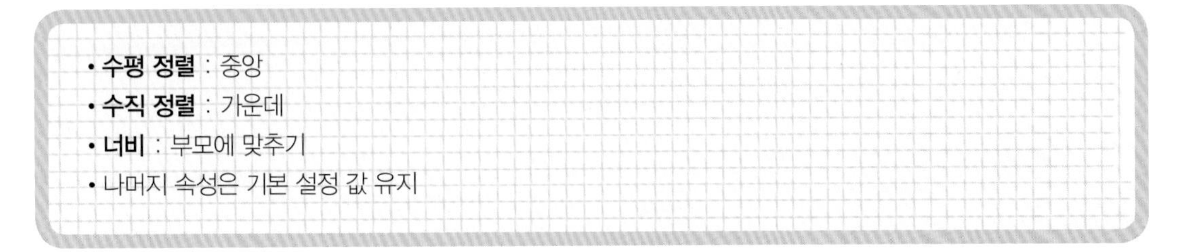

- **수평 정렬** : 중앙
- **수직 정렬** : 가운데
- **너비** : 부모에 맞추기
- 나머지 속성은 기본 설정 값 유지

19 [버튼_지우기]를 [수평배치5] 안으로 드래그 합니다.

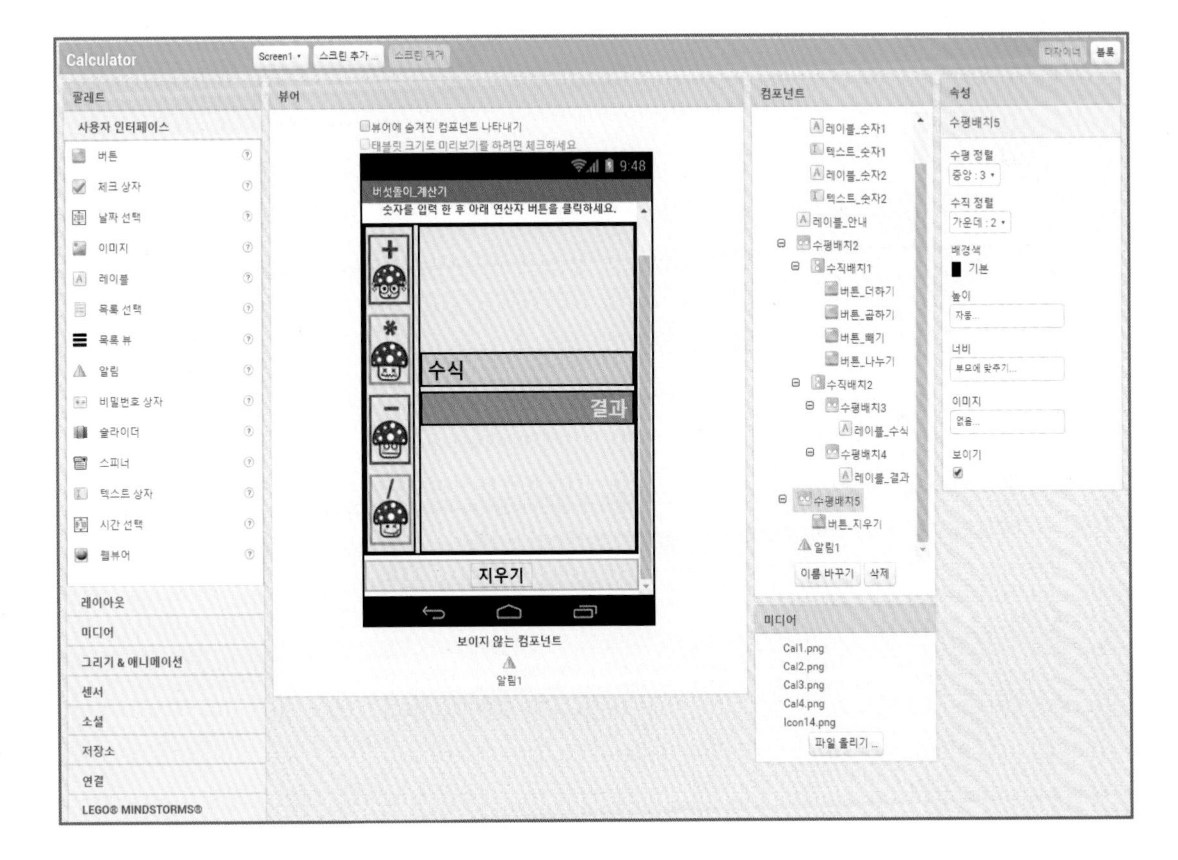

2) 블록 에서 블록으로 디자인하기

〈완성 화면의 구성요소들의 비율〉

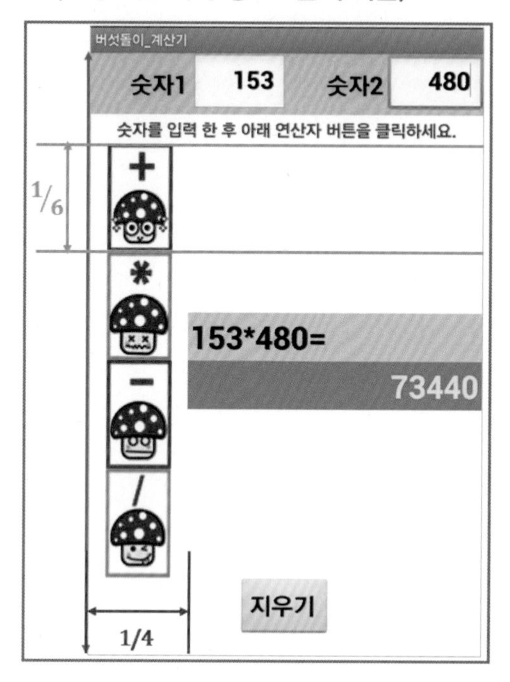

01 [Screen1] 블록을 클릭하여 [언제 'Screen1'.초기화] 블록 뷰어 영역으로 드래그 합니다.

02 [수직배치1]의 너비를 지정하기 위해 [지정하기 '수직배치1'.'너비' 값] 블록을 연결합니다. [수직배치1]의 너비는 화면너비(Screen1.너비)의 1/4로 지정합니다.

03 [버튼_더하기]의 높이를 지정하기 위해 [지정하기 '버튼_더하기'.'높이' 값] 블록을 연결합니다. [버튼_더하기]의 높이는 화면높이(Screen1.높이)의 1/6로 지정합니다.

04 [버튼_더하기]의 너비를 지정하기 위해 [지정하기 '버튼_더하기'.'너비' 값] 블록을 연결합니다. [버튼_더하기]의 너비는 화면너비(Screen1.너비)의 1/6로 지정합니다.

05 [버튼_곱하기]의 높이를 지정하기 위해 [지정하기 '버튼_곱하기'.'높이' 값] 블록을 연결합니다. [버튼_곱하기]의 높이는 화면높이(Screen1.높이)의 1/6로 지정합니다.

06 [버튼_곱하기]의 너비를 지정하기 위해 [지정하기 '버튼_곱하기'.'너비' 값] 블록을 연결합니다. [버튼_곱하기]의 너비는 화면너비(Screen1.너비)의 1/6로 지정합니다.

07 [버튼_빼기]의 높이를 지정하기 위해 [지정하기 '버튼_빼기'.'높이' 값] 블록을 연결합니다. [버튼_빼기]의 높이는 화면높이(Screen1.높이)의 1/6로 지정합니다.

08 [버튼_빼기]의 너비를 지정하기 위해 [지정하기 '버튼_빼기'.'너비' 값] 블록을 연결합니다. [버튼_빼기]의 너비는 화면너비(Screen1.너비)의 1/6로 지정합니다.

09 [버튼_나누기]의 높이를 지정하기 위해 **[지정하기 '버튼_나누기'.'높이' 값]** 블록을 연결합니다. [버튼_나누기]의 높이는 화면높이(Screen1.높이)의 1/6로 지정합니다.

10 [버튼_나누기]의 너비를 지정하기 위해 **[지정하기 '버튼_나누기'.'너비' 값]** 블록을 연결합니다. [버튼_나누기]의 너비는 화면너비(Screen1.너비)의 1/6로 지정합니다.

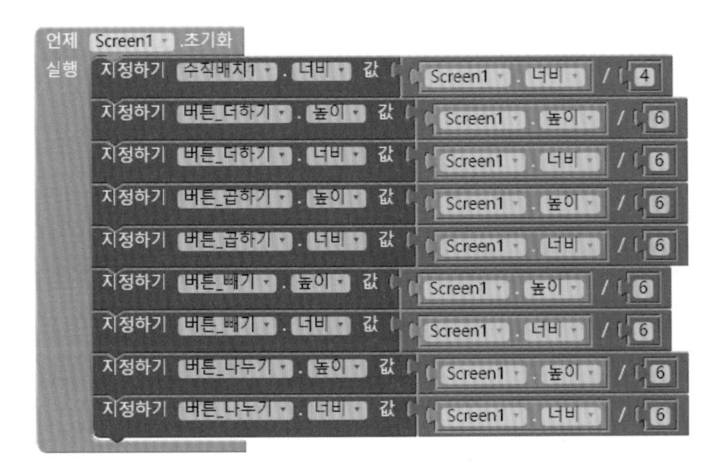

3) 디자이너의 [Screen1] 컴포넌트 속성 [아이콘]에 이미지 파일 올리기

01 [Screen1] 블록을 클릭하여 준비한 아이콘 이미지(: Icon14.png) 파일을 올립니다.

02 스마트폰에 앱을 설치한 다음 실행합니다.

03 아이콘은 스마트폰에 앱이 설치되면 나타납니다.

5 앱 전체 프로그램

```
언제 버튼_더하기 .클릭
실행 호출 함수_숫자입력확인
     지정하기 레이블_수식 . 텍스트 값 합치기 텍스트_숫자1 . 텍스트
                                          " + "
                                          텍스트_숫자2 . 텍스트
                                          " = "
     지정하기 레이블_결과 . 텍스트 값 텍스트_숫자1 . 텍스트 + 텍스트_숫자2 . 텍스트

언제 버튼_곱하기 .클릭
실행 호출 함수_숫자입력확인
     지정하기 레이블_수식 . 텍스트 값 합치기 텍스트_숫자1 . 텍스트
                                          " * "
                                          텍스트_숫자2 . 텍스트
                                          " = "
     지정하기 레이블_결과 . 텍스트 값 텍스트_숫자1 . 텍스트 × 텍스트_숫자2 . 텍스트

언제 버튼_빼기 .클릭
실행 호출 함수_숫자입력확인
     지정하기 레이블_수식 . 텍스트 값 합치기 텍스트_숫자1 . 텍스트
                                          " - "
                                          텍스트_숫자2 . 텍스트
                                          " = "
     지정하기 레이블_결과 . 텍스트 값 텍스트_숫자1 . 텍스트 - 텍스트_숫자2 . 텍스트

언제 버튼_나누기 .클릭
실행 호출 함수_숫자입력확인
     지정하기 레이블_수식 . 텍스트 값 합치기 텍스트_숫자1 . 텍스트
                                          " / "
                                          텍스트_숫자2 . 텍스트
                                          " = "
     지정하기 레이블_결과 . 텍스트 값 텍스트_숫자1 . 텍스트 / 텍스트_숫자2 . 텍스트

함수 함수_숫자입력확인
실행 만약 텍스트_숫자1 . 텍스트 = " " 또는 텍스트_숫자2 . 텍스트 = " "
     그러면 호출 알림1 .메시지창 나타내기
                   메시지 " 숫자를 정확하게 입력하세요. "
                   제목 " 숫자입력확인 "
                   버튼 텍스트 " 확인 "

언제 Screen1 .초기화
실행 지정하기 수직배치1 . 너비 값 Screen1 . 너비 / 4
     지정하기 버튼_더하기 . 높이 값 Screen1 . 높이 / 6
     지정하기 버튼_더하기 . 너비 값 Screen1 . 너비 / 6
     지정하기 버튼_곱하기 . 높이 값 Screen1 . 높이 / 6
     지정하기 버튼_곱하기 . 너비 값 Screen1 . 너비 / 6
     지정하기 버튼_빼기 . 높이 값 Screen1 . 높이 / 6
     지정하기 버튼_빼기 . 너비 값 Screen1 . 너비 / 6
     지정하기 버튼_나누기 . 높이 값 Screen1 . 높이 / 6
     지정하기 버튼_나누기 . 너비 값 Screen1 . 너비 / 6

언제 버튼_지우기 .클릭
실행 지정하기 텍스트_숫자1 . 텍스트 값 " "
     지정하기 텍스트_숫자2 . 텍스트 값 " "
     지정하기 레이블_수식 . 텍스트 값 " 수식 "
     지정하기 레이블_결과 . 텍스트 값 " 결과 "
```

생각키우기

01

숫자1 다음에 연산자(+,*,–,/)를 선택하고 그 다음에 숫자2를 입력하는 순서가 있는 계산기를 만들어 보세요.

Hint

블록의 [공통 블록 〉 변수] 블록을 클릭하여 **[전역변수 초기화 '변수 이름' 값]** 블록을 사용합니다.

02

사칙연산 부분을 함수로 정의하여 호출하는 앱을 만들어 보세요.

Hint

블록의 [공통 블록 〉 함수] 블록을 클릭하여 **[함수 '함수 이름']** 블록을 사용합니다.

Chapter 15

PART 04 | 사용자 인터페이스 & 저장소

멀티 웹뷰어 : Favorites 앱

요즘은 어떤 것에 대해서 알아보기 위해서 지구 반대편에 있는 사람들로부터도 쉽게 정보를 얻을 수가 있습니다. 그것은 바로 인터넷이라는 것을 통해서 가능하며 그것을 기반으로 우리는 웹 브라우저를 통해 서비스되고 있는 포털 사이트를 사용하고 있답니다. 이렇게 서비스되고 있는 다양한 포털 사이트 중 내가 자주 사용하는 웹 페이지들을 하나의 화면에서 확인할 수 있는 [Favorites] 앱을 만들어 보겠습니다.

01 앱 기획하기

1 앱의 기능

- 3개의 포털 사이트 버튼 만들기
- 버튼을 클릭하면 해당 포털 사이트 보여주기

2 완성 화면 (프로젝트명 : Favorites)

02 컴포넌트와 블록 익히기

1 컴포넌트

1) 대표 컴포넌트

컴포넌트		팔레트	설명
버튼	버튼	사용자 인터페이스	클릭하면 연결된 동작을 수행하는 컴포넌트
레이블	레이블	사용자 인터페이스	텍스트 속성에 지정된 글을 화면에 표시하는 컴포넌트
수평배치	수평배치	레이아웃	컴포넌트들을 화면에 가로로(왼쪽에서 오른쪽 으로) 배치시키는 레이아웃 컴포넌트
웹뷰어	웹뷰어	사용자 인터페이스	웹 페이지를 보여주기 위한 컴포넌트

2) 사용 컴포넌트 리스트

종류	팔레트	이름 바꾸기	목적	속성
수평배치	레이아웃	수평배치1	버튼_Naver, 버튼_Daum, 버튼_Google, 레이블_디자인1, 레이블_디자인2 배치	– 수평 정렬 : 중앙 – 수직 정렬 : 가운데 – 배경색 : 밝은 회색 – 너비 : 부모에 맞추기
버튼	사용자 인터페이스	버튼_Naver	네이버 웹 페이지로 이동 버튼	– 너비 : 부모에 맞추기 – 이미지 : 'naver.png' 파일 올리기 – 텍스트 : 빈칸 처리
버튼	사용자 인터페이스	버튼_Daum	다음 웹 페이지로 이동 버튼	– 너비 : 부모에 맞추기 – 이미지 : 'daum.png' 파일 올리기 – 텍스트 : 빈칸 처리
버튼	사용자 인터페이스	버튼_Google	구글 웹 페이지로 이동 버튼	– 너비 : 부모에 맞추기 – 이미지 : 'google.png' 파일 올리기 – 텍스트 : 빈칸 처리

종류	팔레트	이름 바꾸기	목적	속성
레이블	사용자 인터페이스	레이블_디자인1	버튼과 웹뷰어 영역의 구분	– 배경색 : 밝은 회색 – 높이 : 1pixels – 너비 : 부모에 맞추기
수평배치	레이아웃	수평배치2	웹뷰어 배치	– 수평 정렬 : 중앙 – 수직 정렬 : 가운데 – 배경색 : 없음 – 높이 : 부모에 맞추기 – 너비 : 부모에 맞추기 – 이미지 : 'back.png' 파일 올리기

2 블록

블록	컴포넌트	기능
언제 버튼_Naver .클릭 실행	버튼	버튼을 클릭하면 블록 안의 블록을 실행한다.
호출 웹뷰어1 .URL로 이동 url	함수	함수를 호출한다.
지정하기 웹뷰어1 . 보이기 값	웹뷰어	웹뷰어의 속성 중 보이기 값을 지정한다.
참	논리	'참' 또는 '거짓'으로 값을 지정한다.
지정하기 버튼_Naver . 높이 값	버튼	버튼의 속성 중 높이 값을 지정한다.
언제 Screen1 .초기화 실행	Screen	처음 화면이 켜지면 블록 안의 블록을 실행한다.
/	수학	두 수를 나눈 값을 반환한다.
" "	텍스트	입력한 텍스트 문자열을 사용한다.

03 프로젝트 만들기

1 새 프로젝트 시작하기

1) 새 프로젝트 시작하기... 버튼을 클릭하면 나타나는 [새 앱 인벤터 프로젝트 생성] 팝업창에 프로젝트 이름으로 'Favorites'를 입력하고 [확인] 버튼을 클릭합니다.

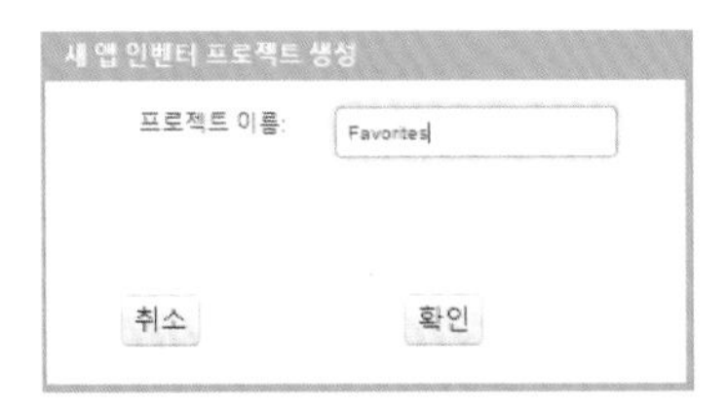

2) [Screen1]의 속성 중 [스크린 설명], [앱 이름], [제목]을 'Favorites'로 변경합니다.

2 컴포넌트 구성하기 : 디자이너

1) 네이버 웹 페이지로 이동하기 위해 [버튼] 추가하기

01 [팔레트 〉 사용자 인터페이스]의 버튼 컴포넌트를 뷰어의 [Screen1] 화면 위로 드래그 합니다.

02 [버튼1]을 선택하고 이름 바꾸기 버튼을 클릭하여 새 이름을 '버튼_Naver'로 변경합니다.

03 [버튼_Naver]를 선택하고 다음과 같이 속성을 설정합니다.

- **너비** : 부모에 맞추기
- **이미지** : 'naver.png' 파일 올리기
- **텍스트** : 빈칸 처리
- 나머지 속성은 기본 설정 값 유지

2) 다음 웹 페이지로 이동하기 위해 [버튼] 추가하기

01 [팔레트 〉 사용자 인터페이스]의 버튼 컴포넌트를 뷰어의 [Screen1] 화면 위로 드래그 합니다.

02 [버튼1]을 선택하고 이름 바꾸기 버튼을 클릭하여 새 이름을 '버튼_Daum'으로 변경합니다.

03 [버튼_Daum]를 선택하고 다음과 같이 속성을 설정합니다.

- **너비** : 부모에 맞추기
- **이미지** : 'daum.png' 파일 올리기
- **텍스트** : 빈칸 처리
- 나머지 속성은 기본 설정 값 유지

3) 구글 웹 페이지로 이동하기 위해 [버튼] 추가하기

01 [팔레트 〉 사용자 인터페이스]의 버튼 컴포넌트를 뷰어의 [Screen1] 화면 위로 드래그 합니다.

02 [버튼1]을 선택하고 이름 바꾸기 버튼을 클릭하여 새 이름을 '버튼_Google'으로 변경합니다.

03 [버튼_Google]를 선택하고 다음과 같이 속성을 설정합니다.

- **너비** : 부모에 맞추기
- **이미지** : 'google.png' 파일 올리기
- **텍스트** : 빈칸 처리
- 나머지 속성은 기본 설정 값 유지

4) 웹 페이지를 보여주기 위해 [웹뷰어] 추가하기

01 [팔레트 > 사용자 인터페이스]의 웹뷰어 컴포넌트를 뷰어의 [Screen1] 화면의 [버튼_Google] 아래로 드래그 합니다.

02 [웹뷰어1]을 선택하고 다음과 같이 속성을 설정합니다.

- **보이기** : 해제(첫 화면에 배경의 이미지를 보여주기 위해 디자인이 끝나면 해제로 설정한 후 블록에서 보이기로 설정하기)
- 나머지 속성은 기본 설정 값 유지

3 프로그래밍하기 : 블록

1) Naver 웹 페이지로 이동하기 위해 [버튼_Naver] & [웹뷰어1] & [텍스트] 블록을 사용합니다.

01 블록의 [Screen1 〉 버튼_Naver] 블록을 클릭하여 [언제 '버튼_Naver'.클릭] 블록을 뷰어 영역으로 드래그 합니다.

02 블록의 [Screen1 〉 웹뷰어1] 블록을 클릭하여 [호출 '웹뷰어1'.URL로 이동] 블록을 [언제 '버튼_Naver'.클릭] 블록 안에 연결합니다.

03 블록의 [공통 블록 〉 텍스트] 블록을 클릭하여 [" "] 블록을 url에 연결하고 '`http://www.naver.com/`'을 입력합니다.

2) Daum 웹 페이지로 이동하기 위해 [버튼_Daum] & [웹뷰어1] & [텍스트] 블록을 사용합니다.

01 블록의 [Screen1 〉 버튼_Daum] 블록을 클릭하여 [언제 '버튼_Daum'.클릭] 블록을 뷰어 영역으로 드래그 합니다.

02 블록의 [Screen1 〉 웹뷰어1] 블록을 클릭하여 [호출 '웹뷰어1'.URL로 이동] 블록을 [언제 '버튼_Daum'.클릭] 블록 안에 연결합니다.

03 블록의 [공통 블록 〉 텍스트] 블록을 클릭하여 [" "] 블록을 url에 연결하고 'http://www.daum.net/'을 입력합니다.

3) Google 웹 페이지로 이동하기 위해 [버튼_Google] & [웹뷰어1] & [텍스트] 블록을 사용합니다.

01 블록의 [Screen1 〉 버튼_Google] 블록을 클릭하여 [언제 '버튼_Google'.클릭] 블록을 뷰어 영역으로 드래그 합니다.

02 블록의 [Screen1 〉 웹뷰어1] 블록을 클릭하여 [호출 '웹뷰어1'.URL로 이동] 블록을 [언제 '버튼_Google'.클릭] 블록 안에 연결합니다.

03 블록의 [공통 블록 〉 텍스트] 블록을 클릭하여 [" "] 블록을 url에 연결하고 'http://www.google.com/'을 입력합니다.

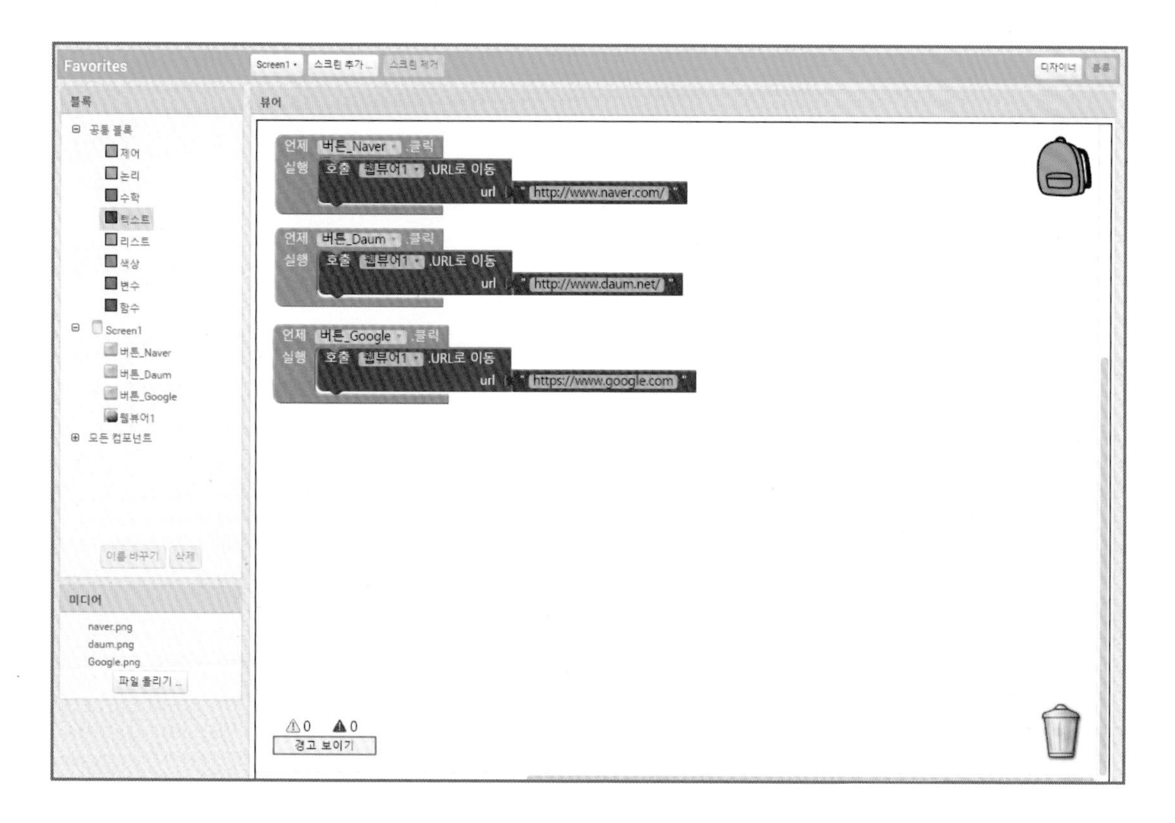

4) 웹뷰어를 보이게 하기 위해 [웹뷰어1] & [논리] 블록을 사용합니다.

01 블록의 [Screen1 〉 웹뷰어1] 블록을 클릭하여 [지정하기 '웹뷰어1'.'보이기' 값] 블록을 [호출 '웹뷰어1'.URL로 이동] 블록 아래로 연결합니다.

02 블록의 [공통 블록 〉 함수] 블록을 클릭하여 [참] 블록을 연결합니다.

4 디자인하기

1) 디자이너 에서 컴포넌트의 속성 값 설정하기

01 [팔레트 〉 레이아웃]의 수평배치 컴포넌트를 뷰어의 [Screen1] 화면 위로 드래그 합니다.

02 [수평배치1]을 선택하고 다음과 같이 속성을 설정합니다.

- **수평 정렬** : 중앙
- **수직 정렬** : 가운데
- **배경색** : 밝은 회색
- **너비** : 부모에 맞추기
- 나머지 속성은 기본 설정 값 유지

03 컴포넌트의 [버튼_Naver], [버튼_Daum], [버튼_Google]를 [수평배치1] 안으로 차례로 드래그 합니다.

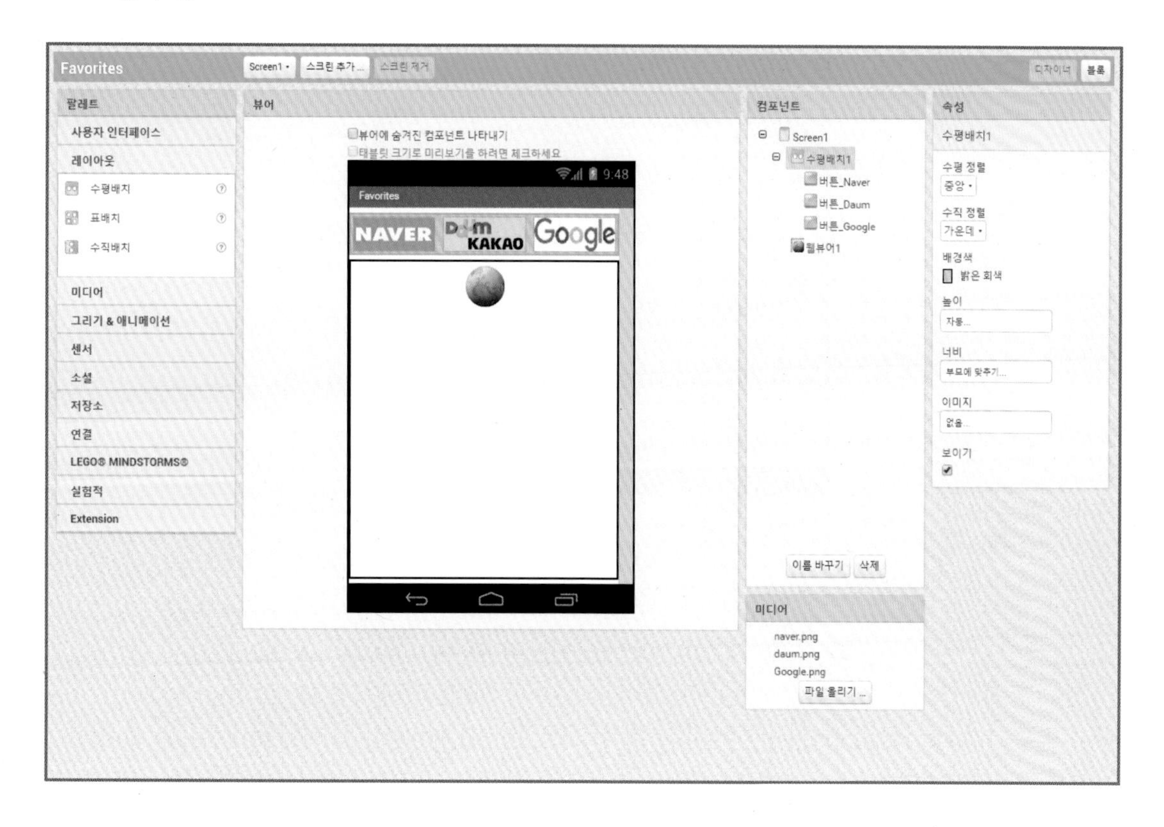

04 버튼과 웹뷰어를 구분하기 위해 [팔레트 > 사용자 인터페이스]의 A 레이블 컴포넌트를 뷰어의 [Screen1] 화면의 [웹뷰어1] 위로 드래그 합니다.

05 [레이블1]을 선택하고 이름 바꾸기 버튼을 클릭하여 새 이름을 '레이블_디자인1'로 변경합니다.

06 [레이블_디자인1]을 선택하고 다음과 같이 속성을 설정합니다.

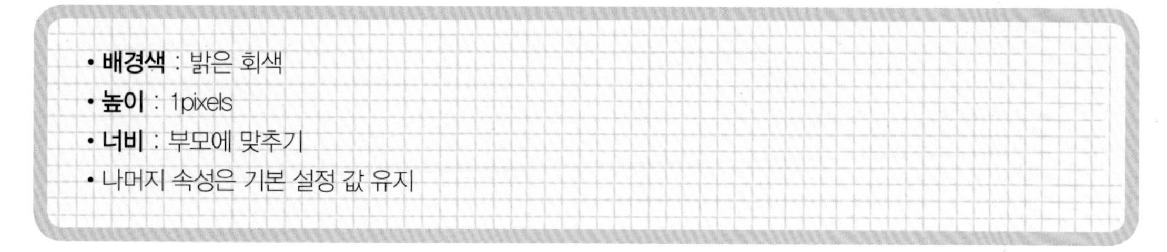

- **배경색** : 밝은 회색
- **높이** : 1pixels
- **너비** : 부모에 맞추기
- 나머지 속성은 기본 설정 값 유지

07 [팔레트 〉 레이아웃]의 수평배치 컴포넌트를 뷰어의 [Screen1] 화면의 [웹뷰어1] 위로 드래그 합니다.

08 [수평배치2]를 선택하고 다음과 같이 속성을 설정합니다.

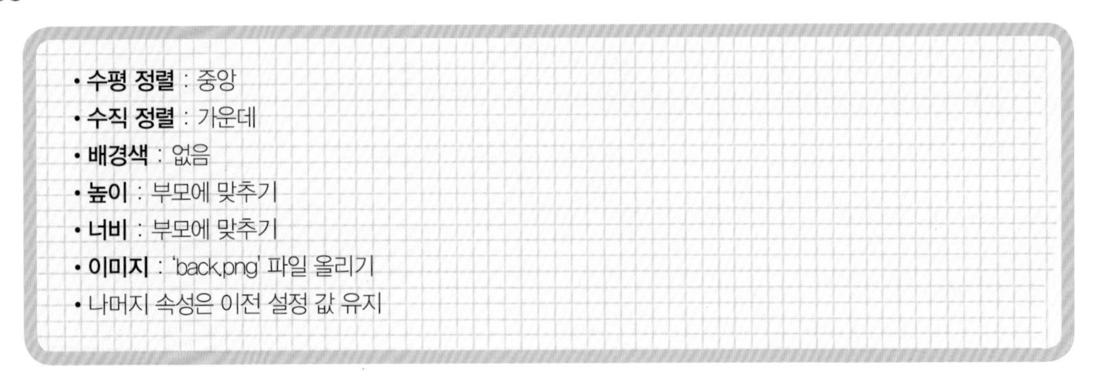

- **수평 정렬** : 중앙
- **수직 정렬** : 가운데
- **배경색** : 없음
- **높이** : 부모에 맞추기
- **너비** : 부모에 맞추기
- **이미지** : 'back.png' 파일 올리기
- 나머지 속성은 이전 설정 값 유지

09 컴포넌트의 [웹뷰어1]을 [수평배치2] 안으로 차례로 드래그 합니다.

10 [수평배치2]의 배경 이미지를 보이게 하기 위해 [웹뷰어1]의 속성 중 [보이기] 선택을 해제합니다.

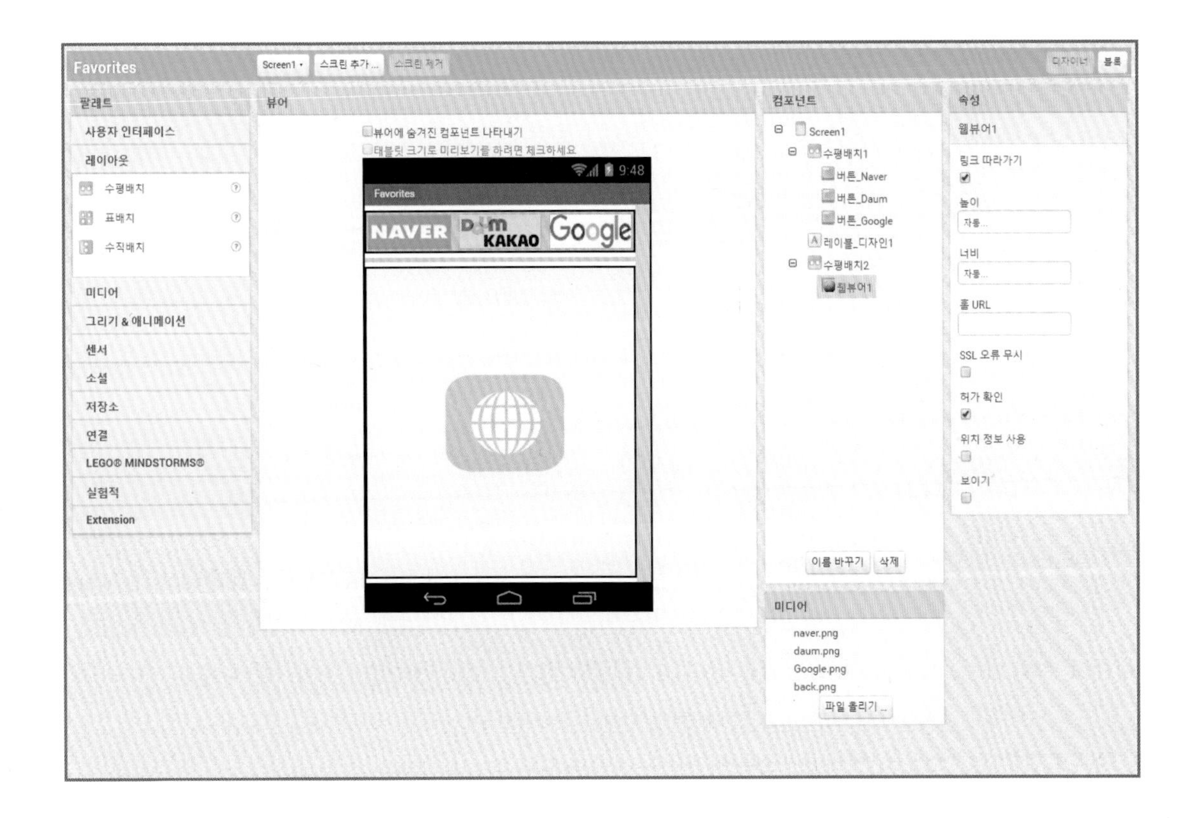

2) 블록 에서 블록으로 디자인하기

〈완성 화면의 구성요소들의 비율〉

01 [Screen1] 블록을 클릭하여 [언제 'Screen1'.초기화] 블록 뷰어 영역으로 드래그 합니다. 처음 화면이 켜질 때 구성요소들의 크기를 조정하는 명령으로 크기를 지정할 수 있습니다.

02 [버튼_Naver]의 높이를 지정하기 위해 [지정하기 '버튼_Naver'.'높이' 값] 블록을 연결합니다. [버튼_Naver]의 높이는 화면높이(Screen1.높이)의 1/12로 지정합니다.

03 [버튼_Daum]의 높이를 지정하기 위해 [지정하기 '버튼_Daum'.'높이' 값] 블록을 연결합니다. [버튼_Daum]의 높이는 화면높이(Screen1.높이)의 1/12로 지정합니다.

04 [버튼_Google]의 높이를 지정하기 위해 [지정하기 '버튼_Google.'높이' 값] 블록을 연결합니다. [버튼_Google]의 높이는 화면높이(Screen1.높이)의 1/12로 지정합니다.

05 [버튼_Naver]의 너비를 지정하기 위해 [지정하기 '버튼_Naver'.'너비' 값] 블록을 연결합니다. [버튼_Naver]의 너비는 화면너비(Screen1.너비)의 1/3로 지정합니다.

06 [버튼_Daum의 너비를 지정하기 위해 [지정하기 '버튼_Daum'.'너비' 값] 블록을 연결합니다. [버튼_Daum]의 너비는 화면너비(Screen1.너비)의 1/3로 지정합니다.

07 [버튼_Google]의 너비를 지정하기 위해 [지정하기 '버튼_Google'.'너비' 값] 블록을 연결합니다. [버튼_Google]의 너비는 화면너비(Screen1.너비)의 1/3로 지정합니다.

3) 디자이너 의 [Screen1] 컴포넌트 속성 [아이콘]에 이미지 파일 올리기

01 [Screen1] 블록을 클릭하여 준비한 아이콘 이미지(: Icon15.png) 파일을 올립니다.

02 스마트폰에 앱을 설치한 다음 실행합니다.

03 아이콘은 스마트폰에 앱이 설치되면 나타납니다.

5 앱 전체 프로그램

```
언제 버튼_Naver .클릭
실행 호출 웹뷰어1 .URL로 이동
                url " http://www.naver.com/ "
     지정하기 웹뷰어1 . 보이기 값 참

언제 버튼_Daum .클릭
실행 호출 웹뷰어1 .URL로 이동
                url " http://www.daum.net/ "
     지정하기 웹뷰어1 . 보이기 값 참

언제 버튼_Google .클릭
실행 호출 웹뷰어1 .URL로 이동
                url " https://www.google.com "
     지정하기 웹뷰어1 . 보이기 값 참

언제 Screen1 .초기화
실행 지정하기 버튼_Naver . 높이 값 Screen1 . 높이 / 12
     지정하기 버튼_Daum . 높이 값 Screen1 . 높이 / 12
     지정하기 버튼_Google . 높이 값 Screen1 . 높이 / 12
     지정하기 버튼_Naver . 너비 값 Screen1 . 너비 / 3
     지정하기 버튼_Daum . 너비 값 Screen1 . 너비 / 3
     지정하기 버튼_Google . 너비 값 Screen1 . 너비 / 3
```

생각키우기

01

버튼을 사용해서 즐겨찾기 웹 사이트를 2개 더 추가해 보세요.

Hint

[팔레트 〉 사용자 인터페이스]의 버튼 컴포넌트를 사용합니다.

– 페이스북 : http://www.facebook.com
– 유튜브 : http://www.youtube.com

02

버튼에 연결된 웹 사이트 정보를 [목록 선택] 컴포넌트를 사용하여 동일한 기능을 하는 앱으로 수정하세요.

Hint

[리스트 만들기] 블록과 [목록 선택]의 [언제 '목록'.선택 전] 블록과 [언제 '목록'.선택 후] 블록을 사용합니다.

Chapter 16

PART 04 | 사용자 인터페이스 & 저장소

용돈 기입장 : PocketMoney 앱

부모님께 받은 용돈을 사용하면서 용돈을 잘 관리하기 위해 사용할 때마다 용돈 기입장을 작성해 보관할 수 있다면 언제, 어디에, 얼마를 썼는지 잊어먹지 않고 기억할 수 있어서 유용할 것 같고 용돈을 규모 있게 잘 관리할 수 있어서 좋을 것 같습니다. 이번 장에는 간단한 용돈 기입장인 [PocketMoney] 앱을 만들어 보겠습니다. 앞으로 용돈을 잘 관리해서 부모님께 칭찬 받는 친구들이 되었으면 좋겠습니다.

01 앱 기획하기

1 앱의 기능

- 일자, 내용, 금액을 입력 받기
- 저장 버튼을 클릭하면 앞에서 입력한 내용이 웹 DB에 저장하기
- 저장된 내용들이 모두 조회하기

2 완성 화면 (프로젝트명 : PocketMoney)

[Screen1] [Screen2]

02 컴포넌트와 블록 익히기

1 컴포넌트

1) 대표 컴포넌트

컴포넌트		팔레트	설명
수평배치	수평배치	레이아웃	컴포넌트들을 화면에 가로로(왼쪽에서 오른쪽으로) 배치시키는 레이아웃 컴포넌트
레이블	레이블	사용자 인터페이스	텍스트 속성에 지정된 글을 화면에 표시하는 컴포넌트
텍스트 상자	텍스트 상자	사용자 인터페이스	사용자가 텍스트를 입력할 수 있는 상자
버튼	버튼	사용자 인터페이스	클릭하면 연결된 동작을 수행하는 컴포넌트
TinyWebDB	TinyWebDB	저장소	정보를 저장하고 검색하기 위해 웹 서비스와 통신 하는 숨겨진 컴포넌트
알림	알림	사용자 인터페이스	경고창, 메시지, 임시 경고를 화면에 표시하거나 안드로이드 로그를 생성하는 컴포넌트
시계	시계	센서	스마트폰의 시계, 타이머, 그리고 시간 계산 기능을 제공하는 보이지 않는 컴포넌트

2) 사용 컴포넌트 리스트

종류	팔레트	이름 바꾸기	목적	속성
Screen		Screen1	Intro 화면	– 스크린 설명 : Intro – 앱 이름 : PocketMoney – 배경 이미지 : 'Intro.png' 파일 올리기 – 제목 : Intro
시계	센서	시계1	Intro 화면에서 Screen2로 이동하는 타임 체크	– 타이머 간격 : 3000(3초를 뜻함)
수평배치	레이아웃	수평배치1	레이블_일자, 텍스트_일자 배치	– 수평 정렬 : 중앙 – 수직 정렬 : 가운데 – 너비 : 부모에 맞추기

종류	팔레트	이름 바꾸기	목적	속성
수평배치	레이아웃	수평배치2	레이블_내용, 텍스트_내용 배치	– 수평 정렬 : 중앙 – 수직 정렬 : 가운데 – 너비 : 부모에 맞추기
수평배치	레이아웃	수평배치3	레이블_금액 텍스트_금액 배치	– 수평 정렬 : 중앙 – 수직 정렬 : 가운데 – 너비 : 부모에 맞추기
수평배치	레이아웃	수평배치4	버튼_저장 배치	– 수평 정렬 : 중앙 – 수직 정렬 : 가운데 – 너비 : 부모에 맞추기
수평배치	레이아웃	수평배치5	레이블_T_일자, 레이블_T_내용, 레이블_T_금액 배치	– 수평 정렬 : 중앙 – 수직 정렬 : 가운데 – 너비 : 부모에 맞추기
수평배치	레이아웃	수평배치6	레이블_C_일자, 레이블_C_내용, 레이블_C_금액 배치	– 수평 정렬 : 중앙 – 수직 정렬 : 위쪽 – 너비 : 부모에 맞추기 – 이미지 : 'back.png' 파일 올리기
레이블	사용자 인터페이스	레이블_일자	일자 안내 레이블	– 글꼴 굵게 : 선택 – 텍스트 : '일자', '내용', '금액'을 각각 입력 – 텍스트 정렬 : 가운데
레이블	사용자 인터페이스	레이블_내용	내용 안내 레이블	
레이블	사용자 인터페이스	레이블_금액	금액 안내 레이블	
텍스트 상자	사용자 인터페이스	텍스트_일자	일자에 대한 내용	– 글꼴 굵게 : 선택 – 너비 : 부모에 맞추기 – 힌트 : '20160601'과 같은 형식으로 입력하세요. – 숫자만 : 선택 – 텍스트 : 빈칸 처리 – 텍스트 정렬 : 왼쪽 – 텍스트 색상 : 어두운 회색
텍스트 상자	사용자 인터페이스	텍스트_내용	내용에 대한 내용	– 글꼴 굵게 : 선택 – 너비 : 부모에 맞추기 – 힌트 : 예) 색연필 – 텍스트 : 빈칸 처리 – 텍스트 정렬 : 왼쪽 – 텍스트 색상 : 어두운 회색

종류	팔레트	이름 바꾸기	목적	속성
텍스트 상자	사용자 인터페이스	텍스트_금액	금액에 대한 내용	– 글꼴 굵게 : 선택 – 너비 : 부모에 맞추기 – 힌트 : 예) 1500 – 숫자만 : 선택 – 텍스트 : 빈칸 처리 – 텍스트 정렬 : 왼쪽 – 텍스트 색상 : 어두운 회색
버튼	사용자 인터페이스	버튼_저장	내용 저장	– 글꼴 굵게 : 선택 – 텍스트 : 저장 – 텍스트 정렬 : 가운데 – 텍스트 색상 : 어두운 회색
레이블	사용자 인터페이스	레이블_T_일자 레이블_T_내용 레이블_T_금액	리스트 타이틀 (일자, 내용, 금액)	– 배경색 : 밝은 회색 – 글꼴 굵게 : 선택 – 텍스트 : '일자', '내용', '금액'을 각각 입력 – 텍스트 정렬 : 가운데
레이블	사용자 인터페이스	레이블_C_일자 레이블_C_내용	리스트 내용 (일자, 내용)	– 글꼴 굵게 : 선택 – 텍스트 : '일자', '내용' 각각 입력 – 텍스트 정렬 : 가운데 – 텍스트 색상 : 어두운 회색
레이블	사용자 인터페이스	레이블_C_금액	리스트 금액 내용	– 글꼴 굵게 : 선택 – 텍스트 : 내용 – 텍스트 정렬 : 오른쪽 – 텍스트 색상 : 빨강
TinyWeb DB	저장소	TinyWebDB1	데이터 영구 저장	– 서비스 URL :http://appinvtinywebdb.appspot.com

2 블록

블록	컴포넌트	기능
리스트에 항목 추가하기 리스트 / item	리스트	리스트의 맨 뒤에 값을 추가한다.
함수 함수_이름 / 실행	함수	반환값을 가지지 않는 함수이다.
호출 TinyWebDB1 .값 가져오기 / 태그	TinyWebDB	태그에 해당되는 값을 웹 DB로부터 가지고 온다.
호출 TinyWebDB1 .값 저장 / 태그 / 저장할 값	TinyWebDB	태그에 해당되는 값으로 웹 DB에 값을 저장한다.
언제 TinyWebDB1 .값 받음 / WebDB 태그 WebDB 값 / 실행	TinyWebDB	웹 DB로부터 데이터를 받아 실행 영역을 실행한다.
각각 반복 항목 리스트 / 실행	제어	리스트의 각 항목마다 실행 영역을 실행한다.

03 프로젝트 만들기

1 새 프로젝트 시작하기

1) 새 프로젝트 시작하기... 버튼을 클릭하면 나타나는 [새 앱 인벤터 프로젝트 생성] 팝업창에 프로젝트 이름으로 'PocketMoney'를 입력하고 [확인] 버튼을 클릭합니다.

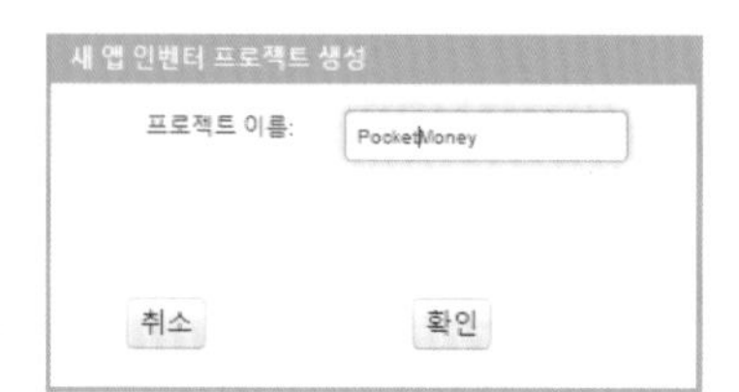

2) [Screen1]의 속성을 다음과 같이 설정합니다.

- **스크린 설명** : Intro
- **배경 이미지** : 'Intro.png' 파일 올리기
- 나머지 속성은 기본 설정 값 유지
- **앱 이름** : PocketMoney
- **제목** : Intro

2 컴포넌트 구성하기 : 디자이너

1) [Screen1]을 선택합니다.

2) 타임 체크를 위해 [시계] 추가하기

01 [팔레트 > 센서]의 시계 컴포넌트를 뷰어의 [Screen1] 화면 위로 드래그 합니다.

02 [시계1]을 선택하고 다음과 같이 속성을 설정합니다.

- **타이머 간격** : 3000(3초를 뜻함)
- 나머지 속성은 기본 설정 값 유지

3) 용돈 기입장을 위해 새로운 스크린 [Screen2] 추가하기

01 [스크린 추가...] 버튼을 클릭하여 새 스크린 생성 창에 스크린 이름을 'Screen2'로 입력합니다.

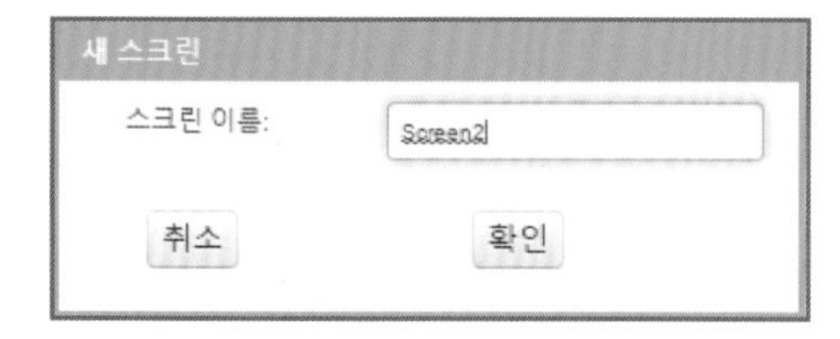

02 [Screen2]의 속성을 다음과 같이 설정합니다.

- **스크린 설명** : 용돈기입장
- **제목** : 용돈기입장
- 나머지 속성은 기본 설정 값 유지

4) [일자], [내용], [금액] 레이블을 위해 [레이블] 3개 추가하기

01 [팔레트 〉 사용자 인터페이스]의 레이블 컴포넌트를 뷰어의 [Screen2] 화면 위로 차례로 3개를 드래그 합니다.

02 [레이블1], [레이블2], [레이블 3]을 선택하고 이름 바꾸기 버튼을 클릭하여 새 이름을 [레이블_일자], [레이블_내용], [레이블_금액]으로 각각 변경합니다.

03 [레이블_일자], [레이블_내용], [레이블_금액]을 선택하고 다음과 같이 속성을 설정합니다.

- **글꼴 굵게** : 선택
- **텍스트** : '일자', '내용', '금액'을 각각 입력
- **텍스트 정렬** : 가운데
- 나머지 속성은 기본 설정 값 유지

5) [일자] 값을 입력 받기 위해 [텍스트 상자] 추가하기

01 [팔레트 > 사용자 인터페이스]의 텍스트 상자 컴포넌트를 뷰어의 [Screen2] 화면의 [레이블_금액] 아래로 드래그 합니다.

02 [텍스트 상자1]을 선택하고 이름 바꾸기 버튼을 클릭하여 새 이름을 '텍스트_일자'로 변경합니다.

03 [텍스트_일자]를 선택하고 다음과 같이 속성을 설정합니다.

- **글꼴 굵게** : 선택
- **너비** : 부모에 맞추기
- **힌트** : '20160601'과 같은 형식으로 입력하세요.
- **숫자만** : 선택
- **텍스트** : 빈칸 처리
- **텍스트 정렬** : 왼쪽
- **텍스트 색상** : 어두운 회색
- 나머지 속성은 기본 설정 값 유지

6) [내용] 값을 입력 받기 위해 [텍스트 상자] 추가하기

01 [팔레트 〉 사용자 인터페이스]의 텍스트 상자 컴포넌트를 뷰어의 [Screen2] 화면의 [텍스트_일자] 아래로 드래그 합니다.

02 [텍스트 상자1]을 선택하고 이름 바꾸기 버튼을 클릭하여 새 이름을 '텍스트_내용'으로 변경합니다.

03 [텍스트_내용]을 선택하고 다음과 같이 속성을 설정합니다.

- **글꼴 굵게** : 선택
- **너비** : 부모에 맞추기
- **힌트** : 예) 색연필
- **텍스트** : 빈칸 처리
- **텍스트 정렬** : 왼쪽
- **텍스트 색상** : 어두운 회색
- 나머지 속성은 기본 설정 값 유지

7) [금액] 값을 입력 받기 위해 [텍스트 상자] 추가하기

01 [팔레트 〉 사용자 인터페이스]의 텍스트 상자 컴포넌트를 뷰어의 [Screen2] 화면의 [레이블_내용] 아래로 드래그 합니다.

02 [텍스트 상자1]을 선택하고 이름 바꾸기 버튼을 클릭하여 새 이름을 '텍스트_금액'으로 변경합니다.

03 [텍스트_금액]을 선택하고 다음과 같이 속성을 설정합니다.

- **글꼴 굵게** : 선택
- **너비** : 부모에 맞추기
- **힌트** : 예) 1500
- **숫자만** : 선택
- **텍스트** : 빈칸 처리
- **텍스트 정렬** : 왼쪽
- **텍스트 색상** : 어두운 회색
- 나머지 속성은 기본 설정 값 유지

8) 저장을 위해 [버튼] 추가하기

01 [팔레트 〉 사용자 인터페이스]의 버튼 컴포넌트를 뷰어의 [Screen2] 화면의 [텍스트_금액] 아래로 드래그 합니다.

02 [버튼1]을 선택하고 이름 바꾸기 버튼을 클릭하여 새 이름을 '버튼_저장'으로 변경합니다.

03 [버튼_저장] 버튼을 선택하고 다음과 같이 속성을 설정합니다.

- **글꼴 굵게** : 선택
- **텍스트** : 저장
- **텍스트 정렬** : 가운데
- **텍스트 색상** : 어두운 회색
- 나머지 속성은 기본 설정 값 유지

9) [일자], [내용], [금액] 리스트의 타이틀을 위해 [레이블] 3개 추가하기

01 [팔레트 〉 사용자 인터페이스]의 레이블 컴포넌트를 뷰어의 [Screen2] 화면 의 [버튼_저장] 아래로 차례로 3개를 드래그 합니다.

02 [레이블1], [레이블2], [레이블3]을 선택하고 이름 바꾸기 버튼을 클릭하여 새 이름을 '레이블_T_일자', '레이블_T_내용', '레이블_T_금액'으로 변경합니다.

03 [레이블_T_일자], [레이블_T_내용], [레이블_T_금액]을 선택하고 다음과 같이 속성을 설정합니다.

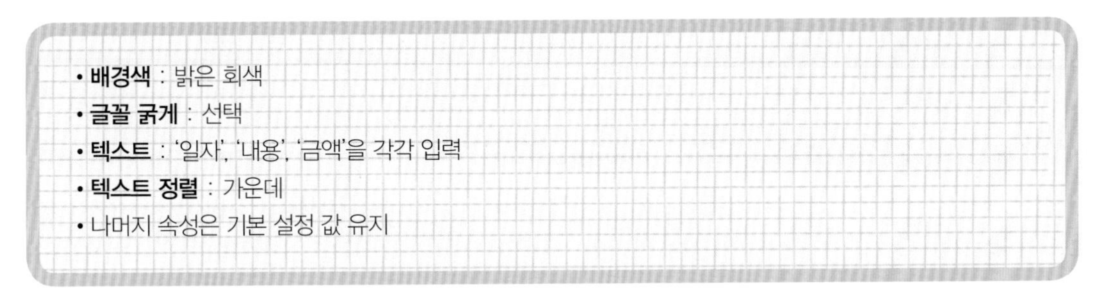

- **배경색** : 밝은 회색
- **글꼴 굵게** : 선택
- **텍스트** : '일자', '내용', '금액'을 각각 입력
- **텍스트 정렬** : 가운데
- 나머지 속성은 기본 설정 값 유지

10) [일자] 리스트의 내용을 보여주기 위해 [레이블] 추가하기

01 [팔레트 > 사용자 인터페이스]의 레이블 컴포넌트를 뷰어의 [Screen2] 화면의 [레이블_T_금액] 아래로 차례로 드래그 합니다.

02 [레이블1]을 선택하고 이름 바꾸기 버튼을 클릭하여 새 이름을 '레이블_C_일자'로 변경합니다.

03 [레이블_C_일자]를 선택하고 다음과 같이 속성을 설정합니다.

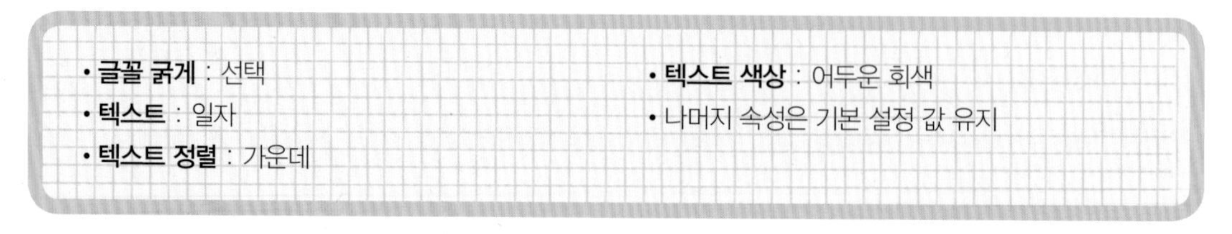

- **글꼴 굵게** : 선택
- **텍스트** : 일자
- **텍스트 정렬** : 가운데
- **텍스트 색상** : 어두운 회색
- 나머지 속성은 기본 설정 값 유지

11) 리스트의 내용을 보여주기 위해 [레이블] 추가하기

01 [팔레트 > 사용자 인터페이스]의 레이블 컴포넌트를 뷰어의 [Screen2] 화면의 [레이블_C_일자] 아래로 차례로 드래그 합니다.

02 [레이블1]을 선택하고 이름 바꾸기 버튼을 클릭하여 새 이름을 '레이블_C_내용'으로 변경합니다.

03 [레이블_C_내용]을 선택하고 다음과 같이 속성을 설정합니다.

- **글꼴 굵게** : 선택
- **텍스트** : 내용
- **텍스트 정렬** : 왼쪽
- **텍스트 색상** : 어두운 회색
- 나머지 속성은 기본 설정 값 유지

12) [금액] 리스트의 내용을 보여주기 위해 [레이블] 추가하기

01 [팔레트 > 사용자 인터페이스]의 레이블 컴포넌트를 뷰어의 [Screen2] 화면의 [레이블_C_내용] 아래로 차례로 드래그 합니다.

02 [레이블1]을 선택하고 이름 바꾸기 버튼을 클릭하여 새 이름을 '레이블_C_금액'으로 변경합니다.

03 [레이블_C_금액]을 선택하고 다음과 같이 속성을 설정합니다.

- **글꼴 굵게** : 선택
- **텍스트** : 내용
- **텍스트 정렬** : 오른쪽
- **텍스트 색상** : 빨강
- 나머지 속성은 기본 설정 값 유지

13) 데이터를 웹DB에 저장하기 위해 [TinyWebDB] 추가하기

01 팔레트의 저장소에 있는 TinyWebDB 컴포넌트를 뷰어의 [Screen2] 화면 위로 드래그 합니다.

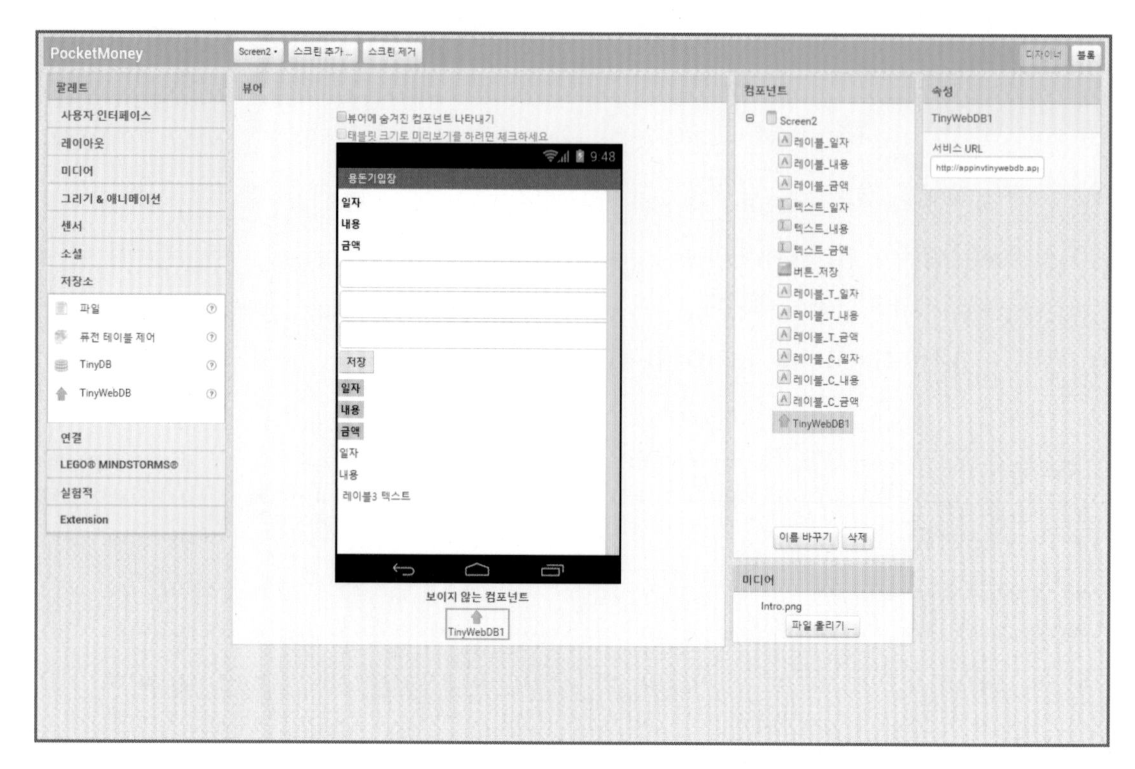

Hint

앱 인벤터에서 사용할 수 있는 두 종류의 데이터베이스

❶ TinyDB
- 데이터를 안드로이드 폰에 직접 저장함
- 다른 사람과 공유할 수 없음

❷ TinyWebDB
- 웹 데이터베이스에 저장함(서비스 URL : `http://appinvtinywebdb.appspot.com`)
- 다른 사람과 공유할 수 있음
- 다른 개발자도 같이 사용함(같은 태그를 사용하게 되면 데이터가 덧씌워질 수 있음)

3 프로그래밍하기 : 블록

1) 앱이 실행되고 3초가 지나면 [Screen2] 화면으로 이동하기 위해 [Screen1]을 선택합니다.

2) [시계1] & [제어] & [텍스트] 블록을 사용합니다.

01 블록의 [Screen1 〉 시계1] 블록을 클릭하여 [언제 '시계1'.타이머] 블록을 뷰어 영역으로 드래그 합니다.

02 블록의 [공통 블록 〉 제어] 블록을 클릭하여 [일반 텍스트를 전달하며 스크린 닫기 텍스트] 블록을 [언제 '시계1'.타이머] 블록 안에 연결합니다.

03 블록의 [공통 블록 〉 제어] 블록을 클릭하여 [실행 결과] 블록을 [일반 텍스트를 전달하며 스크린 닫기 텍스트] 블록에 연결합니다.

04 블록의 [공통 블록 〉 제어] 블록을 클릭하여 [다른 스크린 열기 스크린 이름] 블록을 [실행 결과] 블록에 연결합니다.

05 블록의 [공통 블록 〉 텍스트] 블록을 클릭하여 [" "] 텍스트 블록을 연결하고 'Screen2'를 입력합니다.

06 블록의 [공통 블록 〉 텍스트] 블록을 클릭하여 [" "] 텍스트 블록을 결과에 연결합니다.

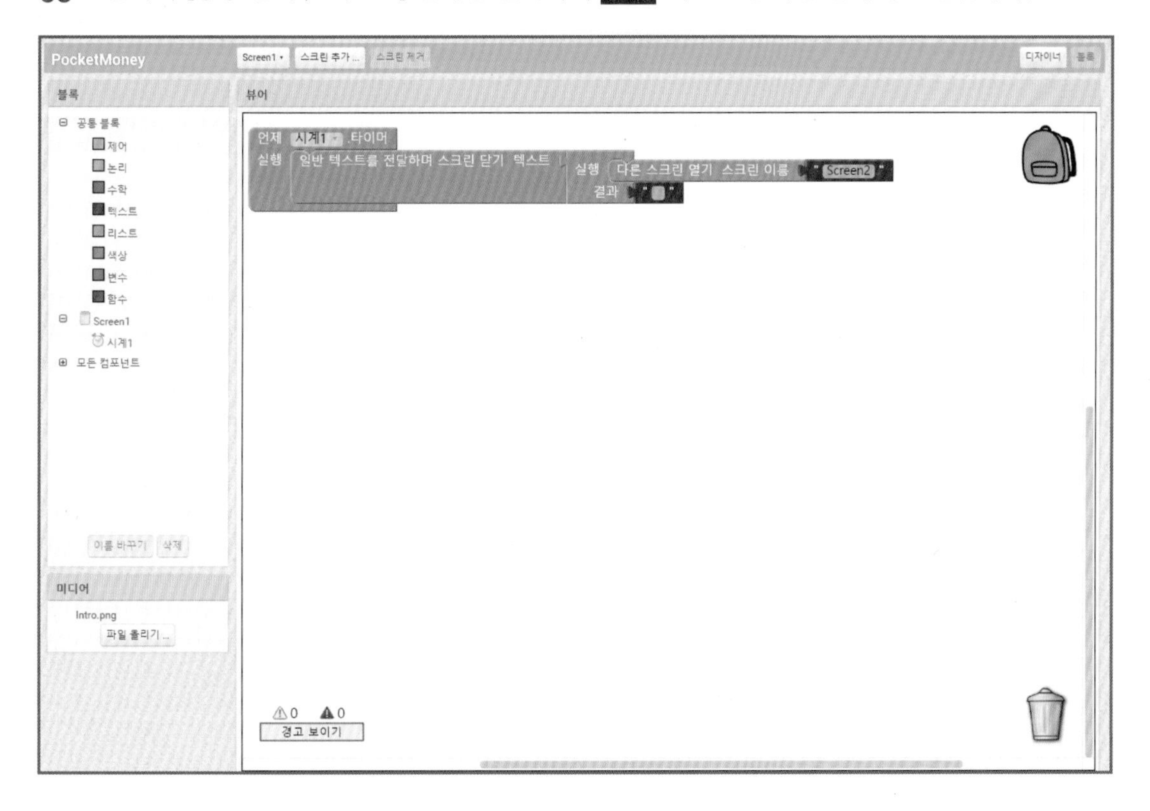

3) 변수들의 초기화를 위해 [변수] & [리스트] & [수학] & [텍스트] 블록의 [Screen2]를 선택합니다.

01 블록의 [공통 블록 〉 변수] 블록을 클릭하여 [전역변수 초기화 '변수_일자' 값]을 뷰어 영역으로 드래그 하고 [공통 블록 〉 리스트] 블록을 클릭하여 [빈 리스트 만들기]블록을 연결합니다.

02 [전역변수 초기화 '변수_내용' 값]과 [전역변수 초기화 '변수_금액' 값]도 동일하게 초기화합니다.

03 저장된 내역을 리스트 형태로 가져와서 목록을 보여주기 위해 블록의 [공통 블록 〉 변수] 블록을 클릭하여 [전역변수 초기화 '변수_리스트순서' 값]을 뷰어 영역으로 드래그 하고 [공통 블록 〉 수학] 블록을 클릭하여 [1] 으로 초기화합니다.

04 [전역변수 초기화 '변수_리스트내용' 값]과 [전역변수 초기화 '변수_리스트금액' 값]은 블록의 [공통 블록 〉 텍스트] 블록을 클릭하여 [" "] 텍스트 블록을 연결하여 초기화합니다.

4) [저장] 버튼을 클릭하면 입력한 용돈 내역의 리스트를 추가하기 위해 [버튼_저장] & [변수] & [리스트] & [수학] & [텍스트 상자] & [텍스트] 블록을 사용합니다.

01 블록의 [Screen2 〉 저장_버튼]을 클릭하여 [언제 '버튼_저장'.클릭] 블록을 뷰어 영역으로 드래그 합니다.

02 리스트의 끝에 데이터를 추가하기 위해 블록의 [공통 블록 〉 리스트] 블록을 클릭하여 [리스트에 항목 추가하기 리스트] 블록을 연결하고 생성해둔 리스트 변수 [가져오기 'global 변수_일자' 값], [가져오기 'global 변수_내용' 값], [가져오기 'global 변수_금액' 값]에 텍스트 상자에 입력 받은 텍스트를 추가합니다.

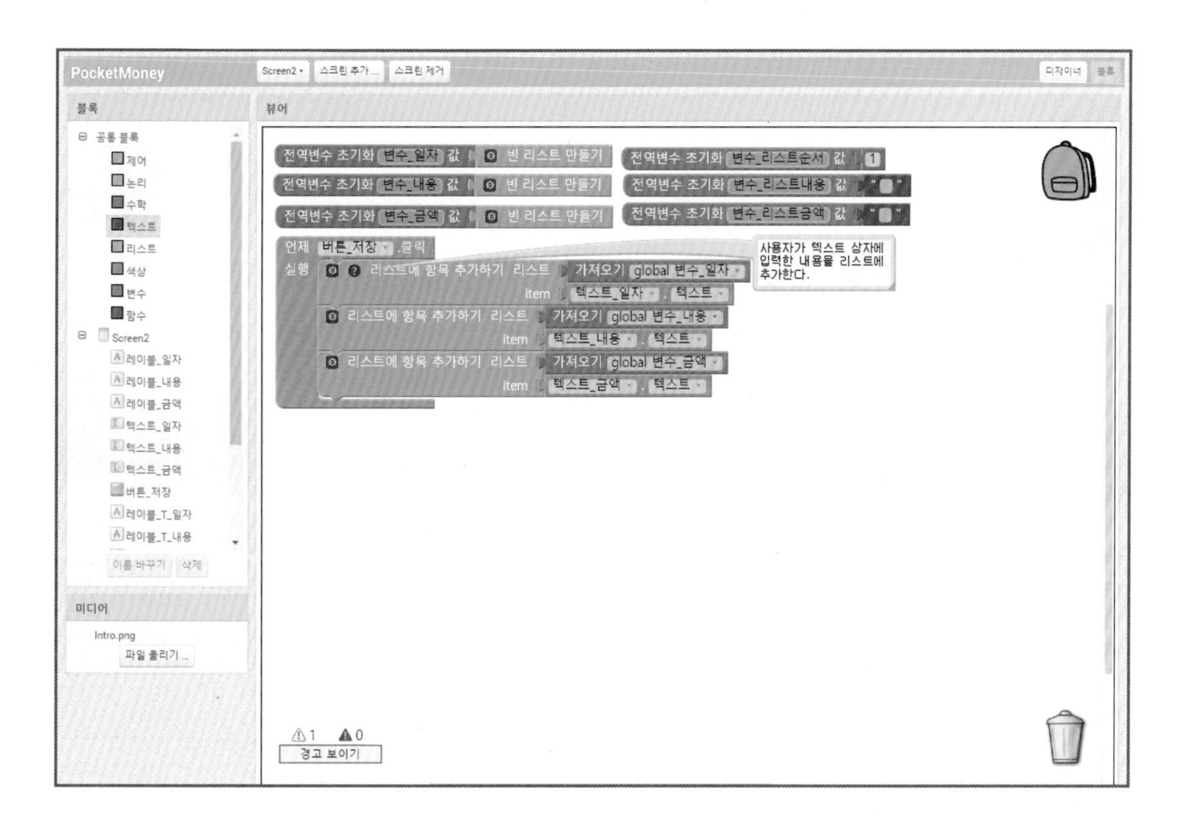

5) 새로운 정보를 입력할 수 있도록 텍스트 상자를 비우기 위해 [텍스트 상자] & [텍스트] 블록을 사용합니다.

01 블록의 [Screen2 〉 텍스트_일자]을 클릭하여 [지정하기 '텍스트_일자'.'텍스트' 값] 블록을 연결하고 블록의 [공통 블록 〉 텍스트] 블록을 클릭하여 [" "] 텍스트 블록을 연결합니다.

02 블록의 [Screen2 〉 텍스트_내용]을 클릭하여 [지정하기 '텍스트_내용'.'텍스트' 값] 블록을 연결하고 블록의 [공통 블록 〉 텍스트] 블록을 클릭하여 [" "] 텍스트 블록을 연결합니다.

03 블록의 [Screen2 〉 텍스트_금액]을 클릭하여 [지정하기 '텍스트_금액'.'텍스트' 값] 블록을 연결하고 블록의 [공통 블록 〉 텍스트] 블록을 클릭하여 [" "] 텍스트 블록을 연결합니다.

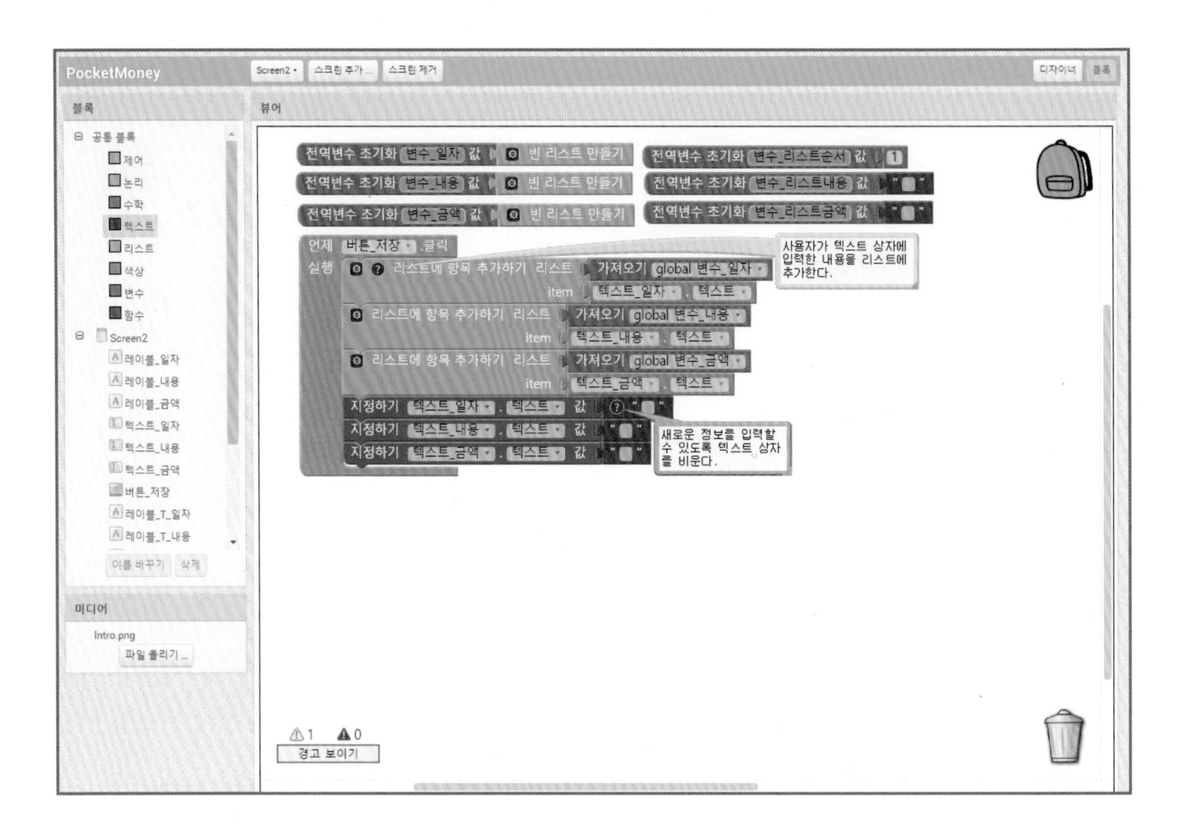

6) 각 리스트 변수에 들어 있는 데이터를 웹 DB에 저장하기 위해 [TinyWebDB1] & [텍스트] & [변수] 블록을 사용합니다.

01 블록의 [Screen2 〉 TinyWebDB1]을 클릭하여 [호출 'TinyWebDB1'.값 저장] 블록을 연결하고 태그에 블록의 [공통 블록 〉 텍스트] 블록을 클릭하여 ['jco_date'] 텍스트 블록을 연결하고 저장할 값에 [가져오기 'global 변수_일자' 값] 블록을 연결합니다.

02 내용과 금액에 대해서도 동일하게 블록을 코딩합니다.

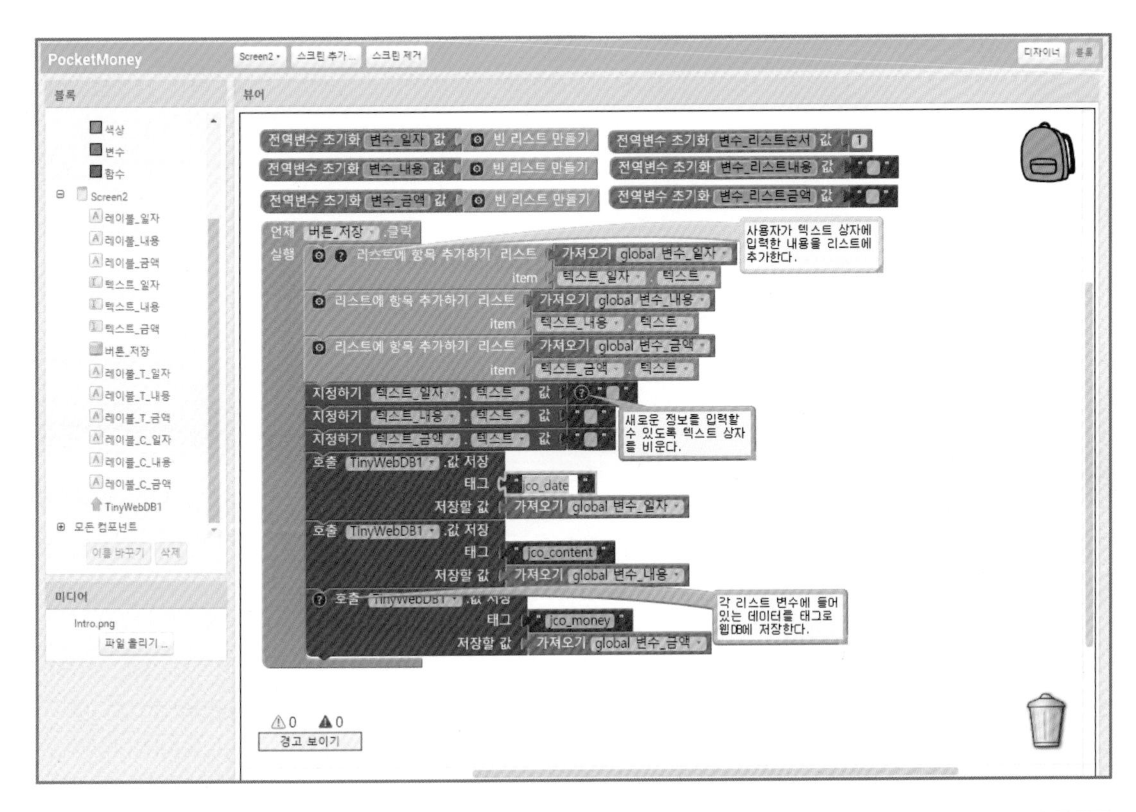

Hint

TinyWebDB에 저장시 유의사항

- 태그 값은 고유한 값을 사용합니다. TinyWebDB은 전 세계 사용자들이 공동으로 사용하는 데이터베이스이므로 동일한 태그를 사용할 경우 값이 덧씌워질 가능성이 있기 때문입니다.

  예} date -〉 jco_date

7) 웹 DB에 저장한 내용을 목록으로 보여주기 위해 [함수] & [TinyWebDB1] & [텍스트] & [변수] & [리스트] 블록을 사용합니다.

01 블록의 [공통 블록 〉 함수] 블록을 클릭하여 [함수 '함수 이름'] 블록을 뷰어 영역으로 드래그 한 후 [함수 '함수_리스트조회']라는 함수 명으로 변경합니다.

02 블록의 [Screen2 〉 레이블_C_일자]를 클릭하여 [지정하기 '레이블_C_일자'.'텍스트' 값] 블록을 연결하고 블록의 [공통 블록 〉 텍스트] 블록을 클릭하여 [" "] 텍스트 블록을 연결합니다.

03 [레이블_C_내용], [레이블_C_금액]도 동일하게 블록을 코딩합니다.

04 블록의 [공통 블록 〉 변수] 블록을 클릭하여 [지정하기 'global 변수_리스트순서' 값] 블록을 [공통 블록 〉 수학] 블록을 클릭하여 [1]로 설정하여 리스트 첫 번째 항목을 가리키도록 합니다.

05 블록의 [공통 블록 〉 제어] 블록의 [각각 반복 '일자' 리스트] 블록을 연결하고 [가져오기 'global 변수_일자'] 블록을 연결합니다.

06 [지정하기 'global 변수_리스트내용' 값]과 [지정하기 'global 변수_리스트금액' 값] 블록의 값을 리스트 항목에서 해당 위치에서 순서대로 가지고 옵니다.

07 [지정하기 'global 변수_리스트순서' 값]을 '1'씩 증가시킵니다.

08 가져온 값을 [지정하기 '레이블_C_일자'.'텍스트' 값] 블록에 지정하여 줄바꿈하며 목록 형식으로 보여줍니다.

09 **08**과 같이 내용과 금액에 대해서도 동일하게 블록을 코딩합니다.

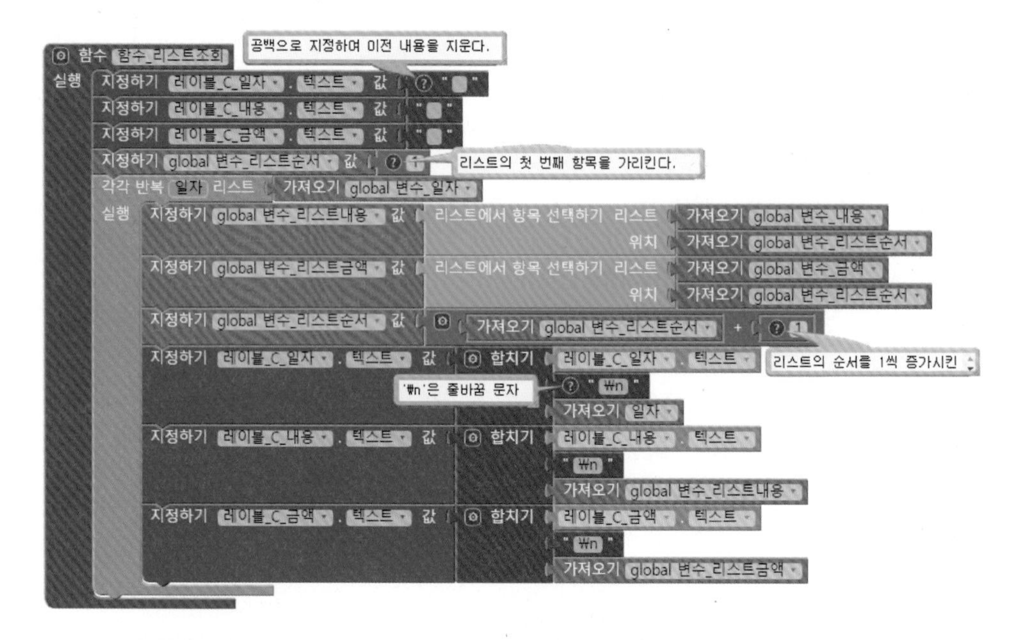

10 [언제 '버튼_저장'.클릭] 블록에도 [함수 '함수_리스트조회']를 추가합니다.

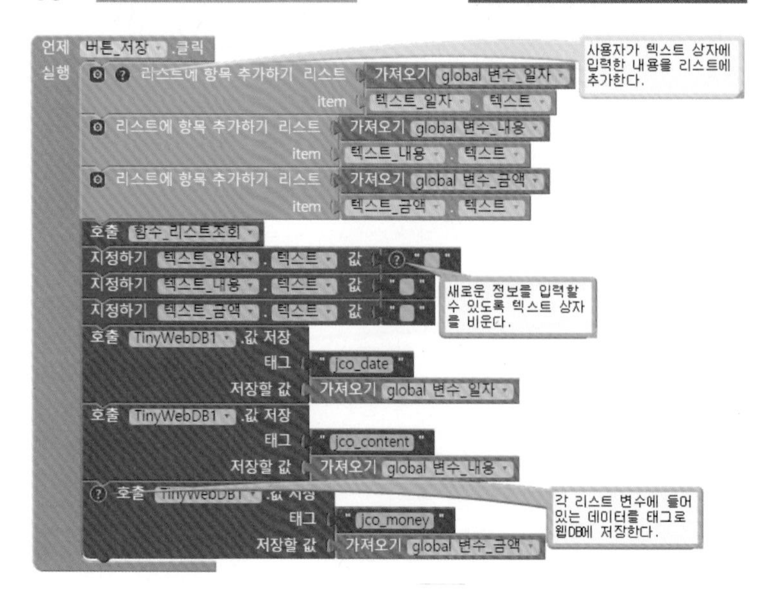

8) 웹 DB에 저장한 내용의 목록을 앱이 시작할 때 보여주기 위해 [Screen2] & [함수] & [TinyWebDB1] & [텍스트] & [변수] & [리스트] 블록을 사용합니다.

01 컴포넌트의 [Screen2] 블록을 클릭하여 [언제 'Screen2'.초기화] 블록 뷰어 영역으로 드래그 합니다.

02 블록의 [Screen2 〉 TinyWebDB1]을 클릭하여 [호출 'TinyWebDB1'.값 가져오기] 블록을 [언제 'Screen2'.초기화] 블록 안에 연결하고 태그에 ['jco_date'] 텍스트 블록을 연결합니다.

03 **02**와 같이 내용과 금액에 대해서도 동일하게 블록을 코딩합니다.

04 블록의 [Screen2 〉 TinyWebDB1]을 클릭하여 [언제 'TinyWebDB1'.값 받음] 블록 뷰어 영역으로 드래그 합니다.

05 리스트 여부를 확인하여 'TinyWebDB1'으로부터 받은 값이 태그에 해당되는 것이면 각 변수에 값을 넣습니다.

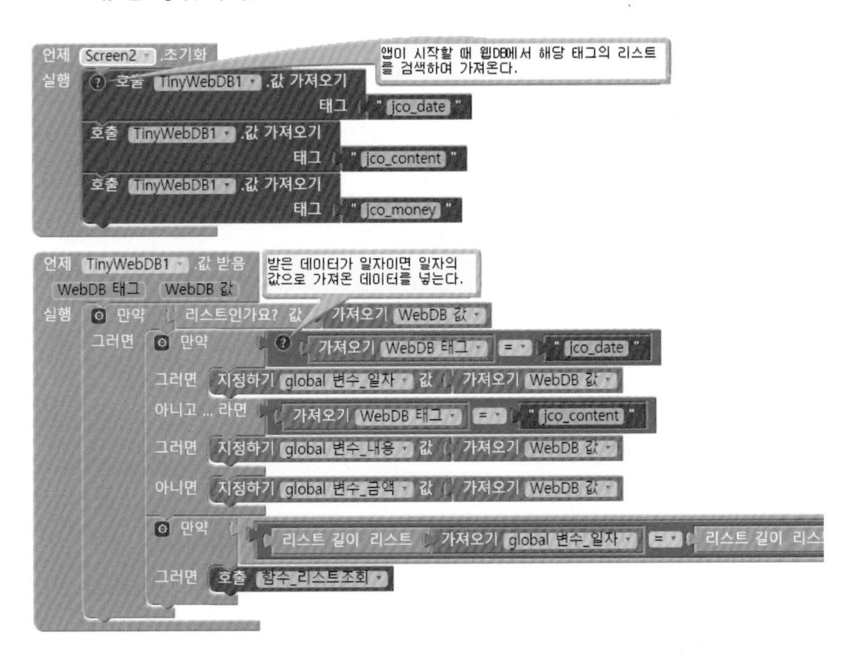

4 디자인하기

1) 디자이너 에서 컴포넌트의 속성 값 설정하기

01 [팔레트 〉 레이아웃]의 수평배치 컴포넌트를 뷰어의 [Screen2] 화면 위로 5개 드래그 합니다.

02 [수평배치1]~[수평배치5]를 선택하고 다음과 같이 속성을 설정합니다.

- **수평 정렬** : 중앙
- **수직 정렬** : 가운데
- **너비** : 부모에 맞추기
- 나머지 속성은 기본 설정 값 유지

03 컴포넌트의 [레이블_일자], [텍스트_일자]를 [수평배치1] 안으로 드래그 합니다.

04 컴포넌트의 [레이블_내용], [텍스트_내용]을 [수평배치2] 안으로 드래그 합니다.

05 컴포넌트의 [레이블_금액], [텍스트_금액]을 [수평배치3] 안으로 드래그 합니다.

06 컴포넌트의 [버튼_저장]을 [수평배치4] 안으로 드래그 합니다.

07 컴포넌트의 [레이블_T_일자], [레이블_T_내용], [레이블_T_금액],을 [수평배치5] 안으로 드래그 합니다.

08 [팔레트 〉 레이아웃]의 수평배치 컴포넌트를 뷰어의 [Screen2] 화면의 [수평배치 5] 아래로 드래그 합니다.

09 [수평배치6]을 선택하고 다음과 같이 속성을 설정합니다.

- **수평 정렬** : 중앙
- **수직 정렬** : 위쪽
- **너비** : 부모에 맞추기
- **이미지** : 'back.png' 파일 올리기
- 나머지 속성은 기본 설정 값 유지

10 컴포넌트의 [레이블_C_일자], [레이블_C_내용], [레이블_C_금액]을 [수평배치6] 안으로 드래그 합니다.

2) 블록 에서 블록으로 디자인하기

〈완성 화면의 구성요소들의 비율〉

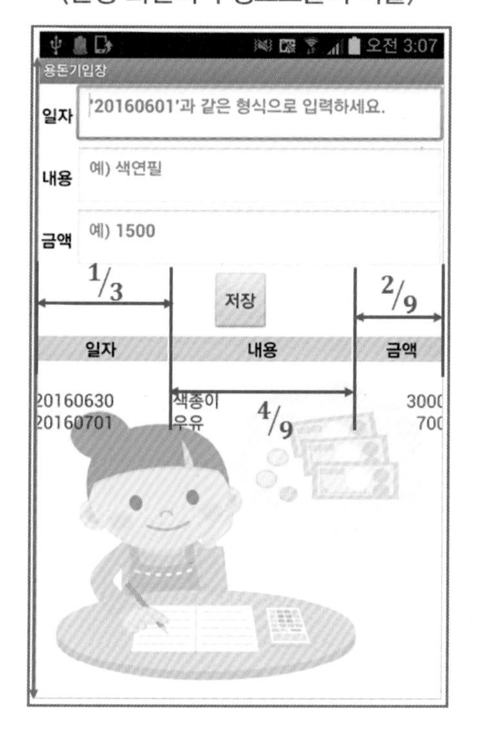

01 [레이블_T_일자]의 너비를 지정하기 위해 [지정하기 '레이블_T_일자'.'너비' 값] 블록을 [언제 'Screen2'.초기화] 블록 안에 연결합니다. [레이블_T_일자]의 너비는 화면너비(Screen2.너비)의 1/3로 지정합니다.

02 [레이블_T_내용]의 너비를 지정하기 위해 [지정하기 '레이블_T_내용'.'너비' 값] 블록을 [언제 'Screen2'.초기화] 블록 안에 연결합니다. [레이블_T_내용]의 너비는 화면너비(Screen2.너비)의 4/9로 지정합니다.

03 [레이블_T_금액]의 너비를 지정하기 위해 [지정하기 '레이블_T_금액'.'너비' 값] 블록을 [언제 'Screen2'.초기화] 블록 안에 연결합니다. [레이블_T_금액]의 너비는 화면너비(Screen2.너비)의 2/9로 지정합니다.

04 [레이블_C_일자]의 너비를 지정하기 위해 [지정하기 '레이블_C_일자'.'너비' 값] 블록을 [언제 'Screen2'.초기화] 블록 안에 연결합니다. [레이블_C_일자]의 너비는 화면너비(Screen2.너비)의 1/3로 지정합니다.

05 [레이블_C_내용]의 너비를 지정하기 위해 [지정하기 '레이블_C_내용'.'너비' 값] 블록을 [언제 'Screen2'.초기화] 블록 안에 연결합니다. [레이블_C_내용]의 너비는 화면너비(Screen2.너비)의 4/9로 지정합니다.

06 [레이블_C_금액]의 너비를 지정하기 위해 [지정하기 '레이블_C_금액'.'너비' 값] 블록을 [언제 'Screen2'.초기화] 블록 안에 연결합니다. [레이블_C_금액]의 너비는 화면너비(Screen2.너비)의 2/9로 지정합니다.

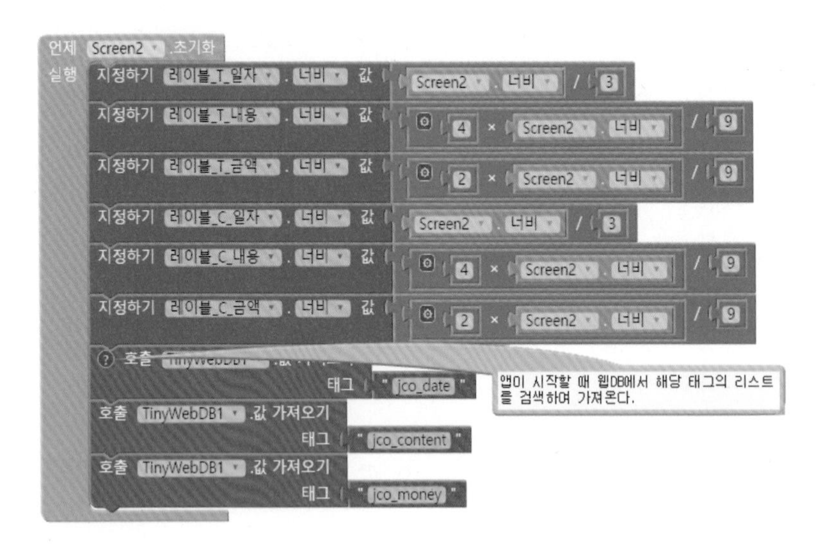

3) 디자이너의 [Screen1] 컴포넌트 속성 [아이콘]에 이미지 파일 올리기

01 [Screen1] 블록을 클릭하여 준비한 아이콘 이미지(: Icon16.png) 파일을 올립니다.

02 스마트폰에 앱을 설치한 다음 실행합니다.

03 아이콘은 스마트폰에 앱이 설치되면 나타납니다.

5 앱 전체 프로그램

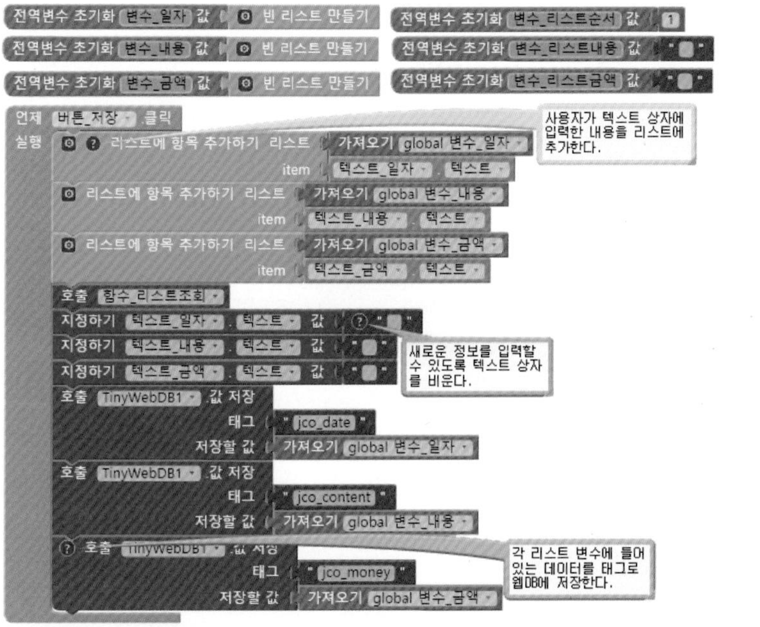

```
전역변수 초기화 변수_일자 값 빈 리스트 만들기
전역변수 초기화 변수_내용 값 빈 리스트 만들기
전역변수 초기화 변수_금액 값 빈 리스트 만들기
전역변수 초기화 변수_리스트순서 값 1
전역변수 초기화 변수_리스트내용 값 " "
전역변수 초기화 변수_리스트금액 값 " "

언제 버튼_저장 .클릭
실행 리스트에 항목 추가하기 리스트 가져오기 global 변수_일자
                             item 텍스트_일자 . 텍스트
     리스트에 항목 추가하기 리스트 가져오기 global 변수_내용
                             item 텍스트_내용 . 텍스트
     리스트에 항목 추가하기 리스트 가져오기 global 변수_금액
                             item 텍스트_금액 . 텍스트
     호출 함수_리스트조회
     지정하기 텍스트_일자 . 텍스트 값 " "
     지정하기 텍스트_내용 . 텍스트 값 " "
     지정하기 텍스트_금액 . 텍스트 값 " "
     호출 TinyWebDB1 .값 저장
                 태그 " jco_date "
           저장할 값 가져오기 global 변수_일자
     호출 TinyWebDB1 .값 저장
                 태그 " jco_content "
           저장할 값 가져오기 global 변수_내용
     호출 TinyWebDB1 .값 저장
                 태그 " jco_money "
           저장할 값 가져오기 global 변수_금액
```

사용자가 텍스트 상자에 입력한 내용을 리스트에 추가한다.

새로운 정보를 입력할 수 있도록 텍스트 상자를 비운다.

각 리스트 변수에 들어 있는 데이터를 태그로 웹DB에 저장한다.

```
언제 Screen2 .초기화
실행 지정하기 레이블_T_일자 . 너비 값 Screen2 . 너비 / 3
     지정하기 레이블_T_내용 . 너비 값 4 × Screen2 . 너비 / 9
     지정하기 레이블_T_금액 . 너비 값 2 × Screen2 . 너비 / 9
     지정하기 레이블_C_일자 . 너비 값 Screen2 . 너비 / 3
     지정하기 레이블_C_내용 . 너비 값 4 × Screen2 . 너비 / 9
     지정하기 레이블_C_금액 . 너비 값 ... / 9
     호출 TinyWebDB1 .값 가져오기
                 태그 " jco_date "
     호출 TinyWebDB1 .값 가져오기
                 태그 " jco_content "
     호출 TinyWebDB1 .값 가져오기
                 태그 " jco_money "
```

앱이 시작할 때 웹DB에서 해당 태그의 리스트를 검색하여 가져온다.

언제 TinyWebDB1 .값 받음
WebDB 태그 WebDB 값
받은 데이터가 일자이면 일자의 값으로 가져온 데이터를 넣는다
실행 만약 리스트인가요? 값 가져오기 WebDB 값
그러면 만약 가져오기 WebDB 태그 = " jco_date "
그러면 지정하기 global 변수_일자 값 가져오기 WebDB 값
아니고 ... 라면 가져오기 WebDB 태그 = " jco_content "
그러면 지정하기 global 변수_내용 값 가져오기 WebDB 값
아니면 지정하기 global 변수_금액 값 가져오기 WebDB 값
만약 리스트 길이 리스트 가져오기 global 변수_일자 = 리스트 길이 리스트 가져오기 global 변수_내용
그러면 호출 함수_리스트조회
그리고 리스트 길이 리스트 가져오기 global 변수_일자 = 리스트 길이 리스트 가져오기 global 변수_금액
함수 함수_리스트조회
공백으로 지정하여 이전 내용을 지운다.
실행 지정하기 레이블_C_일자 . 텍스트 값 " "
지정하기 레이블_C_내용 . 텍스트 값 " "
지정하기 레이블_C_금액 . 텍스트 값 " "
지정하기 global 변수_리스트순서 값 1
리스트의 첫 번째 항목을 가리킨다.
각각 반복 일자 리스트 가져오기 global 변수_일자
실행 지정하기 global 변수_리스트내용 값 리스트에서 항목 선택하기 리스트 가져오기 global 변수_내용
위치 가져오기 global 변수_리스트순서
지정하기 global 변수_리스트금액 값 리스트에서 항목 선택하기 리스트 가져오기 global 변수_금액
위치 가져오기 global 변수_리스트순서
지정하기 global 변수_리스트순서 값 가져오기 global 변수_리스트순서 + 1
리스트의 순서를 1씩 증가시킨
지정하기 레이블_C_일자 . 텍스트 값 합치기 레이블_C_일자 . 텍스트
'₩n'은 줄바꿈 문자
" ₩n "
가져오기 일자
지정하기 레이블_C_내용 . 텍스트 값 합치기 레이블_C_내용 . 텍스트
" ₩n "
가져오기 global 변수_리스트내용
지정하기 레이블_C_금액 . 텍스트 값 합치기 레이블_C_금액 . 텍스트
" ₩n "
가져오기 global 변수_리스트금액

생각키우기

01

입력한 정보를 삭제하는 버튼을 추가하여 삭제하는 기능이 되도록 앱을 수정하세요.

Hint

버튼 컴포넌트와 [리스트에 항목 삭제하기 리스트] 블록을 사용합니다.

02

일자를 직접 입력하지 않고 [날짜 선택] 컴포넌트를 사용하여 입력할 수 있는 앱으로 수정하세요.

Hint

날짜 선택 컴포넌트를 사용합니다.

에필로그

요즘 '코딩'에 대한 이야기가 여러 곳을 통해서 거론되어지자 많은 부모님들이 '코딩'이 뭐하는 것이냐며 상담을 해오곤 합니다. 그럴 때마다 저는 '코딩은 우리 자녀들에게 서술적인 지식이 아닌 명령하는 지식의 능력(Computational Thinking)을 키울 수 있도록 하는 방법의 하나입니다.'라는 말씀을 드립니다. 여기에서 서술적인 지식은 '1+1=2'와 같이 학교에서 수업시간에 사실을 정의적으로 배우는 것이며, 명령하는 지식은 '물이 컵의 반 이상이면 그만 부어라. 그렇지 않으면 계속 부어라'와 같이 방법(How to)에 대한 결정을 내리고 실행하게 하는 것이라고 예를 듭니다.

요즘 우리 자녀들은 자기가 뭔가를 직접 결정하기 보다는 대부분 부모님이나 선생님들이 한 결정에 의해 행동하는 경우가 많은 것 같습니다. 그러다보니 위기의 순간이나 중요한 결정의 순간에 제대로 된 결정을 할 수 없게 되어 치명적인 결과를 낳는 경우도 볼 수가 있습니다.

여기에서 명령하는 지식은 코딩을 통해 컴퓨터가 실행하게 하는 것입니다. 이것이 바로 코딩을 배우는 이유이기도 합니다.

코딩을 배운다고 모두가 다 프로그래머가 되거나 IT와 관련된 일을 할 필요는 없습니다. 단지 그 외의 일을 하게 되는 경우라도 앞으로는 컴퓨터를 사용하지 않고 하는 일이 없기에 코딩을 배움으로 원리를 이해하는 것이 매우 중요하며 따라서 더 효율적이며 효과적으로 일을 하기 위해서 코딩을 배우는 것이 좋습니다.

앱 인벤터 관련 책이 이미 많이 출간되어 있습니다. 모두 각 시기에 맞게 출간된 좋은 책들인 것 같습니다. 저는 이 책을 통해서 많은 내용을 다루지는 못했지만 앱 인벤터의 기능을 단순히 설명하는 정도에서 그치는 것이 아니라 배포가 가능한 하나의 완성된 앱을 개발하는 것에 조금 더 큰 비중을 두었습니다.

즉 코딩을 배우면서 조건문 하나, 반복문 하나를 배우는 것으로 끝나지 않고 내가 만든 앱이 내 손의 스마트폰에서 동작을 하고 나아가 나의 지인들의 스마트폰에도 설치가 되어 많은 사람들이 사용하는 앱이 되게 하는 것입니다. 앱을 개발하면서 앱 이름, 앱 기능, 화면 디자인, 앱 아이콘 등 모든 부분을 실제 사용 가능한 앱이 될 수 있도록 하는 것까지 고민하며 개발하면 좋겠다는 생각을 지면을 통해 표현했습니다.

시각장애인들이 코끼리를 부분부분 만진 후 코끼리에 대해 서로 이야기하면서 자기가 만진 것이 코끼리의 전부인 듯 이야기 했다는 유명한 이야기가 있습니다. 이 책은 앱 인벤터를 공부함에 있어서 이런 잘못을 하지 않도록 하기 위해 나름 하나의 기능을 하는 앱이라도 완성된 앱으로 만들도록 노력했습니다. 기능 하나하나를 공부하는 것도 중요하지만 이제는 전체를 볼 수 있는 안목을 키우는 것이 더 중요한 것 같습니다.

단순히 기능만을 배우는 코딩에 그치지 않고 코딩을 통해 많은 사람들을 이롭게 하는 멋진 서비스를 제공하는 주역이 되시길 소망합니다.

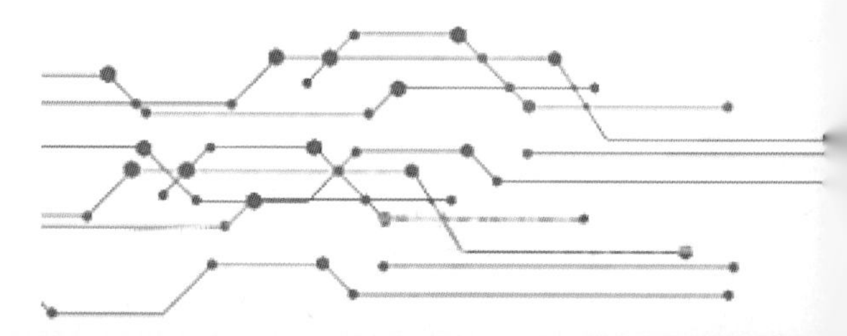